第十一輯

新經學

鄧秉元 主編

上海人民出版社

目　録

圓桌會談

楊儒賓先生隨筆

張爾田與陳槃書（九通）[*]

鍾淇名[**]　整理

一

槃厂吾兄有道：

　　得惠書，並大著《矢魚攷》，辨説詳明，痛快之至。僕經術久荒，無以贊足下之高深。然不能無疑者，“矢魚”誠如尊説，《公》、《穀》雖作“觀魚”，“觀”即“游觀”之“觀”，謂以“矢魚”爲“游觀”，意亦自通。故《公羊》有“登來”、“美大”之言，《左氏》經作“魚”而傳仍主“觀”説。三家各據見本，大義並通。《公》、《穀》出口授，往往以訓故後師之義易本經，如史公之引《尚書》，此自漢儒通例，不足爲異。若謂《左氏》即襲《公》、《穀》，深文之言，尚待明證。鄙見如是，但尊攷自佳，較之劉申受董實高，未嘗不可自成一説。經無達詁，隨人領悟可也。原件仍交郵奉上。復頌著安。爾田頓首。

　　* 據周法高編《近代學人手跡》初集，臺北：文星書店，1962 年，第 41—51 頁。

　　** 作者單位：復旦大學歷史學系。

二

槃厂吾兄執事:

　　頃得復書,論《穀梁》非災之義,足見讀書心細,治經固不厭邃密也。蘭甫《讀書記》,《毛詩》一卷最佳,《禮》次之,《春秋》與《易》爲最下。少時曾手批一過。老矣研究史學,經誼久荒矣,聊因尊問一發之,然已十不能記一也。奈何。復頌撰安。爾田頓首。

三

　　頃又奉惠書,具悉。《春秋》所謂諱國惡者,小惡諱,大惡則不諱,三傳皆無異詞。夫人姜氏因姦而至於公弒,此大惡也,通國皆知,安得而諱之?此無可疑者。凡《春秋》書法不同處,皆別嫌明微之意,須細心分別之。諸經惟《春秋》難治,不能悉以常情揣度譬權,此類是也。拙文在廣州《新民》襍誌發表,可定閱也。復頌槃厂吾兄著安。爾田頓首。

四

　　頃有一書,意未盡,茲再陳之。《春秋》書法,小惡諱,大惡不諱。諱例有三:爲尊者諱,爲親者諱,爲賢者諱,皆聖人忠厚待人之意,然亦必其事可以諱者始諱之。若大惡,則聖人亦不諱之矣。亦有隱痛而諱者,如子般卒不書弒是也。總之,《春秋》書法,錯綜變化,不可方物,須活看,不能執一也。蓋《春秋》一方褒貶人物,一方尚須顧及自己人格。若褒貶而不留餘地,己之人格何在?昔程子云:有《關雎》、《麟趾》之意,而後可以行《周官》之法。余亦謂有惻隱古詩之意,而後可以治《春秋》之經。孟子所謂"仲尼不爲已甚"者,此也。《春秋》非族史,不宜以後代歷史觀之，此意不可不知。復頌槃厂吾兄著安。爾田頓首。

五

槃厂吾兄足下：

又得惠書，具悉。《左氏傳》根據舊史，《公》、《穀》乃孔子新意，當然意義不同，此流別上問題也。若謂爲後人附益，則必須有鐵證，除"其處者爲劉氏"一句，《正義》嘗言之，其他則皆無徵，似不必妄疑。至於流別不同，則凡屬學問皆然。儒分爲八，已不能合，安在一經而必無異同耶？蘭甫先生之言，僕亦未敢以爲然也。然此所論者，總非真偽問題，又不可不知。復頌著安。爾田頓首。

六

頃承覆書，敬悉。自古爭論三傳之不同者多矣。此乃派別問題而非真偽問題，縱使《左氏傳》例不合，亦祇能謂其非孔子新意，而不能謂之爲偽。諸經家派本多，如《毛詩》與三家即不合，亦豈可稱之爲偽耶？即謂《毛詩》爲偽，彼三家者仍各不合，果孰爲不偽耶？偽乃事實，不得泛言理論。足下觀吾文，於偽之含義自了然矣。復上槃庵吾兄。爾田頓首。

七

槃厂吾兄左右：

頃奉惠書，知庸莘竟亦長逝。愚亦偶染時疫，一病幾革，今始下床。聞茲噩耗，悲不自勝，口占一輓聯云："數載從游，賜也可與言詩，洒涕神州悲獨往；一瞑不視，天乎何其太酷，傷心嶺海有高堂。"祈兄代買一素帛,爲我一書,懸之庸莘靈几,略表悼意,□□之至。前曾寄上《新學商兑》一册,未知收到否? 久病腕弱,不能多及。復頌著安。爾田頓首。(一九三七年)

<h1 style="text-align:center">八</h1>

槃厂吾兄左右:

　　損書敬悉。彊邨《崔氏春秋復始序》乃崔君自作託名彊丈者,《史記探源序》亦崔氏所依託者,此彊翁所親道。《詞刊》一期,僕致龍榆生書已略及之。彊翁與崔爲同進學之友。學業不同,交誼則篤。彊翁生平本不以經學名,而於今文家言亦素不鄙薄,故任其依託。若在他人,必又打一場筆墨官司矣。僕亦治今文家言者,然終不鄙薄古文,妄分門户。以爲古文家所憑藉之史事,終較今文傳聞之説爲確;若論大義,則今文固自優於古文也。大抵兩漢今古文兩家傳派紛歧,各有是非,必須細心研剖,方能明其真諦。研究今文須注重其義,研究古文須注重其事,二者截然不同。研究其義謂之經學,則其事之小小疎舛,固可不論。研究其事謂之史學,此則無義可言。《左傳》中之"君子曰"固未必即是儒家宗旨也。至於其義、其事,又各有傳訛,然必先分此兩大方面,而後方能著手也。此非一言可以盡,無庸細談。《觀堂詞》樊敍,僕未之見。《觀堂詞》本在《集林》中,後彊丈又刻入《滄海遺音》,無單行本。靜安爲人素不依託,何以有此? 靜安書除羅叔藴外,素不求人作序,《集林》有蔣汝藻序,則因其出資刻書,故爲代作一序,僕與靜安三十年至交,尚不求序跋,安有轉求他人者? 恐是書賈射利爲之耳。祈足下便中示及爲要。庸莘往矣,其遺著能否整理,是則若輩之責矣。尊詩倍極沈痛,兹寄上益庵先生駢文一册,其門人吳君所刊也。復頌著安。爾田頓首。(一九三七年)

九

樊厂吾兄左右：

承示《觀堂詞》樊敍二首，此二序皆作於光緒季年，其時僕初交靜安。雖跡尚疎，然細閱序文，實非靜安依託所爲。凡依託，皆是依託有名位之人，樊君素不知名，有何依託之必要？其持論相同，或係同方之友，或樊君之文而靜安潤色之，此亦人情之常，不得謂之依託。凡他人之文，自己潤色，經其人之許可者，即不得謂之依託。例如父母之哀啓，人子苦塊之中，豈能執筆？大都先具節略，求人潤色，亦可謂之依託耶？足下試以余言再詢之知靜安者以爲何如。僕未見樊序，故疑爲書賈射利所爲，今見之而恍然矣。可見治學須憑目審，但據殘編，以意度之，不可恃也。近世且然，又況上古先秦斷爛之書？欲不闕疑，不可得矣。復頌撰安。爾田頓首。（一九三七年）

没有鲲鹏的逍遥遊

勞悦强 *

一、前言

現代中西方學術界均以逍遥爲莊子思想的招牌,詮釋繁多,可謂衆聲喧嘩,大抵都以自由爲言。至於何謂自由,似乎不言而喻,説者鮮少留意。事實上,自由作爲一個觀念,涵義豐富複雜,言人人殊,如無闡釋,則説者雖同謂逍遥爲自由,卻不啻各説各話,難以共商。説者又以逍遥爲精神境界,所論大多流入虚無玄妙,超越出塵,不可究詰,更與常人生活無涉。本文提出解讀《莊子》的全新方法,忠於原著,以本文解釋本文,以單篇論單篇,兼且篇内逐章依次理會,剖析逍遥遊的真義,還其本來面目,以見莊子强調切實行動的人生觀,而逍遥之作爲精神境界,則體現於其活潑靈動的待人接物之中。

二、《莊子》新讀法

講《莊子》這部書或莊子思想,没有人不提到"逍遥",講"逍遥遊"的

* 作者單位:新加坡國立大學中文系。

就相對較少。〔1〕《莊子》所講的"逍遙"，究竟何義？學者大都說是自由，甚至是"絕對的自由"、"無限自由"、"徹底的自由"、〔2〕"完全而絕對的自由狀態"，〔3〕不一而足。在討論《莊子》的"逍遙"意涵時，鮮少有學者注意"自由"的概念不應隨便附會。〔4〕首先，到底什麼是自由？日常的用法和哲學上的意義並不相同。以哲學意義而論，自由卻又是西方哲學的術語，而且有不同的理解。具體來說，"自由"的日常語義和在法律與哲學上的基本用法如下：

1. 依照自己的意志行事，不受外力拘束或限制。

2.〈法〉公民在法律規定的範圍內，其自己的意志活動有不受限制的權利。如："言論自由"、"集會結社自由"之類均屬之。

3.〈哲〉人認識了事物發展的規律並有計劃地把它運用到實踐中去。哲學上所謂自由，是指對必然的認識和對客觀世界的改造。〔5〕

---

〔1〕 比如，陳引馳教授的新著《莊子講義》，儘管其中第二講第二節名爲《逍遙之遊的境界》，但根本沒有提到"遊"，不但如此，第二講全文也並沒有涉及。見所著《莊子講義》，北京：中華書局，2021 年，第 77—132 頁。楊立華《莊子哲學研究》第三章名爲《小大之辨與逍遙》，同樣沒有討論"遊"。該章唯一提及"遊"的地方是："逍遙遊是至人之遊，是消除、擺脫了一切被動性的。祇能通過最徹底的否定性，纔能達到最充足的主動性。當然，從徹底的否定性達到充足的主動性不是直接實現的，中間要經過不同的階段和環節。從逍遙的否定性階段到實現了充足的主動性的至人之遊之間，還有漫長的過程。"見所著《莊子哲學研究》，北京：北京大學出版社，2020 年，第 81 頁。"逍遙"和"逍遙遊"可謂同義。楊先生對於"逍遙"的解釋也不能成立，理由詳見下文。關於《逍遙遊》篇的"遊"義，可參看勞悅強《遊於常與變之間——莊子逍遙義解》，《杭州師範大學學報（社會科學版）》2017 年第 6 期，第 1—8 頁。
〔2〕 徐克謙《莊子哲學新探——道‧言‧自由與美》，北京：中華書局，2005 年，第 149、152 頁。
〔3〕 陳引馳《莊子講義》，第 87 頁。
〔4〕 罕見的例外有謝揚舉《逍遙與自由——以西方概念闡釋中國哲學的個案研究》，《哲學研究》2004 年第 2 期，第 34—40 頁。然而，近百年前，章太炎先生雖然也認爲"逍遙者，自由之義"，但他清楚認識到，"自由"的內涵必須實事求是來理解，不能隨便附會。比如，他說："法律之內有自由，固不爲真自由。即無政府，亦未爲真自由。"見章太炎《國學略説》，香港：香港寰球文化服務社，1963 年，第 169 頁。可見他並不以爲逍遙指的是法律上的自由。關於章先生對逍遙的理解，下文另有論述。
〔5〕 有關自由更詳細的詞義界定，可以參看維基百科，https://zh.wikipedia.org/wiki/%E8%87%AA%E7%94%B1。2022 年 7 月 25 日擷取。

　　法律上的用法,顯然不合《莊子》原文。日常語義的“自由”是否契合《莊子》所講的“逍遥”,根據下文分析,也可以有定論。在此先指出,如果把“自由”理解爲無拘無束的爲所欲爲,恐怕不可能有人會同意,而《莊子》書中也確實没有文本依據。至於哲學意義上的“自由”,[1]下文將會説明它也不能等同“逍遥”,但與《逍遥遊》篇中“待”的意涵卻有契合之處。

　　從方法上講,我們若借用西方哲學概念來闡發莊子思想,固然也無妨,甚至可以有所啓發,但我個人的偏見是,講中國思想,最好還是先用中國固有的語言和概念來瞭解。有了根據本土思想傳統的認識,再參考中國以外的其他思想、哲學、乃至宗教傳統,自然是更理想的事。本文正是要根據《莊子·逍遥遊》一篇來分析論證何謂“逍遥遊”。

　　姑勿論《逍遥遊》篇的作者是否莊周本人,[2]如果我們可以假定這篇傳世文字基本上是原貌——而這個假定目前的確是學者的共識——那麽,針對這篇的主旨來説,它本身的意思理應足以自明,而且也是自圓自足的,否則,作者寫文章的工夫便十分差勁了。事實上,從來大家都稱讚《莊子》的文章奇詭,出神入化,《逍遥遊》篇尤其傑出。因此,我

---

〔1〕 以賽亞·伯林(Isaiah Berlin)1958 年的著名論文《兩種自由》(“Two Concepts of Liberty”)影響廣泛深遠,其説法可以代表西方學者對自由的一般理解。伯林區分了消極自由(negative freedom)和積極自由(positive freedom)。消極的自由指的是個人不受别人或外界管控强制的自由,一旦受到外界人爲干預,消極的自由便會損失。比如,人們可以享受消極自由,隨意抽煙,不受干預。一旦政府徹底禁止抽煙或限制抽煙的時間和地方,抽煙的消極自由便會損失。積極自由則指個人能够主宰管控自己、按照自己的意願、意志,理性負責任行事,以求獲得自己的利益。個人能够管控自己,以致無需他人來干預或限制他的思想和行爲。伯林又提出兩個自我的説法:卑下我(lower self,不理性、感情意氣用事,祇管目前的利害)和高尚我(higher self,理性、考慮長遠的得失),祇有當高尚我主宰個人的行爲時,積極自由纔有可能。伯林擔心的是,當政府或任何團體組織宣稱可以代表個人或集體的高尚我的時候,個人的行爲將會由政府或團體來決定。伯林主要是從政治立場來分析自由問題,雖然也涉及個人意志問題,但到底與《莊子》所講的“逍遥”無關。

〔2〕 關於傳本《莊子》一書的作者問題,可看 Yuet Keung Lo(勞悦强), “The Authorship of the *Zhuangzi*”,收入 Kim-chong Chong ed., *Dao Companion to the Philosophy of the Zhuangzi*, Cham, Switzerland: Springer International Publishing, 2022, pp.43—97。

們的假定是可以成立的,也就是説,《逍遙遊》篇是内容和義理都獨立圓足的一篇文字。

　　當然,如果作者存心寫小説,讀者就必須等待下回分解,纔能明白每一篇的作意。戰國時代,中國還没有類似章回小説的作品;《莊子》不是章回小説,現存的三十三篇文字並不構成一部一篇内容緊接一篇的長篇敘事,全書自然也没有什麽主角可言。莊子本人並不是書中的主角,很多篇中他根本没有出現;事實上,他祇在其中十七篇出現過(内篇三篇,外篇七篇,雜篇七篇),换言之,在半部書中根本没有莊子的身影。三十三篇似乎也没有必然的先後次序,至少外篇和雜篇如此。

　　戰國以前,唯一要等待後文來瞭解整件事情的前因後果和其中細節的文字,祇有一種,就是編年史,而具體的作品就是《左傳》。[1]歷史事件總有起訖,通常都會經歷多年纔會暫時了結,因此,用編年史方式記載的時候,一件事情往往就是隔開來寫,而且很多時候,不是一年接一年寫。如果不用編年方式,把一個人一生的重要經歷一口氣一次講完,似乎祇有《論語》一個孤例。《論語·爲政》記載孔子總結自己的一生説:"吾十有五而志於學,三十而立,四十而不惑,五十而知天命,六十而耳順,七十而從心所欲,不踰矩。"[2]當然,孔子没有講他生命歷程中的相關細節,或者他也講了,但弟子覺得最重要的是老師一輩子七十多年中各個重要成長階段的修養境界,而下學上達的整段歷程的細節就没有記録下來。

　　然而,《莊子》的寫法不同。傳本《莊子》分爲内篇、外篇、雜篇三部分,一共三十三篇,並非成於一時一人之手,即使内七篇,也未必是莊周所撰。書中每一篇的内容都各自獨立,但就外篇和雜篇的二十六篇而言,篇與篇之間没有任何邏輯上内在的關聯,儘管個别章節的義理可以

---

〔1〕　《國語》和《戰國策》也有類似編年史的敘事。
〔2〕　朱熹《四書章句集注》,北京:中華書局,2012年,第54頁。

互相發明。至於内七篇,篇與篇之間的内容大概有一定的義理上的聯繫,但每一篇的思想内涵卻是各自圓足的,一篇自有一篇的道理,不需要依賴其他六篇來闡釋,纔能明白。换言之,要讀懂《莊子》每一篇文字,基本上我們不需要其餘三十二篇來輔證。儘管有時候,適當地以其他篇章作參照,互相發明,當然也是有益處的,但這也是先瞭解各篇本身的道理後,纔以其他篇章來作參考。在没有逐篇理會之前,我們没有理由因利乘便,動輒藉此篇釋彼篇。總而言之,講《逍遥遊》篇,本文的原則是,以它本身的文字來理解。古人管這種做法作"以經釋經"。

以經釋經,通常的理解是全書可以互相印證,但必須特別强調,這條釋經原則其實更應該以篇和章爲單位來實踐。同一篇文字固然可以前後互相發明,但先秦古書的體例,一書往往由多篇文字結集而成,各篇獨立,而一篇文字又大多由若干章組成,各章獨立,閱讀時理應也各自理會。《論語》、《孟子》、《老子》、《莊子》都屬於這種情况。《老子》全書八十一章,應該各章分析,然後再嘗試貫通全書的義理。[1]《莊子》三十三篇亦然,但由於以篇爲單位,初次解讀每一篇時,更需要依循原文各章先後次序,尤其需要注意的是,分析後文時固然應該參照前文,因爲後文有可能承接前文而來,但理會前文時卻不應該依賴後文,因爲作者行文時不會假定讀者初讀時已經看過後文。[2]對整篇文字有初步的整體認識以後,則理應嘗試綜合通讀全文,以求通體的瞭解。

其實,上述所謂的新讀法並不新,之所以説新,衹是相對於學術界普遍的做法而言。宋代朱熹(1130—1200)的讀書法影響深遠,至今未見有人反對,推崇者則絡繹不絶。朱熹説:

> 人做功課若不專一,東看西看,則此心先已散漫了,如何看得

---

[1] 參看勞悦强《文内文外解〈老子〉——第五章》,鄧秉元主編《新經學》第十輯,上海:上海人民出版社,2022年,第103—131頁。

[2] 按:這裏所謂前後,指的是傳本中各篇的先後次序,歷史地看,各篇的撰寫先後次序未必如此,事實上,各篇也未必出自同一作者。

道理出。須是看《論語》，專祇看《論語》；看《孟子》，專祇看《孟子》。讀這一章，更不看後章；讀這一句，更不得看後句；這一字理會未得，更不得看下字。如此，則專一而功可成。若所看不一，氾濫無統，雖卒歲窮年，無有透徹之期。某舊時文字，祇是守此拙法，以至於今。思之，祇有此法，更無他法。[1]

朱熹教人讀書心要專一，不能散漫，他關心的固然是個人修養，但所專一的對象卻是書本。朱熹舉例所講的讀書方法便是專一的方法。讀《論語》就專看《論語》，換言之，不要理會《孟子》，反之亦然。當然，朱熹並非説我們不能貫通《論》、《孟》的義理。兩書各自理會，然後合讀貫通，這是先後次序問題，而並非兩種讀法之間，是此非彼。事實上，朱熹的《四書章句集注》更是貫通《大學》、《論語》、《孟子》、《中庸》來對各書作詮釋的。引申而言，讀《莊子》就不應該同時兼顧其他書，亦即要理解《莊子》，應該先以《莊子》來理解《莊子》，然後繞嘗試會通其他書。就《莊子》本文，又應該逐篇逐章依次來分析，乃至一章之内，"讀這一句，更不得看後句；這一字理會未得，更不得看下字"。

從解讀文字的實際情況來講，如何讀本文繞是關鍵所在。因此，朱熹對此再三致意，提醒學生。他説：

凡讀書，須有次序。且如一章三句，先理會上一句，待通透；次理會第二句，第三句，待分曉；然後將全章反覆紬繹玩味。[2]

讀書，不可以兼看未讀者，卻當兼看已讀者。[3]

看文字不可相妨，須各自逐一著地頭看他指意。若牽窒著，則件件相礙矣。[4]

文字，且逐條看。各是一事，不相牽合。[5]

---

〔1〕黎靖德編《朱子語類》，王星賢點校，北京：中華書局，1986年，第189頁。

〔2〕《朱子語類》，第189頁。

〔3〕同上書，第165頁。

〔4〕〔5〕同上書，第187頁。

　　一言蔽之,朱熹教人忠於原文,包括原文的先後次序,語句的前後相承,讀一書則理會一書,讀一篇就衹管一篇,否則就是"躐等"。[1]

　　本文根據上述原則來解讀《逍遥遊》篇,但在表述上,還要嘗試以《逍遥遊》來講逍遥遊,這個做法並非標奇立異。《逍遥遊》篇除了篇題以外,"逍遥"一詞在全篇衹出現過一次,而且是在最後一章莊子回答惠施的一番話裏。如果我們要根據莊子的文字來理解何謂"逍遥",這是最直接的證據。此外,"遊"字在全篇出現了三次,除篇題外,其餘兩次都見於全篇的後半(分篇詳下文)。這是學者從未特別指出的事實。如果《逍遥遊》篇名和正文都没有"逍遥"和"遊"這兩個字詞,不管我們怎麽理解原文,我們都不可能單憑這一篇文字,就會用上"逍遥"或"遊"來解釋它的内容。[2]但"逍遥"和"遊"確實在原文出現了,因此,即使没有"逍遥遊"這個篇題,我們仍然有可能根據全文的内容,爲文章命名爲《逍遥遊》,而且我們還必須特別注意全篇最後的一章。當然,前半篇並非可以完全不理會,理由詳下文。

三、何謂"遊"——《逍遥遊》篇的後半第一章

　　今本《逍遥遊》篇大約一千四百六十二字,全文分作前後兩半,共六章;前半篇衹有一章,後半則有五章。前半篇的一章是講動植物世界的情況,首尾都是在講鵬與學鳩和斥鴳之間的情況。相對來説,後半篇講的是人的世界。後半篇的五章,第一章是一段關鍵的議論,篇幅最長,有五百零六字,大約佔全文的三分之一,其餘五章合共九百五十六字,各章分別記載了一段對話,嚴格來説,後半篇並不是以故事來呈現的。

　　現在我們先來逐一分析後半篇。首先,第一章(一百六十二字)的

----

[1]　朱熹説:"學不可躐等,不可草率,徒費心力。須依次序,如法理會。一經通熟,他書亦易看。"見《朱子語類》,第187頁。

[2]　更何況"逍遥"一詞本來就是作者獨創的詞彙。關於這一點,下文將會詳述。

一段關鍵議論如下：

> 故夫知效一官，行比一鄉，德合一君而徵一國者，其自視也亦
> 若此矣。而宋榮子猶然笑之。且舉世而譽之而不加勸，舉世而非
> 之而不加沮，定乎內外之分，辯乎榮辱之竟，斯已矣。彼其於世，未
> 數數然也。雖然，猶有未樹也。夫列子御風而行，泠然善也，旬有
> 五日而後反。彼於致福者，未數數然也。此雖免乎行，猶有所待者
> 也。若夫乘天地之正，而御六氣之辯，以遊無窮者，彼且惡乎待哉！
> 故曰：至人无己，神人无功，聖人无名。[1]

莊子首先提出三等人或四等人：知效一官、行比一鄉、德合一君而徵一國。“而”字，古書中可以通作“能”。有的說法指“能徵一國”本身也是一等人，因此，原文分四等人。[2]然而，這純粹是從訓詁立場看個別的字義。字義固然重要，但看文字，要看整句的文義。分三等人更合理，因爲君和國應該是在同一層次的。“而”字在《莊子》全書出現了二千一百五十次，似乎沒有一處是通作“能”的。

其實，不管原文講的是三等人還是四等人，把人分等級纔是關鍵所在。這裏的分等有兩個特點。首先，等級是遞升的，一等高於一等。“知效一官”，就是知識學歷足以勝任一個官職，至於官職之間有高低，已是無關宏旨了。“行比一鄉”，就是修養和辦事能力足以庇護一個鄉。一萬二千五百家爲一鄉，治理一鄉的能力當然比勝任一官的大。一君一國自然又遠比一鄉大。其次，分等的依據在於事功上或者說政治上的能力。戰國時代，天下尚未統一，在人世間，表現事功最大的場所，一般來說就是國。國當然有大小之分，但同樣都是國，本質上並無分別，好像官職有高低之別，畢竟都祇是一官一職而已。

在政治世界裏謀生過日子的人，不管地位和能力的高低，都不能決

---

[1] 郭慶藩《莊子集釋》，北京：中華書局，1985 年，第 16—17 頁。
[2] 郭慶藩(1844—1896)可能最先提出這個看法。見所著《莊子集釋》，第 17 頁。書前有王先謙(1842—1917)序，成於 1894 年。

定自己的成就。首先,有能力的人未必有機會一展所長,而機會都是別人給與的,個人可以努力去爭取,但成功與否不能由自己決定。其次,有機會得到官職,甚至可以獨當一面,管治一鄉,卻未必能夠贏得上司的賞識。即使僥倖獲得一國之君青睞,全國知名,但仍然祇是博得來自他人的青睞。莊子說,[1]這三等人的官位尊卑不同,但他們對自己的要求本質上是一樣的,就是要得到別人的垂顧、認同和賞識,"其自視也亦若此",他們並未能夠憑自己決定自身獨立的價值。

接著事功大小不同的三等人,原文繼續講宋榮子。他顯然不是在政治世界裏活動的人,換言之,他不追求事功,這是他與前面三等人最根本的差異。宋榮子無須等待機會,他不在乎別人的認同和賞識,別人的青白眼,他也毫不介懷。即使所謂別人指的是全世界的所有人,他依然能夠一個人面對整個世界的毀譽,他原來是怎樣的一個人,他不會改變半點一分。面對上述的三等人,宋榮子祇會莞爾一笑。莊子說,宋榮子能夠"定乎內外之分,辯乎榮辱之竟",他嚴分內外,自己的內心世界和身外的世界,互不相干。這就是"定乎內外之分"。內心世界自圓自足,這是充實的世界,無所謂失落;身外的世界寵辱雜糅,如果你寄望於它,內心就不再屬於自己。

看清楚這個事實,就是"辯乎榮辱之竟"。俗語云"人到無求品自高",宋榮子大概就是這個境界。這個境界當然要比前述的三等人高,分別正在於有求與無求,是否由外界和他人來決定自己內心的滿足。宋榮子完全不受外界的影響,他內心強大充實。然而,宋榮子的充實世界還有一條裂縫。他對追求事功的人禁不住莞爾一笑,可見他心底依然覺得自己比世俗中人高出一等。因此,莊子認爲宋榮子也就不外如此而已。問題是宋榮子究竟哪裏不足呢?

宋榮子"定乎內外之分,辯乎榮辱之竟",恰恰因爲如此,他跟外面

---

〔1〕 爲行文方便,本文姑且以莊子爲《逍遙遊》篇的作者。

世界毫無交涉，自然也未能對它有任何積極的貢獻和成就。他僅僅是做到消極有所不爲而已。莊子不一定鼓勵我們積極參與外面世界的活動，但在《逍遙遊》篇這一章中，他也沒有說離群索居本身就必然是最高境界的生活。這一點必須要強調。根據莊子所講，人生有內外兩面，他並不積極提倡隔絕內外。內外應該有所互動，有所交涉。宋榮子"彼其於世，未數數然也"，"猶未樹也"，正是在於做不到內外互通。這就是宋榮子的充實世界裏的一條裂縫。相對來説，"知效一官"的幾等人的毛病則在於他們祇知道有外在世界，而完全忽略了自己的內心。內外互通其實是一種流動，流動纔能通，人生纔能靈動，而人生要靈動，先決條件在於心能够通內外。換言之，內外流通與否，視乎心如何接受包容外在世界。以宋榮子的情況看，他的根本毛病在於內心的執著；對於追求外在表現的幾等人，他"猶然笑之"，也是內心使然。

依照莊子在這一章中層層遞進的思路，列子的境界應該比宋榮子又要高一層。列子能够"御風而行"，儘管由於風勢不能持續，他祇能够飛行十五天。列子的境界更高，因爲他的滿足能够不局限於自己的內心，跟宋榮子不同，他可以在外界自由活動，而且也樂在其中，換言之，列子能够貫通內心與外界，內外能够合一。莊子説，這是"泠然善也"。對於宋榮子的表現，莊子並沒有讚揚爲"善"。這是學者普遍忽略的一個要點。

列子"彼於致福者，未數數然也"，傳統的注家和大多數現代學者都以爲"致福"的"福"是禍的相反之意，與義理無關，並沒有多加理會。郭象（312 年卒）注曰："自然御風行耳，非數數然求之也。"[1]郭象注意文脈，以爲"福"指的是"御風而行"，意謂列子不數數然追求乘風而飛，但這並未涉及義理。其實，不管"福"在此是否指個別的行爲而言，"致福"並非指求福求好之意。按《禮記·祭統》云："福者，備也；備者，百順之

---

[1]　郭慶藩《莊子集釋》，第 19 頁。

名也。無所不順者,謂之備。言内盡於己,而外順於道也。"〔1〕可見"致福"是追求完備的意思。所謂完備,就是"事事都順利"的"説法"("百順之名"),亦即是要完成一件事情所需的條件都完備無缺。最重要的是,條件完備所導致的結果是,"内盡於己,而外順於道",内心和外界合一。《逍遥遊》之所以用"福"字而不用"備"字,大概正由於"備"並不含有"内盡於己,而外順於道"之意。〔2〕風吹由於自然,列子並沒有數數然追求完備的活動條件,也就是説,他沒有追求風時時刻刻都在吹,起風的時候他就乘風而飛。因此,如果風祇吹十五天,他就隨緣飛行十五天,這正是"内盡於己,而外順於道",在這段期間,列子的内心和外界完全合一,他得到滿足,不再更有追求了。

由列子的境界,可以反觀宋榮子的不足。宋榮子"定乎内外之分",他的内心與外界隔絶,不能有互動交涉,儘管他還沒有完全能够達到這個境界,因爲他冷眼旁觀,看見"知效一官,行比一鄉,德合一君而徵一國"的幾等人,自囿於别人的認同和肯定,自以爲是,居然"猶然笑之"。可見他的内心仍然受到外界的影響,而且他跟自己所嗤笑的人一樣,同樣是自以爲是,覺得自己比他們優異,與衆不同。列子心中則根本沒有世人,他甚至沒有想過外界,儘管他必須乘風纔能够飛行,他沒有自覺比别人優越,即使不起風,他也能順其自然,在地上行走,並沒有失意沮喪。列子的内心沒有受到外界的影響,儘管他的行爲受到限制。他没有自以爲是,也不會瞧不起他人。他的境界當然勝過宋榮子。

莊子對列子的評價十分重要。莊子説:列子"雖免乎行,猶有所待者也"。學者毫無例外,都專注在他的"有所待",他們認爲,列子未能做到"無所待"。大家都忽略了莊子説列子超過一般人的地方,在於他能

---

〔1〕 鄭玄注《禮記注》,王鍔點校,北京:中華書局,2021 年,第 619—620 頁。
〔2〕 按:《莊子》全書中,福字出現了十六次,其中十四次都是與禍相反的意思。除了《逍遥遊》篇的一次外,《至樂》篇云:"故先聖不一其能,不同其事。名止於實,義設於適,是之謂條達而福持。"此處福也是完備、亦即無所不順的意思。見郭慶藩《莊子集釋》,第 622 頁。

够免乎"行"。

其實,這個"行"字十分重要,之所以重要不是因爲莊子要追求"行",恰恰相反,莊子要避免"行",因爲"行"讓我們不能自由,不能隨時隨地無所不至。風起時,列子"御風而行",可以"免乎行",人風合一,內外無間,他可以得到自由。所謂自由,即是能够配合環境、隨心所欲地活動。換言之,自由必然是有條件的。如果列子能够隨時隨地都能够"免乎行",他就能够真正的自由了。但他還欠缺讓他完全自由的工夫。按上下文理,如果列子有此工夫,他就可以"無所待"了。列子還有什麼事情做不到? 他究竟欠缺什麼工夫呢?

莊子緊接的話便是答案。他說:"若夫乘天地之正而御六氣之辯,以遊無窮者,彼且惡乎待哉!"顯然,"遊無窮"是結果,"乘天地之正而御六氣之辯"是工夫。如果能够有此工夫,能够到達"惡乎待"的境地,換言之,就是無所待了。列子御風而行的本領必須風來配合,這樣他纔能够做到內外合一。列子御風而行是被動的,他不能決定何時能飛,可以飛多久,可以飛到哪裏,他當然不可能"遊無窮"。反過來説,列子就是沒有"乘天地之正而御六氣之辯"的工夫;他衹能被動受制於天時,風吹多久,他就能飛多久。天地之間不可能每一個角落時刻都有風,列子自然無法"遊無窮"。至此,原文清楚説明,列子可以"免乎行",但不能"遊"。必須強調,"遊"字至此還沒有出現,直到下文説到"惡乎待"的人時,纔在《逍遥遊》篇首次登場。這個修辭的設計不可能是巧合。"行"是有限制的,列子御風而行,但畢竟仍然是"行",不是"遊"。衹有"遊",纔能"遊無窮"。"遊"是"無窮"的前提,"行"是不可能"無窮"的。

學者都一廂情願以爲"無窮"就是無限、無極限、無窮無盡,但這並非莊子的意思。《説文解字》卷七下穴部:"窮,極也。從穴躬聲。"[1]所謂極,是極限、限制的意思。窮字本作竆,躬指脊骨;人在洞穴中,活動

---

[1] 段玉裁《説文解字注》,上海:上海古籍出版社,2000年,第346頁。

範圍受限於脊骨的長度,這是活動的極限。"無窮",即是身在洞穴卻不受限制。這就是莊子所講的"遊"。能"遊",自然就能"遊無窮"。不能"遊",行動就必然有所窮,必然受到限制。"窮"可説是莊子暗用的比喻:人生猶如身處洞穴之内,必然有客觀的限制。"窮"是窮途末路的"窮"。面對限制,無法活動自如就是"有窮",而非"無窮"。"無窮"不是無窮無盡,無邊無際;"無窮"是儘管遇到限制,依然路路暢通,總能到達目的地,在這個意義下也就是無所不至。"遊無窮"的人總能在疑無路的時候找到出路,然後又可以繼續"遊"。"無窮"不是説能"遊"的人的世界無極限,而是他不受外面環境的局限,總有辦法找到出路,到達目的地,最終可以無所不至。

　　何謂"乘天地之正而御六氣之辯"? 辯,通作變,"正"與"變"相對。"正"是常態,所謂正常情況。[1]四季循環,日夜相乘,即是所謂常態。"變"是變態,即是隨時隨地發生的變化。天地之間有六氣的變化,所謂六氣,司馬彪(306 年卒)説是"陰陽、風雨、晦明",[2]其實是三對相反相成、有形無形的變化力量。相對於變化的六氣,天地之正可以指四時,四季的氣候有正常的運行規律,但四時的運行其實無時無刻不在變化,六月暑天可以飛霜,嚴冬氣溫可以仿佛如春天,我們視爲反常,這即是六氣之變。"乘"和"御"相對,兩個動詞都是指駕車而言。乘是穩坐在車上,決定車的去向和目的地;御是駕駛馬車,要控制馬匹,隨時隨地調整車速和方向。兩者的共同點在於其主動主宰的本質。人生猶如旅程,必須懂得駕車,駕車的基本技術牽涉許多物理學上的道理,即使駕車的人没有這些知識,也必須懂得道理的實際運作情況。比如,高速駕車時要刹車,需要一定的時間,急轉彎需要多大的角度等等,懂得駕馭之理就是所謂"乘天地之正"。旅途上,沿路必然有許多地勢的變化和

---

〔1〕《莊子·大宗師》云:"死生,命也,其有夜旦之常,天也。"郭慶藩《莊子集釋》,第241頁。
〔2〕 郭慶藩《莊子集釋》,第20頁。

氣候的反覆,乃至於無常的路況,司機要有隨機應變的能力,這是"御六氣之辯"。

郭象説:"乘天地之正者,即是順萬物之性也;御六氣之辯者,即是遊變化之塗也。如斯而往,則何往而有窮哉!所遇斯乘,又將惡乎待哉!"[1]郭象所言正是上文所分析的意思。但郭象沒有特別解釋"而"字;"而"是連詞,無實義,但從義理上講,卻是個關鍵,它表示乘和御的工夫是一而二,又是二而一的結合。這樣,我們就能"遊",而且不管前路出現什麼變化,我們都有辦法因時制宜,因勢利導,自然就能够"遊無窮",所謂天無絶人之路。《莊子·齊物論》云:"道行之而成。"[2]路是人走出來的。換言之,完全掌握駕車本領的人,遇到任何環境都能善於乘勢變通,無需被動地等待特定的環境纔能驅車前進。這就是莊子所講的"惡乎待",郭象所講的"唯無所不乘者無待"、"如斯而往,則何往而有窮哉!所遇斯乘,又將惡乎待哉"。"無所不乘",即是任何環境都能駕馭,因此"無待"。"遊無窮"的人無所不至,亦即時時刻刻都在"遊",而"遊"本身正是内外合一的表現。這正是莊子所講的"内盡於己,而外順於道"的"福"。"遊"的境界無疑遠勝列子必須御風纔可能的飛。飛可以"免乎行",但飛並不是"遊"。[3]

莊子總結上述"遊無窮"的道理,説:"至人无己,神人无功,聖人无名。"這三句固然是講三種人,但並非講三等人,因爲"己""功""名"之間並沒有等第的高低,至少《逍遥遊》原文並沒有這樣區分。針對上文,莊子特別強調講"至人无己",而其中的道理可以推衍到"神人无功"和"聖人无名"。這種表述方式在戰國時代,並非莊子獨有。《孟子·公孫丑上》載孟子曰:

---

[1] 郭慶藩《莊子集釋》,第 20 頁。
[2] 同上書,第 69 頁。
[3] 關於"乘天地之正而御六氣之辯,以遊無窮"的詳細分析,可參看勞悦強《遊於常與變之間——莊子逍遥義解》,《杭州師範大學學報(社會科學版)》2017 年第 6 期,第 3—4 頁。

人皆有不忍人之心。先王有不忍人之心,斯有不忍人之政矣。以不忍人之心,行不忍人之政,治天下可運之掌上。所以謂人皆有不忍人之心者,今人乍見孺子將入於井,皆有怵惕惻隱之心。非所以内交於孺子之父母也,非所以要譽於鄉黨朋友也,非惡其聲而然也。由是觀之,無惻隱之心,非人也;無羞惡之心,非人也;無辭讓之心,非人也;無是非之心,非人也。[1]

孟子由不忍人之心講起,然後舉出孺子將入於井爲例,證明人皆有惻隱之心,無惻隱之心,就不是人,但他同時也要證明,無羞惡之心、無辭讓之心、無是非之心,都是“非人也”。然而,孺子將入於井的例子至少不能直接證明人人都有羞惡之心,辭讓之心和是非之心。莊子同樣是從“知效一官”說起,一直到闡明了“遊無窮”的道理,然後“由是觀之”,證明“至人无己,神人无功,聖人无名”。依文本看,莊子的闡述祇能直接證明“至人无己”,至於“神人无功”和“聖人无名”,他還需要再加說明纔可以證實。但實際上,莊子想説至人、神人、聖人都能“乘天地之正而御六氣之辯,以遊無窮”。他的闡釋見於後半篇。

學者大多根據此章以下的兩章來分別解釋“至人无己,神人无功,聖人无名”這三句話,幾乎是對號入座。[2]這樣嘗試也無可厚非,但從看文字、讀文章的文脈立場來講,方法上恐怕不妥,因爲這三句話是後半篇第一章的總結。換言之,我們應該以這一章本身來解釋這三句話。此下兩章的義理當然跟此章有關,但是否必然可以依據這三句話對號入座則是另一個問題。下面我們再來討論。

到底何謂“至人无己”? 照字義講,“无己”是没有自己、没有自我,問題是義理上,這是什麽意思。其實,莊子説得十分明白,“至人”就是能够“乘天地之正而御六氣之辯,以遊無窮”的人。宋榮子和列子都没

<hr>

[1] 朱熹《四書章句集注》,第238—239頁。
[2] 比如陳引馳《莊子講義》,第115—132頁。

有這般工夫,他們不是"至人"。宋榮子嚴分内外,而且不屑於世俗中依賴別人的認可、追求事功的人,顯然,他强調人我之别,他的自我意識十分强烈。這就是有己。列子能够御風而行,内外自然合一,内外分隔,在這個意義下,他是没有自我的。也許莊子選擇乘風的比喻是有意的安排,因爲風無形,我們看不見列子雙腳踏風而飛。列子好像與大自然融爲一體,御風而不知有風。然而,列子的問題在於他的内外合一是被動的,他必須等待適當條件,等待風起,否則他就不能跟自然合一。他能够乘天地之正,但未能御六氣之辯,在這個意義下,列子也没有做到"无己",他好像必需别人替他駕車,自己纔能出遊,因此,他也無法"遊無窮"。"无己"就是没有固定的自我而又能够融入任何環境和情況去,若無其事,不著痕跡,目的當然是克服障礙,繼續完成自己的工作,到達自己的目的地。這叫作"遊"。遇到任何環境都能够主動融入,配合變化的情勢,主宰自己的行動,無所不至,能够達到這般的境界,便是做人的極致,莊子叫這樣的人作"至人"。這樣的"至人",即是無所待的人。明白了何謂無所待,回看知效一官三等人必須别人賞識,給與機會纔能發揮所長,宋榮子必須堅守内外之分,列子必需風起纔能御風而行,這些便是他們各自有所待。

四、適己之適——《逍遥遊》的後半篇第二章

後半篇第二章中的對話講的是堯要讓天子之位與許由,但遭到拒絶。堯可以讓天下給許由,前提當然是他本人是平治天下的天子。這是戰國時代的人熟悉的一個傳説。至少從孔子開始,堯、舜都被尊崇爲上古的聖王。孔子盛讚過堯説:"大哉,堯之爲君也! 巍巍乎! 唯天爲大,唯堯則之。蕩蕩乎! 民無能名焉。巍巍乎! 其有成功也;焕乎,其有文章!"[1]孔子似乎將

---

〔1〕《論語·泰伯》,見朱熹《四書章句集注》,第107頁。

堯比作天一般偉大,他的功績有目共睹,所謂"焕乎,其有文章"。焕是火光的意思。堯將許由比作日月,而自己衹是爝火燭光,他覺得自己無法跟許由相比。這是莊子想表達的意思,而火光的比喻是繼承孔子而來的。

　　堯讓天下於許由的傳説也是戰國開始的,一直流傳到漢代。司馬遷記載:"説者曰:'堯讓天下於許由,許由不受,恥之逃隱。及夏之時,有卞隨、務光者。此何以稱焉?'太史公曰:'余登箕山,其上蓋有許由冢云。'"〔1〕顯然,在這些傳説中的隱士中,許由有特殊的意義。司馬遷甚至親自做了有關許由的田野考察,也許他看見了傳説中箕山上的許由冢。或許莊子正是利用傳説中意義模糊的許由來撰寫他的寓言。在他筆下,許由有鮮明的性格。根據他對堯的回答,他自比鷦鷯和偃鼠,他可能是個遠離塵囂生活的人。學者往往以爲莊子標榜許由,貶低堯,其實原文看不出這個意思。我們衹看到堯推崇許由,但許由並沒有鄙視堯,也沒有覺得堯讓天下與他,等於一種侮辱。〔2〕如果我們將堯和許由對立起來,許由象徵鄙棄事功的清高,而堯則代表獻身政治的世俗,許由大概就會變成宋榮子一類的人。〔3〕宋榮子瞧不起"知效一官"等人,堅持内外之分,緊守自己的原則和世界。有學者更認爲尸祝的地位比庖人高,而許由以尸祝自居,輕視堯的樽俎,但這樣解讀就不啻把許由

---

〔1〕 司馬遷《史記》,北京:中華書局,1963 年,第 2121 頁。

〔2〕 許由在《莊子》書中七篇(内篇《逍遥遊》、《大宗師》;外篇《天地》;雜篇《徐無鬼》、《外物》、《讓王》、《盜跖》)出現,但形象並不相同。即使同樣屬於内篇,《逍遥遊》和《大宗師》中的許由也有不同。《天地》篇更以許由爲堯的老師。《盜跖》篇則:"許由得帝而不受,非虛辭讓也,不以事害己。"這跟《逍遥遊》的許由可謂一樣。各篇中不同的許由形象足以證明讀《莊子》,應該先依照各篇本身的脈絡理會,然後再嘗試互相發明。

〔3〕 這個看法與雜篇《徐無鬼》大致相同。《徐無鬼》云:"齧缺遇許由,曰:'子將奚之?'曰:'將逃堯。'曰:'奚謂邪?'曰:'夫堯,畜畜然仁,吾恐其爲天下笑。後世其人與人相食與! 夫民不難聚也,愛之則親,利之則至,譽之則勸,致其所惡則散。愛利出乎仁義,捐仁義者寡,利仁義者衆。夫仁義之行,唯且無誠,且假乎禽貪者器。是以一人之斷制利天下,譬之猶一覕也。夫堯知賢人之利天下也,而不知其賊天下也,夫唯外乎賢者知之矣。'"見郭慶藩《莊子集釋》,第 861 頁。

與宋榮子等而視之了。結果，標榜許由反而讓他的心胸變得狹隘了。[1]莊子沒有這個意思。

其實，這一章的重點在名實關係，也可以説是主客關係。上一章講至人的修養工夫，完全從他所能達至的成就立論，而他的成就又僅僅表現於他如何主宰外面世界。所謂"天地之正"和"六氣之辯"，乃至"遊無窮"，都是指外面世界而言，並没有涉及至人的内心。外在世界變化無定，但至人的内心必然有定主，否則他會受到環境牽制，不可能當自己的主宰，在外面的世界"遊無窮"。宋榮子便是一個明證。這一章的重點在主客關係，正是要説明當主宰的重要性，外面世界是客，應該由主來乘御。主纔是"實"之所在，"名"必然從"實"而生。如此理解，從敍事結構來看，這一章便是繼續説明至人的修養問題，補充上一章從外面世界來形容至人的成就。

堯認爲天下大治，表面上看來是他的功績，實際上則是許由自身的存在所造成的，他本人祇是尸位素餐。許由不同意，但這不是他拒絶當天子的重點。對他來説，没有天子的功績而佔有天子的虚名，是不能接受的事。他要的是"實"，不是"名"。當天子的生活與他不相干，對他是虚假的。他自比鷦鷯，深林雖大，他祇需要一椏樹枝棲身；他也像偃鼠，不需要整條河流，填滿肚子的河水就足够了。一椏樹枝和滿肚子的河水都是充實的，其餘的枝葉和奔流不斷的河水都與他無關。換言之，深林和河流不啻都是虚名，祇有棲身的樹枝和飽肚的河水纔是真實。同

_____

[1] 楊立華先生認爲："'堯讓天下於許由'章的小大之辨之所以難以分判，在於堯似乎並不見小而許由又不足爲大。然而，從對待天下的態度看，許由既'無所用天下爲'，則亦無所用於天下。以無所用於天下爲大，正是《逍遥遊》小大之辨的宗旨所在。"見所著《莊子哲學研究》，第74頁。按："無所用天下爲"與"無所用於天下"意思截然不同，不知何故楊先生等而同之。又他認爲以無所用於天下爲大，但這並非許由自己的説法，何以這便是大，楊先生並没有解釋。小大之辨何以又是《逍遥遊》篇的宗旨所在，同樣欠缺論證。許由既然無所用於天下，何以又不足爲大？ 如果《逍遥遊》篇的宗旨僅在於小大之辨，篇中其他義理又應該如何認識呢？

理,天下雖大,與我何干? 祇有合乎自己真性的生活纔是真實。[1]許由並沒有貶低堯,也沒有鄙視天下,因此,他説尸祝和庖人各有自己的本分,互相尊重便好。

　　對於"堯讓天下於許由"這句話,學者的理解都祇顧"堯讓"和"許由"四個字,偏偏忽略了"天下"。上一章由"知效一官,行比一鄉,德合一君而徵一國者"説起,最高一層是君和國。堯讓天下於許由,講的是天子和天下,遠高於君和國,而且"知效一官"等人是仰人鼻息向上攀爬,堯則拱手禪讓天下與一個隱士。兩相對比,即是前半篇所講的"小大之辯"。面對在外面世界中無可再大的天下和無以尚之的天子之位,許由拒而不受,無疑他心中必然有更大更高的把持。一言以蔽之,許由把持的即是他所講的"實",亦即是真正屬於他自己的生活,他就是"主"。天下和天子之位都不過是一枝以外的深林和一腹以外的河水,亦即是自作主宰的一己以外的"名"和"客"而已。

　　清代學者、桐城派散文三祖之一劉大櫆(1698—1779)認爲,這一章是闡發上一章所講的"神人无名"。[2]這個説法顯然是從敘事結構來考慮的,但沒有交代許由何以可以稱爲"无名"。依照這樣的解釋,許由沒有接受天子之位,"无名"就變成根本沒有名,而非不符合真實的名。[3]這並不是許由辭名的用意;他並沒有説過他根本不要名。他顯然不會介意"鷦鷯"和"偃鼠"之名。

　　然而,從義理上看,這一章的確可以解釋何謂"神人无名",甚至還

---

[1]　内篇《養生主》云:"澤雉十步一啄,百步一飲,不蘄畜乎樊中。神雖王,不善也。"見郭慶藩《莊子集釋》,第 126 頁。同樣講澤雉追求適性的生活,但這個比喻的用意在於闡明該篇的養生主旨,而非烘托適性生活與政治世界之間的張力。我們不宜藉此對堯讓天下與許由的故事作養生思想的發揮。

[2]　劉大櫆説:"證聖人無名。"見錢穆《莊子纂箋》,臺北:東大圖書公司,2006 年,第 4 頁。按:劉説以"聖人"等同"神人",可以直接互用。

[3]　陳引馳教授認爲,"許由並不否認堯治天下之功,在這一點上,他承認要自成其'名',祇是他拒絶如此的'名'聲,不願冒堯治天下之名而已。這是最明顯的'无名'的表示。"氏著《莊子講義》,第 87 頁。説法與本文不同。

可以解釋何謂"聖人无功"。如果堯的説法可靠,天下大治的最終原因是由於許由自身的存在,那麽,許由實際上有治天下之"實"而没有天子之"名"。如果這個説法能够成立,那麽,"神人无名"的"无名"指的是有"實"而"无名",而不是根本没有聲名。[1]從邏輯上來講,世上没有治世聲名的人何其多,難道他們都是神人?同理,"聖人无功"指的是實際上有平治天下之功,但在世人眼中,功勞卻不在其人身上,而不是其人根本没有功勞。從邏輯上來講,世上没有治世功勞的人何其多,難道他們都是聖人?至於何以許由又可以算作"神人",甚至是"聖人"呢?答案則在下一章,這一章僅僅留下伏線。

這一章要凸顯的畢竟是許由所享受的"實",亦即是適己之性的真實生活。針對這一點而言,以"神人无名"來解釋此章,便完全忽略了這一關鍵事實。許由不失自己的真性,他屬於深林。整個天下的誘惑,他都能够無動於衷,表面看來,許由能够固守内在的自我,好像宋榮子,但實際上許由祇是適性,他根本没有固守不固守的考慮,因此他不像宋榮子一般"定乎内外之分",更没有嗤笑堯。許由祇是適性忘己。在適性的生活裏,連内在的自我也忘掉,好像魚在水中,這就是莊子所講的"无己"。然而,這一章没有稱呼許由爲"至人",因爲上一章説"至人"是能够隨時隨地融入外面世界的人,而許由並没有顯示出"至人"的這一個特點。

雖然這一章的重點在强調許由的適性,重"實"輕"名",但要適性同時又能够融入外在世界,其間無疑存在相當的張力,許由並未能融合内外。所謂外在世界,在《逍遥遊》篇指的是政治世界。上一章裏"知效一官、行比一鄉、德合一君而徵一國"的三等人,其實已經清楚説明這一點了。從敘事結構來看,第二章是一個重要的伏筆。許由没有接受堯禪

---

〔1〕《老子》第二章云:"是以聖人處無爲之事,行不言之教;萬物作焉而不辭,生而不有。爲而不恃,功成而弗居。夫唯弗居,是以不去。"見樓宇烈《王弼集校釋》,北京:中華書局,2017年,第6—7頁。此章所講的聖人行爲,與本文對許由的分析一致。

讓的天下,這象徵適性生活與政治世界之間存在張力。這個張力問題
在下一章就變得顯豁了。[1]

五、内外之間的張力——《逍遥遊》的後半篇第三章

　　"神人"的稱謂在後半篇第三章再次出現,他住在藐姑射山上,遠離
塵世。他"不食五穀,吸風飲露,乘雲氣,御飛龍,以遊乎四海之外。其
神凝,使物不疵癘而年穀熟"。這些特點都與"无名"没有直接無關,因
此,這一章的用意也不在解釋何謂"神人无名"。從"神人"能够"乘雲
氣,御飛龍,而遊乎四海之外"來看,他應該更符合"至人"的形象。但我
們不禁要問,遊乎四海之外的"神人"爲什麼要選擇居住在藐姑射山上
呢? 他不食五穀,吸風飲露,名副其實就是不食人間煙火,可見"神人"
是要遠離塵世的。遠離塵世纔適合"神人"的性情。

　　神人和許由都同樣適性,都同樣"不弊弊焉以天下爲事"。再深入
一層看,許由其實也是"物莫之傷"的人,因爲天下没有任何事物可以使
他失去自己的真性。傷指的是傷害真性;[2]宋榮子猶然嗤笑爭取事功
的世人,就傷真性了。神人不食五穀,吸風飲露,不啻没有沾染俗世文
化,猶如斷髮文身的越人不識中原文化,天下好像宋人要兜售的章甫禮
帽,神人無所用之。其實,許由何嘗不也是越人,因此他拒絶了堯禪讓
的天下。這一章裏的堯所看見的藐姑射山上的四子,應該也是神人,在

─────────

〔1〕 外篇《知北遊》載仲尼曰:"古之人,外化而内不化;今之人,内化而外不化。與物化者,一
　　不化者也。"見郭慶藩《莊子集釋》,第 765 頁。至人不失自我主宰,"乘天地之正,御六氣
　　之辯"的工夫,可謂"外化而内不化"。《淮南子·人間訓》云:"得道之士,外化而内不化,
　　外化,所以入人也,内不化,所以全其身也。故内有一定之操,而外能詘伸、贏縮、卷舒,與
　　物推移,故萬舉而不陷。所以貴聖人者,以其能龍變也。"見何寧《淮南子集釋》,北京:中
　　華書局,1998 年,第 1298—1299 頁。所謂"入人",即是從一己之"内",進入"外",即處身
　　於人間世,待人接物,其間必需"外能詘伸、贏縮、卷舒,與物推移,故萬舉而不陷"。許由,
　　能够内不化,但未能"入人"。
〔2〕 按:"傷"字在《莊子》中出現三十七次,大多是此意,内七篇的七次用法更是如此。

他們面前,堯頓時覺得"窅然喪其天下"。借用上一章堯的説法,許由是日月之明而堯不過是燭光,燭光在日月之光下,自然黯然失色。堯不禁"自視缺然",因爲政治世界的成就儘管圓滿,卻無法與自得自適相比,因此堯要讓天下與許由;堯也渴望自得自適。這一章裏神人的塵垢粃糠,足以陶鑄堯、舜,正是要説明堯的渺小,而堯的渺小亦即是世俗政治的微不足道。根據我們的分析,堯無疑是選錯對象來讓位了,但或許這正是莊子的詼諧;天下人爭相追逐的天子之位,竟然在兩個以適性爲上的人之間互相推讓,豈非透露了莊子偏内輕外的本心?

在上一章的分析中,我們提問許由爲什麽可以算作"神人",這一章提供了答案。藐姑射山上的神人,"塵垢粃糠,足以陶鑄堯、舜",而堯、舜卻是平治天下的天子,然則堯、舜實際上祇是神人平治天下的代理人。在上一章中,堯把平治天下之功歸於許由,追本溯源,許由纔是真正使天下大治的人。換言之,許由也是神人。恰恰因爲許由是神人,世人無法知道他纔是平治天下的終極原因,他們祇看見他的塵垢粃糠、他的代理人堯坐在天子之位上,因此,許由沒有治天下之名,他"无名"。如果平治天下之人稱爲"聖人"——這確實是春秋戰國時人的理解[1]——那麽,世人也不會認爲許由有平治天下之功,他自然也"无功"了,但他實際上是"聖人"。劉大櫆説這一章"證神人無功",[2]應該就是這樣考慮的。如此説來,儘管上一章的主旨是名實主客關係以及

[1]《論語·雍也》載子貢曰:"如有博施於民而能濟衆,何如? 可謂仁乎?"子曰:"何事於仁,必也聖乎! 堯、舜其猶病諸! 夫仁者,己欲立而立人,己欲達而達人。能近取譬,可謂仁之方也已。"《論語·憲問》載子路問君子。子曰:"修己以敬。"曰:"如斯而已乎?"曰:"修己以安人。"曰:"如斯而已乎?"曰:"修己以安百姓。修己以安百姓,堯、舜其猶病諸!"分別見於朱熹《四書章句集注》,第91—92、160頁。關於"神人",《逍遥遊》謂"之人也,之德也,將旁礴萬物以爲一","其神凝,使物不疵癘而年穀熟",其中所講的"德",對應孔子所講的"修己",而"旁礴萬物以爲一"和"神凝,使物不疵癘而年穀熟"則對應"安人"和"博施於民而能濟衆"。兩者都是涉及内外貫通的關係。

[2] 引自錢穆《莊子纂箋》,第6頁。按:劉説以"神人"等同"聖人",可以直接互用。參看第24頁注[2]。

相關的適性問題,但同時也蘊藏著對"神人无名"和"聖人无功"的解釋。在這層義理上,後半篇第一章以"至人无己、神人无名、聖人无功"來總結"乘天地之正,而御六氣之辯,以遊無窮",表面上祇是論證了"至人无己"而並未證明"神人无名、聖人无功",但第二章講堯讓天下於許由和第三章講神人"塵垢粃糠,足以陶鑄堯、舜",則補充了第一章缺乏的論據。

"德合一君而徵一國"的人上面還有君和國,堯是擁有天下的天子,可說代表了君國,而在政治世界裏,君國之上沒有更高的層次了。内心世界的超然高於現實的政治世界,這一看法終於"圖窮匕見"了。上一章許由和堯分別被比喻作尸祝與庖人,可說是各安其位,這一章神人的不肯以物爲事,他的塵垢粃糠,足以陶鑄堯、舜,顯然神人遠比堯、舜優越,適性比治世重要。但到底神人有沒有用自己的塵垢粃糠,陶鑄了堯、舜,或者,有沒有"神凝,使物不疵癘而年穀熟",莊子在這一章中沒有說得明白,適性與治世之間的張力,仍然沒有明顯化解。

學者甚少注意上一章和這一章的關係,其實,從敘事布局來看,這兩章的主角都是堯。莊子是藉堯來分別烘托出許由和神人的意義。之所以如此,因爲政治世界是莊子生活中的現實世界,也是莊子思想的出發點和參照背景。《逍遙遊》後半篇從"知效一官"三等人説起,道理正在於此。最後的兩章都是惠施與莊子的對話,從敘事布局上看,莊子是藉惠施作爲祇知道"用"的思維的代言人,以便他本人闡發"无所可用"之爲"大用"的道理。這跟後半篇第二和第三章以堯爲中心藉許由和神人來闡發義理,構思模式是一樣的。

六、大用與小用——《逍遙遊》的後半篇第四章

後半篇前三章從針對政治世界的事功而發,指出内在自我纔是個人的真正主宰,但並沒有完全抹殺外面的政治世界。事功的本質究竟

以實用爲依歸,因此空言無用,從"知效一官"到平治天下,等級的差別正在於事功的大小。事功在外面世界呈現,推崇事功的卻是"用"思維和價值觀。後半篇最後兩章承接前三章講事功,反過來批判推崇事功的"用"思維和價值觀,以總結下半篇,這可算是莊子消解適己和事功之間的張力的意圖。

後半篇第三章中肩吾和連叔的對話帶出神人,再由神人引出堯來烘託神人的優越地位。這一章的敘事手法類似。莊子先用魏王贈送惠施大瓠來帶出莊子所講的不龜手之藥的比喻,由此闡發"大用"的道理。而後半篇第二章中堯和許由的簡單對話,跟這一章中惠施和莊子的簡單對話,又各自包含比喻,顯然這也是敘事布局所營造的雷同結果。瞭解各章的敘事布局,我們就能夠比較清楚看見各章義理的重點。

表面上,後半篇最後兩章都是講用,第四章講大用和小用,第五章講無用和有用,但實際上,兩章都是講適性自得,這跟第二和第三章表面上講事功而實際上講適性自得互相呼應,同時後半篇第二、三、四、五章義理上也一以貫之。第四章環繞大瓠展開,其實故事無需牽涉魏王,假定莊子行文不會浪費多餘的筆墨,我們就應該問,魏王在故事中到底有何意義。魏王是一國之君,卻贈送與政治無關的大葫蘆種子給惠施。也許莊子的用意是,他要把敘事從後半第一、二、三三章所講的政治世界,轉換到日常生活去。莊子要提醒我們,除了政治世界以外,人生也需要講用。其實,在上一章,他已經暗中埋下了伏線。宋人向越人兜售章甫禮帽,斷髮文身的越人無所用之,禮帽在越人的生活中毫無用處。

不龜手之藥是一個精彩的比喻。原來藥是漂洗棉絮的日用品,在日常生活幾乎微不足道,卻變成政治世界裏的大用。莊子似乎在暗示,要在政治世界發揮大用,先要懂得日常生活。[1]如此說來,日常生活是

---

[1]《老子》第十三章云:"故貴以身爲天下,若可寄天下;愛以身爲天下,若可託天下。"道理與本文此處分析的有用無用思想相通。

政治生活的基礎;〔1〕莊子並没有否定不龜手之藥對漂絮的人家的用
處。正如上文所説,這一章並非要講政治,因此,大瓠的比喻其實最終
是要講日常生活。在日常生活中,不應該凡事祇顧實用,祇考慮怎樣利
用物件來满足物質生活的需要。利用不過是一種手段,而手段是針對
世俗既定的目的來考慮的。惠施祇懂得考慮用大瓠作盛器,不知道物
質生活需要以外,還可以有另外一種屬於自己的"無用之用"。换言之,
對外界無用並不等於對自己無用,對適己之性無用。

　　必須强調,莊子並没有反對"用",如果大瓠能够用來盛水,他絶不
會反對。莊子反對的是,如果大瓠不能用來盛水,就等於"無用"這一種
想法,甚至要把它砸破。惠子所關心的用,局限於在外面世界能够產生
的作用,因此,他講的用都屬於已知既定的用途。莊子則不然,他不反
對人人習知的針對外面世界的用途,但更强調靈活的運用。《逍遥遊》
篇中"用"字出現八次,其中惠子提到的"用"都是名詞,表示是固定的用
處。其餘代表莊子意見的"用"字都是動詞,應該不會是巧合。或者,我
們可以進一步説,莊子反對的是,有用與無用不應該祇針對外面的世界
來講,更重要的是,"用"應該直接緊扣人自身來講。將大瓠綁在腰間,
隨河水漂流,本身就是一種樂趣,而樂趣自然是針對人本身來講的。必
須注意,莊子不是説用大瓠來當交通工具,飄河渡江。如此説來,莊子
要批評的是祇顧對外功利的思維模式、定勢和習慣。外面的世界應該
爲内在的自我服務,祇有這樣,"無待"纔有可能,而個體纔能真正成爲
自己的主人,纔能是真"實"而不是虚"名"。"待"是有固定目標和對象
的,"無待"則恰恰相反。如果大瓠是用作交通工具,就有針對特定目
地的考慮,反之,祇是爲了個人享受,任何地方都可以用得上。現實中
的一切,乃至現實中還没有存在而僅僅在内心的想象之中的一切,都可

----

〔1〕 按《論語·爲政》載或人謂孔子曰:"子奚不爲政?"子曰:"《書》云:'孝乎惟孝,友于兄弟,
　　施於有政。'是亦爲政,奚其爲爲政?"見朱熹《四書章句集注》,第59頁。孔子同樣以個人
　　生活爲政治生活的基礎,甚至將兩者等同。莊子或許於此有所啓發。

以化作配合完成個人目標所需要的條件。這正是"無待"的真正意義。

　　然而，人怎樣纔會想到可以用大瓠來游水作樂呢？騎車或駕車或開飛機在天上漫遊作樂，並非人人都會享受的活動，但什麼活動本身不是關鍵所在，祇要有享樂自娛的欲求，自然有相應的方式，不必人人盡同。所謂享樂自娛，實即適性，自得其樂。最重要的是，莊子認爲，適性自得比一切都重要。即使要涉足政治，也必須先懂得適性自得。這就是這一章安排魏王送惠施大瓠種子的用意；這也是莊子在回答中故意強調不龜手之藥可以在政治世界產生大用的原因。再者，在最後一章裏，惠施自己把話題轉入政治世界。在大瓠故事裏的惠施不懂得適性，根本沒有適性自得的觀念。這就是莊子批評他的"有蓬之心"，也就是凡事都以"用"思維來認識和對待，重心在外而不在內，在物而不在我。在此意義下，惠施猶如"知效一官"三等人。從敘事布局上看，這一章也呼應了後半篇第一章，而義理上也前後一貫。

七、無用與有用——《逍遙遊》的後半篇第五章

　　最後一章所講似乎是延續上一章尚未發覆的道理，兩章其實可以合爲一章看。惠施似乎在反駁莊子所講的道理，也就是，懂得個人自娛享樂，破除祇顧用物來解決問題的思維，到底並不能够在政治世界裏發揮什麼作用，其實等於"大而無用"。莊子的道理儘管精彩高妙，但好比大樗，並無實際的用處。這一環節呼應了後半篇第二章中肩吾引述接輿的話，莊子的道理同樣是"大而無當"。惠施的質問不啻把個人的日常生活重新轉移到政治世界來，這也是後半篇第四章到第五章之間的內在理路。同時，個人適性自得與政治功績之間的張力又再次呈現，不啻是兩者的拉鋸戰。莊子並沒有直接回答惠施，但指出政治世界裏潛在的危險，從政的人好像狸狌，隨時會"中於機辟，死於罔罟"。這是祇顧利用工具，嘗試對外面世界發生作用可能面對的最壞後果。更具體

説,這是個體以自己本身作爲工具,嘗試去改變外面世界的最悲慘的結局,這是内外之間的張力最終失衡的結果。反之,在政治世界裏"大而無用"的犛牛卻得以全身。這一環節又呼應了後半篇第一章中活躍於政治世界裏的"知效一官"等人,他們獲得上司賞識,但往往要付出生命作代價。他們都是狸狌。至人則猶如犛牛,"卑身而伏,以候敖者",不合他的本性,他不參與,自然不會有任何表現,可以領功。在這個意義下,他無功也無名。也許這裏呼應了後半篇第一章的"神人无功,聖人无名"。至人求適性,自得忘己,因此他"无己"。這在此呼應了接輿話中藐姑射山上的"神人","不食五穀,吸風飲露,乘雲氣,御飛龍,而遊乎四海之外","大浸稽天而不溺,大旱、金石流、土山焦而不熱","物莫之傷",因爲他"不肯弊弊焉以天下爲事"。

最後,莊子好像要再點撥惠施怎樣可以適性。他説:"今子有大樹,患其無用,何不樹之於無何有之鄉,廣莫之野,彷徨乎無爲其側,逍遥乎寢臥其下? 不夭斤斧,物無害者,無所可用,安所困苦哉!"大樗不能用作木材,滿足外在世界的需要,這本來就不是它生存的目的,但如果把它移植到一個廣大的空蕩世界,在那裏根本無需滿足任何外在需要,它没有用處,自然不會受到砍伐的傷害。在那裏,功利的計算心消失了,我們終於可以正視大樗自身的存在,與它共存。我們可以在樹旁徘徊,無所事事,可以躺臥在樹下神遊,無所牽掛。莊子還是重複適性自得、内心的享受比外面的功業重要的道理。這是人自身無所依待而又是最寶貴的内在價值。如果綁著大瓠浮游江湖未必是人人所好,但無牽無掛,擺脱俗慮,安心散步,陶醉夢鄉,總不會有人不懂得享受。跟綁著大瓠浮游江湖一樣,樹大樗於無何有之鄉,廣莫之野,"彷徨乎無爲其側,逍遥乎寢臥其下,不夭斤斧,物無害者",也是把"用"直接緊扣人自身來講。

在《逍遥遊》全篇的最後一章,"逍遥"一詞終於出現了。我們與其追究它的詞義,不如直接根據原文來理解它的實際意涵。事實上,"逍遙”是莊子創造的新詞,在他之前,古書裏如《詩經》有“消搖”一詞,意指散步。[1]“消搖”是個連綿詞,寫法可以不止一種,[2]莊子換了一個寫法,變成“逍遙”,但散步的意思依然有所保留,因此,在第六章,“逍遙”與“彷徨”對舉。成玄英疏:“彷徨,放任之名。逍遙,自得之稱。”[3]又《莊子・天運》:“風起北方,一西一東,在上彷徨,孰噓吸是?”成疏:“彷徨,迴轉之貌。”[4]可見彷徨原來指走動飄蕩而言,但莊子講新義理,“彷徨”便由身體的走動變爲心靈的放任。而與“彷徨”對舉的“逍遙”自然也有新的意涵,否則莊子無需創造新詞,成玄英説“逍遙”就是“自得”。必須指出,成疏説“放任之名,自得之稱”,重點在“名”和“稱”,他特別強調莊子爲“彷徨”和“逍遙”這兩個“名”和“稱”創造了新的義理。最後還要補充一點,就是在內篇《大宗師》中,“彷徨”和“逍遙”還有一次連用:“芒然彷徨乎塵垢之外,逍遙乎無爲之業。”成疏:“彷徨、逍遙,皆自得逸豫之名也。”[5]成疏是直接把兩者當作同義詞了。

　　“逍遙”可説是一種精神上的漫步,它是由日常生活中的行動而來的活潑境界,它不是死寂的境界。從構字來看,“逍遙”兩個字都从辵。《説文》卷二下辵部:“辵,乍行乍止也。”[6]辵是走一下,停一下,隨意漫步的意思。“逍遙”表示的正是在生活中達至的這樣的心態和心情。爲了強調這種動態的“逍遙”心境,莊子於是特別提出一個“遊”字。“遊”字也是从辵,這不會是巧合,而毋寧反證莊子把從前的“消搖”改作“逍

---

[1] “消搖”一詞不見於傳本《詩經》,而“逍遙”則見於《鄭風・清人》、《小雅・白駒》和《檜風・羔裘》,當爲後人所改。《禮記・檀弓上》:“孔子蚤作,負手曳杖,消搖於門。”可見未改之貌。有關論證,參看勞悦強《遊於常與變之間——莊子逍遙義解》,《杭州師範大學學報(社會科學版)》2017年第6期,第3—4頁。

[2] 參看李智福《莊子“逍遙”義考釋》(《中國哲學史》2016年第1期,第28—32頁)和陳致《“逍遙”與“舒遲”:從連綿詞的幾種特別用法看傳世經典與出土文獻的解讀》(《簡帛研究》2015年春夏卷,第1—14頁)。

[3] 郭慶藩《莊子集釋》,第41頁。

[4] 同上書,第495頁。

[5] 同上書,第270頁。

[6] 段玉裁《説文解字注》,第70頁。

遥”的用心,他要强調“逍遥遊”是動態的生活方式。篇題叫“逍遥遊”就是最醒目的標示。

從語法上講,逍遥遊是説逍遥的遊,逍遥是形容詞,遊纔是關鍵所在。换言之,莊子其實要講遊。當然,他講的不是一般意義的遊,他有特殊的講法,也即是説,遊必然是逍遥的,不逍遥的就不能算遊。反過來説,能够逍遥就是能遊,逍遥與遊是一而二,二而一的。如果我們必須參照《莊子》全書來講,我們也會發現,書中所講的“遊”,的確都是“逍遥遊”。因此,列子能够御風而行,莊子没有稱之爲“遊”,“行”與“遊”性質不一樣,所以説列子“猶有所待”。真正能“遊”的祇有至人和神人,他們“惡乎待”。

此外,莊子建議惠施,“何不慮以爲大樽而浮乎江湖”,綁著大瓠,“浮乎江湖”,利用大瓠的浮力,順水隨勢而浮游,未嘗不可説也是“乘天地之正而御六氣之辯,以遊無窮者”,分別祇在空中乘御而遊和水上浮游。《説文》卷十一上二水部:“浮,氾也。”[1]又:“氾,濫也。”段注:“《楚辭·卜居》:‘將氾氾若水中之鳧乎。’王逸云:‘氾氾,普愛衆也。若水中之鳧、羣戲遊也。’”[2]可見浮是在水中遊戲娱樂的意思。莊子建議惠施以大瓠作樽,浮乎江湖,其實即是叫他去遊玩,不要老想著大葫蘆可能的功利用途,而忘記娱樂自己。這當然還是無牽無掛,逍遥乎寢卧大樹之下,自娱自足的意思。所以説,遊必然是逍遥的,而逍遥也即是遊。逍遥和遊都是行動的,但同時也是行動中的心境、行動的精神境界。

必須强調,直接和間接講“遊”的三段文字都在《逍遥遊》的後半篇,這清楚説明“逍遥遊”的真義即在後半篇。篇題祇是點明全文的主旨而已。如果篇題是作者本人所定,固然準確代表了他自己的看法,但如果是後人所加,更可以看出他應該也是根據文章的後半篇來認定作者的

---

〔1〕 段玉裁《説文解字注》,第549頁。按:段注稱《説文》各本皆作“浮,氾也”,但認爲浮當訓作“汎”,而浮、汎互訓。

〔2〕 段玉裁《説文解字注》,第549頁。段注引《論語》“汎愛衆”,謂“此假汎爲氾”。

看法的。

八、小大之辯——《逍遥遊》的前半篇

逍遥遊的意義既然在後半篇，那麽，《逍遥遊》前半篇的作意又是什麽呢？

正如上文所講，《逍遥遊》的前半篇祇有一章。這一章可以細分爲四節：

1. 開篇講北冥海底的鯤化爲高飛九萬里蒼天的鵬，引《齊諧》作證。

2. 藉積水講高飛遠赴南冥，必需六月的海運，擊水三千里所產生的衝力以及大鵬足以沖天的巨大翅膀。

3. 藉蜩和學鳩嘲笑大鵬遠飛，再次強調千里的遠行必需充分的裝備，從而凸顯蜩和學鳩的眼界短淺和無知，繼而講及世人不知大年小年的分別。這一節的重點在區別“大知”與“小知”。

4. 最後，藉湯問棘，重述大鵬“絶雲氣，負青天，適南冥”，而爲斥鷃所笑。總結一句：“此小大之辯也。”

之所以把前半篇看作一章，恰恰因爲總結的一句話是涵蓋從開篇至此的文字。其中所講的都是大小的差異，包括大鵬和蜩、學鳩、斥鷃代表的動物之間的差異、朝菌與蟪蛄和冥靈與大椿代表的植物之間的差異，還有世人和彭祖代表的人類之間的差異。關於動物的差異，文中特別講了遠飛必需異常的裝備和積累，這即是“大”，遠大目標、廓大視野、龐大包容。同時又用擬人法，藉蜩、學鳩和斥鷃的嘲笑，指出眼界短淺不識大、自甘於小的道理。這即是“小”。植物之間的大小比較純粹是用誇張手法，描寫朝菌和大椿在體型大小和壽命長短兩個極端之間的落差。至於世人和彭祖所針對的自然是我們，莊子真正關心的對象。他用了一句“不亦悲乎”來概括世人的見識和眼界。誠然，這也是莊子對蜩、學鳩和斥鷃不言而喻的態度，但對於動物，莊子要突出的是它們

嘲笑大鵬而流露的無知乃至自誇,而對於世人,他則要強調一個"匹"字。匹是匹比、效法,匹的對象當然也就是世人認爲的最高的理想。莊子在此不否定匹,世人的可悲不在於匹,而在於所匹的對象。世上有大椿,世人卻偏偏以爲彭祖是長壽的極致,這是他們的可悲之處。

前半篇整章點出小大之辯,後半篇繼而環繞小大之辯展開。從"知效一官,行比一鄉,德合一君而徵一國"三等人,而宋榮子,而列子,好比從朝菌、蟪蛄而冥靈,而大椿一般。換言之,後半篇其實也是在講小大之辯,而世人羨慕彭祖則是由前半篇講動植物世界轉入後半篇人間世的伏線。後半篇五章仍然貫穿著前半篇所講的小大之辯,但前半篇強調積累裝備,這些需要修養工夫,也需要開拓視野,需要在蒼天一般的高度觀照萬物。一言以蔽之,需要"大知"。而後半篇則講"大知"的内容,其中最大者莫過於認識一己的真性。總之,後半篇五章仍然貫穿著上半所講的小大之辯。

莊子的用詞也透露了這個消息。"行"字在全篇出現三次,一次形容"行比一鄉",另兩次形容列子"御風而行"及"雖免乎行";兩個"行"字的詞格不同,但所指都是修養工夫和成就,其中有小大之辯。當然,最關鍵的是"行"和"遊"之間的小大之辯。"德"字出現兩次,一次形容"德合一君而徵一國者",一次形容神人"之人也,之德也,將旁礴萬物"。這也是兩者之間的小大之辯。

必須指出,在《逍遙遊》篇中,"行"並非與"飛"相對,事實上,列子"御風而行"即是飛,但莊子稱之爲"行"。在《逍遙遊》篇中,飛也叫作"翱翔",指的是斥鷃在蓬蒿之間的飛行,而且斥鷃還自誇是"飛之至也"。篇中有兩處直接使用"飛"字,分別形容學鳩的"決而飛",即一躍而起飛,還有大鵬的"怒而飛","摶扶搖而上者九萬里"。可見"飛"指的是物理活動,而"行"指的是修養,不啻是修行,而不是走路,所以説列子"御風而行"。"飛"和"行"並不對應,與"行"對應的是"遊","遊"也是修養的工夫。"遊"字在篇中出現兩次,一次形容"乘天地之正而御六氣之辯,以遊無窮”,一次形容神人“遊乎四海之外”,都是形容“逍遙”。“行”與“遊”之間的差異實際上是“德”有大小。而這個小大之辯正是全篇所講的“逍遙遊”的前提。這也是《逍遙遊》前半篇的義理和作意所在。從敘事結構來看,就是鋪墊。

從靜態的境界上講,大知融合內心和外界,若“知效一官”三等人,僅知有外,不知有內,固然是小,他們無異於蜩與學鳩和斥鴳。若宋榮子的隔絕內外同樣是小,若列子未能隨時隨地融合內外也是小。從動態的工夫而言,大知能夠在外界審時度勢,遲速有度,進退自如,遊止其中,而在整個過程中,心境又能閒適愉悅自在,動中有靜,靜中見動,動靜如一,這又是大的表現。

“大”本身自足,因此不會匹比,自然不會嘲笑別人,也不會自誇。因此,不龜手之藥本身並無大小可言,莊子並沒有瞧不起它,適時適當運用,可以成大功,如何適時適當運用,則需要大知。漂絮人家不知天地之大,眼前祇有每天的溫飽,祇有小知。受制於動物性需要的人,懂得追求和能夠滿足的也就是動物性的需要,蜩與學鳩便是如此,而這些需要都會牽涉利害得失,如蜩與學鳩“搶榆枋,時則不至而控於地而已矣”。惠施看著大瓠大樗發愁,因爲他心裏祇會考慮外在的利害得失,所謂“有蓬之心”。有蓬之心自然容不下“大知”,雖然惠施沒有受制於每天的溫飽,他甚至也沒有牽掛利害得失,但他束縛於“小知”。他的見識局限於“用”的想法本身;凡事他都祇會從“用”去觀察、認識、衡量、判斷、評價。他無法跳出“用”來看事物。這就是“小知”。局限在小知的有蓬之心,自然不能“遊”,不能“逍遙”。

九、何謂“逍遙遊”

從上述的分析,我們可以清楚看見,莊子在《逍遙遊》篇中安排的每一個角色和情節都有其特殊的作用,必須依照它們的特定文脈來理解,而不應該由讀者任意解讀。換言之,整篇文章是一個有機體,好像人體一樣,每一個器官都有本身的作用,雖然可以共成一體,功能也可以合作,發揮更大的作用,但原則上不宜互换。例如,比起漂絮人家,把藥方獻給吴王的人,眼界無疑闊大多了,這是獻藥方者在比喻裏的作用和意義,莊子要講小大之辯。他的目的達到了,讀者對這個比喻的解讀也就應該適可而止,不宜再有更多的引申。如果我們説,獻藥方者雖然眼界比較闊大,畢竟他仍然是"德合一君而徵一國"而已,他仍然是小,還比不上宋榮子和列子,更非至人、神人、聖人。這樣的推演可以説是過度詮釋,絕對不會是莊子原來的構想。

明白這一點,我們最後來看看大鵬在篇中的敘事意義。學者講逍遥遊,幾乎沒有不斤斤於大鵬是否逍遥的問題。誠然,這樣的角度並非現代學者的創意,早在三世紀的郭象便開始了,但他講的逍遥指的是"物任其性,事稱其能,各當其分",[1]跟現代學者的講法不同。用現代學者的語言講,逍遥是所謂"完全而絕對的自由狀態"。[2]有些學者認爲大鵬是無拘無束,絕對自由的象徵,理由似乎不言而喻,就是大鵬的龐大身軀,氣勢磅礴,高飛上九萬里蒼穹,横跨無阻無垠的天空。但反對者也大有人在,理由是學鳩和斥鷃固然有小的局限,大鵬卻有大的難處,從某個意義上講,大鵬需要更多的條件纔能高飛,可説是更不自由。陳引馳先生説:"大鵬乘風而起,風成爲它展翅高飛的助力,同時作爲一種條件也構成了某種限制和約束。"[3]反對意見看似有道理,但這裏所謂自由,無疑視乎條件而定,絕對自由,必然無需任何條件,然則世上又

---

〔1〕 郭象解釋《逍遥遊》篇旨曰:"夫小大雖殊,而放於自得之場,則物任其性,事稱其能,各當其分,逍遥一也。"見郭慶藩《莊子集釋》,第20頁。楊立華先生認爲,郭象這段注文説的是,"逍遥是以正確的自我理解爲前提的,换言之,逍遥是基於正確的自我理解的人生態度的結果。"見所著《莊子哲學研究》,第77頁。説正確的自我理解是逍遥的前提,意思雖然不够顯豁,也未嘗不可,但如果以爲滿足這個前提便足以逍遥,則完全違背了郭象的原意,也不符合莊子的想法。

〔2〕 陳引馳《莊子講義》,第87頁。

〔3〕 同上書,第104頁。

有什麼人和物能够完全無所依憑而生存呢？高飛即使不需颶風,難道
連雙翼和空間都可以没有？如此説來,世上根本没有所謂"絶對自由",
莊子盡力描繪大鵬,豈非無聊？如果學鳩和斥鴳跟大鵬同樣不自由,没
有分别,那麼,小大之辯又從何説起呢？

　　從條件來考慮絶對自由,並非學者想當然,其實是從《逍遙遊》篇得
到的啓發。篇中講列子御風而行,旬有五日,無風而回,這是"有所待",
而"乘天地之正而御六氣之辯,以遊無窮"的人,則"無所待",由此觀察,
學者認爲"待"就是指條件。比如,章太炎先生説:

　　　　淺言之,逍遙者,自由之義。……然有所待而逍遙,非真逍遙
　　也。大鵬自北冥徙於南冥,經時六月,方得高飛。又須天空之廣
　　大,扶摇、羊角之勢,方能鼓翼,如無六月之時間,九萬里之空間,斯
　　不能逍遙矣。列子御風,似可以逍遙矣。然非風則不得行,猶有所
　　待,非真逍遙也。……無待,今所謂絶對,唯絶對乃得真自由,故逍
　　遙云者,非今之通稱自由也。[1]

　　事實上,依照這樣的邏輯,"至人"、"神人"、"聖人"同樣不能有真逍
遙,因爲他們所乘的天地之正,所御的六氣之辯,所遊的空間,何嘗不也
是種種條件,但莊子明明説他們"無所待"。顯然,章太炎上述的解讀不
符合原文的意旨。[2]

　　然而,莊子説"無所待"的是"至人"、"神人"和"聖人",大鵬也"無所

―――――――――――

[1]　章太炎《國學略説》,第169頁。
[2]　必須特别强調,章太炎先生所理解的"自由",並非現代人一般所講的自由,而他所講的無
　　待爲"絶對",指的也不是一般學者所理解的外在條件("絶對"即不受任何條件限制),引
　　文中所講的各種時空的外在條件,祇是因應《莊子》的寓言而發揮,實則他所講的無待是
　　包括個體的内在條件。他説:"在外有種種動物爲人害者,在内又有飲食男女之欲,喜怒
　　哀樂之情,時時困其身心。亦不得自由。必也一切都空,纔得自由。故下文有外天下外
　　物之論,此乃自由之極致也。"見所著《國學略説》,第169頁。儘管如此,章先生的説法仍
　　然不同於本文。另一方面,章先生説"無待,今所謂絶對,唯絶對乃得真自由",其實他所
　　謂的"今所謂絶對",指的是没有對待的意思,所有相對的事物都不是"絶對",引申言之,
　　主客對待便非"絶對",個體與外在世界若構成對待,也不是"絶對"。章先生所講的"真自
　　由"實即主客交融,内外合一的意思。單就這一點而言,章先生的説法與本文一致。

待"嗎? 其實,這是個誤導的提問,因爲大鵬的寓言,用意根本不在於講有待與無待。這即是上文所講的篇中每一個角色和情節都有特殊的作用,不應該延伸到其他情節,混爲一談。大鵬和學鳩、斥鴳的對照,作用在於説明源於大知和小知的人生境界有大小之辯,而不在於提出有待與無待的分别。按《説文》卷二下:"待,竢也。从彳寺聲。"[1]又卷十下立部曰:"竢,待也。从立矣聲。"[2]待和竢轉注互訓。"待",本義指的是站立在路上等候,消極被動的意味比較强烈和明顯,因此把"待"詮釋爲條件,合乎常識。這也是學者毫無例外的理解。然而,從義理上考慮,"待"其實還有更基本更深一層的意思。要站立在路上等候,必然有前提。我們必須先有目的,同時又必須知道如何能够達到目的,其中又必然牽涉到知識,否則便不會知道在什麽路上等候,何時等候,等候多久,乃至等候什麽。從這個意義上講,"待"本質上是主動配合環境和情況,積極地活動,而不宜詮釋爲消極被動等候條件出現。我們甚至可以説,"待"實際上是在主宰自身所處的情況,以達到預期的結果。大鵬所待的是由擊水三千里而産生的衝力,乃至六月風,因爲它知道自己需要這樣巨大的衝力和風力纔能沖天高飛。大鵬的確有所待,但它主動的待與它的所待,都是大知的證明。學鳩、斥鴳和蜩並非無所待,但它們所待者小,而且由它們嗤笑大鵬遠飛天池,可見其自甘於小。《逍遥遊》篇講大知小知的差别,道理正在於此。莊子並非要比較大鵬和小鳥的生理結構,他是藉寓言來講道理。許多學者誤以爲大鵬和學鳩、斥鴳同樣逍遥或不逍遥,因爲他們錯認莊子是動物學家。

　　前文提及的西方哲學意義上的"自由"的定義爲:"人認識了事物發展的規律並有計劃地把它運用到實踐中去。哲學上所謂自由,是指對必然的認識和對客觀世界的改造。"上述對"待"的詮釋倒與"自由"有相

<hr>

[1]　段玉裁《説文解字注》,第76—77頁。
[2]　同上書,第500頁。

通之處，但"待"是手段，而"自由"是目的；"待"講究的是修養工夫，而不是修養的結果。修養工夫又當然是自主的。

認識了"待"的積極主動的意義，我們便能明白大鵬的寓意並非在於有待與無待，大鵬本身也不是"逍遥遊"的象徵，它的敘事意義在於説明個體的"逍遥遊"自身所必需的條件，也就是所謂"大知"。在《逍遥遊》篇裏，我們没有理據來詮釋大鵬的敘事意義在於説明大物的飛行需要更大更多的外在條件，儘管這也許合乎物理原則，但莊子並不是在講物理。我們總不該追問莊子怎麼知道有鲲鵬和北冥南冥的存在。鵬碩大無朋，但它是傳説中的異物，不是現實裏的飛禽，莊子借喻，目的是用藝術方式來呈現大，鵬之大與北冥南冥之間的距離的大一樣，都是要凸顯"大知"的大，最終就是要達到"遊無窮"的大。"大"字在《逍遥遊》篇出現了二十三次，全都是正面意義，絶非偶然。

大鵬在全篇第一章的特殊敘事用意僅僅象徵"小大之辯"中的大以及"大"如何憑積累而成。大鵬的敘事作用也不在於象徵"完全而絶對的自由"。在整個寓言裏，從北冥遠飛南冥的行程這一細節，並非要呈現一個以大鵬爲象徵的自由形象，而整個寓言也不是在講自由。正如上文所分析，《逍遥遊》前半篇的主旨是"小大之辯"。這是莊子的原話。從這個意義講，大鵬不是無需條件而"逍遥"的象徵，更不是"完全而絶對自由"的象徵。

《逍遥遊》篇最先出場的是鲲。鲲是碩大無朋的魚，但鲲也有魚卵的意思，[1]莊子大概是存心一語雙關，鲲既是魚卵又是巨魚，也就是説至大並非天生如此，其實是從至小轉化而來的。全篇並非從大鵬寫起，目的就是要凸顯一個"化"字。先有卵化爲鲲，然後纔可能由鲲化爲鵬。"化"預設了成長，要求修養工夫。這是小大之辯的分水嶺，因此，蜩、學

---

〔1〕 羅勉道説："鲲，《爾雅》云：'凡魚之子，總名鲲'，故《内則》'卵醬，讀作鲲'。《魯語》亦曰：'魚禁鲲鮞'，皆以鲲爲魚子。莊子乃以小爲大，此便是滑稽之開端。"見羅勉道撰《南華真經循本》，李波點校，北京：中華書局，2016年，第1—2頁。

鳩、斥鴳都没有經過一個化的過程。大鵬是"大"的象徵,但形體上的大祇是表面的,實際上的大關鍵仍然在於"化"。北冥水底的不知其幾千里大的鯤,化而爲鵬,其翼若垂天之雲,形體上無疑變得更大,化則指從海底世界轉入天空,空間顯然遠爲擴大了。要利用邊際不斷擴大的空間,必需相應的龐大身軀和原文將要述及的大知。這正是鯤化爲鵬的象徵意義和其所寓涵的義理。

天空是外界,鵬還有内心。"化"之所以可能,也正因爲有心,大知小知都來自内心。學鳩、斥鴳祇會順從本能,自甘於小,而鵬則自設目標,懂得配合外界的環境,利用北冥遼闊的水面滑行,乘著六月的海運,扶摇直上九萬里,在高空上超越所有障礙,憑風安穩遠飛。這一切象徵大鵬的"大知"。行程有遠近之别,高飛必需厚風承載,遠行需要充分裝備糧食。這仿如魚卵成長爲鯤,再化爲鵬。遠飛天池的沿途上也需要外界其他條件的配合,所以說,"野馬也,塵埃也,生物之以息相吹也"。大鵬身軀無論有多龐大,在天地之間畢竟是小,作爲一個意象,它的用意在於令學鳩、斥鴳相形見絀而已。大鵬真正的大,在於它具備"大知",懂得如何與天地之間的一切融爲一體,善用自己的龐大身軀,配合外界無處不在的條件,完成自己設定的遠大目標。這就是大鵬的象徵意義,這也是前半篇第一章小大之辯的意旨。

《逍遥遊》的後半篇講遊,講逍遥,前半篇講如何修養纔能逍遥,纔能遊,因此,如果我們祇講何謂"逍遥遊",講後半篇便已足够。當然,前半篇絶非多餘,不講修養工夫,專講境界,逍遥很容易流於空洞,因此,逍遥遊必須是工夫與境界的融合,遊是工夫,逍遥是境界,逍遥遊動静一如。相對而言,工夫是動態,境界是静態,但静態的境界必須由動態的工夫來發現與開拓,纔能成爲現實。環境是現成的,但境界原來並不存在,必須由人來發現和開闢。這需要修養工夫,不能憑空想象。從叙事結構上看,前半篇講小大之辯,後半篇講逍遥遊,義理上即是大而後能够遊,能遊而後纔能够逍遥。

十、結語

　　現代學者講《莊子》的"逍遥"，幾乎都從境界上著眼，甚少提到工夫，自然也没有從大知、從高遠來講"逍遥"，但缺乏工夫，"逍遥遊"淪爲空談。本文指出，《逍遥遊》篇中"逍遥"一詞祇在篇末出現了一次，與"彷徨"對言，彷徨是身體的散步，逍遥則是精神上的漫遊，但僅憑這一用詞，不可能明白莊子的意旨。顯然，我們必須根據"逍遥"出現之前的全文來理解，而"逍遥"不啻是前文的義理的一個代號。篇目題爲"逍遥遊"，更可以作證。又從"逍遥遊"的構詞看，詞義所在實際上是"遊"，逍遥祇是形容詞，因此，要瞭解何謂"逍遥遊"，重點應該在"遊"。本文認爲全篇的後半第一章的主旨正是講"遊"。"遊無窮"關乎工夫，由工夫而開境界，工夫境界交融無間，動静一體，此之謂"逍遥遊"。由此觀之，逍遥其實是譬喻性的漫步，代指生活中所有的行爲，以及由此而產生的閒逸愉悦的心境，直白而言，也可説是無入而不自得，隨遇而安。

觀象思維的早期形式
——以方位、算術與音律爲中心

鄧秉元 *

　　近些年來,觀象思維或象思維逐漸爲國內學術界所重視,並形成一系列的研究成果。對於"象思維"與"概念思維"的討論也日趨深入。[1]筆者曾經從相論的視角,區分了人類知識體系中幾種對現象的代表性理解,並分別從熊十力、海德格爾兩條線索追問出德性易象學的基本思維方式。[2]事實上,這一思維方式的形成與德性主體把握世界的形式有著根本的關聯,不僅體現在華夏文明發生自覺以後的《周易》、《詩經》等經典著作之中,也體現在早期華夏文明對數學、音樂、天文、曆算、醫學、語言等所有學科之中。本文暫以方位(幾何)、算術、音律等學科的基本觀念入手,考察各個學科中隱含的易象學思維。

　　一般來説,隨著人類實踐的結果,思維自身也逐漸得到發展。在對

------

　　* 作者單位:復旦大學歷史學系。

〔1〕譬如顧曉鳴《象:中國文化的基因》,《復旦學報》1986 年第 3 期。此外,王樹人《中國象思維與西方概念思維之比較》(《學術研究》2004 年第 10 期)、《中西比較視野下的象思維:回歸原創之思》(《文史哲》2004 年第 6 期)以及《中國哲學與中國文化之根:"象"與"象思維"引論》(《河北學刊》2007 年第 5 期)等一系列文章,頗有所見。當然,應該指出的是,概念思維其實也就是本文所謂知性思維,並非西方文化所獨有,與德性思維一樣,都是人類文化的一種普遍性思維,衹不過近代以前的中西文化分別把二者發揮到極致而已。

〔2〕參拙作《易象與時間:關於易象學的論綱》,《中國文化》2018 年春季號。

不同事物進行區分、以及不同環境的應對中,本能的自我意識發展起來,逐漸形成一種穩定的感受體。自我意識是一種與外物分立的生命意識,藉助自我意識,人類把自我與外在世界區分開來。隱含的自我意識表現爲生物的一種本能,思維的發展則使人類有能力把它變成一種顯性的自我意識。這個發展過程是漫長的,大概貫通了人類整個嬰兒時代。從考古學的意義上説,基本貫穿了以漁獵經濟爲主的整個石器時代。在這個時代,直接的生存與繁衍是最爲關鍵的活動。

由於具體生命本身就是時間中的存在,或者從更根本的意義上説,時間乃是建基於生命的展開;人類的生存感受首先是與時間有關的,而對時間先後的穩定感受,便構成了因果意識。在古代語言中,因果意識即是所謂"故"。譬如,條件反射其實是從許多哺乳動物的智力水準所理解的因果律。條件反射不保證對因果的正確把握,但卻意味著對事物發生先後的把握。母系社會時代,古人不知受孕的基本條件是男女的交配,於是"履大人跡"、"吞玄鳥卵"都可能被理解成感生的緣由,[1]特別是當被生者後來成爲英武之人的時候。後世英武之人的超常能力也需要超常性的解釋鏈條。所謂因果,其實已經隱含著生命自身呈現所蘊含的本末關係。在對因果現象不斷的把握中,人類强化了自我意識,形成了各種各樣的知識,造成了各種各樣的困惑,產生了各種各樣的禁忌與希望。

所有這些需要一種超乎尋常但又穩定的解釋,既包括對種羣和個體,也包括對自然現象及自然力量的理解。這種抽象的理解方式就是觀象。觀象使人類思維擺脱了混沌狀態,在這一過程中,世界開始被意象化,這是人類歷史上具有劃時代意義的現象。當事物被作爲本末關係而觀象的時候,人類開始有所"得",德性的思維開始萌芽了;當事物

---

〔1〕 近代許多人談到早期記載中的降生故事總是喜歡用僞造説,這純粹是現代人的一種傲慢使然。事實上,這種思維在今天的各種宗教中依然比比皆是。

被作爲因果關係而觀象的時候,人類開始有所"見",知性的思維因此而出現。早期人類的生命感受主要是基於本能,因此表現出世界範圍内的某種共通性。反映在思維上,也具有一定的同構性。譬如,明晰的邏輯還没有發展出來,對事物先後的變化也還缺少穩定而可靠的認識。物我同一、天人交感、〔1〕萬物互變依然是思維的常態。在西方,這種思維或被稱爲"原始思維"(列維·布留爾),或被稱作"野性思維"(列維·施特勞斯),不具備理性的自明性;相反卻表現爲具體性與整體性的特徵,這是德性思維的表現。不過這種貶抑性評價主要建基於知性思維在西方近代的發展,因爲知性思維的總體模式是由分析走向綜合,因此對於原初事物的整體性理解一開始便抱有偏見。這一點在黑格爾哲學中表現尤其明顯。反倒是某些具有後現代主義傾向的思想家,對此保持著較爲清醒的認識。〔2〕

　　在人類思維中,德性與知性都具有自然的普遍性。因爲宗教、藝術以及一切討論整體統攝下的,部分與整體關係的義理思維(譬如生機體、人類社會等等),都自然會有德性思維的參與。但人類無疑在其各自的前經典時代便因不同的文化實踐而發生了分化,而表現出或重德性、或重知性的特徵。當文明自覺以後,這些被扭結在一起,需要給予穩定理解的事物,就形成各自文化所謂的天人關係或宇宙圖景。那些可以支撐具體而可靠之理解的精神總體便是真理或天道。所有這些都基於各自的觀象形式,這同時也是經學討論的起點。

―――――――

〔1〕 鄧啓耀《神話思維心理結構中思維主體與思維對象的關係》(收入劉魁立、馬昌儀、程薔編《神話新論》,上海:上海文藝出版社,1987 年)利用皮亞傑發生認識論原理,認爲神話思維具有濃厚的物我同一、天人交感特性,屬於人類認識發生的初期階段。參潛明兹《中國神話學》,銀川:寧夏人民出版社,1994 年,第 7 頁。
〔2〕 譬如福柯《詞與物――人文科學考古學》中對事物分類的理解。他説:"在我們(引者按:指西方人)居住的地球的另一端,似乎存在著一種文化(引者按:指中國),它完全致力於空間的有序(l'ordonnance de l'étendue),但是,它並不在任何有可能使我們命名、講話和思考的場所中去分類大量的存在物。"見該書前言,莫偉民譯,上海:上海三聯書店,2002 年,第 7 頁。

　　下面僅就方位、算術與音律等思維的早期發展作一蠡測。敬祈方家指教。

一、方位

　　關於方位產生的歷史,最初祗能訴諸人類學研究。早期人類可能並不像後人一樣具有明確的四方觀念。燧人氏鑽木取火的神話就說"不周之巔有宜城焉,日月之所不屆,無四時昏晝之辨","遂明國不識四時晝夜",[1]那完全是一個混沌的景象。在文明的社會,由於和上古時代相關的材料大多係後世追述,因此大多故事都是在方位明確的背景下展開的。在傳世典籍中,《尚書・堯典》、《山海經》等都是比較古老的著作,無論是羲和管理東西南北四方的天象觀測活動,還是四方的神靈,都是四方觀念完備時期的產物。甲骨文出土以後,至少可以證明,商代已經是如此。大概地說,方位觀念形成的歷史應該遠不止幾萬年了吧。這還不包括我們經常看到的,許多動物,譬如馬和狗,都有極强的辨別路途的能力,這可能同樣依託於它們各自的方向感。

　　後世文獻中可以推想上古時代方位的一個線索是對四方觀念理解的變化。考古學已經證明,早期許多村落建築其實是東西方向的,這與後代南北方向是不同的。[2]譬如著名的秦始皇兵馬俑坑,便是東西朝向的。周代宗廟中太祖的神主其實也是坐西朝東,並在此基礎上形成左右相分的昭穆制度。但這種方向的觀念也是人類開始定居後的產物。採集時代的人類,穴居野處、構木爲巢,並無一定的居所,那麼又與

---

[1]　羅泌《路史・前紀》卷五,及注引《拾遺記》,中華書局四部備要本。
[2]　根據鞏啓明《從考古資料看我國原始社會氏族聚落的平面佈局》,西安半坡及臨潼姜寨遺址所見早期村落結構,村落往往都設在河流之北,四外爲壕溝所圍,在朝東和西北有通道的結構。楊寬認爲:"這種以大屋子或廣場爲中心的居民點佈局,面向東方的向陽通道,南邊靠河流和北面挖壕溝的防禦措施……這種有計劃的佈局,就是後來城市的萌芽。"見楊寬《中國古代都城制度史研究》,上海:上海人民出版社,2003年,第9頁。

方位有何關聯?

　　從經典形成時期的理論可以意識到,中國古人的空間觀與現代應該有很大的差別。姑且不説愛因斯坦以來時空一體的四維時空觀,即便是近代科學那種絶對的三維空間,即可以在各自的維度上直線伸展的空間觀念,其實也和中國上古時代有著根本的不同。在亞里斯多德那裏,空間被界定爲"乃是一事物的直接包圍者,而又不是該事物的部分"。[1]《周易》所提示給我們的則是一種時間和位置相合的時空觀念,這與禮的時位統一觀其實是吻合的。這種觀念事實上是一種不考慮具體事物形式及質料的空間觀,因此也就不同於今天我們所先入爲主的數學—物理時空觀。譬如在一個禮儀活動中,禮儀活動之過程即所謂"時",人在此活動中扮演何種角色,承擔何種職責就是所謂位。這一時位觀在人類社會的許多活動中,譬如政治架構,都還是常見的形態。同樣,生物鏈結構,也是人在宇宙間位置的一種理解,這些都不依賴於數學—物理空間。另如,神靈世界在巫所傳遞給人的想象中,也往往是無形的,這和現代一些物理學家所設想的高維空間的理論很相似。祇不過後者還没有成爲被科學所認可的事實。而《周易》的卦時、兩儀、六位的觀象系統甚至可以被理解爲六維、七維等高維時空。需要指出的是,從對數學—物理空間的更進一步的把握而言,位的觀念其實優於基於三維直觀的空間觀念,譬如在數學裏,即便是無窮維的空間,也仍然可以通過抽象的符號予以定位,但受制於人類的身體局限,我們卻無法直觀地理解不同位之間的那種空間。

　　關於早期空間觀念的推想大多祇能由理論分析來完成,或者像有些人類學家一樣,通過人類嬰幼時期的研究與對最原始的土著民族的觀察來推測早期人類看到的世界。新生嬰兒雖然已經對光線敏感,但視力大體有個由混沌到發育完善的過程。先是注意事物,然後具有辨

---

〔1〕 亞里斯多德《物理學》第四章第四節,張竹明譯,北京:商務印書館,1997年,第100頁。

識能力,直到可以追尋事物,最後纔能運用自如。至於原始人類,心理學家榮格曾經談過一個目覩的例子:

> 有一次,我拿了一本其上面之人畫像即使小孩子亦很容易便認出來的雜誌給幾位其眼若鷹的土著獵人看。他們把那些圖片翻來翻去,過了很久其中的一位纔用手指頭畫出了人像的輪廓,大聲喊著説:"這些是白人。"緊跟著其他的人亦同時歡呼,好像有什麽大發現似的。[1]

這表明,早期人類觀象的具體方式其實是習得的,思維往往是經過無數次甚至許多代的沉澱纔可能成爲定式。假如不考慮人眼在使用過程中的進化問題,早期人類的方向感主要應該與尋覓食物的定位有關。而太陽、月亮等光體的存在,可能也强化了這一意識。因爲定位,所以首先會有朝向的意識,這與人的自我中心以及人眼總是朝向一個方向這一結構是相應的。譬如作爲空間總名的宇宙之"宇",《墨子·經説上》的界定是"東西家南北",儘管這裏已經包含了明確的東西南北觀念,但其以家、即觀察者爲中心是很顯然的。因爲朝向,所以首先形成了向背觀念,向與背因而共同分有了整全的宇宙。朝向的方向便是所謂面。説文:"面,顔前也。……象人面形。"段玉裁注:

> 顔者,兩眉之中間也。顔前者,謂自此而前則爲目、爲鼻、爲目下、爲頰之間,乃正鄉(向)人者。故與背爲反對之偁。引伸之爲相鄉之偁。又引伸之爲相背之偁。"易窮則變,變則通"也。凡言面縛者,謂反背而縛之。

這表明,作爲文字的"面"最初其實可能也與方向感有關。因此,在神話中,作爲整全世界之代表的渾沌,本來便是無面的。《莊子·應帝王》:

> 南海之帝爲儵,北海之帝爲忽,中央之帝爲渾沌。儵與忽時相

---

[1] 榮格《現代靈魂的自我拯救》,黃奇銘譯,北京:工人出版社,1987年,第197—198頁。

與遇於渾沌之地,渾沌待之甚善。儵與忽謀報渾沌之德,曰:"人皆有七竅以視聽食息,此獨無有,嘗試鑿之。"日鑿一竅,七日而渾沌死。

這裏雖然引了南北這樣的方位表述,但儵、忽其實代表的是時間,而且神話往往都是在用後世的語言去追述,不必以辭害意。此處的南北已經是五行觀念自覺之後的產物,北海、南海分別與水火相對,也就是河圖數中的天一生水與地二爲火。而渾沌之有七竅便是有了包括眼耳口鼻的面。所以言中央,就是不分東西南北之意。面的出現破壞了渾沌的物我爲一,渾沌的世界從此不見。借用經學的語言,德者得也,正是德的分有,即有所得,纔"消失"了那個整全如一的道。老子所謂"失道而後德"正是此意。整全的渾沌死了,文明也因此進入了世間。這就是因分離而產生的事物自身的顯現,《周易·離卦》所謂"日月麗乎天,百穀草木麗乎土"。在後世諸家中,道家是退化論者,故哀歎渾沌之死;墨家是進化論者,所以不斷地摧毀舊物,向外尋求。祇有孔孟儒家,欲秉承中道,維持一體性與分立世界之間的平衡。所以儘管主張"太極生兩儀,兩儀生四象",但卻强調合太極兩儀爲三,合太極與四象爲五,這就是三達德與五常。[1]

因爲面的朝向,首先產生了向背兩個觀念。古代田獵之法,據說驅趕動物之時,凡動物迎著跑來的時候不能射殺,祇有背著自己的纔可以射之,這就是《周易·比卦》所說的"舍逆取順,失前禽也"之義。[2]這當然是文明社會纔有的說法,但即便是在動物那裏,向背也是日常所習見之事。在這裏,由禽獸的向背可以引申爲人心的向背。或許也由於手足的存在,產生了左右的觀念,這些都與人處在環境之中所自然引發的

〔1〕參拙作《德性與工夫:孔門工夫論發微》,收入楊乃喬主編《中國經學詮釋學與西方詮釋學》,上海:中西書局,2016年;另參拙作《思孟五行說新論》,《學術研究》2018年第8期。
〔2〕參王念孫《廣雅疏證》卷九上,《釋天·王者以四時畋》引桓四年《左傳正義》鄭玄注。北京:中華書局,2004年,第291—292頁。

某種定位意識有關,這種定位意識其實就是不自覺地在"分有"這個一體性的宇宙。這是德性思維的典型特徵。由二生四,也就是《周易》所理解的"兩儀生四象"。隨著人本身的活動,向背發生了變化,於是方向產生了。對不同方向的標識,便是今人所謂向度。之所以用"方"一詞來表達,是因爲如同方術本就是"一曲之術"(《莊子·天下》),即道術的分割,方向也是對整全的人之所向的分割。

至於方向之得名,一方面與人類居所與太陽的關係有關,如背之於北;一方面與人類對四季的理解有關,如《白虎通·五行》所言"東方者動方也"。但無論如何,這應該都是較晚的事情,在東西南北四方之前應該有個前後左右的時期。《尚書大傳》卷二:"古者天子必有四鄰,前曰疑,後曰丞,左曰輔,右曰弼。"類似説法或許便是這一方位觀念的孑遺。在神話中,上古文明最爲發煌的莫過黃帝時代,黃帝因此也就有了四面的傳説。反映在與天道的溝通上,則是諸如四方與八方風名、四方神、四方帝、四象的一套觀念系統。對於現代數學─物理空間觀念而言,四方的觀念對於事物的定位並無實際意義,這似乎衹是坐標系的問題。但實際上,數學─物理空間所依託的點、線、面關係,其實也就是方向感中間最根本的定位、朝向、轉向。這表明,在運用知性(或觀察理性)對事物進行理解之前,其實已經隱含了德性思維對世界的領會。

應該指出的是,儘管中國文化之中知性思維的發展受到了一定的限制,或者換句話説,衹有近代歐洲文明纔真正通過哲學與科學的磨煉使知性得到了長足的進展,但中國文化中卻並不缺少知性的運用,後者其實也同樣支配著普通人的日常生活。反之,任何文明之中都同樣有著德性對世界的理解,或者如上所述,以德性思維對世界的理解爲依託。在華夏文明早期的觀念形態中,其實隱含著大量的德性與知性兩種思維互相關聯的信息。這一點相信在其他文明中也是一樣的,衹是表現形式不同。

譬如,"點"的概念在古代被命名爲"端",線則是所謂"尺",部分是

"體",整體則是"兼"。由《墨子·經上》所謂"體,分於兼也",可知先秦已經有了獨立的自體觀念,《墨子·經下》所謂"物,一體也。説在俱一、惟是",可證。所謂俱一,當指體中的任一部分都屬於這個"體";所謂惟是,是指這個體祇是獨立的個體,不與他物混淆。[1]人的每一部分四肢也被稱作"一體",因此整體纔被看成是部分的合併,這就是"兼"。但端的字義,按照《説文》的講法,乃是"物初生之題也。上象生形,下象其根也"。所謂題,就是額頭之義,所以端乃是事物初生首先露出來的部分,引申爲"點"。《墨子》的兩個定義,一是"端,體之無厚而最前者也"(《經上》),一是"是無間也"(《經説上》)。由端到尺或由端到體,[2]也就因此類似事物的生長,這樣由點到線、到體累積疊加的含義其實是借用生長的含義來理解的。前者是知性對事物的觀察,後者則已經是德性觀念的介入了。這一生長的觀念有時用水的盈溢來表達,這就是《墨子·經説上》所言"盈,無盈無厚",即盈是使物體高度、寬度、厚度增加的前提。厚,《墨子·經上》説"有所大也",所以"無厚"則被《經説上》釋爲"惟無厚,無所大",厚也就是使事物在量上得以撐開的東西,在數學上其實也就是抽象的數量,在長度方面則可以理解爲距離。《莊子·養生主》所謂庖丁解牛,"以無厚入有間"的"無厚",意思也是一樣的。

不僅如此,由於"無盈無厚",假如沒有生長(或盈滿)的觀念,其實很難理解事物疊加之時中間的那個"無厚"。而兩個事物相疊加,唯有加上這個"無厚",纔可以成爲一個整體,這就是從數學角度所理解的,

---

〔1〕《墨子·經説下》:"俱一,若牛馬四足;惟是,當牛馬。數牛數馬,則牛馬二;數牛馬,則牛馬一。"此言"俱一"是指牛、馬分別有四足,四足乃牛馬之所同;"惟是"是指牛、馬各從其類,不相混淆。孫詒讓《墨子閒詁》:"惟當作唯。唯是者謂物名類相符,則此呼彼應而是也。俱一爲合,唯是爲分。"譚戒甫云:"牛馬兩一,俱馬四足;故曰俱一,若牛馬四足。"參氏著《墨辯發微》第二編《下經校釋》,北京:中華書局,1964 年,第 225 頁。

〔2〕《墨子·經説上》有"體也,若有端"、"體,若二之一、尺之端"的説法,知物體或線段都是由端(即點)所組成。關於端、體等概念的理解,晚清以來孫詒讓、梁啓超、譚戒甫、陳孟麟、錢寶琮、樂調甫、李約瑟等有過不少討論,參梅榮照《墨經數理》第四章,潘陽:遼寧教育出版社,2003 年。

亞里斯多德所説的"整體大於部分之和"。《墨子・經説上》解釋"次"（駐紮，到達，相交），便云"無厚而後可"。[1]在某種意義上，"無厚"可以理解爲是用空間形式表達的，佛家所指出的那個"等無間緣"。在柏格森哲學關於綿延的討論中，同樣意會了這一層次。而古希臘哲學家芝諾所提出的著名的阿基里斯和烏龜的悖論，實際上包含著極限的觀念，之所以在知性分析中一直難以得到徹底理解，便是因爲數學及哲學領域極限、悖論（包括康德的二律背反、羅素的集合悖論）等問題本身便是知性的片面性造成的。黑格爾試圖通過辯證的方法對芝諾的悖論予以克服，其實也有些牽强，但在先秦時代德性思維的生生觀念裏很容易就被克服了。當然反過來説，類似問題被過早地消解，使得知性思維並未得到充分的磨煉，便轉而去研究許多具體而實用的問題了，這是中西文化分途的關鍵因素之一。

　　先秦時代的華夏也同樣具有與亞里斯多德類似的空間觀念。《莊子》上文所謂的"有間"，實際上就指事物之間的空隙而言。《墨子・經上》："間，虚也。"《經説上》更是作了詳細的解釋，"間，虚也者，兩木之間謂其無木者也。"所以説"有間"就是兩物相夾所產生的空間。《經説上》："有間，謂夾之者也。"問題是這一"有間"是如何產生的呢？間字《説文》作"閒"："閒，隙也。""隙，壁際也。"段玉裁注：

　　　隙，壁際也。今本際下有孔字，依《文選》沈約《詠月詩》注正。《左傳》曰："牆之隙壞，誰之咎也。"際自分而合言之，隙自合而分言之。引申之，凡坼裂皆曰隙。又引申之，凡間空皆曰隙。

　　這裏把"隙"與"際"兩字對舉極有意味。所謂"際"，是指兩物相交之處，故孟子有"交際"一詞，指代人與人的相互交往（《孟子・萬章

---

〔1〕 名家後來應該發展了無厚的觀念，並與墨子有所不同。《莊子》記載了名家的觀點，"無厚不可積，其大千里"。梅榮照指出，"名家的'無厚'包括'無厚'（無大小）的點，'無厚'（無面積）的線，'無厚'（無體積）的面；而《墨經》的'無厚'是指無所大。……《墨經》的'無厚'和'無間'都是高等數學中的無窮小，它們是一個極限的概念。"這是極有見地的。氏著《墨經數理》，第114頁。

下》),所以是"自分而合"。"隙"則是由合而分,這倒是德性的分有觀念,因此天地之間被稱作"兩間";時間本是綿延,[1]但分段理解就變成了"時間";牆壁由一體到裂開就是"有間",實際也就代指空間。因此本源的"有間"其實也就是宇宙的分離,《墨子·經説上》所謂"仳,兩有端而後可",《説文》"仳,別也",也就是分開、分離之意。分離的前提是事物至少具有兩端,這種一分爲二的觀念,其實也就是《周易》的坎離相生,由一陽之坎卦裂變爲離卦二陽的過程。

由此可見,作爲知性理解世界的方式,康德甚至以之爲"先天範疇"的時間、空間觀念,本來便是德性思維的產物,已經是宇宙去一體化過程之後的結果。無論是由點(端)到線(尺)還是體(物體)的形成,都是端的生長或充盈的作用,幾何學的基本概念因此也都建立在德性思維基礎上了。而幾何學形成的根本標誌便是對方圓的理解,這與幾何這一名詞到徐光啓和利瑪竇翻譯《幾何原本》的時候纔使用没有必然的聯繫。

墨子各給出了方與圓的兩個界定。《經上》:"圜,一中同長也。方,柱隅四讙也。"《經説上》:"圜,規寫支也。方,矩見支也。"支的意思頗爲費解,因此解釋很多,根據規寫、矩見上下文猜測,所謂支當指的一脚和矩的兩邊,意味圜是以規一足爲中心,而由另一足所畫;[2]方則是矩的兩個邊中間所顯現出來的直角。這是從其畫法方面界定。至於"一中同長"則是標準的數學界定,即與同一中心具有相同長度的點所圍成的圖形。在相同平面上便是圓形,在不同平面上就是球體。至於"柱隅四讙"末一字或以爲是"雜"字之誤,或釋爲權、正,[3]但大義其實是清楚的,在建築中,房梁一橫一縱皆由柱子承重,柱子與房梁相交的四個

---

〔1〕　關於德性易象學意義上的時間,可稍參前揭拙作《易象與時間》。

〔2〕　支字孫詒讓以來多以爲是"交"之誤字,近代數學史及科技史學者錢寶琮、李約瑟等亦贊同此説,唯梅榮照《墨經數理》一書以爲不誤,而以支爲圓規的一脚,其説可從。前引書,第63頁。

〔3〕　前揭梅榮照《墨經數理》,第10頁。

直角就是方。所以長方形也叫四方形。《説文》:"隅,陬也。"段玉裁注:

> 隅,陬也。隅與陬爲轉注。《廣雅》曰:"陬,角也。"《小雅箋》
> 曰:"丘隅,丘角也。"……《大雅》"惟德之隅",《傳》曰:"隅,廉也。
> 今人謂邊爲廉,角爲隅,古不別其字。"

孔子所謂"舉一隅不以三隅反",也是以四個角爲喻。《詩·大雅·抑》曰:"抑抑威儀,維德之隅。"表明西周時代的《詩經》作者已經知道直角,纔會把它作爲威儀方正的比喻,這與作爲直角邊的廉後來引申爲廉者、廉潔等意義是一樣的。用方向之方來界定幾何學意義的方形或角度,而圜本來便是視覺所見天體之形,表明方圓這兩個幾何學的基礎概念本身就是建立在德性思維的基礎上。祇不過,在三代以來德性思維的壓倒性優勢之下,知性思維在墨子那裏雖然差不多已經達到自覺的地步,卻一直沒有建立起一套公理化的思維系統,並得到進一步發展。

上面所引的都是周朝以後的例子,迄今出土的舊石器時代以來的大量幾何形狀的石器、玉器表明,人類對幾何學的認識至少在漫長的史前時代已經開始了。巫字《説文》云"與工同意",而巨字也"从工,象手持之",一些學者受此啓發,把工、巨、矩、巫、筮等字放在一起來解釋,這是可取的,因爲巫是上古時代一切文化的先驅。有人甚至直接把巫稱作是古代的"數學家"。[1]

二、數字

人類的數字觀念當然是後起的,如同一切觀念一樣,數字以及數學觀念的形成本身要遠遠早於後世對它們的理解。同時,在數字觀念已

---

[1] 參張日升、周法高等的説法,見張光直《商代的巫與巫術》,收入氏著《中國青銅時代》,北京:生活·讀書·新知三聯書店,1999年。確切地説,數學家祇是巫的功能之一。

經較爲發達的今天,普通人甚至覺得數字已經與我們的思維相應,所以常常被認爲是人類固有的能力。但在哲學家那裏,對數字作出哲學的理解依然是很困難的。譬如幾何學尚可通過自明性公理以演繹的方式導出,但對於許多數學家(譬如高斯)曾經認爲的具有完全的先驗性的算術,卻在康德對知性所作的更爲精細的反思中祇能被歸結爲一種"綜合判斷",主要原因便是對於序數的增加必須仰賴人的後天經驗。這一矛盾雖然在弗雷格《算數的基礎》那裏得到形式上的解決,但卻在羅素的集合論悖論中表現出來。與此不同的是,在算術思維其實遠比幾何思維更爲發達的中國古代,雖然對數的運算也同樣具備了高度的自覺,但卻發展出一種特殊的關於數的理解。這些理解與巫文化所遺留給上古中國的德性思維其實具有密切的關聯。

　　關於動物是否有數字觀念,古人應該已經開始有意識地予以研究,《莊子·齊物論》那個"朝三暮四"的寓言,或許便是基於類似的觀察。可以肯定的是,動物至少已經有了大小、多少等差別的觀念,並可以由此支配自己的各種選擇。譬如許多高等動物可能已經知道子女的數量,所以在丢失的時候會予以尋找。在進行明顯數量懸殊的食物選擇時,有些動物也可以作出有利於自己的選擇。大小、多少的觀念本身固然表現爲"比較"這樣的知性判斷,但在這種相對性的差異之中,其實已經蘊含著增加、減少等在德性思維之中也可以相通的觀念。譬如在撕碎獵物時的"分有",便是"減少"這種觀念的一個例子。而在中國文化中,減少的觀念最初往往也是通過"加"的觀念來表達的。儘管我們無法確切地予以證明,但在後世的語言習慣中還是有所遺留。譬如《孟子》一書中,減少的講法就是"加少",[1]便也許可以作爲一個並不充分的證明。倘若思索個中之故,也許與加減背後所隱含的變化觀念有關。無論增加還是減少,事物都已經發生了變化,相對於此前的存在形態,

---

[1]　如《孟子·梁惠王上》:"鄰國之民不加少,寡人之民不加多,何也?"

變化都可以被視作一種"增加"。

在經典時代，人類對變化的理解已經頗爲深入。《墨子·經上》："化，徵易也。"《經説上》："化，若蛙爲鶉。"此時的人類還常常認爲一些動物可以相互變化，蛹化爲蝶、蛙化爲鶉之外，如《大戴禮記·夏小正》所謂"田鼠化爲鴽。鴽，鵪也"，也與此相類。雖然這些觀察從自然科學角度有對有錯，但對事物變化的理解無疑已經較上古更爲精密。《莊子·大宗師》："偉哉造化，又將奚以汝爲？將奚以汝適？以汝爲鼠肝乎？以汝爲蟲臂乎？"生命在宇宙中的流轉可能形態不同，在今天看來也不過是能量的變化而已。事實上，這種觀念在上古神話中是極爲常見的，如《述異記》説炎帝女兒在東海中溺死，化爲飛鳥精衛；《山海經》郭璞注引《啓筮》也説大禹之父鯀死後三年不腐，後來化爲黃龍。都是神話中有名的例子。這些具體的變化在自然科學的理解中固然是無稽的，但就"變化"本身的含義來説卻説不上有什麽錯誤。假如不考慮事物的形質，那麽宇宙便是太虛之氣，所謂"變化"也就是氣之聚散，在這個意義上，氣的觀念與現代人理解的能量觀念是相通的。而另一方面，某化爲某的意識一旦形成，其實已經是在對變化的不同過程的分别命名中，體現出不同名稱其所指之物的獨立性，已經蘊含了不同形質的意義。

如前所述，"增減"的概念可能建立在"變化"的觀念之上，後者同時也是德性思維看待世界的基本見解。但"增減"與一般的"變化"概念仍然是不同的，假如説"大小"這類的"增減"所指向的是形的問題，那麽"多少"其實已經蘊含著對質即內容或質料的理解。對質料予以表達的尺度便是量，《説文》："量，稱輕重也。"古代把稱量體積的標準器也叫作量。質的意義在於可以對人或其他事物進行牽引，這就是力的概念。人類早期對力的發現應該有著各種因緣，譬如射箭可稱爲引弓，所謂引本來就是張弓的意思。但對力的理解卻首先與負重或重力有關。墨子對力有兩個定義，其一是《經上》所説的，"力，刑（形）之所以奮也"；其一是"力,重之謂。下,與。重,奮也。"以重量來揭示力的含義,當然是一種舉例方法,但卻可以看出墨子的著眼所在。因爲物體有重量,所以向下的時候可以助其向下,這就是"下,與",與就是助的意思。反之,因爲重量的存在,假如向上提起的時候,需要用力,這就是"重,奮也"與"刑之所以奮"的意思。《説文》:"奮,翬也。从奞在田上。《詩》曰:'不能奮飛。'"段玉裁注:"翬,大飛也。雉、雞、羊絶有力皆曰奮。"刑就是形,即從形式或空間角度對物體的表達,所以代指物體。

有關事物多少或者説"量"的觀念是在人類漫長的生活實踐中逐漸體會的,但關鍵的問題是如何對其進行理解。人類文化的真正分歧是在這一理解的過程中産生的。儘管我們無法復原早期人類的思維世界,但對其理解事物的思維仍然可以進行某種推測,這就需要依賴於古代思想的各種表達。正是在語言的使用中隱藏著早期人類的思維方式。

關於多少的理解在數學上表現爲加減法,實際上也就是加法。而關於多少的概念表達即是所謂"盈"與"不足"的問題,《九章算術》時代已經發展爲比較複雜的階段,因此設專章予以探討。如前所述,盈與不足這兩個術語所隱含的,其實是同一器皿的充盈與否,因此作爲一體性之表現的器皿其實便是在先給定的。這一現象在"增"一詞中也極爲類似,《説文》:"增,益也。""益,饒也。从水、皿。皿,益之意也。""饒,飽也。""飽,猒也。"猒即饜,足的意思。從"增"到"飽"、"足"的輾轉相訓,其實可以看出,無論是器皿還是肚腹的"不足",由不足所隱含的都是相對於一體性的某種不完備的觀念,而盈則是爲了器物的圓滿充盈。這種盈不足觀念表現在算術上便是加法的起源,表現在幾何領域,則是方圓的關係問題,由此發展出的,譬如三國時期劉徽所創立的割圓術,其實便是以此觀念爲基礎的精彩個案。

也正是因此,儘管作爲數學,當它一旦獨立,便已經成爲知性思維的自覺運用,這一點不同文化概莫能外;但數學觀念的産生卻毫無疑問也是依託德性思維對世界的那種一體性的理解。甚至數學的目的也是一樣,譬如在數論之中,特別是隨著集合論而來的,對數的把握已經由獨立的單個或多個個體之間的關係,轉向對所有事物的數的理解,這已經回到數學起源的問題意識之中,即回到宇宙的一體性之中。所謂種種悖論(無論是前述康德的二律背反還是羅素式的悖論)的出現,其實也不過是知性思維觸及了自身的邊界因而捉襟見肘的一種表現。而在古希臘時代,無論是芝諾的極限問題,還是柏拉圖那裏理念可能發生無窮倒退的問題,其實也都是淵源於此。在這方面,康德的"物自體"概念與維特根斯坦對不可言說之物的"沉默",代表著知性的自律精神。

在中國上古文化中,由於始終未曾脫離對宇宙的一體化理解,因此數學便同時在德性與知性兩個維度上分別展開自身,並總是扭結在一起。這常常表現爲運算本身符合知性的純粹展開,但這種知性的理解往往總是放在一個一體性的框架中以求得滿足。

德性的理解首先表現在數字觀念的產生過程中。許多數學史都追溯了中國早期數學觀念的萌芽,有代表性的記載是:(1)《世本》,黃帝使大撓作甲子、隸首作算數。《呂氏春秋·勿躬》:"大撓作甲子,黔如作虜首,容成作曆"。(2)《管子·輕重》:"宓戲作九九之歌。"(3)《尸子》:"垂爲規矩準繩,使天下仿焉。"(4)《周易·繫辭下》:"上古結繩而治,後世聖人易之以書契。"孔穎達疏:"結繩者,鄭康成注云,事大大結其繩,事小小結其繩,義或然也。"其中虜首應該就是隸首,虜、隸可以互訓,也可以稱爲黔首,[1]因此算數的起源最初也就是在普通人的日常應用中產

---

[1] 郭沫若釋《大盂鼎銘》認爲,其中的"鬲與人鬲就是古書上的民儀與黎民,黎、儀、鬲是同音字。鬲是後來的鼎鍋,推想用鬲字來稱呼這種'自馭至於庶人'的原因,大概就是取其黑色。在日下勞作的人被太陽曬黑了,也就如鼎鍋被火煙櫨黑了的一樣。"見其《奴隸制時代》,收入氏著《奴隸制時代》,北京:人民出版社,1954年,第25頁。清代畢沅懷疑"虜首"即《世本》隸首,又疑爲"蔀首"。孫蜀丞亦指"虜、隸聲義並近",黔乃"數"之誤字。陳奇猷則從畢說,言蔀首"蓋古人置閏之法則也"。見氏著《呂氏春秋校釋》卷十七·勿躬》注11,上海:學林出版社,1984年,第1082頁。按《說文》:"黔,黎也。從黑今聲。秦謂民爲黔首,謂黑色也。周謂之黎民。"隸、鬲、黎皆來母字,韻部亦近,隸首、虜首、黔首當可相通。

生的,祇不過後世在神話中對早期創造者加以人格化,所以便有了"隸首作算數"之説,至《吕氏春秋》則訛變爲"黔如作虜首",[1]簡直有些不辭了。

　　其中結繩記事便對應著數字的起源,儘管現代學者關於"繩"字的理解不無爭議,但早在漢朝,鄭玄等學者已經從繩結的含義理解這一成語,表明這一説法其來有自,至少代表了經典時代以來的基本理解。在結繩活動中,結繩的對象是所謂"事",事本身是生活的一部分,在本來依託於生命而顯現出的時間之流中,事因此就代表一個階段。因爲是生命的一部分,將它理解爲"本末"或"終始",前者是從生命角度而言,後者則是從時間著眼的。毫無疑問,<u>有了本末、終始,先後的觀念也就隱含其中了。這就是《大學》所言的"物有本末,事有終始,知所先後,則近道矣"</u>。因此,記事也就是給這個生活之流作一個標記,就像一個里程碑,雖然不是里程的一部分,但卻給了里程一個從時間之流的角度所觀的一個象。這個象不同於事情的内容本身,而就是這個活動的終始、開闔、翕闢、生死,而且前之終恰是後之始,前之死恰是後之生,這是生命本身的力量。因此事件的"終"也就是終"結"、"結"束,這是結繩記事在語言中留下的隱秘痕跡。

　　在這個意義上,一個事件也就構成一個時段,其直觀形象便像竹節一樣,分割了繩索本身。反過來,古人對竹節的理解與繩結也是相通的。《説文》:"節,竹約也。"段玉裁注:"約,纏束也。竹節如纏束之狀。"如同繩結與生命本身的對應意義,節也就有了抽象的與時間相通的含義,這就是《周易·節卦》所謂"天地節而四時成"。同時,在這種象徵意義之下的繩索本身也具有了和生命相通的意象。《詩·周南·螽斯》:"螽斯羽,薨薨兮。宜爾子孫,繩繩兮。"朱熹《詩集傳》:"繩繩,不絶貌。"

---

[1] "黔如"蓋"黔首"之訛。綜合諸論,"黔如作虜首"即"黔首作蔀首",與"隸首作數"相應。

《大雅·下武》:"昭兹來許,繩其祖武。"[1]繩子本身成了子孫綿延不絕之象。

在結繩記事過程中,一個繩結當然對應一件事,但繩結所具有的終始之義使得繩結本身形成了對繩子,即整體的生命之流的剖分。這樣,與繩結相對的繩頭(即首)就具有了開端的意義,因此也就被稱作端,如前所述,端字本來就是"物初生之題(額頭)"的意思。所有這一切都是用生命體的象徵作爲比喻的。這樣,一個繩結的意義其實是一分爲二,兩個則是二分爲三,不知這是否即是《老子》所謂"一生二,二生三,三生萬物"? 因爲三分則爲四段,正好是"天地節而四時成",天運一週,説"三生萬物"也不爲過。[2]甚至道字之所以從首,或許也與此有關。道就是由端首引出的生命的行跡。但不管怎樣,由開端到終結,終結又成爲新的開端,不同事件便因此在這個序列中展開了。隨著人類抽象能力的增強,假如我們抽掉事件本身的話,這個開端與結的先後序列就構成了一個序數列。這種序列與中國古人計數的習慣是相應的。譬如一年四季,是以元旦開始的,元旦以後即世俗意義的春天,以此類推(見下文《三分四時圖》)。上古時代據説祇有春秋兩季,但春秋的命名方式是一樣的。另外,中國傳統關於年齡的計數方式,二十世紀許多人以"虛歲"稱之,有人用十月懷胎作解,可能都是不對的,這實際上是結繩記事以來傳統中國人的計數方式。

結繩記事的方式不祇是中國纔有,據説在印第安人與其他原始部

---

[1] 《管子·宙合》:"故君子繩繩乎慎其所先。"房玄齡注"繩繩戒慎",語義甚是渾淪,黎翔鳳《管子校注》卷四,梁運華整理,北京:中華書局,2004 年,第 235 頁。《漢書·禮樂志》載《郊祭歌》十九章,其二曰:"帝臨中壇,四方承宇,繩繩意變,備得其所。"應劭曰:"繩繩,誠敬更正意也。"孟康曰:"衆多也。"臣瓚曰:"《爾雅》:'繩繩,戒也。'"顏師古主臣瓚之説,也可能受了《管子》的影響,但《管子》的"繩繩"本來是形容慎的不間斷,本身並無戒慎之意,這一解釋似當以孟康之説爲是。

[2] 《淮南子·天文訓》:"一生二,二生三,三生萬物。天地三月而爲一時。"這似乎在暗示老子的這一説法與四時有關。我自己另外提出兩種可能的解釋,文繁不引,參拙撰《周易義疏》坎離兩卦義解,上海:上海古籍出版社,2011 年。

族中也有類似的例證,因此這種記數方式具有普遍意義。假如理解了結繩記事中數位的產生方式,那麽序數詞的連續產生無疑具有德性意義的自明性。這種自明性也就是生命自然衍生的方式,祇要生命没有終結,數的衍生就不會終止,這就是古人所理解的天數(天命之數)、命數。[1]譬如某人命終,某國滅亡,皆可以説是天數、命數所致。所以在被知性思維純化了的數學裏,譬如在康德那裏,數的衍生是無法先天地肯定的,而必須訴諸後天經驗。因此,倘若我們理解了序數的自明性,也就重新把數學的這個重要分支,即算術與代數學,奠定在堅實的德性論基礎上了。至於羅素集合悖論的產生,實際上也就是知性希望把無限開放的生命之數納入一個僵死的言語/邏輯牢籠("所有數都……"),所產生的系統紊亂。從德性論的角度來説,集合悖論也是淵源於一種"僵化的一體性"。[2]這不僅揭示了知性的局限性,同時也表明德性相對於知性所具有的奠基意義。

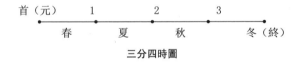

三分四時圖

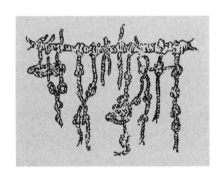

結繩記事(圖片引自網絡)

---

[1]　不是《繫辭上》所説的"天數五,地數五"那種意義上的天數。
[2]　關於"僵化的一體性",我曾多所言説,兹不備論。

　　結繩記事也可以解釋十進位的產生。數學史已經表明,在人類眾多古老文明中,十進位並非所有人類所通用,譬如古巴比倫的六十進位,瑪雅人的二十進位,古羅馬的五、十進位混用等等。一般認爲,完備的十進位最早出現在中國的商代。商代甲骨文中已經有一到十,以及百千萬等數位的文字符號及數位表示方法。究其原因,極可能與數位產生的方式有關。理論上,二進位以上,無論幾進制都是可以計算的,祇不過繁簡有別而已。因此不同進制的產生可能與古人對世界某一方面的敏感性有關。如六十進位可能與月相的觀察或一年約三百六十日有關,五進位、十進位、二十進位可能受手指足趾數目影響,等等。但何以中國古代的十進位如此完備,卻極可能有著特殊的原因。按照前述結繩的方法,在結繩記事中,十這個數字的產生其實祇要八個繩結將一個繩子分成九段就可以了(參《八卦九段十數圖》),因爲首尾兩端是不需要繩結的。之所以需要十這個數位,可能因爲需要理解天道的完備性,所以必須給予的設定。理論上這個數字可以任意設定,但過少則難以計數,過多又難以一目瞭然,既然雙手手指的數目爲十,且便於觀察,那麼這個完備性的數字也就不妨被設定爲十。由此也就產生了一種奇妙的現象,在古漢語中,九和十兩個字被同時賦予了終結的含義。《説文》:"十,數之具也。一爲東西,丨爲南北,則四方中央備矣。""九,陽之變也。象其屈曲究盡之形。"九的意思就是究竟之究,即陽氣(生命)竟盡的意思。至於十的説法並不確切,甲骨文十祇寫作丨,所以東西南北之説純屬附會,但關於完備性的理解卻是有見地的。觀察甲骨文數位的文字寫法,一二三四完全是直觀增長,五六七八九雖然各有形態,但十字與一字相垂直,極具生命終止的意象。[1]而之所以九也是終結之數,就是因爲結繩記事雖然產生了完備的十個數字,但所對應的事件卻

―――――――

[1]　從象形角度看,郭沫若認爲十是一掌之形,參郭沫若《釋五十》。載《郭沫若全集・考古編》第一卷,北京:科學出版社,1982年。假如此説不謬,一掌其實也可以理解爲以手指直觀序數的終結。

祇有九個,事件處於生命之中,所以纔説"陽之變"。而所謂八,就是後來《周易》所理解的八卦。卦者掛也,繩結猶如掛在繩子上,所以叫八卦。[1]八九十的關係在下圖可以清晰地呈現出來。

乾一	兑二	離三	震四	巽五	坎六	艮七	坤八	
1	2	3	4	5	6	7	8	9	10

八卦九段十數圖

數位與生命關聯的另一個直接的結果就是干支觀念的産生。商代已經形成完備的干支觀念,甲骨文中保存了六十干支的表格。如前所述,十天干與旬日的觀念有關,也是十進位應用的結果,十二地支則與一年十二個月有關,日之與月,猶如身體的軀幹之與四肢,所以才叫干支。而由干支的名稱可知,無論是天干甲乙丙丁戊己庚辛壬癸,還是地支子丑寅卯辰巳午未申酉戌亥,其實都是描述生命週期的完整過程。[2]兩種生命結構的同時存在,實際是德性思維向知性思維妥協的結果,因爲十二月這種基於實際觀測的生命週期形態無疑是無法否認的,相對於十數的常態,十二起著輔助作用,所以是支。這一生命週期不僅因此可以與曆法、樂律、卜筮乃至一切生命結構相應,而且還産生了一系列關於數位結構的理解,這在傳統時代也被稱作數學,後一點以後還會繼續討論。

問題是,假如關於數的理解都是德性思維的結果,如何理解中國傳統數學,特別是在算數與代數方面的歷史成就? 因爲具體到《周髀算

---

〔1〕 于省吾認爲八卦可能來自金川彝族保存的八索之占,即"用牛毛繩八條,擲諸地上以占吉凶"。説見其所作尚秉和《周易尚氏學序言》,北京:中華書局,1980年,第1頁。按:此説雖無法證實,但如果把一條繩子理解爲一個打開的繩結,那麼八條繩索就是八個結,與本文倒是可以相通的。

〔2〕 如"甲者,言萬物剖符甲而出也;乙者,言萬物生軋軋也。丙者,言陽道著明,故曰丙;丁者,言萬物之丁壯也,故曰丁。……壬之爲言任也,言陽氣任養萬物於下也。癸之爲言揆也,言萬物可揆度,故曰癸。"文繁不具引。地支亦類此。參《史記·律書》。

經》、《九章算術》等數學著作本身,其論證過程都純然是知性思維的結果,與現代數學並没有根本的區別。在這裏,古代關於乘法的理解可以提供較爲合理的解釋。

在古代,事物的增加固然被模擬於生命的某種充盈,這一充盈不僅表現在同一維度上的增加,甚至也可以理解爲由端(點)到體,類似於生命的成長。但假如要對之加以運算,卻必須把對象的生命内容抽空,因此變成了純粹的形式關係。於是加法變成了純粹數的運算,而乘法則引入了積的概念。乘即乘車之乘,有淩駕之意,是不同事物相互疊加的意思。《説文》:"積,聚也。"面是由線堆積,體是由面堆積,這就是乘法的來源。在乘法出現以後的數學,便是純粹知性思維的運用了。

德性與知性思維最關鍵的部分其實是在對事物的最初預設,到底是承認事物作爲獨立的事物之前是分有於一個統一的整體,還是否認這個預設,純然運用觀察理性對事物從其個體性開始加以分析,並依循邏輯的方法爲之建構規律。後一觀念在"奥卡姆的剃刀"中有過充分表達,並因此使近代科學擺脱神學的羈絆而走向獨立。但德性思維與神學通過上帝來彌合這個一體性的觀念是不同的,在後者中上帝是作爲超越性的絶對得到理解的,而德性思維是在生命的具體關聯的意義上思考相關問題,譬如四肢與身體的關係顯然不同於作爲受造者的人與造物主的關係。德性思維依然是一種可以通過反思來理解的思維,而神學的超越性思維必須首先訴諸信仰。但在歷史上,由於對某些德性觀念的錯誤推廣,產生了荒唐的後果,限制了現代人對其合理性的真正探討。[1]

---

[1] 譬如五行觀念,便因爲錯誤的推廣,而引起荀子的批評。當然,荀子對思孟五行的完全否定,其實也逾越了應有的邊界。參前揭拙作《思孟五行説新論》,《學術研究》2018 年第 8 期。

三、音律

關於樂舞與早期巫術的關係擬另文探討。在樂舞過程中,人類不僅體驗物我同一的感受,也體驗了節奏的重要性。在人神交感中,人所體驗的是一種萬物同體之樂。既有此樂,則不能不有所表現,荀子所謂"樂則不能無形"(《荀子·樂論》),《毛詩序》所謂"情動於中而形於言,言之不足,故嗟歎之,嗟歎之不足,故詠歌之,詠歌之不足,不知手之舞之足之蹈之也"。在這一過程中,具有韻律和節奏的音樂產生了,"情發於聲,聲成文,謂之音"(《毛詩序》)。這雖然是經典時代以後的觀念,但也未嘗不符合音樂產生的實際。

在交感的樂舞中,人體會到了宇宙的同一性,問題是活動結束之後,這一切似乎都消失了,人是如何與那神靈世界溝通的? 正如運用巫術進行詛咒、治療等活動時,一個巫師,甚至一個普通人,都可以與遠方的人、動物或神靈交感。[1]這在理性主義者那裏被稱作"超距作用"的迷信一樣的東西,在原始人類那裏卻是實實在在的心靈感受。理性主義者似乎更願意研究這些迷信的產生機制,譬如心理機制;但對於早期人類思維而言,迷狂後的清醒更容易使人意識到音樂節奏中所具有的與神靈溝通的能力。誠如《莊子》所言,"嗜欲深者天機淺"(《大宗師》),音樂是宇宙自然的聲音。於是我們理解了莊子,在一個人類音樂已經發達的時代,反而要重新去諦聽天地的聲音:

> 南郭子綦隱机而坐,仰天而噓,荅焉似喪其耦。顏成子遊立侍乎前,曰:"何居乎? 形固可使如槁木,而心固可使如死灰乎? 今之隱机者,非昔之隱机者也?"子綦曰:"偃,不亦善乎,而問之也! 今

---

[1] 關於這方面的典型材料,可以參考弗雷澤《金枝》第三章《交感巫術》。徐育新、汪培基、張澤石譯,北京:大衆文藝出版社,1998年。

者吾喪我,汝知之乎? 汝聞人籟而未聞地籟,汝聞地籟而不聞天籟夫!"

　　子遊曰:"敢問其方。"子綦曰:"夫大塊噫氣,其名爲風。是唯無作,作則萬竅怒呺。而獨不聞之翏翏乎? 山陵之畏佳,大木百圍之竅穴,似鼻,似口,似耳,似枅,似圈,似臼,似窪者,似汙者。激者、謞者、叱者、吸者、叫者、譹者、宎者、咬者,前者唱于而隨者唱喁,泠風則小和,飄風則大和,厲風濟則衆竅爲虛。而獨不見之調調之刁刁乎?"

　　子遊曰:"地籟則衆竅是已,人籟則比竹是已,敢問天籟。"子綦曰:"夫吹萬不同,而使其自己也。咸其自取,怒者其誰邪?"(《齊物論》)

　　莊子把地籟看成是大地發出的各種風的聲音,雖然風聲各有自己的來去,但卻都是源出天籟,因此風也就是天的消息。這裏的風,在上古時代其實也就是鳳鳥,作爲上帝與人間的信使,作爲神人溝通的橋梁。[1]因此鳳鳥(甚至鳥類)本來便與音樂有關,《列仙傳》記載的蕭史"善吹簫作鸞鳳之響",教弄玉吹簫"作鳳鳴",竟真的引來鳳凰,便是其中的顯例。

　　這種橋梁,在理性逐漸發達的時代被理解爲氣,氣是一種雖未顯形,但有質料的存在,宇宙也不過是氣的彌漫,類似今人對能量的理解,但又缺少現代人的某種自覺,所以不可混爲一談。譬如在上文所引《莊子》的文字中,風因此是"大塊噫氣",便與天人相通的無形之氣並不相同。這些無形之氣假如因爲某種內在精神凝聚了,便是所謂"精氣爲物",一旦精、氣分離,便是"遊魂爲變"(《繫辭上》)。氣在古代寫作炁,下面是灬(火)字底,上面可能是象形,其實與古人燎祭時的煙氣很相

---

[1]　此問題擬另文討論。

似。在有關神話的討論中,火與鳳其實是相通的。[1]

　　在人神溝通的樂舞中,人類慢慢體會了節奏的存在。在這裏,節奏並非獨立於樂舞活動的存在,相反,就像湖中的水波,本身便是水的一部分。但水波的存在,令人體會到水的層次。這種韻律感常常表現爲歌唱的停頓,於是就成爲歌聲中的頓挫部分,這些頓挫的相互呼應,也就是"押韻"。歌聲與樂舞合爲一體,也就成了神人溝通的風的一部分,這就是最早的詩歌,也就是風雅頌的"風"。這些韻律常常與足的踢踏相配合,這就是"踏歌"。這種形式,在隋唐前後的"踏搖娘"或現代"踢踏舞"等民間歌舞中還可以看到。因此廣義的風與樂應該是相通的,樂舞既是人神溝通的使者,也是在酬神而使之喜樂,《周易》所謂"雷地,豫。先王以作樂崇德,殷薦之上帝以配祖考。"祇不過到了《詩經》的時代,經過長久的人神相分的時期以後,文化慢慢由此分化了。

　　節奏感隨著數位的出現應該變得更爲清晰了,人類似乎很自然地理解了音樂與數之間的關聯。首先,樂舞活動與結繩記事一樣,都是一段完整的表現精神一體性的活動,換言之,都是生命形態的不同表現。一段結繩記事通過八個繩結便可以表達數的存在,而樂舞與上天溝通的方式,首先是不周風(西北)、廣莫風(北方)、條風(東北)、明庶風(東方)、清明風(東南)、景風(南方)、涼風(西南)、閶闔風(西方)八風,表現在樂器的材質上便是金、石、絲、竹、匏、土、革、木八音,所以《左傳·隱公五年》纔説"舞,所以節八音而行八風"。[2]從結繩而來的八卦本來是時間性的,但在《周易·説卦》中則被空間化,而與不同的方位相配,所以八風、八音與八卦可以分別相配。這種相配在形式上本來是有問題的,但假如回到德性自身的一體性之中,這一問題就在時空的消泯中得到了消解。譬如八風顯然與後天八卦的方位相對,而空間上的差異可

_____

〔1〕　此問題擬另文討論。
〔2〕　八音是觀念的産物,並非真是有八種材料,而是有了八的觀念後,找到八種材料來作爲代表。

以通過個體旋轉所造成的時間先後得到理解。關於八風、八音的説法，雖然《呂氏春秋》、《淮南子》、《史記》等古書説法不一，但其實是大同小異，這裏依據的是《史記·律書》的説法。

其次則是五音、十二律。在音樂實踐中，人類早就發現不同聲音頻率與音高之間的關係。據科學研究，由於人對聲音的敏感度是呈指數方式的，因此前後音程之間聲音的頻率都是成倍的比例關係，這一比例保證了不同音程之間樂音在聽覺上的和諧。因此，祗要研究在一個高八度音程之間到底應該有多少音節相互組織起來，所謂"聲成文謂之音"（《樂記》），以使音樂更加和諧悦耳，便成爲樂學家研究的關鍵。在河南賈湖遺址及浙江餘姚河姆渡遺址皆曾發現新石器時代的骨笛，據説已經包含七個音階，表明關於音程的發現已經有了悠久的歷史。據一般音樂史的介紹，由於"三分損益"在聽覺上的和諧，無論是上古中國還是古希臘其實都產生了類似的音階剖分方法。依照這一方法，可以在一個音程之內的音階之間形成一個穩定循環。根據計算，當音階數量達到 12 個，便已經在一定誤差下基本滿足要求，倘若達到 53 個，誤差會更小。前者就是《管子·地員》以來所明確記載的十二律，後者由漢代易學家焦延壽傳給弟子京房，並取其成數六十，是爲六十律。[1]由於十二律的簡單易行，所以爲古今中外許多音樂家所採納。十二律中，其基本音經過兩次上下增減三分之一的損益，便形成五個基本音，這就是五音。從科學的角度來看，不僅十二律不是必然的，即便五音也是如此。

但可以想象一下原始時代的人首次發現十二這個數字的震撼。即便到了經典時代，不少音樂雖然已經是娛樂的工具，但卻依然具有酬神之用，這就是《孟子》一書所謂"今之樂"與"古之樂"的差別所在。音樂之所以能够酬神，便是因爲音樂之中隱含了可以溝通天道的天數，而今

────────────

[1] 參繆天瑞《律學》，北京：人民音樂出版社，1996 年，第 115—122 頁。

這個數字正好是十二,在充滿神秘體驗的時代,便很難不被視作明證。也正是因此,把十二月、地支與樂律相配,便不僅是應有之義,而且其命名本身便隱含了生命的一體性含義。譬如"十一月也,律中黃鐘。黃鐘者,陽氣踵黃泉而出也。其於十二子爲子。子者,滋也;滋者,言萬物滋於下也。"(《史記·律書》)《漢書·律曆志》也説:"(六)律以統氣類物……(六)呂以旅陽宣氣。"與此同時,一些易學家(如鄭玄)還把十二律與乾坤兩卦的卦爻相配,建立起二者之間的相互聯繫。

有了上面這些討論的基礎,我們可以理解《後漢書·律曆志》所説的"候氣之法"。據説在一個密閉的屋子裏,在特製的律管端部放上葭莩(蘆葦内膜)之灰,每到一定的節氣,相應的律管便會有灰飛出。反之,吹律也可以定氣,甚至定姓,成了占卜的一種手段。[1]這一方法其實祇是一種信仰,但其思想淵源卻不難理解。由上引莊子"大塊噫氣"一説可見,巫術時代關於氣的理解到了戰國以後已經被物質化了。宇宙一體的天因此被置換爲天地分立的自然天,希望在這個自然天(其實便是地球的生態及環境系統)内部重建關於元氣一體的理解,事實上已經無法做到,至少不會如此簡單。但漢人這種包舉宇宙的精神卻是極可驚歎的。

(本文曾在 2018 年 11 月廣州中山大學哲學系
"現象學與易學"國際學術研討會宣讀。)

---

〔1〕 班固《白虎通·姓名》:"古者聖人吹律定姓,以紀其族。"此説亦見漢代緯書及王符《潛夫論》,參陳立《白虎通疏證》卷九,吳則虞點校,北京:中華書局,1994 年,第 401—402 頁。

《復性書院講録》述義

余一泓 *

小引

近代儒者馬一浮(1883—1967)在抗戰時期完成的《復性書院講録》不僅是體現其儒學思想的代表作,也是安常應變的有爲之言。[1]該書以因中有創的釋經方式表達思想。[2]無論是就文本節次疏解(釋《孝經》、《洪範》與《禮記》選篇),還是自立節目講説義理(釋《論語》、《繫辭》),《講録》對義學科判之法都有自覺化用。[3]其精心安排的釋經次

    * 作者單位:武漢大學中國傳統文化研究中心。

[1] 《復性書院講録・復性書院開講日示諸生》,《馬一浮全集》第 1 册(下文略爲《講録》、《全集》,並在提到主標題之後,於引用次級標題下的内容時,適當省去對上一級標題之重複表述),杭州:浙江古籍出版社,2013 年,第 84—85 頁。

[2] 陸寶千《馬浮之六藝論》,《近代史研究所集刊》第 22 期下,1993 年,第 335—353 頁。

[3] 馬一浮自承其科判(他也使用"科分"的稱謂)之法采自佛教的義學著作(《蠲戲齋詩自序科解跋》,《全集》第 2 册,第 84—85 頁),從《講録》的内容可見,他確實采用了《法華玄義》等名著所使用的名詞。此外,馬氏在推崇佛教義學家科判嚴密之餘,亦稱許黄道周(1585—1646)《孝經集傳》釋經所立諸義(《講録・通治群經必讀諸書舉要》,《全集》第 1 册,第 113 頁),其博采之趣可知。

第,意在有序呈示人心感通以及一人之德行何以成就理想的教化。[1]

　　馬一浮認爲心體的恰當發用有一定的義理,儒經寄託教諭的事相,不外是古人體認心性、遵循義理所成之善行與善政。[2]自心發用之義理本身作爲條理粲然的道理,便是"六藝之道"。惟有循此條理讀經纔能將經典作爲"六藝之教"來學習。一方面,馬氏堅執"心外無理、心外無事"之判斷;另一方面,馬氏將"讀書以窮理"視爲學道之階梯。所以説《講録》以"六藝一心論"對之前儒者的回應,具有兩層思想史意義:如《講録》對心體的發明,可視爲對清季學風之反思以及對宋明理學的重光,那麼該書就六藝論心體的方式,就是對自信不學乃至認私欲爲良心的預防。在前代儒林當中,這也並非僅見。[3]

　　明儒對成己成物之義理的講習,凸顯了一人之德性、一心之感通和一身之德行在天下間的位置(如錢德洪《傳習録序》)。[4]經由"六藝一心論",《講録》復活了明人的思想經驗,表述非常直截:"政治即是道德,道德外無別有所謂政治。"[5]相應的,新的問題也隨新義的闡明而浮現——聖人的外王之事,在《講録》的闡釋中同於仁者之獨修。舍藏用行之跡中的一部分,在馬氏的設想中微妙地隱退了。而這一"隱退",亦是馬一浮儒學思想中獨特見解的反映。試探其間消息、述論《講録》之

---

〔1〕這方面的先行研究,以于文博之《馬一浮經學思想研究》(北京大學哲學系博士論文,2016 年)爲著。陸寶千先生的兩篇長文述多於論,不易理解,但也是重要的參考文獻。參《述馬浮之以佛釋儒》,《近代史研究所集刊》第 23 期上,1994 年,第 97—132 頁;《馬浮之易學——儒學新體系之基礎》,《近代史研究所集刊》第 24 期上,1995 年,第 1—80 頁。

〔2〕《語録類編・四學篇》,《全集》第 2 册,第 595 頁。

〔3〕例如羅汝芳(1515—1588)的樂學之道在强調心體現成的同時,也要求學者在博通經學、順服倫常之中覓得樂地,他正代表著陽明學傳統中内生的折中兩端、持世救偏的傾向。(參鄧志峰《王學與晚明師道復興運動》,上海:復旦大學出版社,2020 年,第 397—433 頁)馬一浮對羅汝芳的《盱壇直詮》和管志道(1536—1608)的《周易六龍解》頗爲青睞,復性書院在萬難中選了這兩部小書刻録(這兩部書可以在今天的"復性書院叢刊"中找到,但在本來的刊刻計劃中是没有的,參《復性書院擬先刻諸書簡目》,《全集》第 4 册,第 356—371 頁),可見馬氏心意。

〔4〕鄧志峰《王學與晚明師道復興運動》,第 1—41 頁。

〔5〕《講録・孝經大義・釋明堂・附語》,《全集》第 1 册,第 214 頁。

獨見,便是本文的任務。

一、六藝之爲條理

(一)《復性書院講録》的旨趣與安排

馬一浮在 1937 年到 1946 年間避寇離杭。他一生好爲詩而不樂著述,但在離開杭州、輾轉多地講學之際,其"學術創作"卻迎來了一個高峰期:《泰和宜山會語》、《復性書院講録》與《爾雅臺答問》相繼撰成。其中正續兩編《答問》由因人設教、當機指點的書信組成,而《會語》、《講録》則都屬使用"義理名相"對個人學思的直接表述。根據《泰和宜山會語》裏面對義理名相的解説,六藝之學是發掘人心良知良能的學問。良知屬理,良能屬氣,人之視聽言動作爲形氣邊事,必合乎理纔能稱爲發乎良知之良能。從次序看,這些解説始於基本概念的闡説,繼之以理帥氣,終於觀心去執。[1]以上,《復性書院學規》都予申述。[2]但如果説《會語》對浙大師生講,是爲入門者説法,那麼《講録》就是對復性書院院生講,是爲發心研究儒經者説法。所以《講録》的整體安排雖然和《會語》解説義理名相的次序有相似之處,但卻是依"六藝"展開。

理事不離一心,但"天下之事,莫非六藝之文。明乎六藝之文者,斯可以應天下之事矣",而且這些事相又條理繁密,唯"聖人有以見其'至賾而不可惡','至動而不可亂'"。[3]往簡單了説(約),復性需要持敬、修養(篤行);往詳細了講(博),復性需要學習經典中的文理,體會聖人之言行。博約兩端皆不可或缺。[4]由之,《講録》有了如下的安排:

---

[1] 相關内容參看《全集》第 1 册,第 30—36、58—80 頁。
[2] 《講録·復性書院學規》,《全集》第 1 册,第 88、91、91—92 頁。
[3] 同上書,第 95、96—97 頁。
[4] 《復性書院學規》,《全集》第 1 册,第 101 頁。

《講録》内容分類	《講録》的主副標題[1]
1. 論讀經之宗旨與方法。	1.1. 復性書院開講日示諸生;1.2. 復性書院學規,1.3. 讀書法;1.4. 通治群經必讀諸書舉要;1.5. 群經大義總説。
2. 論經爲六藝,經中政事無不爲聖人性德之體現。故以《論語大義》廣説六藝,以《孝經大義》約説之。	2.1.《論語大義》:2.1.1. 詩教;2.1.2. 書教;2.1.3. 禮樂教;2.1.4. 易教;2.1.5. 春秋教。2.2.《孝經大義》:2.2.1. 序説;2.2.2. 略辨今古文疑義;2.2.3. 釋至德要道;2.2.4. 釋五孝;2.2.5. 釋三才;2.2.6. 釋明堂;2.2.7. 原刑。
3. 以《詩教緒論》、《禮教緒論》述《詩》、《禮》、《樂》教,論德治之基在於仁心感通。	3.1.《詩教緒論》:3.1.1. 序説;3.1.2. 孔子閒居釋義—總顯君德;3.1.3. 孔子閒居釋義—別釋德相;3.1.4. 孔子閒居釋義—明德用;3.1.5. 孔子閒居釋義—歎德化。3.2.《禮教緒論》:3.2.1. 序論;3.2.2. 仲尼燕居釋義上—顯遍義、顯中義、原治;3.2.3. 仲尼燕居釋義下—原治之餘、簡過、原政、簡亂。
4. 以《洪範約義》述《書》教,顯聖人德治之全貌。説明在聖人之政中,德性無處不在。終於攝用歸體,論一切政事不在一心作用之外。	《洪範約義》:4.1. 序説;4.2. 序分;4.3. 總敘九疇;4.3.1. 別釋五行;4.3.2. 別釋五事;4.3.3. 別釋八政;4.3.4. 別釋五紀;4.3.5. 別釋皇極;4.3.6. 別釋三德;4.3.7. 別釋稽疑;4.3.8. 別釋庶徵;4.3.9. 別釋五福六極。
5. 以《觀象卮言》述《易》教,指出心體聖凡同具,而由凡即聖是在心上做工夫,不受外在權位、時機所限。	《觀象卮言》:5.1. 序説;5.2. 約旨、卦始、本相;5.3. 原吉凶、釋德業;5.4. 審言行;5.5. 辨小大;5.6. 釋教大理大;5.7. 釋德大位大;5.8. 釋人大業大時大義大;5.9. 釋道大器大。

　　《講録》對釋義的内容予以科判。這些編排反映在上表右欄所録的《講録》之主副標題當中。從左欄所分的五個大類來看,《講録》的行文亦有如下邏輯:

　　1. 讀經的方法、參考的書籍都由讀經的宗旨確定,而這一宗旨便是以立心爲始、以復性爲趣。[2]在明確這一宗旨後,學者就需要把經典作爲心體(自性)發用的自然條理——《禮記·經解》中的六藝來理解。[3]

　　2.《論語》爲六藝之喉衿,[4]《講録》也取材《論語》、總陳六藝之學

〔1〕 參《講録》,《全集》第 1 册,第 84—394 頁。
〔2〕《講録·復性書院開講日示諸生》,《全集》第 1 册,第 85—86 頁。
〔3〕《講録·讀書法·群經大義總説》,《全集》第 1 册,第 109—110、133 頁。
〔4〕《孟子注疏》,北京:北京大學出版社,1999 年,第 8 頁。

要旨;孝行是爲德之本,故《講録》疏解《孝經》示人以踐行六藝之學的關鍵所在。前者廣説六藝之學的概貌,揭示人的道德本性在萬事萬行中的應有地位;後者約説對六藝之學的踐行,爲學者提供遵循這一本性的範例——事父母之孝,是仁心發用的典範。而據五經之外的《論語》、《孝經》總論六藝,[1]也是對經學傳統的承繼。

3. 如果説《論語大義》、《孝經大義》是合六藝而論,那麽《詩教緒論》和總括《禮》、《樂》之教的《禮教緒論》則是《講録》對六藝的分疏。這些分疏嘗試説明,人的德性是怎麽樣成爲萬事萬行的基礎的。由於這些分疏是對經文的闡釋,也不妨説,它們是在説明經典中統治者的治理是如何以德性爲基礎的。在兩部《緒論》當中,仁心感通的萌生、外擴就是德治的本相,而這一感化過程跟《孝經大義》的主旨是類似的——政治即是道德。

4. 講述《書》教的《洪範約義》,意在説明完整無缺的聖人之治中,他的德性是如何在各處都發揮著基礎性的作用。換句話説,《約義》意在描述,聖心感通的完全形態應該是怎麽樣的。經由這一描述,從《論語大義》和《孝經大義》開始的一條論述理路得以完成——聖人可學而至,心體亦可由復性而證。聖治是本於自心本體(德性)的行動,是人人可踐之德行。也正是因爲這一理路中道德對政治的"遮覆",馬氏對聖人外王之事的解釋,相對於經典本身的涵義是"收縮"的。[2]但這並不是《講録》中六藝之學的終點。

5. 孔子具聖德而未履尊位。但聖人作爲無位之君子,其心與開物成務之大人也無二致。由此,講述《易》教的《觀象卮言》也教誨學者,學爲聖人是在自心上下功夫,踐形盡性的事業不受外在的權位、時機所

〔1〕《漢志》、《隋志》都將《論語》、《孝經》二書附於五經之後,以示關聯。一個説明參見武内義雄《經學的起源》,廖娟譯,載干春松、陳壁生編《經學研究第四輯:曹元弼的生平與學術》,北京:中國人民大學出版社,2018年,第401—403頁。
〔2〕參于文博《馬一浮經學思想研究》,第271—272頁。

限。除了"一心二門"、"心統性情"以外,本體之"不易、變易、簡易"也是《講録》的重要議題。《卮言》解釋《易》象,意在於變易之事相中顯不易之心體、示下復性之學的簡易法門,亦即是持敬去執、懼以終始。[1]也正是因爲變化的政治世界與道德標準常有不諧,馬一浮纔以上述的"簡易"法門作爲六藝之學的"末後之教"。[2]

《會語》對義理的解說終於去矜、去執的教論,而《講録》在完成了對經典政事的德性化[3]闡釋之後,也回到了這個基點。在讀者一眼看來,其學說確有迂闊而不切事實之感。但正如上文所言,個人的道德修養所遵循的某種規律,與支配變化的人間萬事萬行的種種規律,往往不是一回事。二者之不諧迫使嚴肅生活的人去抉擇,是選擇順應政治——社會生活潮流的規律? 還是選擇當下德性體驗所支撑的原則? 選擇後者,常會遁入孤獨的沉思與自修之中,此東西所同也。[4]有此乘桴之精神體驗,《講録》對六藝當中同爲"末後之教"[5]的《春秋》之教未辟專論。畢竟在充滿了濁惡和妄執的時代,與其談論從權守道之義,不如直接告誡人們持敬去執、懼以終始。[6]無論如何,要進一步弄清馬氏與前賢的關係和他的關懷,還需從頭開始,進入《復性書院講録》的思想之旅。

(二) 六藝之學概説:論《論語大義》

1. 道外無事

《論語大義》是馬一浮未能完成的理想之作《六藝論》的底稿。[7]他

---

[1] 劉樂恒《馬一浮六藝論新詮》,上海:上海古籍出版社,2015 年,第 281—298 頁。

[2] 《講録·觀象卮言·釋道大器大》,《全集》第 1 册,第 393 頁。

[3] "德性化"是成中英的提法(《馬一浮的"六藝心統説"與儒家經學的哲學意涵》,《全集》第 6 册,第 606—607 頁)。易言之,"德性化闡釋"和"道德化闡釋"當然都是 moralised interpretation 的意思。但是前者更貼近馬一浮性、德連用的語氣,所以在本文中更加適用。

[4] 這個事例可以是 Soren Kierkegaard,參卡爾·洛維特《從黑格爾到尼采》,李秋零譯,北京:生活·讀書·新知三聯書店,2014 年,第 188、427—433 頁。

[5] 《講録·論語大義·春秋教》,《全集》第 1 册,第 165 頁。

[6] 馬一浮嘗試會通《春秋》和《法華經》的意圖參《問學私記》,烏以風記,《全集》第 2 册,第 772—773 頁。

[7] 王培德等記《語録類編·六藝篇》,《全集》第 1 册,第 582 頁。

以三大問目、六藝分類排列釋義的組織形式,以及對佛學術語例如《法華玄義》之“四悉檀”的運用,都是前所未有的。要弄明白《大義》之獨見,要從“問目”開始,《講録》云:

> 《論語》有三大問目:一問仁,一問政,一問孝。凡答問仁者,皆《詩》教義也;答問政者,皆《書》教義也;答問孝者,皆《禮》、《樂》義也。……以六德言之即爲六藝,《易》配中,《春秋》配和,四德皆統於中和,故四教亦統於《易》、《春秋》。《易》以天道下濟人事,《春秋》以人事反之天道,天人一也。道外無事,事外無道,一貫之旨也。[1]

這段引文是位於《論語大義》各章之前的引語,它不僅像《會語》一樣以六德配六藝,[2]而且提出了貫串整部《講録》的行文方式——三問目、天道—人事。由於《講録》並未專辟《春秋教》章節,也可以説《講録》的行文實際上是以這裏提到的仁(《詩教緒論》)、孝(《禮教緒論》)、政(《洪範約義》)和天道下濟人事(《觀象卮言》)四個分類組織起來的。之所以把仁列爲問目的第一類,用朱《注》與《大乘起信論》的話來講,是因爲仁是“心之全德”和心德之“總相”。《詩》教所示的仁心感通之理,是學者體道之始。[3]之所以把講“天道”的《易》教放在末位,是因學者若能聞道明體,自不惑於人事之變易紛繁,也自然不需講者再行饒舌。故《易》爲六藝終末之教。[4]經典中的人事主要是政事,《講録》也就以主要的篇幅對這些政事作了德性化闡釋。其意圖也是明顯的:祇有學習、懂得了“變易”的萬事萬行當中“不易”之德的位置,學者纔能體味到“不易”之理,並遵循前述“簡易”之教、安於治心修德的孤寂。與這一用意相應,《論語大義》之書教、禮樂教和春秋教從“人事反之天道”的順序,

〔1〕《講録·論語大義》,《全集》第1册,第134—135頁。
〔2〕 參于文博《馬一浮經學思想研究》,第69頁。
〔3〕《論語大義·詩教》,《全集》第1册,第136頁。
〔4〕《論語大義·易教》,《全集》第1册,第156頁。

漸次發明了經中政事的德性根源。

2. 論德爲政本

《書教》篇的要義在《論語》"爲政以德"一章中得以總結,亦即"德是政之本,政是德之跡"。言政治者溺於言説制度,就是舍本言跡乃至舍本逐末了。[1]本—跡之喻,是承朱《注》之意。朱子注解《論語·爲政第二》"道之以德,齊之以禮"説:"德禮則所以出治之本,而德又禮之本也";注解"十世可知"説:"三綱五常,禮之大體,三代相繼,皆因之而不能變。其所損益,不過文章制度小過不及之間,而其已然之跡,今皆可見。則自今以往,或有繼周而王者,雖百世之遠,所因所革,亦不過此,豈但十世而已乎! 聖人所以知來者蓋如此,非若後世讖緯術數之學也。"[2]前句言德爲禮本,禮爲政本。後句言據本言跡,以爲學者若知政本,那麼制度損益因革皆可推知。《論語大義·書教》德本政末的論説旨趣,以及對本跡先後次序的強調,都未能超出朱《注》之外。[3]馬説獨特處,在於對"應跡"的發揮:

> 又復當知《書》教之旨,即是立於禮。孔子曰:道之以德,齊之以禮。凡一切政典,皆禮之所攝。《易·繫辭》曰:觀其會通,以行其典禮。典禮即是常事。二帝之書名爲典者,明其爲常事也。聖人之用心,只是行其當然之則,盡其本分之事而已……應跡之説,學者一時未喻,可求之《孟子》。如曰:禹、稷、顔子易地則皆然。地即謂跡也。大行不加、窮居不損,其本不異也。舜飯糗、茹草,若將終身。自耕稼陶漁以至爲帝,若固有之。可謂能行其典禮矣。[4]

---

〔1〕《論語大義·書教》,《全集》第1册,第139頁。
〔2〕分見朱熹《四書章句集注》,北京:中華書局,1983年,第54、59—60頁。朱子對言德、跡、先本後跡的表述參見他對泰伯讓天下的注解,《四書章句集注》,第102頁。
〔3〕《四書章句集注》以爲"已然之跡"是天理自然而成,學者需要做的是求其所以然之理。再者,學之至者、德之至者的行動會是泯然無跡的。同上書,第297、102頁。
〔4〕《論語大義·書教》,《全集》第1册,第142頁。

　　《大義·書教》在講德爲政本以外，還專門點明"政是其跡，心是其本，二帝三王，應跡不同，其心是一"。[1]"應跡"本是《定性書》揭出，朱子多有申發的概念。[2]在《會語》的《論語首末二章義》解釋君子遁世的道理時，馬一浮卻是從鄭玄(127—200)對《易乾鑿度》的注解中拈出"應跡"一詞，以示君子遁世和出爲帝王並無二致。[3]跟前人以"應跡"表達應事履職但求無愧於理、無愧於心的用法相比，馬氏此處的意旨是新穎的。[4]回到上述引文來看，如果説引文首句仍然與前述"十世可知"的朱《注》沒有明顯差別，那麼之後的"典禮即是常事"、"聖人各盡本分"和最後的"爲帝不過應跡"這一脈論説，就與朱《注》不同。[5]在這些論説中，由於有德無位的君子有著和德位相稱的聖王相同的心志。由此，《書教》認爲在觀察後者的功業之時，也應該觀其固有之本而不觀其後得之跡。這樣一來，堯舜之行典禮成事業，就無異於無位之君子踐行常事。基於這一獨到見地，與《詩教》、《書教》相同，《論語大義·禮樂教》以《法華玄義》的四悉檀義[6]解説了政治與孝行的關聯。

———————————

[1]　《論語大義·書教》，《全集》第1册，第139頁。
[2]　黎靖德編《朱子語類·程子之書》，王星賢點校，北京：中華書局，1986年，第2441頁。
[3]　《泰和會語·論語首末二章義》："鄭注云：'雖有隱顯，應跡不同，其致一也。'其義甚當。五號雖皆題德之稱，然以應跡而著，故見於爻辭以各當其時位，大象則不用五號而多言君子，此明君子但爲德稱，不必其跡應帝王也"。《全集》第1册，第24—25頁。
[4]　宋明前賢談論"應跡"，大多意在告誡學者在行事之際毋任私智，亦毋過多以外物挂懷。如果突出應跡之舉的出世色彩，反而會顯得造作。一例見於鄒守益(1491—1562)與陽明的問答。陽明有感東廓不以貶謫爲意，後者回答説爲官不過是"應跡"而已，遂被陽明批評做作："有玩世之意則是私心，心與理由是不相應矣。"張衛紅《敦於實行：鄒東廓的講學、教化與良知學思想》，上海：上海古籍出版社，2020年，第125頁。這裏當然不是説馬先生有"玩世之意"，但對比起來，卻不得不説其立論的出世氣味過濃。
[5]　正如前注陽明對鄒東廓"玩世"的批評，朱子對以本跡觀衡論君子一帝王事業的態度也是非常謹慎的，馬一浮的論説在他看來恐是略用言體之險語。參黎靖德編《朱子語類·論語》，第1040頁。
[6]　馬一浮明確提到四悉檀義取自"天臺教義"，所以《論語大義》中的悉檀一詞都是指的《法華玄義》中的"遍施(的教諭)"之意。這兩部分用四悉檀義説仁、政的内容參《講録·論語大義·詩教·書教》，《全集》第1册，第137、140頁。前揭陸寶千《述馬浮之以佛釋儒》文有詳細羅列。

3. 德治與修心

《禮樂教》開篇即以孝悌爲行典禮、治天下之始,[1]此義將在之後的《孝經大義》與《禮教緒論》中得到進一步闡發。在引述完程頤(1033—1107)的《明道行狀》之後,《禮樂教》以四悉檀義説孝:

> 答孟懿子曰:"無違。"世界悉檀也。答孟武伯曰:"父母唯其疾之憂。"爲人悉檀也。答子游曰:"不敬,何以別乎?"答子夏曰:"色難。"對治悉檀也。答或問禘之説曰:"知其説者之於天下也,其如示諸斯乎!"指其掌。第一義悉檀也。又一一悉檀皆歸第一義,推之可知。[2]

離開章句限制、以四悉檀義説《論語》,是馬氏釋經相對前人的一大新意。研究者認爲馬一浮使用四悉檀時,前三悉檀説事,第一義悉檀説理。[3]這一判斷在分析《詩教》、《書教》説"仁"、"政"的内容上可以成立,然此處説用第一義悉檀説"孝"則是事理、跡本兼攝之語。用《法華玄義》的語言來説就是開權顯實,將治天下之本相釋爲踐履孝行。[4]如果説《禮樂教》以孝行爲政治之本仍然在人事中立本,那麽之後的《易教》、《春秋教》就是在上探良政施爲者的心性構造。分而論之,《易教》是用《論語》"天何言哉"等教諭告知學者體味不易之理,進而不惑於人事之變易紛繁,獲得行動的"自由分";[5]《春秋教》則意在發明孔子在《春秋》當中以聖王之心裁正史事的義旨。作爲六藝之教中的"末後之教",《易》與《春秋》教二者異中有同。耐人尋味的是,《論語大義·春秋教》正是在突出這種

---

〔1〕《論語大義·禮樂教》,《全集》第 1 册,第 143 頁。

〔2〕同上書,第 146 頁。

〔3〕于文博《馬一浮經學思想研究》,第 101 頁。

〔4〕沈海燕《〈法華玄義〉的哲學》,上海:上海古籍出版社,2010 年,第 313—315 頁。

〔5〕《論語大義·易教》,《全集》第 1 册,第 156 頁。需要補充説明的是,馬一浮常用的"自由分"説法(包括此處),非來自朱《注》、《起信論》或《華嚴經疏》,或采自馬氏常引之《景德傳燈録》。例見《傳燈録》,收入大藏経テキストデータベース委員會《大正新脩大藏經》資料庫,https://21dzk.l.u-tokyo.ac.jp/SAT/satdb2015.php(後文引用《大正藏》將衹標注文句行號),T2076_.51.0250c04。

異中之同,也就是日用常行與聖王之治的共同基礎:性德。

　　與前述孝行一般,《春秋》的義旨本是平常,並非何休(129—182)所謂"非常可怪"之論。由此,聖王之心也並非能從對《春秋》史事的"三科九旨"分析中得而知之。正如程頤所説,此心必須要通過體認天理來理解。[1]馬一浮分析道,此心就是董仲舒(公元前179—公元前104)《春秋繁露》中的"人元",以及胡安國(1074—1138)《春秋傳》中的"仁心"。[2]雖然《講録·通治群經必讀諸書舉要》中將《春秋》三《傳》的數種注解以及《通鑑綱目》、《明通鑑》等編年史著都列爲研究《春秋》的書目,但就像朱子一樣,馬一浮亦有見於史事之繁和以事限理之難,提醒學者對《春秋》毋"輕説一字"。[3]故而《春秋教》以《論語》和《繁露》之議論爲主,僅舉夷夏、文質、刑德、權經四門爲例申説,[4]僅於小注當中節略《公羊傳》之傳文爲參證,而没有隨傳文釋義。《春秋教》認爲從上述四門,即可推知《春秋》教諭之全體:

　　　　得其旨者,知《春秋》即《易》也,亦即《詩》、《書》、《禮》、《樂》也。如不學法律,焉能斷案? 故《易》與《春秋》並爲聖人末後之教,然其義旨即可於《論語》見之……當知文不能離質,權不能離經,此謂非匹不行。用之通變者,應理而得其中,從體起用,謂之自内出。夷必變於夏,刑必終於德,此謂非主不止。[5]用之差忒者,雖動而貞夫一,會相歸性,謂之自外至。[6]一致而百慮,非匹不行也;殊塗而

〔1〕《論語大義·春秋教》,《全集》第1册,第164頁。
〔2〕同上書,第166頁。
〔3〕《講録·通治群經必讀諸書舉要》,《全集》第1册,第118—119頁。有關朱子本人對這種困難的意識,在《語類》中例證極多,參黎靖德編《朱子語類·春秋》,第2244—2245頁。
〔4〕《論語大義·春秋教》,《全集》第1册,第165頁。
〔5〕《公羊傳·宣公三年》云"自内出者無匹不行,自外至者無主不止"。董仲舒的引述見蘇輿《春秋繁露義證》,北京:中華書局,1992年,第127頁。
〔6〕"天下之動,貞夫一者也"本《繫辭》,"會相歸性"一詞來自澄觀(738—839)。馬一浮曾在青年時期(1918年)討論《大乘起信論》和儒佛會通的一封重要書信中以類似的方式使用過這一概念(《致蔣再唐》,《全集》第2册,第447頁)。而澄觀把"會相歸性"和《起信論》並舉的例子也可以找到。參《大方廣佛華嚴經隨疏演義鈔》,T1736_.36.0066b20—22。

同歸,非主不止也。又法從緣起爲出,一人一切也;法界一性爲至,一切人一也。[1]此義當求之《華嚴》而實具於《論語》。《春秋》仁以愛人,義以正己,詳己而略人,大其國以容天下,在辨始察微而已。[2]

這段總評以體用論將夷夏、文質、刑德、權經四門籠罩其中。後者是體,前者是用。在這裏,體—用指涉的是實是—現象的關係。從體起用、攝用歸體("會相歸性")都屬價值判斷,強調現象的發展應該歸於其實是。"會相歸性"本爲澄觀解説萬法性空的術語,馬一浮將空性替換爲德性。上述四門的體用論説,意思指的就是政事的變化不應離開道德,而應該趨於道德。孔子作《春秋》之要旨,就在於從變易紛繁的政事中,判斷、褒貶德與不德。判斷的依據則是王者之心。

王者之心密合天理,[3]踐行復性之學的學者所體認、護持的心體,也是此心。基於正確的判斷,王者依此心使政事合德,學者依此心則辨識出善與不善的政事、予以褒貶。在上述引文中,馬氏化用法藏"一人修行一切人皆成佛"的講法,點出王者護持自心的仁義之德、判斷外在的德與不德,就能"大其國以容天下"。涵養德性、("仁以愛人,義以正己")謹慎地作出道德判斷("詳己而略人")。與此同時,這種《春秋》之教是有德無位之人也能遵循的,作《春秋》的孔子,正是此道的模範。《論語大義》由仁心感通説到德政之治(詩教、書教),再由德治探本至於孝行(禮樂教),最後從人事上探天道、心體(易教、春秋教)。這一次序暗示了《講録》論列六藝的内在邏輯。春秋教終於治心也成爲了前文分析《講録》未辟專章解説《春秋》的佐證:在馬一浮講學之時,比起判斷天下善惡、從權守道的春秋教,治心自修的易教更適合作爲"末後之教"。

在檢視完《論語大義》對六藝之學的概説之後,我們還有必要著眼

---

〔1〕 這一譬喻取自法藏(642—712),參《華嚴經問答》,T1873_.45.0600b24—27。
〔2〕《論語大義·春秋教》,《全集》第1册,第165、176頁。
〔3〕《講録·通治群經必讀諸書舉要》,《全集》第1册,第118頁。

《講録》的餘下内容,探索該書以德論政、攝事歸心的獨見與張力。

二、六藝之學與德治

(一) 德治之概説:論《孝經大義》

1.《孝經大義》對尊親之道的新見

和《論語大義》相似,《孝經大義》有總會六藝之學的意圖。但不同於概説六藝學理的《論語大義》,《孝經大義》意在將六藝之教"約歸於行",亦即以孝行爲六藝學問之總要。這一看法在漢、宋學統中皆能找到根據。[1]由於從正義(Orthodoxy)説到了正行(Orthopraxy),該篇就具備了辨識外道邪行的針對性——換句話説,一種在《講録》的温厚文風[2]中少見的鋭利。[3]當時機敏如釋太虛(1890—1947)者,很快就注意到了其中辟佛的尖鋭之處,並予以針鋒相對的回擊。[4]那麽具體而言,《孝經》所記載的踐行六藝之學的形態是什麽呢? 答案是聖王以孝治天下的德治。

《論語大義》以《法華玄義》之四悉檀義説六藝之教,而《孝經大義》則化用了《玄義》"標名、顯體、明宗、辨用、判教相"的五章之法安排了對《孝經》文本的闡釋。[5]而整個闡釋的旨趣,就像我們在《論語大義·禮樂教》中看到的那樣,不外是指出聖王的德治大業無異於君子的日常德

---

[1] 漢代的《孝經》與六藝之關係參前注引武内義雄文。孝心於人爲最切,朱子、黄東發(1213—1280)皆言之,參黄震《東發日抄》,《黄震全集》第 1 册,杭州:浙江大學出版社,2013 年,第 6 頁。
[2] 王培德等記《語録類編·教學篇》:"凡言時俗之失不宜指斥太過,近於刻核亦非出辭氣之道。"《全集》第 1 册,第 711 頁。
[3] 《講録·孝經大義·序説》,《全集》第 1 册,第 178—179 頁。
[4] 太虛《論〈復性書院講録〉》,《太虛大師全書》第 28 卷,北京:宗教文化出版社,2005 年,第 316 頁。
[5] 對《孝經大義》文本結構的圖示參于文博《馬一浮經學思想研究》,第 118 頁。對五章之法的介紹參沈海燕《〈法華玄義〉的哲學》,第 32—52 頁。

行。這一旨趣體現了馬氏將聖王與君子同等看待的獨特見解:

> 至《朱子語類》疑"嚴父配天"義,以爲"如此須是武王、周公方
> 能盡孝,常人都無分",又謂"其中有《左傳》中言語,疑出後人綴
> 緝",是亦疑有過當。如言"愛敬盡於事親,而德教加於百姓,刑於
> 四海",宜屬之天子;"愛親者無敢惡於人,敬親者無敢慢於人",則
> 常人皆有分也。配天同武王、周公而後可,嚴父則亦常人所有事
> 也。如言"中孝用勞,小孝用力,大孝不匱","大孝尊親,其次弗辱,
> 其下能養","大"之云者,充類至義之辭。孝以嚴父爲大,嚴父又以
> 配天爲大。如此言之,何害於義理乎? 朱子一生理會文義最子細,
> 此謂恐啓人僭亂之心者,特謹嚴之過,亦不足爲朱子病。[1]

朱子將《孝經》視爲講説普適道德的經典。相比前人視《孝經》爲政
教之經的看法,這是一個新見。因爲在强調孝行作爲庶人天子所同的
德行時,天子之孝的政治性格被革命性地淡化了。[2]從這段引文看來,
《孝經大義》認爲祇要是在談論人的分内之事,那麽常人尊敬其父的孝
行亦不妨以"配天"狀之——哪怕這一詞匯曾被過往的儒者視爲是僭越
之顯跡。[3]

深受馬氏推崇的《孝經集傳》嘗試還原《孝經》的政教特質,但該書
仍未針對性解决朱子發現的"配天"會"啓人僭亂之心"的問題。黄道周
認爲普適的"嚴父配天"之孝與移孝作忠的政教設計並不相礙,因爲"配
天同武王、周公而後可"的庶人、天子之别本來就是"天命之謂性"的題
中之義。顯然,雖説《孝經大義》接納了《孝經集傳》對朱子《孝經刊誤》
的修正,但馬、黄之間見解的差異也是明顯的。在申述孝的政治意涵

---

〔1〕《孝經大義‧略辨今古文疑義》,《全集》第 1 册,第 182—183 頁。
〔2〕陳壁生《孝經學史》,上海:華東師範大學出版社,2015 年,第 279—303 頁。
〔3〕這種警惕心態可以從宋明新宗廟觀的角度進行觀察。簡而言之,隨着貴族制的打破、國
　　家官僚的主體轉向廣大的士庶階層,而新晉權力階層在宗族組織化過程中,又要不斷打
　　破舊宗法禮制的限制。相應地,也有以朱子爲代表的學者,不斷在嘗試維護舊宗法制度,
　　尋求古、今禮制之折衷(包括這裏對"嚴父配天"的警惕)。

時,馬氏已不會以移孝作忠爲譬喻。他傾向强調孝行之爲德行,並不是可以被熱愛國家社會的公德所遮蔽的私德。[1]而在這些論説當中,天子的尊位已不復其尊了。

2. 德治之體用

上文述及,《孝經大義》對經文的闡釋是以《法華玄義》五章的形式展開的,《孝經》篇首的"先王有至德要道"章即是其中"標宗旨"者。前揭《大義·序説》辟外道之言有云:"《孝經》之義終於立身,立身之旨在於繼善成性。聖人以天地萬物爲一身。明身無可外,則無老氏之失;明身非是幻,則無佛氏之失;明身不可私,則一切俗學外道皆不可得而濫也。"這裏的《大義·釋至德要道》章在"身"、"形"之外,還揭示了"心"的作用:"踐形盡性之道即在於是。故知六藝之要歸,即自心之大用,不離當處,人人可證,人人能行,證之於心爲德,行出來便是道,天下自然化之則謂之教。"[2]馬氏《孝經》釋義的關鍵是解釋人們眼中的"私德"成就天下德治的事實。正是經典中的聖人通過行孝,展現了這一事實。這一成就的過程可以稱爲教化,而前述兩段引文中的"以天地萬物爲一身"和"以自心大用化天下"都是在描述此種教化的關鍵所在。相較而言,後者可以包攝前者。聖王以一身操行教化天下,亦是聖人以修心在教化天下,此爲《孝經》宗旨:

> 人到無一毫惡慢之心時,滿腔都是惻隱,都是和樂,都無偏倚,都無滯礙,乃知天地本來自位,萬物本來自育,此是何等氣象! 才有一毫惡慢心起,便如險阻當前,觸處皆礙,計較橫生,矛戟森然,天地變色,此時性德全被障覆,其心更無一息平易之時,災害禍亂並由此起矣。[3]

---

[1] 《希言》,《全集》第 4 册,第 102 頁。馬氏語境中的共和國民公德私德之論,至少可以追溯至梁啓超(1873—1929)的《新民説》,而梁氏恰好是被馬一浮視爲"驅人於俗"、毀壞政教的人物。參《致袁心粲》,《全集》第 2 册,第 848 頁。

[2] 《孝經大義·釋至德要道》,《全集》第 1 册,第 186 頁。

[3] 同上書,第 189 頁。

　　從前文所標宗旨申發,上面的引文向學者揭示了更多的東西:人心在"無惡慢"、性德展露的狀態下感知到的天地之和諧,就是"天下自然化之"的德治之象。推求文意,可知天地間的灾害禍亂都是人心"一毫惡慢心起"、"一息不平"所釀成的。庶人天子的愛敬之心、孝親之行亦無差別,故辨明此心大用的《大義‧釋五孝》稱:

　　　　須知五孝皆統於愛敬,即四位皆通於天子,位有尊卑而孝無加損。但謂忠順未著則不可以爲士,言行未醇則不可以爲卿大夫,富貴而驕則不可以爲諸侯,愛敬未至則不可以爲天子,天子庶人之分雖殊,而愛敬之心則無間……今人不知此義,妄以經籍中所舉爵名謂爲封建時代統治階級之泛稱,如後世之上尊號,是爲目論。今據《孝經》敘五孝,略顯其義,明爵名皆爲德名,以祛俗惑……周公、孔子同爲聖人,一窮一達,皆未嘗有天下。以真諦言則與天地参謂之位,不必天子諸侯也……明貴賤,是俗諦。因心之孝,雖庶人亦得與,則一性齊平,乃是真諦。[1]

　　此篇指出《孝經》所説天子、諸侯、卿大夫、士人與庶人之孝行,不是順俗之談,而是顯性之教。儒先注解側重禮制名義,難解後人拘泥名相之惑,所以爲顯示此性尚需"消文顯理",串講疏通文句大義。[2]引文首段指出,因具有無間無別的愛敬之心,"四位皆通於天子"。如果這一條新見仍然能在羅汝芳的《孝經》學中找到先例的話,[3]那麽剩下的引文對"庶人"的偏愛則是前無古人的了。

　　馬氏指出,今人以爵名爲權勢者之尊號,乃淺薄之談。《大義》消文即所以開顯真諦以祛俗惑。無論是《孝經大義‧釋五孝》以真、俗二諦釋天爵、人爵(在"孝子"的稱號中,二諦圓融無礙),還是《論語大義‧禮

---

〔1〕《孝經大義‧釋五孝》,《全集》第1册,第192、193、194—195、195頁。
〔2〕同上書,第192頁。"消文"例見《妙法蓮華經文句》,T1718_.34.0064c12—14。
〔3〕羅汝芳强調凡人與堯舜同具孝悌之本心,欲做堯舜事業,衹需要"學"。參劉增光《晚明〈孝經〉學研究》,上海:上海古籍出版社,2015年,第256—261頁。

樂教》以第一義悉檀説禮樂,都是對智者(538—597)釋經法的化用,用意也都在於顯示"庶人"得與於天子諸侯之事的德治真諦。由此觀之,不明德治真諦的古人對權位、爵號的理解,跟引文中的今人之曲論(爵名爲權勢者之尊號)都屬有待糾正的倒惑之見。[1]馬氏爲此不惜專門點出黄以周"《孝經》之義不爲庶人而發"的疏失。[2]《釋五孝》的末尾即言天子與庶人之關係:

> 天下國家皆是依報,身是正報。克實言之,則身亦是依報,心乃是正報。[3]故本之中又有本焉。心爲身之本,德爲心之本,孝又爲德之本……天子之孝即聖人之德也,是人心之所同然,人性之所本具。因業有退轉,則天子夷於庶人;德有積累,則庶人可進於天子。[4]

因果報應本儒者所不言。[5]本段論述化用依報、正報説,並未將報應與禍福牽引到一處,而祇是發明成就人格的主(proper)因與副(adjunct)因[6]的關係。對於這種關係,馬氏還用白話解釋説:"自己是正報,環境是依報",如此人"始可改造環境,始有自主分也"。而對這種關係的正確理解,是在對心體和"心外無事"的把握中得以可能的。[7]顯然,躬行孝道以治天下的聖王,就是遵循自身本性、獲得了上述自主分的人。人心本具的善性以儒經所述之諸德爲其相狀,循本性而

[1] 例見《宜山會語·去矜》,《全集》第1册,第73—79頁。簡言之,馬一浮對華嚴、天臺學的吸收,都是爲了發明"道德以外別無所謂政治"的核心觀點。祇是對華嚴學之會通,也使得馬氏對於政治、教化過程的理解有單薄之嫌。
[2] 《孝經大義·釋五孝·附語》,《全集》第1册,第198頁。
[3] 例見法藏《華嚴經探玄記》,T1733_.35.0427b22。
[4] 《孝經大義·釋五孝》,《全集》第1册,第196—197頁。
[5] 朱子甚至認爲佛教中的有識之士也不提這種迷信之談,參黎靖德編《朱子語類·釋氏》,第3038頁。
[6] 此處有取於 Robert E. Buswell Jr. and Donald S. Lopez Jr. ed., *The Princeton Dictionary of Buddhism*(NJ and Oxford: Princeton University Press, 2014)對二報的譯義(retribution proper 和 adjunct retribution)解説。
[7] 《釋五孝·附語》,《全集》第1册,第198—199頁。自主分與前揭自由分是同義詞。

爲即是循諸種德相而行。行德以孝爲本,是常人也可以踐履的。於是,本段引文之末也出現了對前面新見的大膽總結:"天子可夷於庶人,庶人可進於天子。"至此,等差分明的傳統政治理念經由即用見體的"消文"釋義之後迎來了革命性的蜕變。而在《孝經大義》後面的闡釋中,馬氏更引入《大乘起信論》的體相之説,重釋儒家德治理想的圖景。

3. 德治之體相

在前面的論述中我們看到,心乃德治之體。德治即是孝行,由"五孝"代表的孝行乃是心體之大用。《孝經大義》中"顯體"的《釋三才》篇就將人之本性視爲即三(天、地、人)而一、成就大用(成德治教化)的本體:三才所指之天經、地義、民行,"其體是一"。[1]與《講録》多數地方不同(例如我們前文分析的《春秋教》),本體這裏並未指涉事物的實是(reality)。這裏不能説"德治之實就是人性"或者説"三才之實就是人性"。反之,本體指涉的是一種不易之標準(standard),也就是説"人性是德治應該遵循的標準"。但這並不意味著馬一浮要像歐陽竟無(1871—1943)那樣,以"能所"涵義鑄造一個體用新説、使以往含混的體用界限清晰分明。[2]作爲標準的人性雖然是不易之體,但它與變易的人事活動又是緊密關聯的。惟有如此,繞可能有前文的從人之孝行(大用)中見其本體。《孝經大義·釋明堂》在《法華玄義》的五章釋義中屬"辨教相"的部分。該篇以《起信論》之"體—相—用"義説德治本體之相——明堂行孝。明堂行孝制度的成立和運轉,是人性之德相。人事政治循

---

[1] 《孝經大義·釋三才》,《全集》第 1 册,第 200 頁。

[2] 馬一浮對"能所"關係的認識參《講録·孝經大義·釋至德要道·附語》,《全集》第 1 册,第 190 頁。其認識主要受澄觀影響,參《大方廣佛華嚴經隨疏演義抄》,T1736_.36.0288a16—27。歐陽竟無的體用新説和馬一浮的關係當另文詳論。簡單來説,歐陽批判傳統體用論把體用兩者混同爲一個實是的謬見。他認爲必須把體看作完全獨立於用之外的無爲法(用的標準),繞能起到以體制用的教化之功。反之,體用不分就會造成朱子所譏"作用是性、認賊作子"的惡果。

此爲本,纔能成就教化或者説德治:

> "唯聖人爲能饗帝",言苟非其人,道不虛行,若履天子之位而無聖人之德,亦何配天之與有?此義明,則三代以後之帝王雖亦追王其先世,修郊祀之禮,皆不得濫言配天矣……聖人與道爲一,即與天同德,故曰"配天"。天、人對言,故曰"配"耳。**實則一性無際**[1]**曰天,法爾純真**[2]**曰帝,性外無天,人外無帝。本來具足,是曰天成;一念無爲,**[3]**斯名帝出。皆性德之異稱耳。……天地之塞吾其體,何莫非天也;天地之帥吾其性,何莫非帝也。或言法界,或言道體,皆天、帝義也。**曷爲以"郊祀"、"宗祀"言之?明堂者,所以合敬同愛,成變化而行鬼神,禮樂政教皆從此出。孔子曰:"明乎郊社之義,禘嘗之禮,治國其如示諸掌乎?"郊社禘嘗,並攝於明堂,凡朝覲、耕藉、養老、齒胄、饗射、入學、釋奠、授時、布政,皆於是行之,故明堂爲大教之宮。自五帝至於三王,其法大備。德教之行,咸在明堂,故曰相大[4]也……凡今人所名爲倫理、教育、政治、經濟、法律以至軍事,在古制皆攝在明堂之中。一有違失,則倍於禮度而爲不順。天法不應德法,即不可以爲孝,不可以配天。故謂《聖治》一章,是顯即體之相[5]大也。[6]

以黑體文本爲界,本段引文可分爲三段。首段釋"配天"、次段釋"享帝"、末段釋"道德外無別有所謂政治"。[7]首段指出,無聖人之德,

〔1〕《宗鏡録》,T2016_.48.0758c23。
〔2〕《宏智禪師廣録》,T2001_.48.0047b21—22。此處將自然純真作爲帝字釋義,是把帝字視爲審諦之諦,狀其廓然大公而已,例見《堯典》孔疏:"言帝者,天之一名,所以名'帝'。帝者,諦也。言天蕩然無心,忘於物我,言公平通遠,舉事審諦,故謂之帝也。"《尚書正義》,上海:上海古籍出版社,2007年,第33頁。
〔3〕《廬山蓮宗寶鑒》,T1973_.47.0310c29。
〔4〕《大乘起信論》,T1667_.32.0584b28—29:二者相大,謂如來藏具足無量性功德故。
〔5〕"即體之相"和"即用之相"是澄觀的提法,參《大方廣佛華嚴經隨疏演義抄》,T1735_.35.0671c01—03。
〔6〕《孝經大義·釋明堂》,《全集》第1冊,第208、212頁。
〔7〕《釋明堂·附語》,《全集》第1冊,第214頁。

哪怕據有天子尊位,依然没有"配天"之資格。由此推之,三代之下有亂無治,[1]跟三代以後帝王無德而有位乃是相應的。這是與前文分析無德者爵號是僞同樣富有"革命性"的一則評論。此後,經由第二段會通禪書與儒典的訓釋,"天"與"帝"成爲了"性德"的同義詞,亦即人性之德相。配天、享帝的孝行和"天"與"帝"的關係,也就是聖人之大用與聖人之心的關係。末段引文所臚列的其他政教事宜,都是從屬明堂大禮(郊社禘嘗)的德治枝節。作爲總攝上述人事的大教之宫,明堂本身就體現了最完整的德相。《起信論》"相大,謂如來藏具足無量性功德故"説,正與明堂之盛大相契。引文於是説,"今人所名爲倫理、教育、政治、經濟、法律以至軍事"的一切治世之舉,皆可攝於明堂之中。如果説政治(乃至廣義的人事)就是遵循道德、踐行道德,那麽它與明堂(德行的總和)和聖心二者,恰好就是德治之用—相—體。

問題在於,若是人人皆無惡心,並根據自己的能力踐行道德,那麽"天地本來自位,萬物本來自育",德治不難實現。但歷史發展的事實卻不是如此。經歷了不聞義理的暴秦與承其流風的西漢,東漢因重視儒術而涵養了人民的禮義氣節。馬一浮稱"舉此一例,百世可知"。[2]但也依然是在《孝經大義》中,馬氏察覺到了東漢末年評論人物氣節的風氣造就了這樣的歷史:"自論德之義失而躁競之途開,士之名遂濫而忘其所以爲士矣。"[3]誠然,這種對歷史世界的反思跟熊十力(1885—1968)的類似言論相比已經足够温和。[4]但這是否也在提醒學者:是德性與名號、權位不相符合的亂世,而不是德位相稱、各安其位的德治,纔

〔1〕 黄宗羲《明夷待訪録》,《黄宗羲全集》第1册,杭州:浙江古籍出版社,1985年,第1頁。又參王培德等記《語録類編·儒佛篇》,《全集》第1册,第669頁。
〔2〕《孝經大義·原刑·附語》,《全集》第1册,第221—222頁。
〔3〕《孝經大義·釋五孝》,《全集》第1册,第194頁。
〔4〕 熊十力云:"光武懲新莽之變,以名教束士人。其後士相黨附而飾節義,固已外强中乾。"他認爲虚僞的名教流弊深遠,雖宋儒不能矯正。(參《佛家名相通釋》,《熊十力全集》第2卷,武漢:湖北教育出版社,2000年,第346—347頁。)如果説這仍然與馬一浮這裏的評論相應,那麽熊氏斥責《孝經》膚闊空虚,就跟馬氏相去甚遠了。

是人類歷史的常態呢? 就像《論語大義》概説六藝之學(六藝之教)終於《春秋教》一般,《孝經大義》概説對六藝之教的踐行也終於闡釋《孝經·五刑》的《原刑》。二者都意在用權正經、撥亂反正。同樣的,《春秋》之貶惡與《五刑》之懲惡,都僅僅是保護道德的權宜之計,其最終目標還是在德治中成就人們的德行。[1]祇是在馬一浮的學説當中,無論是主動修德還是改過之後、回到修德的正路上,都需要人們從自心出發。聖人之德治亦祇是治己,易言之,德治之下的人們都是"自己在管自己"。用《原刑》的話來説,"原刑之所生,由於悖德。'天討有罪',咸其自取,非人所加。聖人因物付物,無所措心,故謂龔行天罰。然則德者自得,刑實自刑也。"[2]結合前述歷史事實與德治理想的脱節,這樣的判斷暗示了"政治即是道德"的德治,是無法實現的。那麼,修德之君子當如何看待這一事實?

(二) 感通、教化與德治:論《詩教緒論》與《禮教緒論》

1.《詩教緒論》論感通與教化之動因

《論語大義》、《孝經大義》和餘下的《詩教緒論》、《禮教緒論》、《洪範約義》與《觀象巵言》四章,是以三種方式對六藝之學所作的完整表述。前兩者分别是對六藝之學理,以及如何踐行六藝的總説。而後面四章作爲一個整體,是對踐行六藝的分疏、細説。無論是哪一種方式,在呈現出德治之體、用全貌之後,都必須回應道德理想與歷史現實脱節的問題——這正是我們在《春秋教》、《原刑》當中已經看到的。從《詩教緒論》開始,《講録》開始探索一種新的回應方式。

《詩教緒論》作爲題目,與前述兩《大義》已經不同。因"西漢以來博士經生之説"皆不足以見《詩》教之大,[3]《詩教緒論》意在從群經當中

---

[1]《原刑》篇采華嚴家説,對這一論點解釋更詳細,參《孝經大義·原刑》,《全集》第1册,第217頁。

[2]同上書,第216頁。

[3]《講録·詩教緒論·孔子閒居釋義·總顯君德》,《全集》第1册,第226頁。

拈出《詩經》義理之端緒,讓學者可以舉一反三。[1]這自然是因文發義而非證明本事的釋《詩》取徑。[2]由此,馬一浮於經文之外別取《孔子閒居》篇闡發《詩經》義理之端緒。闡釋之次序依《起信論》之體—相—用三大安排,闡釋的對象則是"君德":

> 今言"豈弟君子"唯是君德,"民之父母"則爲君位。《洪範》曰"天子作民父母,以爲天下王",此明是表位。而孔子答言"必達於禮樂之原,以致五至而行三無",則唯稱其德。至下子夏別起"參於天地"之問,乃正言"三王之德",仍是略位而言德,然則聖人之意可知也。故科題曰"總顯君德"。
>
> 德相之目,下文詳之,然亦須先標總相。總相者何? 仁是也。豈弟本訓樂易,此以仁者氣象言之。有樂易之氣象者,知其有仁之德也……先王之所以同民心而出治道者,在慎其所感而已。[3]

在《詩教緒論》之後的《禮教緒論》討論的是禮樂之事,而《詩教緒論》討論的是禮樂之原。該論釋《孔子閒居》依體相用三大安排次序,其闡釋內容也可由此分爲三類,在本段引文中皆有述及:君之爲治民之君("民之父母"),其體在德不在位;君德的總相是仁,而貫徹於德治之中的君德別相可以用"五至三無"概之;德治作爲君德之用,實際上是君王仁心感通,"同民心而出治道"的結果。這種感通對所治之民的影響並非是常識看來的權力作用,而是仁人個人修養的外擴之功。馬一浮言:"今就因地言,故有五重漸次也……動於四體者無不從,斯達於天下者無不順,凡所以加民及遠者皆氣志之爲也。"[4]這段分析中的關鍵一在

---

[1]《詩教緒論·序說》,《全集》第1册,第223頁。

[2] 這種傾向已經可以在程、朱的《詩經》學中找到。參種村和史《宋代詩經學的繼承與演變》,上海:上海古籍出版社,2017年,第278—310頁。

[3]《孔子閒居釋義·總顯君德》,《全集》第1册,第226—227頁。

[4]《孔子閒居釋義·明德用》,《全集》第1册,第236—237頁。按:《詩》言志本是《詩》學的重要議題(朱自清《詩言志辨》,上海:華東師範大學,1996年,第1—47頁),"五至"就從屬這個議題。然而此處的"氣志"雖然是描述君德發用的一種本體論概念,但《講錄》對它本身的分析卻並不多——在論述"三無"這一德相時,"氣志"甚至祇是一種修辭工具。

"因地",二在"氣志"。因地意味著,衹有以"五重漸次"體證仁心的人,
他的氣志纔能産生對天下的影響。而在這樣的仁人中間,他們的影響
也存在"體之於仁"、"以仁爲體"和"全體是仁"的三種層級差異。第一
個層級是仁人氣志開始作用的"因地",而最後一個層級乃是仁人感化
天下的結果。[1]但在《詩教緒論》當中,馬一浮卻微妙地抹去了因與果
的差異:

> 聖是體大,王是用大,五至是相大……五至極於哀至,哀至則
> 起三無。無非虛無,乃是實相。寂而常感,故謂之至;感而常寂,故
> 謂之無…今就三無心行內藴,則有五起大用外發……君子是因地
> 之目,三王則是果地之號,約因以該果,[2]當推其功化之極,故別
> 起"參於天地"之問也。不言功而言化者,功猶指其業用之著,化則
> 唯稱感應之神,所謂不言之教、無功之功,更無粗跡可尋。泯然無
> 相,斯之謂化。[3]

五至三無説傳授有自,是先秦儒家描述氣、志作用,頗具神秘主義
色彩的一段文字。圍繞五至之工夫與三無之相狀,《孔子閒居》的主要
內容就是對聖人的氣志作用所作之闡釋。[4]在本段以"約因以該果"爲
主旨的引文當中,馬一浮充分發揮了這一相狀的出世色彩,強調真正的
教化之果乃是超出具體功效(業用)形容的效應。這一闡釋手法,跟前
文使用體─相─用語言闡釋心體─孝行(明堂)─德治的用意是相同
的。在不爲具體行止所拘的(unconditioned)"三無"相狀之中,同一個仁
心出現在了"擁有三王的道德"(因地之用)與"擁有三王的道德並成就

---

[1]　《孔子閒居釋義·别示德相》,《全集》第1册,第233頁。對三種差别的簡明解釋參本篇
　　　之《附語》:"智是知得徹,聖是行得徹。聖與王相對,則王主行;智與聖相對,則聖主行。
　　　窮神是智,知化是聖。神主一心,化妙萬物。"《全集》第1册,第235頁。

[2]　《大方廣佛華嚴經隨疏演義抄》(T1736_.36.0003b17):"初發心時便成正覺,因該果也。"

[3]　《孔子閒居釋義·明德用》,《全集》第1册,第231—232、236、241頁。

[4]　《禮記正義》:"志之所至,詩亦至焉。詩之所至,禮亦至焉。禮之所至,樂亦至焉。樂之所
　　　至,哀亦至焉……無聲之樂,無體之禮,無服之喪,此之謂三無。"上海:上海古籍出版社,
　　　2008年,第1939—1952頁。

三王的功業"(果地之用)裏面。因地與果地的差異於是就消泯了。引文提醒學者,《孔子閒居》中的孔子所以强調"君子"和"不言功而言化",正是要告訴我們這個道理。《起信論》與《華嚴經疏》的術語,無非是讓這個道理聽起來更明白而已。當然,在仁心感通、教化天下的過程中,每一步成效都需要在德治中得到維持。又"化"必及"變",使未化之人改過從善,也要另花一番工夫。由此,《詩教緒論》對"因地"的講説,還需要結合《禮教緒論》來理解;《孔子閒居》篇對"禮樂之原"的揭示,也需要《仲尼燕居》篇對言行之要的發明以爲終始。[1]

2.《禮教緒論》論德治與教化之維持

佛家之失在以氣化爲幻而不知人倫之實,其大公之心没有人性的支撑。[2]此即前賢所謂"認心與理爲二"。道家之失在祇知治一身之氣而不知持志以化天下,乃至驅人於自私。[3]以程朱之語釋之,一爲"過"而一爲"不及"。[4]《仲尼燕居》之"禮所以制中"義即因此而説:

> 夫禮本是性德之發於用者,性無有不善,即用無有不中,故曰君子時中。其有過不及者,氣質之偏爲之也。領惡而全好者,乃以修德、變化氣質而全其性德之真,即是自易其惡,自至其中也。無不遍是以性言,制中則以修言,從性起修,從修顯性,故子游因制中一語而有領惡全好之問,是悟性修不二之旨也。孔子然之,嘉其善會,故下文爲廣説遍、中二相,明即修即性;更以得失對勘,顯即事之治,重在於修。[5]

---

〔1〕《禮教緒論・序論》,《全集》第1册,第248頁。
〔2〕《孝經大義・釋三才・附語》,《全集》第1册,第206頁。
〔3〕《孔子閑居釋義・明德用・附語》,《全集》第1册,第240頁。這兩則對佛、老的看法與王夫之(1619—1692)接近。馬一浮雖以船老爲氣質未醇,然比較二者論"禮"的可能性依然存在,當專文發之。
〔4〕黎靖德編《朱子語類・程子之書三》,第1485—1500頁。
〔5〕《講録・禮教緒論・仲尼燕居釋義・原治》,《全集》第1册,第256—257頁。遍、中二義分別對應《仲尼燕居》中孔子"吾語女禮,使女以禮周流,無不遍也"和"禮乎禮! 夫禮所以制中也"的評論。

　　《詩教緒論》所顯仁之德性也是禮節之體（"禮樂之原"），由此，《禮教緒論》對《仲尼燕居》對禮節的解説則側重引文中的"遍、中二相"。根據引文，"以禮周流，無不遍也"仍是在説體相，對應著《詩教緒論》對仁心感通、教化天下[1]的"三無之相"的形容。而"禮所以制中"則是在談行禮的工夫，也就是引文中所説的"性修不二"之"修"。見性亦修性，是對德治之中所有接受教化之人的要求，而禮節正是要給人以"易惡至中"的規範。這意味著《禮教緒論》爲了承繼《詩教緒論》，不僅需要從正面描述德治，更需要從反面觀察德治要求人們規避的那些行爲。此即引文中所謂以得失對勘，以"修"成就即事之治。《仲尼燕居》中孔子説："敬而不中禮，謂之野；恭而不中禮，謂之給；勇而不中禮，謂之逆。"在《簡過》部分對孔子的違禮三失作了闡發：

　　　　虚則文勝而無實，如法家辨等，咸明上下，有近於禮，而專任刑罰，慘刻寡恩，流爲不仁，是有禮而無詩也。道家清虚夷曠，近於樂，其流至任誕廢務，是有樂而無禮也。墨家兼愛，不識分殊，則倍於禮；儉而無節，其道太觳，則乖於樂。名家馳騁辯説，務以勝人，其言破析無當於詩，其道舛駁無當於禮。此皆不中不遍之過。舉此三過與前文不中禮之三失，以是推之，判六國時異説流失亦略盡矣……《論語》曰："臧武仲之智，公綽之不欲，卞莊子之勇，冉求之藝，文之以禮樂，亦可以爲成人矣。"四子皆遍至之才，文之以禮樂，乃爲成德。知此，則所謂行之在人者，其爲何如人，亦可知矣。[2]

　　首段引文對諸子的批評可收束於《仲尼燕居》所説的繆（行爲悖禮）、素（行禮過簡）、虚（行禮不誠）三種過失。其中馬一浮對墨家的批

〔1〕《原治·附語》："事無不該之謂遍，理無不得之謂中，理事不二之謂治。"《全集》第1册，第258頁。
〔2〕《仲尼燕居釋義·簡過》，《全集》第1册，第265—266頁。此釋"禮也者，理也，樂也者，節也。君子無理不動，無節不作。不能《詩》，於禮繆。不能樂，於禮素。薄於德，於禮虚"。

評需要稍加解釋:墨家之"不識分殊"、"太彀"意指兼愛導致親疏不分(繆)、苦行無度導致彀薄無情(素),皆有悖於人性和禮教。第二段引文據《論語·憲問》而説,指出"禮所以制中"不僅可以矯正不中禮之過失,還可以在上述三種過失(因智致野、因無欲致悖性、因勇致犯法)萌芽之際將之糾正。那麼"禮所以制中"是如何執行的呢? 在闡釋《仲尼燕居》中"君子力此二者,以南面而立"的文句時,馬一浮在接下來的《原政》部分中説:

> 政之實,禮樂是也;禮樂之實,言行是也……唯其非禮弗履,故能"遯世無悶"。其所以致禮樂之道者,在履其言、樂其行而已矣,南面以臨天下與在畎畝之中無以異也。[1]

《原政》對應《原治》,而之後的《簡亂》對應《簡過》。《簡亂》部分闡釋孔子"禮之所廢,衆之所亂……昔聖帝、明王、諸侯辨貴賤、長幼、遠近、男女、外內,莫敢相逾越,皆由此塗出也"説:

> 興廢在人而治亂及衆,"聖帝、明王、諸侯"者,興禮之人也。"貴賤、長幼、遠近、男女、外內"者,所治之衆也。言古昔者,歎古之所興,今之所廢也。有無五重對勘,由居處坐立推於塗路,明得之則治亦遍,失之則亂亦遍也。[2]

將兩部分引文對讀,可以看到《詩教緒論》、《禮教緒論》當中與《孝經大義》類似的風味,亦即理想的德治與正己者不必能正人的現實之脱節。《講録》給出的暫時性答案是"南面以臨天下與在畎畝之中無以異也"。此論取自《孟子·萬章上》對舜帝在野的形容。在宋明前賢的語境中,這句話與前述"應跡"説有類似的用意。面對講學化民的事業已難以展開的時代,《講録》則對《孟子》此論的潛能作了獨到的闡發——

---

〔1〕《仲尼燕居釋義·原政》,《全集》第1册,第266頁。此釋"言而履之,禮也;行而樂之,樂也。君子力此二者,以南面而立,夫是天下太平也。諸侯朝,萬物服體,而百官莫敢不承事矣"。
〔2〕《仲尼燕居釋義·簡亂》,《全集》第1册,第267頁。

遯世獨修與履尊位行禮無別。[1]《孝經大義》中包裹在德行之上的制度外殼"明堂"在《禮教緒論》的最後蛻了下來,被"遯世"、"畎畝"所取代了。據此,學者隨時隨地做好個人言行即是踐履六藝之道,不異於由郊祀禘嘗而躬行德治。在接下來的《洪範約義》中,《講録》解説了先王躬行德治的盛況,試圖補充此處的論述,闡明"自治即是德治"。

三、六藝之學與心體

(一) 德治與自治:論《洪範約義》

1. 德治的宇宙論背景:《洪範約義》論五行與政事

《詩教緒論》未及《詩》之本事,《禮教緒論》罕言《禮》之節文。這兩部《緒論》所釋文本的主要内容,都是孔子對先王德治的描摹。《洪範約義》以《洪範》文本闡釋"所以同人心而出治道"[2]的德治。從更爲詳盡的科段可以看到,該篇對德治化民的細節和"同人心"的方式,都有比前面兩部緒論更深入的解説。其間慎言災異、發明政理(包括對"皇極"的重視)的旨趣,也與宋賢相應。[3]《約義》釋"天乃錫禹洪範九疇"之"天":

> 天者,萬物之總名。人者,天地之合德。天不可外,物無可私,因物付物,以人治人,皆如其性而止,非能有加也。程子曰:"聖人能使天下順治,非能爲物作則也,惟止之各於其所而已。"[4]何以致之? 則惟建極。故欲明《洪範》之義,須先明"皇極"之旨。何謂

---

[1] 仍以前述鄒守益爲例比較:鄒氏認爲"假使舜不遇四岳之薦"而終老畎畝之中,不害其爲聖,亦不害其以天地萬物一體之能。(參張衛紅《敦於實行:鄒東廓的講學、教化與良知學思想》,第 224 頁。)然鄒氏退居江西,講學、化民數十年,其仁心終有用處,言行亦有所施。而且他也并未直言在畎畝之中以天地萬物爲一體,實無異於身居尊位以天地萬物一體。馬一浮此處判斷所反映的,是不同於前儒的退藏之姿。

[2] 《講録·洪範約義·序説》,《全集》第 1 册,第 269 頁。

[3] Douglas Edward Skonicki, *Cosmos, State and Society*: *Song Dynasty Arguments Concerning the Creation of Political Order*, PhD thesis, Harvard University, 2007, pp.637—643.

[4] 這是《伊川易傳》對艮卦的解釋,被採入《近思録》當中,參朱熹、吕祖謙編,陳榮捷注《近思録詳注集評》,上海:華東師範大學出版社,2007 年,第 224—225 頁。

“皇極”？皇者大君之稱,極則至德之號。大君之立,必有至德,故曰“皇建其有極”也。舜“察於人倫”、“明於庶物”,“九德咸事”、“九功惟敘”,建極之大用也。故曰“天工人其代之”。[1]

本段引文始於天總萬物、終於“天工人其代之”,其論旨則可以歸結於程頤對艮卦的解釋:“以人治人,皆如其性而止。”聖人或者説大君如何達至“與天地合德”的境界,《講録》前文已經講得够多了,後面的内容主要是談聖人在建立己德之後,如何以促使人人自治的方式建立德治。“皇極”在九疇之中,意味著有德之君子在不同的人事中都是“不偏不倚、不變不動者”。與此對應,“洪範九疇”當中的另外八種,就反映了君子對德治的漸次完成。[2]《洪範》首揭“五行”,《約義》於此見理:

於氣中見理,則全氣皆理也;於器中見道,則離道無器也。老氏推之以本無,釋氏撥之以幻有,方術小數溺滯於偏曲,凡愚殊俗迷執於斷常。於是競趨於戰勝攻取之塗、相倍相賊,而萬物皆失其理矣。[3]

這段引文除了與前述内容一般,批評佛、老以外,還提到了等而下之的“方術小數”與“凡愚殊俗”。術數方伎以災異禍福釋經,[4]凡愚則依人欲而動,[5]其中後者尤其代表著人類出於功利而爭鬥、互害的典型。那麽於“氣中見理”、避免這些問題應該怎麽做呢? 兹以《約義・別釋五行》對土德的釋義爲例明之:

凡生數加五,即爲成數。以陰陽之合德必爲中數,萬物皆麗於土也。[6]

〔1〕《洪範約義・序分》,《全集》第1册,第271頁。
〔2〕《約義・總敘九疇》,《全集》第1册,第273頁。
〔3〕《約義・別釋五行》,《全集》第1册,第273頁。
〔4〕《通治群經必讀諸書舉要》,《全集》第1册,第121頁。
〔5〕《約義・別釋五事・標名》,《全集》第1册,第283頁。
〔6〕《別釋五行・標名數》,《全集》第1册,第277頁。馬一浮解釋説“自一至四是生數,自六至九是成數”(《講録・洪範約義・總敘九疇・附語》,《全集》第1册,第275頁),又參《標名數》上文,可知其説生成的根據是《禮記・月令》孔疏引《易經・繫辭》鄭玄注(天一生水於北,地二生火於南,天三生木於東,地四生金於西,天五生土於中。陽無耦,陰無配,未得相成。地六成水於北,與天一并;天七成火於南,與地二并;地八成木於東,與天三并;天九成金於西,與地四并;地十成土於中,與天五并也)對大衍之數的解釋。其中土在生、成兩類數字中間,使萬物有生有成。參《禮記正義》,第597—598頁。

土德博厚，以含容持載爲功，不獨可以稼穡，言於是稼穡焉者，稼穡之所資於人尤重也……土包四德，故其體能兼虛實也。[1]

蓋氣之感於人者，聲、色、臭、味四者之中，味爲最近而最察。聲、色、臭皆可與人同感，味則其所獨知……於此見變化氣質之道焉。聖人體物之妙，無往而弗在也。裁成輔相，所以盡物之性者，於此可見其一端。[2]

此篇指出，土爲是萬物之所依，由此性質而有農事可能，由有農事而有生民。這就體現了土兼包四行（包括金木水火在内的萬物都依於土）、統率自然生成次序[3]的性質——這種性質也就是"土德"，是跟前文"皇極"類似的、對君子之德的隱喻。如果説前文的隱喻是説"有德君子在各種各樣的人事中都是不變不動者"，那麽這裏的隱喻就是在説"人要先具忠信之土德，再學得各種各樣的應事之才"。[4]《洪範》用"稼穡作甘"不但説明了土德有資農事，還藉"甘"味示人以"味甘受和"、調和諸才的忠信之德。推而廣之，形氣之實呈現出來了五行之相，就意味著人們的本性中具有了相應的規範性價值（例如土—忠信）。[5]按照本性所行之事，其首要者就是《孝經大義》所説之孝行。作爲對德治細部的描述，《洪範》將這些事務總結爲"貌、言、視、聽、思"五類。[6]也就是所謂"蓋在天爲五行，在人爲五事，皆此一氣，皆此一理"，君子建極爲治，以此五事爲最要。而此五事又都是一心之妙用。[7]相比之下，《孝

〔1〕《別釋五行·辨體性》，《全集》第 1 册，第 278—279 頁。

〔2〕《別釋五行·寄味明功》，《全集》第 1 册，第 279—280 頁。

〔3〕在上述鄭玄語和馬一浮本人的《洪範約義》中，這裏的數都代表著序數而非量數（參陳睿超《司馬光易學宇宙觀研究：以〈潛虛〉爲核心》，北京：北京大學出版社，2020 年，第 62—68 頁）。也就是説，土在自然生（天之五行）、成（地之五行）過程中分别位於第五、第十位，既是這裏所謂的"中數"，也是成就萬物、"成土於中"的成數之末。上述引文中的陰陽喻天地，那麽陰陽生化、合德的第五、第十位都是"土德"。

〔4〕《別釋五行·寄味明功·附語》，《全集》第 1 册，第 281 頁。

〔5〕同上書，第 280 頁。

〔6〕《約義·別釋五事》，《全集》第 1 册，第 282 頁。

〔7〕《別釋五事·標名》，《全集》第 1 册，第 283 頁。

經大義》以心體—孝行的綫索勾勒聖王之治的綱要,而《洪範約義》則廣說心體之大用,將不同的德治之事攝入其中。由此,亦可見馬氏對《拔本塞源論》的發明。

就像作爲仁心感通的禮樂活動不會受外在形式限制一般,"一心之妙用"也不會受某種器官的限制。[1]在這種"無限"的意義上講,心體之大用又是"無相"的,馬氏引述《楞嚴經》與《莊子》回應了前文對"三無"之相的闡釋。[2]接續《約義》上文來説,聖王行五事以成德,就是成就德治。[3]這樣的政治,是讓每個人都如同治人者一般"盡人之性"。[4]其間張力在於,治人者在承認被治者無法"强而驅之"的同時又需要"教"與"養","善而救其失"。[5]如《孝經大義》結尾所示,踐行六藝之學、化成天下的困難於此浮現。

2. 德治之下的自治:《洪範約義》論皇極與秩序

人要在行動中與天同德,進而讓行爲自然而然地順應氣化世界中的德相而開展,跟自然世界的運行相比是不自然的。要從不自然到自然,頗饒工夫。如果這種工夫對隱士來説還算輕鬆,那麼對牽扯在人事中的儒者來説就不可言易了。[6]五行之氣各自的數學意義和道德意涵,本身是自然而然的。而人要將它們視爲道理、循之爲事,那麼就不得不花計算、實驗的工夫。確定曆法就是一例。[7]人類時間的秩序本該由性德之理,而不是由基於功利的政治周期來規定。不幸的是,政治化的五德終始學説卻影響了包括大儒董仲舒在内的諸多前賢。[8]爲除

---

〔1〕《別釋五事·標名》,《全集》第1册,第283頁。

〔2〕《別釋五事·附語》,《全集》第1册,第285頁。

〔3〕《約義·別釋八政》,《全集》第1册,第288頁。

〔4〕《別釋八政·釋八政之目》,《全集》第1册,第291頁。

〔5〕《別釋八政·附語》,《全集》第1册,第291頁。

〔6〕楊儒賓《理學論述的"自然"概念》,楊儒賓編《自然概念史論》,臺北:臺大出版中心,2014年,第198—206頁。

〔7〕《約義·別釋五紀》,《全集》第1册,第294頁。

〔8〕《別釋五紀·釋五紀之目》,《全集》第1册,第296頁。

顛倒,《別釋五紀》部分在解釋曆法制定時專門批評了惑人甚深的功利之見:

> 日月之行,則有冬有夏,謂刑德互用以成化也;月之從星,則以風雨者,謂當示之以好惡之正,而不可以徇民之欲也。此特因五紀以發其義,而非以釋五紀也。如此則文義平易可瞭,若以庶徵説之,反成迂曲矣。[1]

在《洪範》當中,五行之氣的自然形態代表著人類本性中的規範性價值,而正確的時間秩序所引生的自然徵兆(庶徵)也衹是道德標準產生作用(示之以好惡之正)的表徵。這種規範作用是爲了克服人欲的盲動,也就是前文所述"競趨於戰勝攻取之塗、相倍相賊,而萬物皆失其理矣"。凡愚蔽於欲而不見此理,"方術小數"對曆法、五行所作的偏宕、曲折的解釋,又不足以救治凡愚徇私的問題。換句話説,包括曆法在内的一切政治行爲都需要充分調動人之自力使之"自盡其性",而不是構造膚淺的功利之説以哄騙人們。但如前所述,在承認人無法"强而驅之"的同時也需要"善而救其失",所以就需要優先"自盡其性"的人在人間建極治人。這一治理是有德君子對天理的代行,而非占有。[2]也就是説,治人者的權能並非是不可假人的。

嚴格來講,在《洪範約義》的語境中每一個庶人都可以"皇建其有極"。[3]這與《孝經大義》稱庶人可由修德而進於天子是類似的。但很顯然,《洪範》明言的建極之皇並沒有那麼多位,於是《約義》説:

> 以佛義言,皇極是事事無礙法界。[4]愛憎取捨情盡,則無漏真智現前,是即無有作好、無有作惡。然後莊嚴萬行,大用繁興,無不從此界流,無不還歸此法界,[5]即會其有極、歸其有極也……天子以表聖德,即建極之皇也。庶

〔1〕《別釋五紀・述訓》,《全集》第1册,第297頁。
〔2〕《約義・別釋皇極・明建用之旨》,《全集》第1册,第302—304頁。
〔3〕《明建用之旨・附語》,《全集》第1册,第304—305頁。
〔4〕《大方廣佛華嚴經疏》,T1735_.35.0730a02—T1735_.35.0730a18。
〔5〕《大方廣佛華嚴經疏》,T1735_.35.0504b01。

民而近天子之光明,聖凡不隔,凡民能順聖言,行聖行,則近聖
矣……當知建極不必定居天子之位,凡聖人皆能建極者也。雖凡
民,皆可以爲聖人,在是訓是行而已。子曰:"仁遠乎哉? 我欲仁,
斯仁至矣。"言近也。人性是同,故盡性之事人人可及,在其自肯
而已。其要在敬用五事,而無有作好、無有作惡則庶幾其近
之矣。[1]

　　針對上文提出的困難,這段引文說到"建極不必定居天子之位",亦
即"建極不一定爲皇"。那麼建極或者說盡性者在皇極獨治的秩序中處
於何地呢? 答曰"聖凡不隔"、"近於聖人"。與此同時,自盡己性同時又
能居天子之位的聖人,擁有示現事事無礙法界的力量。事事無礙法界,
也代表著人人自在的清淨佛土。馬氏解釋稱:"天子猶言佛,庶民猶言
衆生。一切衆生能行佛道,則亦鄰於佛。"他指出這就是"人皆可以爲堯
舜"的意旨。[2]不可否認,世界上有許多已經成道的人,也有許多程度
不一、暫未成道的行道之人。但不同的人心中的法界或者說國土,卻可
以互存無礙。哪怕人們是在某一國土中受治於他者(聖王),但能行道,
則與聖王不隔。這是一種消泯政治等差的表述。但是這裏既然是用
"事事無礙"比喻聖人治理的國土,那麼就意味著國土當中差別的合理
存在。而一個國土當中又必有一位特出的聖人,與衆人不同。《約義》
之所以點出這一差別,意在強調聖人對尚未識得本性的庶民所必需要
施加的教化之功。[3]由此,就出現了以"占卜"爲代表的"教化技術":

　　　蓋性無不明,疑因情蔽,情存物我,同異斯興。聖人俯順群情,

---

〔1〕《別釋皇極·敷言》,《全集》第1冊,第302、303—304頁。于文博已有分析,馬一浮對皇
　　極的釋義核心在說聖凡不隔(《馬一浮經學思想研究》,第208—209頁)。然而此中亦有
　　玄機,之後四疇就解說此事,並非隨意安排。
〔2〕《敷言·附語》:"天子猶言佛,庶民猶言衆生。一切衆生能行佛道(《大方廣佛華嚴經》,
　　T0279_.10.0070c10—14),則亦鄰於佛。《孟子》曰'人皆可以爲堯、舜','誦堯之言,行堯
　　之行,則堯而已矣'。"第306頁。
〔3〕《約義·別釋三德》,《全集》第1冊,第307頁。

設爲三占從二之訓，使異者可以從同，而同者亦不惡於異，斯爲各盡其情。而内斷於心，知群情之無蔽者，即其性之本明也。〔1〕

人不自任其私智，致其精誠，其神明即寄於蓍龜而顯。蓍龜之神，人之神也，故曰擇建立卜筮人，乃命卜筮。人是能占，卜筮是所占，是知以立人爲重也。〔2〕

用"技術"形容引文中的占卜制度，並非是批評之意。按照《約義》所説，正是因爲聖人無法强迫各人自盡其性，所以要成立占卜活動、以此權宜之計激發出人們心中的公與明。〔3〕正是因爲在一個特定的時刻和地點中，每個人並非都是廓然大公、不存物我之别的聖人，人們因之無法用本性之明去説服自己的私心、私情。出於這種有限性，人群中"同異斯興"，爭鬥也隨之而起。反映在三占從二之中的"多數服從少數"的結果，也是聖人"俯順群情"的設計，是讓各人自盡其性的"技術"。同時《約義》又言"三占從二者，必三人者鈞賢智也"，〔4〕這就是爲什麼選擇執行占卜者也要萬分小心、"立人爲重"。换句話説，如果兩位私心作祟的卜筮者黨同伐異，那麼"多數服從少數"的結果就不會讓衆人心服，更不能保證好的德治秩序。

在理想的條件下，"三占從二"是三位君子和而不同的表現。推而廣之，在"事事無礙"的德治之國當中，每個人的不同意見都會在占卜之後形成恰到好處的和諧。〔5〕和而不同，其實就是大同。既然德治乃是

---

〔1〕《約義·别釋稽疑》，《全集》第 1 册，第 312 頁。
〔2〕《别釋稽疑·立人命占》，《全集》第 1 册，第 313 頁。
〔3〕《别釋稽疑·辨從違吉凶》，《全集》第 1 册，第 316 頁。
〔4〕《别釋稽疑·定三占從二之訓》，《全集》第 1 册，第 313 頁。
〔5〕《别釋稽疑·立人命占·附語》："《楞嚴》云：'十方如來及大菩薩，於其自住三摩地中。見與見緣，並所想相，如虚空華，本無所有。此見及緣元是菩提妙淨明體，云何於中有是、非是？'(參《首楞嚴義疏注經》，T1799_.39.0851c16—25.)此即一真一切真也……所以引此者，欲窮究同異一相之理，以此理不明，終有疑在。稽疑一門，正爲此設，因其倒見，示以正知。"《全集》第 1 册，第 318—319 頁。

建立在具有規範效力的德性之上的,那麼大同的秩序和每個人堅持自己不同的自由也需要得到保護。如此,那些終身都受私欲所蔽、不能自釋其惑的小人也不會有什麼好結果:"與人爭利永無可同之勢,其所得者,心勞日拙而已,凶終隙末而已,安有康疆逢吉之報哉!"[1]那麼在《洪範約義》中,這一果報會如何實現?

3. 德治與德法:《洪範約義》論果報

將氣化世界中的自然徵兆解釋爲對人事之反應,本來是《洪範》篇的一大特質。在《洪範約義》當中,"五行"更是被解釋爲各種性德的自然相狀。性德具於一心,這些好與壞(休咎)的相狀也是人心活動的徵兆。在馬氏的有關闡釋當中,儒、佛傳統之交涉亦達到了一個新的深度:

> 因該果海,果徹因源。[2]但據因而言,明自性所具功德之相而已足,不須簡過。克果而言,則有休咎二趣差別。推其由致,繫乎一念所感,敬勝則爲休徵,怠勝則爲咎徵。亦猶佛氏言染淨業報,所現有聖凡諸趣,國土不同也。彼言一念即三大阿僧祇劫,三大阿僧祇劫不過一念,謂之念劫圓融,[3]在《洪範》則曰念用。念用者,念念相繼、敬而無失,則其徵唯休;一念不相應,則咎徵立至。念即是感,徵即是應,其爲休咎,皆此一念之用也。五事是心,五徵是氣,休咎全在一心而五氣隨之,氣即念之所作,故曰"念用"也。[4]

引文内容可倒敘如下:氣化世界中的氣,是人心念動的結果;人敬則服善,怠則悖德,其起因都在一念變化;人心本善,而一念之敬、怠所帶來的變化,卻會帶來不同的果報。不同層次的德行帶來不同的果報,乃有就現實階位而言的治人與被治之別。用前述《孝經大義》的話說,不同的權能範圍(國土)和不同的階位(聖凡)都是依報,善不善之心念

〔1〕《別釋稽疑·辨從違吉凶·附語》,《全集》第1册,第320頁。
〔2〕《大方廣佛華嚴經隨疏演義抄》,T1736_.36.0003b16。
〔3〕《大方廣佛華嚴經疏》,T1735_.35.0505a22—27。
〔4〕《約義·別釋庶徵》,《全集》第1册,第321頁。

方是正報。猶如發燒寒戰會讓人有季節倒錯、冬熱暑寒之感,在衆人都爲惡念所蔽時,呈現在整個人間的天地之相也隨之改變了。這乃是《洪範約義》對災異的心學化解釋。[1]

　"緣起性空"和"生生之謂易"構成了儒、佛教義的重要宇宙論區别,兩家亦終未就此妥協。[2]而超越具體官能、與物理性的身體不同的心體,則成爲了儒、佛傳統的交涉會通之處。[3]就本文所及,華嚴學"正報依報"、"一心法界"等思想對馬氏儒學的影響,不妨以"唯心化"概之。心體是人認知、踐行真、善之道的根據。在心爲身本、氣爲念用的時候,氣化世界中的徵兆受到人心所具之道德規範的左右,又被解釋爲人心體驗的一部分。如果説以上闡釋仍然是在宋明前賢的範圍之内,那麼將公共世界的權力結構(天子庶人之等差)和規範性作用(善惡之奬懲)都一併内化到各人自心當中,則是《復性書院講録》會通儒佛之創獲。[4]人莫不有心,而用心、盡性與否又是各人的自由。由此,人人盡性之自治在邏輯上先於聖人建極之獨治。因爲是否願意進入德治、親近聖人,完全就是人們自己的選擇。如《孝經大義》"天法即寓於德法"所言,[5]在衆人蔽於私欲而互相爭鬥時,他們選擇了身居火宅的痛苦

〔1〕《别釋庶徵·判休咎》,《全集》第1册,第325頁。
〔2〕 吕澂(1896—1989)、熊十力、牟宗三(1909—1995)都曾從佛教對空性的理解切入,發現儒、佛在身體、生命和心念理解方面的區别。可参林鎮國《空性與現代性》,臺北:立緒文化事業有限公司,1999年,第97—130頁。林鎮國《〈起信論〉與現代東亞主體性哲學——以内學院與新儒家的爭論爲中心的考察》,《漢語佛學評論》(第六輯),上海:上海古籍出版社,2018年,第15—21頁。
〔3〕 Douglas L. Berger, *Encounters of Mind*: *Luminosity and Personhood in Indian and Chinese Thought*, Albany: State University of New York Press, 2015, pp.198—206.
〔4〕 從這個意義上可以説,馬一浮與劉宗周、王夫之等明代理學發展後期的思想家走了一條相反的路子。後者先氣後心,重視分判儒佛,對儒門教法在公共世界效用的落實也傾注了更多思想精力(楊儒賓《異議的意義·導論》和《從〈五經〉到〈新五經〉·結語》,鄭宗義《論明清之際儒學的一元化傾向》、張志强《從"理學别派"到士人佛學——由明清思想史的主題演進試論近代唯識學的思想特質》皆從不同方面對此問題有解説)。當然在馬一浮所處的時代,空去大部分的外王之事,選擇内轉並守住道德底綫,也是一個合理的選擇,值得思考。下文的分析正是希望説明這一點。
〔5〕《講録·孝經大義·釋明堂》,《全集》第1册,第208頁。

而不自知：

> 災異即位育之反，若正直中和，安得有咎徵？《法華》云："衆生見劫盡，大火所燒時，我此土安隱，天人充滿。"[1]禪師家每云："長安雖鬧，我國晏然。"[2]彼乃深證中和位育，實得力於念用也。此先儒所不肯説，今不惜眉毛，特爲拈出，若等閒聽過，吾亦不奈何。[3]

理想的人間没有災異。引文所説的位育、正直、中和分别意指理想世界中人們各安其位、率性而爲卻又和諧無間的特點。在最理想的情況下，天下皆是聖人（佛），聖人又各自在其權能範圍（佛土）中各行其是，不相干涉。次者，衆多未覺之民願意服善從師（此際君師是一人），在聖人的德治之下實現積極向上的自治。而最不幸者，即是衆人蔽於惡念，使人間災異遍生、淪爲火宅。如果是最後一種情況，那麽聖人也祇能晏然獨修、獨證"中和位育"。同時，這種獨修又並非佛、道兩家所追求的超善惡之逍遥。[4]哪怕儒者的外王事業（心體之大用）不得不暫告停歇，但儒者的道德標準卻能在紛亂的公共生活中得到簡明有力的捍衛。[5]對於身居高位者來講，相信庶民與自己同受善性、皆可以爲堯舜，是建立皇極、成就德治的法則。[6]不幸的是，三代以後的諸多君主與大臣都違背了德法，其流風使得天下庶民也趨於悖德而行。[7]所以歷史中的人們，尤其是那些有德無位的君子，都不得不生活在上述最後

---

[1]《妙法蓮華經》，T0262_.09.0043c06—07。

[2]《景德傳燈録》，T2076_.51.0315c13。

[3]《别釋庶徵·判休咎·附語》，《全集》第 1 册，第 327 頁。

[4]《約義·别釋五福六極·釋福極之目》："盗跖不壽於顏回，夷齊無憾於衰命，然後知操行不軌而逸樂富厚者非福也。莊生以彭殤爲可齊，佛氏以罪福爲性空，皆一往之談，非篤論矣。"《全集》第 1 册，第 330 頁。

[5]《語録類編·儒佛篇》："世有視寂滅爲可畏，而引爲佛家詬病者，皆由不解之故。寂滅並無可怖，孔子所謂寂然不動，《西銘》所謂殁吾寧也，皆此境界。寧字下得好。"《全集》第 2 册，第 663 頁。

[6]《約義·别釋五福六極·述訓》，《全集》第 1 册，第 331 頁。

[7] 同上書，第 334 頁。

也是最不幸的情況當中——好在,人至少還有自治身心的能力。[1]故曰雖外有秦制抑或漢字不存,衹要人尚有心,修身成德的自由[2]和道路(六藝之學)[3]都不會消滅。

(二) 卑高同德:論《觀象卮言》

1. 攝人事於一心:《觀象卮言》的實踐論

《洪範約義》最後的文字爲"先儒所不肯説"。此中不僅有六藝之學與台、賢之學的深度交涉,[4]也有馬氏在家國淪喪、講學困難之際[5]的有爲之言。用《講録》前文的類似部分作比較,《洪範約義》最後説善惡之果報,意味近於前面各篇之末的《春秋教》、《原刑》和《簡亂》等部分,都是開顯《春秋》善善惡惡之義。論解説六藝、德治之整全程度,則《約義》自可包攝《觀象卮言》——後者衹是對《約義》所談心念問題的深入闡釋。[6]但要對天下失治之際的學者言君子固窮、天人充滿之義,則非以《易》會通《華嚴》不可。[7]

《易》説題爲"卮言",反映了作者設計《觀象卮言》的簡約("略引端

---

[1] 將群治喻爲自治身心,至少是《拔本塞源論》已有的看法,而馬一浮加以發明。在以心治身的獨修之中,從曹洞宗的角度看《筠州洞山悟本禪師語録》,T1986A.47.0515a25—b10),人間之君臣無異一身之君(心)臣(身)。《約義·述訓·附語》,第340頁。龔鵬程從治身養氣的角度剖析《觀象卮言》的自治論,發前人所未發,參《馬一浮易學管窺》,《中國文化》2013年第1期,第78—85頁。陸寶千《馬浮之易學——儒學新體系之基礎》分類(未按馬書次第)解説了《卮言》的主要内容和名詞,觀點我基本同意,但如下文所説,我判斷馬氏以修養代禪觀、以儒攝佛的努力仍開有理論後門。

[2] 馬一浮《泰和會語·論六藝該攝一切學術》,《全集》第1册,第11頁。

[3] 烏以風記《問學私記》,《全集》第1册,第753頁。

[4] 《爾雅臺答問·示王星賢》,《全集》第1册,第445—447頁。

[5] 《洪範約義》完稿時(1940年9月,參丁敬涵《馬一浮年譜簡編》,《全集》第6册,第49頁)書院的困境參朱薛友《六藝之教:馬一浮與復性書院研究》,浙江大學歷史系碩士論文,2019年,第65—68頁。

[6] 《約義·別釋五福六極·述訓》,《全集》第1册,第336頁。

[7] 這一會通並不易爲聽衆理解,但馬一浮對此的態度跟對《洪範約義》一樣,會通之事非做不可,此時無人理解,也要先講完、記下來,俟諸後人。參《太極圖説贊言》,《全集》第4册,第3—6頁。

緒")與即時性("臨機施設")。[1]與兩篇《緒論》相似,《卮言》並不隨卦分説經義,而是全據《繫辭》釋經。其釋經之基石,是"太極"概念。《洪範約義》有言,"自天德言之,則曰太極;自君道言之,則曰皇極"。[2]皇極之於《約義》,正如太極之於《卮言》,都象徵著寄寓人事之理的心體。由此,先天易學之基石《太極圖》,自然也並非是如清代學者所論,應排斥於《易》説之外的。[3]《觀象卮言》即依朱子無形而有理的先天義立説:

> 《繫辭傳》曰:"《易》有太極,是生兩儀。兩儀生四象,四象生八卦,八卦定吉凶,吉凶生大業。"當知言有者,謂法爾如然,非是執有;言生者,謂依性起相,非是沈空。從緣顯現故謂生,乃不生而生。[4]遍與諸法爲體故謂有,乃不有而有。太極者,一理至極之名;兩儀者,二氣初分之號。一理不可見,於二氣見之……重卦六十四,即此八卦之行布陰陽、剛柔、往來、上下、進退、消息、變化之象也。太極以象一心,八卦以象萬物,心外無物。故曰"陰陽一太極"也。[5]

朱子以太極表詮不雜於形氣之理,引文中"一理不可見,於二氣見之"的重要論斷即從此而來。太極在此是心體之象,此與朱子微有別,但也可以視爲對朱學的發展。祇是馬氏將《繫辭》中的生生之易釋爲華嚴學中的法界緣起(依性起相、從緣顯現),就與前賢不同。前揭《洪範約義》説"氣即念之所作",此處引文又説"太極以象一心,八卦以象萬

---

[1]《講録·觀象卮言·序説》,《全集》第 1 册,第 342 頁。又《序説·附語》,第 343 頁。

[2]《約義·總敘九疇》,《全集》第 1 册,第 273 頁。

[3]《太極圖説贅言》,《全集》第 4 册,第 3—4 頁。又王風《朱熹易學散論》,北京:商務印書館,2017 年,第 155—183 頁。

[4] 依性起相、沈空、從緣顯現和不生而生分見《大方廣佛華嚴經疏》,T1735_.35.0725a25;《大方廣佛華嚴經隨疏演義抄》,T1736_.36.0679a03—04;《華嚴經探玄記》,T1733_.35.0347a21—22;《大方廣佛華嚴經疏》,T1735_.35.0810c23—26。從下文可知,馬氏和澄觀對於易之生生其實有不同看法,而上述挪用兼有對澄觀之批評。

[5]《觀象卮言·約旨　卦始　本相》,《全集》第 1 册,第 344、346 頁。

物,心外無物",這是將陰陽二氣和形氣變化世界中的事物皆視爲心念活動的産品。進言之,這是對澄觀"一心法界"說的深度會通。"一心法界"的觀念强化了理對氣之統御,是對邵雍(1011—1077)、王畿(1498—1583)之心學《易》說的完善。[1]此外,馬氏對儒家生生教義的肯定,又修正了澄觀否定陰陽之氣爲實存的問題。[2]正如前文所述,儒佛交涉背景下的心體/性/理與形氣世界有著一種超離不雜的關係,在不爲後者變化所轉的同時,又能指引後者之中的人事。《卮言》的人心觀,反映了這一交涉的深化。

心(太極)之念動和由之而來的人事活動,都以不同的樣態被呈現在了《易》卦的總結當中。《卮言·原吉凶》又說:"動而得其理,則陰陽、剛柔皆吉;失其理,則陰陽、剛柔皆凶。"[3]這意味著上述卦象具有規範性的效力。但在《洪範約義》等前文中可知,吉凶獎懲都不外乎每個人的自治,其生成非他人所能預。各人自治的人間,是君子德行所不可離弃的場所。《觀象卮言》對《繫辭》"吉凶生大業"的釋義即是此意:

> 離此不易之心,亦無一切變易之物。喻如無鏡,象亦不生。[4]
> 是知變易故非常,不易故非斷,非常非斷,簡易明矣……無小人則無君子,無亂則無治,無凡則無聖,無衆生則無佛,無煩惱則無般若,皆貳也。一得一失,一吉一凶,然後天下之變不可勝窮也。[5]

從緣起性空的教義來看,吉凶、善惡、卑高的形容詞都是對待而成,並非事物之本相。但此處引文更是在强調,因爲人事變化永無窮盡,君

---

[1] 邵、王的觀點分見朱伯崑《易學哲學史》第2卷,北京:崑崙出版社,2005年,第160—162頁;《易學哲學史》第3卷,第241—247頁。一個貫通的解釋參見三浦國雄《天根月窟詩的發展》,《不老不死的欲求:三浦國雄道教論集》,成都:四川人民出版社,2017年,第82—106頁。

[2] 《太極圖説贅言》:"生生爲易,故非斷非常。義學家判此爲邪因無因(參《大方廣佛華嚴經疏》,T1735_.35.0521b09—13),乃知二五而不知十也。"《全集》第4册,第5—6頁。

[3] 《觀象卮言·原吉凶 釋德業》,《全集》第1册,第351頁。

[4] 根據此處引文的語境,可知這一鏡像之喻取自《景德傳燈録》,T2076_.51.0268a21。

[5] 《卮言·原吉凶 釋德業·附語》,《全集》第1册,第353、354頁。

子修德也應始終不息。《洪範約義》云"無息是本體不息,尚有功夫在,不然則不須説久也。常人念念起滅不停,亦何嘗有息? 但聖人是本心之明不息,常人則是妄心不息",[1]可爲上文注腳。由此觀之,前半部分引文會通三易與"一心二門"、側重發明變易之物中的不易之善性,是點出修德之基;[2]後半部分引文側重吉凶與大業二者的關係、指出大業必在吉凶抉擇中求得,是提醒修德之士需要"自强不息"。而擇吉凶、生大業之事,亦定於人之念動。[3]此論頗近江右王門之工夫論。然而對不易之心體的闡發又將馬氏之學和以誠意爲主的工夫論區分開來,呈現出獨特的"佛化"與避世之相。[4]

2. 避世與淑世:《觀象卮言》的價值論

盛清時期的嚴厲氛圍在各方面限制了儒教士大夫的淑世意圖和義理思考,[5]其間漏網之魚如彭紹升(1740—1796)者,義理構造、淑世實踐與上承宋明的政治設計也顯得淩亂無章。[6]宋明理學和中古佛學,從盛清至近代都未能得到充分的理解。[7]鑒於這種思想史上真實存在

―――――――

[1] 《洪範約義·別釋庶徵·判休咎》,《全集》第1册,第325頁。
[2] Liu Leheng, "The 'Three Greats', 'Three Changes' and 'Six Arts'—Lessons Drawn from the *Treatise on Awakening Mahāyāna Faith* in Ma Yifu's New Confucian Thought", in John Makeham ed., *The Awakening of Faith and New Confucian Philosophy*, Leiden and Boston: Brill, 2021, pp.295—296.
[3] 《卮言·審言行》,《全集》第1册,第357頁。
[4] 江右王學對良知發用的慎重處理以及劉宗周的意動工夫論,意在修正王畿先天之學的流弊和佛化傾向,參 Iso Kern, "The 'Wirkungsgeschichte' of Wang Yangming's 'Teaching in Four Propositions' up to Liu Zongzhou and Huang Zongxi", *Concepts of Philosophy in Asia and the Islamic World vol 1: China and Japan*, edited by Raji C. Steineck and Ralph Weber, Leiden; Boston: Brill—Rodopi, 2018, pp.308—319。用馬一浮的話說,羅洪先、劉宗周在意動之幾變吉凶上用力,終究不能讓人心本有的善性充分展露,容易白費功夫、往而不返。參《致劉錫嘏》,《全集》第2册,第976頁。
[5] 章學誠著,倉修良編《文史通義新編新注》,杭州:浙江古籍出版社,2005年,第101頁。《章太炎全集·訄書(重訂本)》,上海:上海人民出版社,2014年,第154頁。
[6] 成棣《出世與淑世——彭紹升和清代中期的王學餘波》,《新經學》第三輯,上海:上海人民出版社,2018年,第262—299頁。
[7] 此當專文論之。

的斷裂現象,將包括馬一浮在内的幾位現代新儒學思想家視爲明賢的接棒人,是可以成立的。但正如前文所示,在明、清儒教制度發生了革命性變化的二十世紀前中期,馬一浮的儒學思想是以避世的姿態呈現的。如果説對六藝之學的知解和踐行是内聖外王之事,那麼以"六藝一心"爲標識的馬氏儒學則是示避世之相、言淑世之意。這一特質在《觀象卮言》中體現無餘。繼《審言行》部分之後,《卮言・辨小大》言:

> 不易故大,是顯其理之常也。真常絶待,故非斷,即當於佛氏之言體大。變易故大,是顯其氣之變也。緣起無礙,故非常,即當於佛氏之言相大。簡易故大,是顯其用之神也。於不易中示變易,於變易中見不易。不舍一法、不立一法,[1]乃許隨處作主、遇緣即宗,[2]言滿天下無口過,行滿天下無怨惡。[3]雖大用繁興而其體恒寂,是故可與酬酢、可與祐神,即當於佛氏之言用大。若於此理而不能契,是猶自安於小也。[4]

《繫辭》闡明了生生易道的體相和大用,使人明白如何親近此道(酬酢)、順應此道而成大業(祐神)。引文中的易道之體固然是不易之心體、常理,而其爲人所知的相狀則是變易之氣中由種種卦象呈現的人事。人事是人心念動而成的"氣之變",簡易之道要求人們在變易之中修德、守道:"一切處、一切時皆能順理以爲氣之主,向己作得主在,便不爲氣之所拘,不爲物之所轉,到此方有自由分。"[5]此際覺者固然無私,然覺者之道與未覺之天下庶民何以關聯? 這種避世的姿態,如何避免讓儒者的淑世本懷被出世意味的適性逍遥所覆蓋? 倘若不能,何以言"用大"。

辨小大部分之後的釋教大理大部分對此給出了答案。有淑世之情的儒者,能够體貼聖人的憂患之情以淑世。而具體的淑世方式則是講

〔1〕《景德傳燈録》,T2076_.51.0265a01—02。
〔2〕《圓悟佛果禪師語録》,T1997_.47.0714c29。
〔3〕《宗鏡録》,T2016_.48.0594a20—21。
〔4〕《卮言・辨小大》,《全集》第 1 册,第 364 頁。
〔5〕《卮言・辨小大・附語》,《全集》第 1 册,第 368 頁。

學、著書以示教:

> 聖人吉凶與民同患,其辭不容不危,其情不容不懼。自非衰
> 世,教亦不興,民行無失,何待於濟?故知憂患而作乃是聖人之情。
> 聖人何憂?憂民之自罹於凶咎耳。鼓天下之動者存乎辭,教之以
> 貞夫一而已矣,豈有他哉?[1]

六藝之教終於《易》,而《易》教可約爲"貞夫一"。聖人憂衰世之人隨順私欲、"罹於凶咎",示以此教。在德治的理想與無常的現實屢屢衝突之際,"貞夫一"就意味著隨緣守道,亦即《論語》中的"無適無莫,義之與比"。[2]緣字雖然借自佛教,但正如前文馬氏對澄觀法界説的改造,"隨緣做主"在此也化入了"貞夫一"的《易》教。人所處的位置自然有高低之分,當下所具之潛質亦有大小之別,但在順應現狀的同時"貞夫一"以成就德行,人就不會"自安於小",而是會踐行"大教"、"大理"了。在馬氏看來,這也是《易》教比佛學更爲直截了當(唯是圓大)之所在。[3]《易》教簡易,卻又是無所不包的大教。因爲在任何情況下,人總能通過觀象的審時度勢,找到最合適的位置成就自身的德性。這種德性不因自身潛質大小有別:《厄言·釋德大位大》認爲《繫辭》"卑高以陳,貴賤位矣"祗是對以理帥氣、陰陽和諧的比喻,而非執定不同階位必有貴賤之分。同時,一卦當中爻的位置也象徵著人在某一具體處境中的位置,陰爻(六)、陽爻(九)在不同卦象中各有中(合禮)正(明智)之位可得。[4]正因

---

[1]《厄言·釋教大理大》,《全集》第1册,第371頁。
[2]《語録類編·儒佛篇》:"人生聚散本屬無常,佛氏歸之緣業,儒家安於義命,俱不由私意安排得來,祗好隨緣隨分。有時在義則可,而在勢則不可者,事亦難行,故無適無莫,義之與比。"《全集》第2册,第660頁。
[3]參《厄言·釋教大理大·附語》,第374頁。太虛認爲馬氏的區分無視了大乘佛教對公共生活的擔當感(《論〈復性書院講録〉》,《太虛大師全書》第28卷,北京:宗教文化出版社,2005年,第316—318頁),當然是(有意地?)誤讀了馬一浮。馬氏祗是在作這樣一個比較:佛教有小大之辨是爲了兼攝俗諦(位)與真諦(德),六藝之教直接强調有德即有位(天爵),故而更爲簡明。其中絶無把大乘視爲偏私小教的意味。
[4]《厄言·釋德大位大·附語》,《全集》第1册,第383頁。

如此,人纔能如《繫辭》所説的"異位而同功",在現實中卑高不同的位置上建立一樣的大業。[1]

　　人在變易之中遭逢到的是不同的緣業,但應該對卑高不同的位置做到"無適無莫,義之與比"。正是這樣守道弘道,緣業纔成爲了偉大的德業。《卮言·人大》用這種方式回應了《禮教緒論》的"位乃應跡之稱,人乃實證之號"。[2]如果後者是將卑高有别的"位"排遣爲變易之跡、彰顯個人所實證的不易之德,那麽《卮言·業大》的釋義則是更爲儒化的:

　　　　大抵王公君后固兼德位而言,大人君子唯是以德爲主。實證此德謂之成性,亦謂之成位,亦謂之成能,即是成己、成德、成業也。《乾·九二》:"利見大人,君德也。"王輔嗣注:"雖非君位,君之德也。"《正義》云:"二五俱是大人爲天下所利見。鄭氏説九二利見九五之大人,非也。"[3]按,伊川以二五互説,[4]較鄭説爲進,然不若以天下利見於義爲允。如訟、蹇亦俱言利見大人,以訟之時,唯大人爲能以中正之德治訟;蹇之時,唯大人爲能以中正之德濟難,故爲天下所利見也。[5]

　　《講録》在《孝經大義》、《禮教緒論》中對舜帝在野問題的激進闡釋頗顯鋭利,相比之下,《卮言》藉由對卑高同德的闡發,對前人論説的承繼更爲平滑。圍繞乾卦"九二,見龍在田,利見大人"之説,前人對大德者未得君位而有君德的現象作了許多論述。鄭玄等注家强調大德與君

─────────────

〔1〕《卮言·釋德大位大》,《全集》第 1 册,第 380 頁。

〔2〕《卮言·釋人大業大時大義大》,《全集》第 1 册,第 383 頁。

〔3〕《周易正義》,上海:上海古籍出版社,1990 年,第 12 頁。王輔嗣注云:"雖非君位,君之德也。"是九二有人君之德,所以稱大人也。輔嗣又云:"利見大人,唯二五焉。"是二之與五,俱是大人,爲天下所利見也。而褚氏、張氏同鄭康成之説,皆以爲九二利見九五之大人,其義非也。且大人之云,不專在九五與九二,故訟卦云"利見大人",又蹇卦"利見大人"。此大人之文,施處廣矣,故輔嗣注謂九二也。是大人非專九五。

〔4〕《周易程氏傳》:"以聖人言之,舜之田漁時也。利見大人之君,以行其道。君亦利見大德之臣,以共成其功。天下利見大德之人,以被其澤。大德之君,九五也。乾坤純體,不分剛柔,而以同德相應。"《二程集》,北京:中華書局,1981 年,第 697 頁。

〔5〕同上書,第 383—384 頁。

主交接之利,而王弼則指出,此爻强調的是身居九二的大德雖無九五之尊位,但他卻有著九五之德性。《周易正義》接納了王弼的觀點,而程頤在此基礎上解釋説,九二之君子和九五之大人是得君行道、利益天下的關係。與程子不同,馬一浮發揮《正義》"大人之云,不專在九五與九二"之義並指出,九二之君子利益天下不需要與得位之九五之尊互動——因爲君子自身就居於中正之位,可以成就利益天下的大用。如果説前人是曲折地提示學者君德之大用不限於君位;[1]那麼《卮言·業大》的教示則更爲簡易:有德者"貞夫一"、"義之與比",就不會受制於變易的環境,必然能成就利益天下的大用、大業。治一身亦是利天下。[2]《易》教發明至此,《講録》也進入了尾聲:

> 寄位亦以明時,著業乃以存義。位大故時大,業大故義大也。六十四卦有六十四卦之時,在一卦中六位又各有其時,善用者不失其時,皆謂之義……百姓日用而不知,不知其神也。唯神應無方,斯舉器是道,乃可以致用,乃可以盡神。凡民見之則小,聖人見之則大;凡民用之則不知,聖人用之則神;凡民用之不足以利天下,聖人用之乃足以利天下。[3]

上述引文是對《卮言·時大義大—道大器大》内容的概述。第一段引文告訴學者,人應研究卦象,探索如何在變動不居的時間、空間中實現"義之與比"。第二段引文指出,在處境相同(器)之際,明於《易》教的聖人和隨順私欲的凡民是不同的:前者利天下,後者利一身。爲何如此?因爲多一位以德自律的君子,就讓天下距離實現德治更近了一步——這也是前述《洪範約義》的結論。《易》教之所以不同於佛、老之逍遥適性,是因爲一人"貞夫一"之自治即是贊襄天下"中和位育"之德

---

[1] 可參鄧秉元《周易義疏》,上海:上海古籍出版社,2011年,第17—18頁。

[2] 《卮言·釋人大業大時大義大·附語》:"聖人視履尊位與田畝同,視配天享帝、養聖賢、養萬民與飲食之道同,視天下之人歸之與深山木石同。會得此者可以爲周公,亦可以爲孔子,始可與言時、義。"《全集》第1册,第388頁。

[3] 《卮言·釋人大業大時大義大—釋道大器大》,《全集》第1册,第385、390頁。

治。自治與治天下的相狀雖有不同,然而都是一心之大用,這就是六藝之學的"心要"。於此,"末後之教揭盡,可以息言矣"。[1]

結語

在《復性書院講録》宣講之際,馬一浮已發現書院聽衆能"真實體究者少"。[2]該書於 1940 年問世後,青年徐梵澄(1909—2000)和名宿太虛都貢獻了長篇書評。激於《講録》崇儒抑佛之辭,後者遂以儒教倫理與民族國家的矛盾相攻,形同論戰。而前者在詳細的内容勾勒之外,僅稱述馬氏儒學之醇,未深論其出入儒佛、衡論德位的旨趣。[3]直至今日,讀書界研究該書和馬氏儒學的風格應該説是與徐氏相似的。間有異議,也與太虛的批評路徑接近。即先將馬氏與前代"儒宗"(例如李光地)對應,再指責其立論難脱儒教窠臼,是現代開放世界的敵人。[4]然而時人不滿書院教門之風如葉聖陶(1894—1988)者,[5]持論亦未如此苛刻。退一步講,馬氏與時流不諧的迂闊姿態,亦根植於《講録》的一大特質——此書的説教完全基於作者個人自信、自得的倫理體驗。它面向所有人説教,但前提卻又是各人之自得。物議沸然,已在作者意料之中。[6]

---

[1] 《卮言·釋道大器大》,《全集》第 1 册,第 392—393 頁。

[2] 參朱曉友《六藝之教:馬一浮與復性書院研究》,第 61—64 頁。

[3] 顯例見徐梵澄對《孝經大義》的書評,淡盦《復性書院講録(三)》,《圖書月刊》1941 年第 1 卷第 5 期,第 39—40 頁。

[4] 例見朱維錚《馬一浮在 1939——葉聖陶所見復性書院創業史》,《全集》第 6 册,第 940—949 頁。其時又有鄧之誠也對馬一浮不滿。但他衹是認爲馬氏虛僞,其學術是沙龍式的裝飾品、没有價值。顯得簡單直接。參《鄧之誠文史札記》,南京:鳳凰出版社,2012 年,第 1136 頁。

[5] 跟馬一浮有許多接觸的賀昌群(1903—1973)、葉聖陶和竺可楨(1890—1979)都對他有批評,但他們批評的共同點衹在於馬作爲讀書人的迂闊、固執和過頭的樂觀與自信。他們並不認爲馬氏講的是僞學,也不認爲馬氏思想中的問題代表著他是一個反動典範,可以被後世别有用心、阿權亂學者所利用。

[6] 《爾雅台答問續編·示吴敬生》,《全集》第 1 册,第 444 頁。

在《講録》的思想馬拉松裏面,馬一浮出入儒、佛,成功地將儒家經典中的聖王事業闡釋爲有德之士的日用常行。這一新見與明賢相契,亦未嘗不得古今人心之所同然。在遠紹中古哲思的同時,[1]"六藝一心論"也將宋明思想中道德與權位、理想與現實的張力發展到了一個新的地步。自馬氏視之,羅汝芳論凡聖同心、[2]管志道論卑高同德,[3]皆堪爲《講録》之先河。人如果能安常樂道進而安身立命,不患應世之跡會卑高有別——反之,這種差別恰恰反映了求道、希聖的修行人多樣化的生命格局。[4]"世雖極其亂,吾心極其治。"[5]與自治同時成立的儒家聖治理想,也與稍後成書的《國史要義・史義》等篇章一起,體現了民國儒家學者對共和國的展望。由是,與明代儒者的思想親緣性,折射出了《復性書院講録》承載的當代價值:人需要靠自己認識自己,然後在不同的時間、處境之下成就自己,故人皆可以爲堯舜。雖然,"雙忘語默空三世,隨分煙波釣五湖"。[6]

---

〔1〕 一個從體用論角度對此綫索的觀察參見 John Makeham, "Chinese Philosophy's Hybrid Identity", in *Why Traditional Chinese Philosophy Still Matters: The Relevance of Ancient Wisdom for the Global Age*, edited by Ming Dong Gu, Routledge, 2018, pp. 147—165。

〔2〕 《重刊〈盱壇直詮〉序》:"門庭施設則義爲大,入理深談則禪爲切。所謂始條理者智之事,終條理者聖之事,豈有二哉……凡民私意未起,計較未生,固與聖人同此心體,然一翳在目,天地易位,其日用之差忒者,氣昏而習蔽之也。"《全集》第 2 册,第 31—32 頁。

〔3〕 《釋人大業大時大義大・附語》:"明管東溟自言不明乾元用九之義,後讀《華嚴・如來出現品》,忽然頓悟。今日讀《易》者,祇將先儒傳注草草一看便謂已了,如何能體《易》用《易》?"《全集》第 1 册,第 388 頁。

〔4〕 參吳孟謙《融貫與批判:晚明三教論者管東溟及其時代》,臺灣大學博士論文,2014 年,第 227、232 頁。這條理路與江右王學、劉宗周等思想家的對立關係參見 Iso Kern, "The 'Wirkungsgeschichte' of Wang Yangming's 'Teaching in Four Propositions' up to Liu Zongzhou and Huang Zongxi", *Concepts of Philosophy in Asia and the Islamic World vol 1: China and Japan*, edited by Raji C. Steineck and Ralph Weber, pp.281—284。

〔5〕 《致袁心粲》(1938 年),《全集》第 2 册,第 845 頁。

〔6〕 《論道》:"儒者優遊玄放曠,禪家直指教平鋪。若非末法存知解,何事先天論有無。絶相離名誰可道,逢緣遇境任多途。雙忘語默空三世,隨分煙波釣五湖。"《全集》第 3 册,第 164 頁。

近代"經"名釋義研究述論

肖朝暉 *

　　衆所周知,"經"一般指稱的是由孔子删定、儒家所傳衍的《詩》、
《書》《禮》《樂》《易》《春秋》等六種經典(《樂》無經,故又稱"五經")。
作爲中華文明和中國傳統學術思想根核的"經",在古代中國地位崇高,
它是華夏民族至高無上的法典,規範、指導、影響著古人的思想與行動、
政治與風俗,"所謂經,在中國一切的學術中,有著最崇高的地位。歷代
的帝王卿相,他們經營天下的理想的標準,没有不是從經籍中來的。對
於人物的評價,也都以合不合經籍上的理想爲依歸。甚至於一切日常
風俗習慣的規範,大部分也都是以經籍爲其根據……由此可見經籍在
中國,實在是一個最大的威權者,舉凡中華民族一切的哲學、政治、文
學,莫不以它爲最初的基礎。"[1]正是由於經籍的崇高地位和權威性的
指導作用,作爲必須遵循的大綱大法和常行之道,"經"在相當長的時間
裏有著"常法"、"常典"、"常道"等義。

　　然而,降至近代,在西方政、教、學的强烈衝擊下,以經學爲核心的
中學的價值日益受到讀書人質疑,經學開始走向式微。受西方學術理

_____

　　* 作者單位:武漢市社會科學院文化與歷史研究所。
〔1〕 張壽林《論經名之由來》,《睿湖》1929 年第 1 期。

念和新式教育體制建立的影響,傳統學術開始向現代學術轉型。伴隨中學地位的式微和傳統學術的現代轉型,經書逐漸喪失其在傳統社會中的神聖地位,"經爲常道"的相傳之古訓被新式知識分子摒棄,"經"名的含義變得不再明瞭。張西堂曾發出這樣的疑問:"現在我們研究的群經,無疑地它是儒家流傳下來的典籍,但是這些典籍爲什麼叫做'經'?'經'的意義究竟是什麼? 它的起源究竟在何時? 在中國經學的研究中雖説有過兩千餘年的歷史,然而到現在這些都還是未曾解決的問題。"[1]不是問題未曾解決,而是歷史上已有的答案不再被輕易接受,原本不成問題的問題在近代重新成爲有待解決的問題,"關於什麼是經,就成爲長期聚訟紛紜的一大難題"。[2]晚清民國時期,有相當多的學者試圖重新詮釋"經"名含義,產生出諸多新解。[3]"經"名含義的考釋,並不是純粹的文字訓詁問題,此議題實反映出討論者對經與經學的整體看法,進而從一個側面折射出經學的近代命運和轉型歷程。

一、"經者,編絲綴屬之稱"

　　庚子之役後,清廷重開新政,廢科舉、興學堂成爲新政重要內容。

---

〔1〕 張銘洽主編《張西堂卷·經學史講義》,西安:三秦出版社,2011年,第3頁。
〔2〕 桑兵《經學與經學史的聯繫與區別》,《社會科學戰線》2019年第11期。
〔3〕 有關"經"名含義的論述主要出現於當時頗爲盛行的"經學概論"類著作中,蓋此問題乃經學史上一項相當重要的課題,盧啓聰在探討陳延傑《經學概論》時指出,"通論性儒家經學著作的出現,與晚清、民國以來新式學制下經學課程的建制密切相關"。他根據林慶彰主編的《民國時期經學叢書》及其所知大致統計了民國時期出版的"經學概論"類著作,有二三十種之多,"當時這類以'概論''通論'爲書名的書籍,所介紹的內容、引導的議題往往相近,多離不開對經之名義……的介紹"。見陳延傑著,車行健、黄忠天、盧啓聰整理《陳延傑先生經學論著三種·導論》,南京:鳳凰出版社,2021年,第239—242頁。除此之外,尚有一些"國學概論"類著作也涉及此議題,如1935年出版的王緇塵編著的《國學講話》第二編第一章第一節標題即爲"經的名稱";1937年由大東書局發行的《國學常識》第一章第一節"總論"開宗明義講解"經是什麼",兹不一一列舉。另外,還有一些單篇論文專門探討了"經"名的由來與含義,如前引張壽林的《論經名之由來》;杜鋼百的《經字考釋與經名溯源》,《復興月刊》第5卷第11期,1937年7月,現收入付佳選編《杜鋼百文存》,南京:江蘇人民出版社,2018年。需要説明的是,本文無意於全盤梳理所有論著有關"經"名含義的論述,主要聚焦於近代以來幾種頗具影響力和説服力的解説。

新學制的推行、新式學堂的廣泛建立以及新式課程的設置,導致對新式教科書的需求激增。爲滿足"癸卯學制"所設經學課程的教學需要,1905 年,劉師培應國學保存會之邀作《經學教科書》。劉師培出身經學世家,宗古文經,精於名物訓詁,被視爲現代意義經學史寫作第一人。[1]在《經學教科書》中,劉師培於"經學總述"第一課後即列"經字之定義"講解"經"字含義。關於"經"名的訓釋,班固《白虎通》訓"經"爲"常",以五常配"五經";劉熙《釋名》釋"經"爲"徑",以"經"爲"常典",猶徑路無所不通。劉師培認爲《白虎通》、《釋名》的訓釋都是"經"字的引申義,至於"經"字的本義,他説:

> 許氏《説文》"經"字下云:"織也,从絲,巠聲。"蓋"經"字之義,取象織絲,縱絲爲經,橫絲爲緯。引申之,則爲"組織"之義。上古之時,"字"訓爲"飾"。又,學術授受,多憑口耳之流傳。六經爲上古之書,故經文奇偶相生,聲韻相協,以便記誦,而藻繪成章,有參伍錯綜之觀。古人見經文之多文言也,於是假"治絲"之義,而賜以"六經"之名。即群書之用文言者,亦稱之爲"經",以與鄙詞示異。後世以降,以六經爲先王之舊典,乃訓"經"爲"法";又以六經爲盡人所共習也,乃訓"經"爲"常"。此皆"經"字之後起之義也。[2]

劉師培據《説文》認爲"經"字"取象織絲",引申後有"組織"之義,在他看來,作爲上古之書的六經經文多文言,即"經文奇偶相生,聲韻相協,以便記誦,而藻繪成章,有參伍錯綜之觀",因此他認爲古人乃是假"治絲"之義,賜以六經之名。

劉師培的訓解與其文學主張有關,他將"經"解釋爲聲韻相協、藻繪成章是爲其"駢文之一體,實爲文類之正宗"的文章觀服務的。在這樣

---

[1] 景海峰《儒家之經解》,《文史哲》2020 年第 2 期。
[2] 劉師培著,萬仕國點校《儀徵劉申叔遺書》(第 13 册),揚州:廣陵書社,2014 年,第 5976—5977 頁。

的解釋下,六經的文章大體屬於廣義的駢文體,六經由此被視爲古代文章之祖。顯然,劉師培意在藉六經樹立駢文作爲文章正宗的地位,周予同後來就將其归爲"駢文學派"。這一説法影響不大,少有認同者,不少學人都指出這一解説難以成立,蓋六經中的《易》、《書》、《詩》尚能符合這一定義,而對於佶屈聱牙的周《誥》殷《盤》以及極爲繁雜的《儀禮》和記事的《春秋》等則不能適用。[1]

在劉師培稍後,同爲晚清古文學陣營的章太炎也著手重新解釋"經"名。章太炎的新解首先體現在其《經的大意》演講中,在演説一開始他就宣稱:"什麼叫做經? 本來只是寫書的名目。"章太炎此時秉承章學誠六藝皆先王政典的主張,認爲"真實可以稱經的,原只是古人的官書",[2]祇有官書纔可稱經。逮至作《國故論衡》時,章太炎改變了經皆官書的看法,"經不悉官書,官書亦不悉稱經"。[3]轉而主張經是一切書籍的通稱,他説:"余以爲書籍得名,實馮傳竹木而起……世人以'經'爲'常'……此皆後儒訓釋,非必睹其本真。按'經'者,編絲綴屬之稱。"[4]古代以竹簡成書,需要將竹簡編絲綴屬,"是故繩線聯貫謂之經"。[5]也就是説,經指稱的是書籍的一種裝訂形式,凡用絲線聯貫之書籍皆可稱爲"經",因此兵書、法律、教令、律曆、地圖、諸子等皆可名"經",至於以"經"爲"常"乃是出於後儒。這一看法一直延續至章氏晚年。1935 年,章太炎於章氏國學講習會演講《經學略説》,依然聲稱:"經之訓常,乃後起之義。《韓非子·内外儲》首冠經名,其意殆如後之目録,並無'常'義。今人書册用紙,貫之以線,古代無紙,以青絲繩貫竹簡

---

〔1〕 見《張西堂卷·經學史講義》,第 6 頁。包鷺賓也直言這一釋義"何解於六藝如《周禮》、《儀禮》文多質直無藻韻者亦稱爲經乎"? 見包鷺賓著,馬敏、付海晏、文廷海整理《包鷺賓學術論著選》,武漢:華中師範大學出版社,2005 年,第 10 頁。

〔2〕 《章太炎演講集》(上),上海:上海人民出版社,2018 年,第 98 頁。

〔3〕 章太炎《國故論衡》,北京:商務印書館,2016 年,第 88 頁。

〔4〕 同上書,第 79 頁。

〔5〕 同上書,第 80 頁。

爲之。用繩貫穿,故謂之經。經者,今所謂線裝書矣。"〔1〕"經者,今所
謂線裝書矣"即"經者,編絲綴屬之稱"的通俗説法。

晚清今文學家强調六經爲孔子作,視六經承載了萬世不變的常道,
而章太炎反對孔子作六經,反對神化孔子,認爲六經爲古代歷史,孔子
乃古之良史,在晚清今古文經學勢同冰炭的形勢下,章太炎的新解有反
對今文經學的意味在。章太炎"經者,編絲綴屬之稱"的説法最爲時人
稱道,〔2〕並爲民國新學人士破除經的崇高地位提供了助力,如若經等
同於所謂的線裝書,衹是一種書籍裝訂的方式,那麽經自然也没有什麽
神聖、崇高的地位,近代疑古史學代表人物顧頡剛就曾明確表示:"近人
章炳麟早就解釋過,'經'乃絲線的意義,竹木簡必須用了絲線編起來捆
起,才可以使它不散亂。可見這原是一種平常的工具,没有什麽崇高的
意義可言。"〔3〕

劉師培、章太炎二人對"經"名含義的具體解釋並不相同,但他們均
以所擅小學功夫考訂追溯"經"字最初之本義,以"經"爲古代書籍之通
稱,將"常"、"法"等視爲"經"字後起引申義。他們的"經"字新釋瓦解了

〔1〕　章太炎《章太炎演講集》(下),上海:上海人民出版社,2018 年,第 871 頁。而令人疑惑的
　　　是章太炎在該年 6 月所作《論經史儒之分合》的演講中稱:"夫所謂經者何指乎? '大綱'
　　　二字,允爲達故……大抵提出宗旨曰經,解説之者爲之説;簡要者爲經,詳盡者曰説曰
　　　傳。"頗與篤定地以"大綱"解釋經的含義,與其一貫認知存在明顯差異,不知何故。見《章
　　　太炎演講集》(下),第 591 頁。
〔2〕　太炎之論爲時人稱道,但這並不意味時人對之毫無批評,金景芳稱:"章氏立説,實欠圓
　　　融,未可視爲定論也。"包鷺賓也表示:"至謂經之得名,由於編絲綴屬,似乎不無可議。"張
　　　西堂同樣認爲:"若章炳麟'經爲編絲綴屬之稱',僅是作爲一種普通線裝書的名稱……這
　　　未免太不合情理了。"並指出章太炎的説法存在"五點可以令人懷疑的地方"。各家具體
　　　批評意見參見金景芳《經學概論》,舒大剛、吕文郁編《金景芳全集》(第六册),上海:上海
　　　古籍出版社,2015 年,第 2782 頁;《包鷺賓學術論著選》,第 11 頁;《張西堂卷·經學史講
　　　義》,第 10—11 頁。
〔3〕　顧頡剛《顧頡剛古史論文集》(第 7 卷),北京:中華書局,2011 年,第 454 頁。陳壁生在《經
　　　學的瓦解》一書中還引用了章門弟子朱希祖和曹聚仁的言論説明"章太炎的這一做法,直
　　　接開啓了經學潰亡",見陳壁生《經學的瓦解》,上海:華東師範大學出版社,2014 年,第
　　　43 頁。

經典的"常法"、"常道"義,消解了經書的神聖性和崇高地位,從某種程度上推動了經學在近代的衰頹與潰亡,誠如學者所言:"劉、章的袪魅化處理方式和文字學解釋路徑,雖説有古文經學的背景,但更爲重要的是新思想觀念的影響和介入。經的獨尊性與神聖性遭到否定,説明到了晚清,經學已經是千瘡百孔、難以爲繼了,面臨著徹底瓦解的終局。"[1]

二、"經者,常道也"

在古文學家摒棄經之後起義、直尋經字本義,試圖消解經書獨尊性和神聖性的同時,面對經學的近代危機,晚清今文學家則嚴守經之"常法"義,他們主張六經爲孔子作,視六經爲垂教萬世的常典,他們認爲經承載著中國的綱常倫理和政教禮俗,是中國之所以爲中國的根本,他們相信經有著永恒的價值,希冀在近代變局中維繫經籍的權威和崇高地位,繼續發揮"通經致用"的效用,重新樹立對經和經學的信仰,以應對和抵禦西方政教學對中華文明的衝擊。廖平、康有爲、皮錫瑞等晚清今文學大師無不秉持上述看法,皮錫瑞尤爲代表。

在《經學歷史》中,皮錫瑞斷言經學開闢於孔子,孔子以前不得有經,孔子出而有經之名。他指出,孔子有德無位,晚年知道不行,退而删定六經,皮錫瑞推定孔子在删定時就以六經之道可常行,因而正名爲經,"或當删定'六經'之時,以其道可常行,正名爲經"。[2]皮錫瑞强調孔子作六經是爲了垂教萬世,六經所蘊含的微言大義可爲萬世之準則。他還借用了當時的新名詞,稱六經爲萬世"教科書"。皮錫瑞疾呼:"必以經爲孔子作,始可以言經學;必知孔子作經以教萬世之旨,始可以言經學。"[3]皮錫瑞極力强調經爲常道,並不僅是出於今文學的門户立

---

〔1〕 景海峰《儒家之經解》,《文史哲》2020 年第 2 期。
〔2〕 皮錫瑞《經學歷史》,北京:中華書局,2008 年,第 14 頁。
〔3〕 同上書,第 7 頁。

場,還與其親歷的晚清經學教育不振有關。清末新政時期,作爲湖湘教育名家的皮錫瑞曾擔任湖南多所新式學堂的經史教習,這使其對當時經學教育的實際情況有直接的瞭解,他觀察到:"近日邪説流行,乃謂中國欲圖富强,止應專用西學,五經四書,皆當付之一炬。辦學堂者,惑於其説,敢於輕蔑聖教,民立學堂,多無經學一門,即官立者,亦不過略存餼羊之遺。"[1]皮錫瑞對當時由於崇尚西學新知、蔑視經學聖教導致的經學不振深爲擔憂。可以説,皮錫瑞作《經學歷史》以及稍後的《經學通論》的根本目的就是爲了在當時疑經乃至焚經的風潮下强調六經仍具有恒常的價值,"聖人作經,以教萬世,固無可燒之理"。[2]皮錫瑞進而主張應本漢人治經之法求漢人致用之方,"兩漢人才之盛必有復見於今日者,何至疑聖經爲無用而以孔教爲可廢哉"![3]

　　辛亥鼎革後,民國教育總長蔡元培以經學不合現代教育精神,廢止中小學讀經,經學自此退出國民教育體制,並被依照近代西方學術分科割裂至文學、史學、哲學等學科名目之下,"1912 年民國肇立,經學便在新的學制改革中廢除,傳統經書也因此被劃入新的知識體系,分別成爲文史哲等學科的歷史文獻"。[4]作爲整體性學問的經學遭到瓦解與割裂,蒙文通即言:"自清末改制以來,昔學校之經學一科遂分裂而入於數科,以《易》入哲學,《詩》入文學,《尚書》、《禮》入史學,原本宏偉獨特之經學遂至若存若亡,殆妄以西方學術之分類衡量中國學術,而不顧經學在民族文化中之巨大力量、巨大成就之故也。"[5]

　　新文化運動和整理國故運動的興起進一步摧毀了經籍的崇高地位,以胡適、錢玄同、顧頡剛等爲代表的"新史學派"著力"化經爲史",將經書視爲研究古代歷史的材料。章太炎在晚清時期以史學界定經學,

---

〔1〕　皮錫瑞著,潘斌選編《皮錫瑞儒學論集》,成都:四川大學出版社,2010 年,第 366 頁。
〔2〕〔3〕　皮錫瑞《經學歷史》,第 250 頁。
〔4〕　鄧秉元《新文化運動百年祭》,上海:上海人民出版社,2019 年,第 113 頁。
〔5〕　蒙文通《經學抉原》,上海:上海人民出版社,2006 年,第 209 頁。

"夷六藝於古史",不再從"常道"的意義上理解經學,這一"歷史文獻化"經學的傾向對"新史學派"產生了重要影響。顧頡剛在太炎的影響下深信"六經皆史"極合理,表示願意追隨章太炎,用"看史書的眼光去認識六經"。[1]在太炎那裏,經書雖不再意味著"常道",但作爲史學的經學有著激發國人民族觀念、培育愛國心的重要價值,是極爲寶貴的。而在深受太炎經史觀念影響的"新史學派"看來,經書衹是一堆有待甄別與整理的史料,他們在章學誠"六經皆史"的基礎上進一步提出"六經皆史料",胡適、錢玄同、周予同等皆以"史料"視經,否認經存在任何道德價值和信仰意義。胡適就明白表示:"尊經一點,我終深以爲疑。儒家經典之中,除《論》、《孟》及《禮記》一部分外,皆係古史料而已,有何精義可作做人模範?"[2]錢玄同則指出經書衹是認識過去舊文化的工具,讀古書並不是要從中找尋道德訓條、行事軌範和文章義法,"不管它是經是史是子是集,一律都當它歷史看;看它是爲要滿足我們想知道歷史的欲望,絕對不是要在此中找出我們應該遵守的道德的訓條、行事的軌範、文章的義法來"。[3]錢玄同在《重論經今古文學問題》中關於經的看法實可視爲整個"新史學派"的共同理念,他說:"'經'是什麼? 它是古代史料的一部分,有的是思想史料,有的是文學史料,有的是政治史料,有的是其他國故的史料。"[4]

經書被當作史料,衹是瞭解認識古人思想、情感、行爲的記錄,不再被認爲具有"常法"、"常道"的價值和意義。在這樣的思想和學術風潮下,唯有少數持今文學立場和嚴守經學價值者恪守"經,常道也"的觀念。[5]康有爲的弟子伍憲子即秉持今文學立場,堅守"經"爲"常道"的

〔1〕 顧頡剛《古史辨自序》(上),北京:商務印書館,2012年,第38頁。

〔2〕 歐陽哲生編《胡適文集》(第5卷),北京:北京大學出版社,2013年,第380頁。

〔3〕 張榮華編《錢玄同卷》,北京:中國人民大學出版社,2015年,第151頁。

〔4〕 同上書,第230頁。

〔5〕 包鷺賓就說:"經"爲"常道"說"淵源最早,義最通行,今惟今文者主之"。見《包鷺賓學術論著選》,第9頁。

釋義。1936年,伍憲子所著《經學通論》刊行。兹時,在西學衝擊下經學已然呈衰頹瓦解之勢,"自歐學東漸,國人厭故喜新,多視經學爲不適今日之用。風氣已成,不可救藥"。[1]他對"近人輕視經學,欲破尊經之説"甚爲不滿,批評章太炎"經書,不過綫裝書耳"的説法是"真墮清儒破碎支離之習",認爲"章氏乃以綫裝書解釋經字,豈非通人之弊乎"![2]伍憲子表示研究經學須先確定"經"字的解釋,然後纔能明瞭"經"的意義,《經學通論》即以"經之訓詁與範圍"開篇。

伍憲子宗今文學,然其探究"經"名含義亦從《説文》入手,衹是最終結論與劉師培、章太炎大異其趣。他從《説文》的訓釋中解讀出"經"字本身即含"常"義,他説:

> 夫經之文從糸,《説文》訓爲織。然織以直絲爲主,而後以横絲加之,故直絲爲經,其常也;横絲爲緯,其變也。是經之原訓,仍不離於常。[3]

織絲時,需先設立一固定不變的縱綫,然後施以横綫,在經緯交織中完成織絲的過程,所謂"經緯以成繒帛也",這一固定不動的縱綫即爲"經"。因此,"經"字本身即有恒常不變的含義,"經之原訓,仍不離於常",經始、經常之義由此産生,經緯、經營、經綸等"皆經之推廣義"。既然經之原訓不離於常,故"經者常道,道義法制之不可易",仍適用於當日。

伍憲子從《説文》抉發出"經之原訓,仍不離於常",批評章太炎"經爲綫裝書"的看法,曾受學章太炎的李源澄則從經與經學的區别入手,强調"經學之經"不同於"經"字,不得以"經"字之義代替"經學之經之義",他説:

---

〔1〕 伍憲子《經學通論》,上海:上海東方文化出版社,1936年,第1頁。收入林慶彰主編《民國時期經學叢書》(第二輯第一册),臺中:文聽閣圖書公司,2008年。
〔2〕 伍憲子《經學通論》,第1頁。
〔3〕 同上書,第2頁。

　　　　經學之經,以"常法"爲正解,不必求"經"字之本義……常法爲

　　　經學之本義,而非經之達詁。近世釋經義者皆釋經字之義,而非經

　　　學之經之義也。[1]

　　李源澄坦承"常法"確實並非"經"字之"達詁",然"經學之經之義"
不能等同於"經"字之義,近代闡釋"經"名含義皆爲闡釋"經"字之義,而
這並非"經學之經之義"。他認爲"經學之本義"應以"常法"爲正解,"經
爲明道之書,故經學爲萬古不變之道,故吾以爲以常法釋經學最爲得
當"。[2]作爲蜀中今文經學大師廖平的關門弟子,李源澄有"蜀學後勁"
之稱,他以"常法"釋"經"體現了近代蜀學自廖平以降"嚴守經學之立
場"的特色。[3]

　　湖湘學人陳天倪在其《六藝後論》中則認爲"經"名應以"常"的引申
義爲當。[4]他的做法是考察經傳中出現的"經"字含義,"《易》'拂經'、
《書》'寧失不經'、《詩》'匪大猶是經'、《左傳》'政有經矣'、《禮》'王之大
經也'、《孝經》'天之經也'、《孟子》'反經而已矣',注皆訓爲'常'"。[5]
陳天倪指出,《易》、《書》、《孟子》等經傳中出現的"經"字皆訓爲"常",無
用本義者,故他主張起於晚周的經名,應以引申義爲當,不是追用最初
之本義。

　　在今文學家或有今文學傾向的學者之外尚有現代新儒家堅守"經"
爲"常道"説。以熊十力、馬一浮爲代表的現代新儒家並不執著於從
"經"字的訓詁入手探究"經"名含義,他們秉持對經籍的信仰,直截肯認
"經"爲"常道"。1940年代,面對從遊諸子"六經古籍也,恐非今日所急

〔1〕　李源澄《經學通論》,上海:華東師範大學出版社,2010年,第1頁。

〔2〕　同上書,第4頁。

〔3〕　蔡長林《李源澄經學初探——以〈經學通論〉爲討論中心》,見李源澄著,林慶彰、蔣秋華主
　　　編《李源澄集新編》(三),成都:巴蜀書社,2017年,第1149頁。

〔4〕　陳天倪將章太炎基於《説文》作出的"經"名釋義稱爲本義,將《釋名》、《文心雕龍》對"經"
　　　的釋義稱爲引申義。

〔5〕　陳天倪《尊聞室賸稿》(上),北京:中華書局,1997年,第35頁。

需"的疑惑,熊十力告誡弟子"經爲常道不可不讀","經之所明者,常道也。常道如何可廢"?[1]熊十力認爲提倡讀經要從"研究經學本身有無永遠不磨之價值"著眼,他在《讀經示要》中總結了"群經治道九義",[2]顯示其心中經之"常道"所在。馬一浮也在《泰和會語》中開示學子:"經者,常也,以道言之謂之經",[3]他還發揮出一套以六藝該攝諸子、四部以及西學的"六藝論"。在馬一浮看來,六藝之教是中國"至高特殊"的文化,弘揚六藝之教不是要狹隘的保存國粹,更是要使此種文化普及於全人類,發揮革除人類習氣之流失,復其本然之善的重要作用,也就是説,作爲"常道"的"經"不但對中國有意義,也適用於全體人類。

面對西學的衝擊和經學的式微,今文學家和嚴守經學價值者所爭並不僅在"經"字的訓詁,他們堅守和強調"經"爲"常道",希冀重新建立與恢復對經、經學的信心和信仰,以經學接引西學、融攝西學。現代新儒家與晚清今文學者對儒學、經學的看法不盡相同,但對"經"爲"常道"的堅守體現出他們意在維繫經學的永恒價值:作爲"常道"的"經"是傳統中國知識體系、治國之術和倫理道德的核心載體,是中華文明的象徵和代表,保存弘揚經、經學即是保存維繫"民族生命"(熊十力語);作爲明道之書的經是"吾國人之大憲章"(李源澄語),有著指導人生、規範政治的恒常價值,經籍依然可以發揮"應事變"、"扶世衰"[4]的經世價值;經書中所蘊含的"常道"並不局限於中國,還適用於全人類。

三、"經者,綱紀之言也"

1933年,周予同《群經概論》出版,是書對當時經的定義研究作了总

---
[1]　熊十力《讀經示要》,上海:上海古籍出版社,2019年,第7、22頁。
[2]　同上書,第25—60頁。
[3]　吳光主編《馬一浮全集》(第一册上),杭州:浙江古籍出版社,2015年,第10頁。
[4]　伍憲子《經學通論》,第9頁。

結,依據派分,他將有關看法劃爲了三派,今文派以經是孔子著作的專名,以皮錫瑞、廖平、康有爲等人爲代表;古文派認爲經是一切書籍的通稱,不是孔子的六經所能專有,以章太炎爲代表;另有駢文學派主張經是經緯組織的意思,六經的文章大體是廣義的駢文體,也就是所謂的"文言",以劉師培爲代表。[1]在周予同看來,這些定義皆不能使人信服,"駢文學家……近於附會……古文派過於寬泛,今文派過於狹窄"。[2]至於周予同所下"經是中國儒教書籍的尊稱"的定義,實際上與"經者,常道"之義有相通之處,雖然他對傳統經學没有任何留念。周予同所總結的三派實可歸結爲今古文兩派,[3]而未被他注意到的是,當時已有學者擺脱晚清今古文經學的門户立場以及傳統尊經觀念,他們從先秦諸子百家著作皆可稱"經"得到啓發,試圖在"辨章學術,考鏡源流"中探究經名的由來與含義,此即"經者,綱紀之言"的另一新解。

　　錢穆是"經者,綱紀之言"釋義的較早主張者。在《國學概論》中,錢穆首先依章學誠"因傳而有經之名"判定"經"名的成立是在"傳"、"記"盛行之後,"'經'者,對'傳'、'説'而言之。無'傳'與'説',則不謂'經'也"。[4]錢穆又根據《左傳·昭公十五年》"王之大經也"疏"經者,綱紀之言也"指出,[5]稱本書爲"經"實際上是針對"傳"、"説"而言,意指

〔1〕　朱維錚編校《周予同經學史論》,上海:上海人民出版社,2010年,第136—137頁。

〔2〕　同上書,第137頁。

〔3〕　張西堂在《經學史講義》中也對清至民國時期的"經之名義"考釋有總結性的梳理,其所考察的對象包括章學誠、龔自珍、蔣湘南、康有爲、廖平、皮錫瑞、劉師培、章太炎、陳漢章、吳承仕等人,所述較周予同更爲詳實,然大體仍不離今古文兩派的意見,見《張西堂卷·經學史講義》,第3—8頁。

〔4〕　錢穆《國學概論》,北京:商務印書館,2007年,第27頁。

〔5〕　張衍田在《從經、傳、記釋義説到"十三經"組合》一文中解釋儒家經典何以稱"經"時同樣引此經疏指出:"詞義再向外引申,記載綱紀、法則、標準之言的書也可稱經。……當時以'經'名書,並非專指儒家典籍,而是各家書籍的通稱。從《墨子》又有《經説》、《韓非子》有'經'有'説'大致可以推知,戰國時期的所謂'經',是指提綱挈領的文字,由於它語義重要而文字簡略,所以需要有所謂'説'對其作進一步的解釋説明。"此文刊於2004年,而錢穆在《國學概論》中早已論及。見張衍田《從經、傳、記釋義説到"十三經"組合》,《北大史學》2004年第10期。

"傳"的綱紀,他説:

> 古者於書有"記"、"傳"、"故訓",多離書獨立,不若後世章句,
> 即以此廁本書之下;故其次第先後,若不相條貫,而爲其經紀者,則
> 本書也。故謂其所傳之本書曰"經",言其爲"傳"之綱紀也。[1]

也就是説,起初並無經名,"經"名的産生是在傳、説等解釋性内容
盛行之後。這些傳、説脱離本書而獨立流傳,因此將所傳之本書稱爲
"經",即作爲傳、説等解釋性内容的綱領和綜紀。以《墨子》書爲例,钱
穆指出:"讀《墨子・經説》者,必比附於經而讀之,則若網在綱,有條不
紊矣。此古書稱'經'之義。"[2]《墨子》有《經》、《經説》篇,研讀《經説》
者,需比附於《經》,方能有條不紊,若網在綱,也就是説《墨子》中的《經》
乃是《經説》的綱領。故而,錢穆認爲墨家是最早使用經名稱謂的,並被
包括儒家在内的諸子所沿用:

> 墨家既稱之,諸家沿用之,《詩》、《書》亦得是稱也。墨家之辨
> 有説,故《墨辨》稱"經"。韓非著書,其《外儲説》諸篇,自稱左爲
> "經",右爲"傳"。撰輯《管子》者,題其《牧民》、《形勢》諸篇曰"經
> 言",言其統要也。《吕氏春秋》肇立《十二紀》,"紀"即"經"也,所以
> 紀綜群篇。曰《八覽》,"覽",攬也,所以總攬。曰《六論》,"論",綸
> 也,所以經綸。其稱"紀"、"覽"、"論",猶稱"經"也。[3]

統要、紀綜、總攬、經綸皆有"綱紀"之義,是爲一家學説中最爲提綱
挈領的内容,"紀"、"覽"、"論"等相當於"經"。錢穆認爲包括儒家在内
的先秦諸子皆是在這一意義上以"經"名書的,"先秦著書,揭署'經'名,
輒如此"。如此看來,以"經"名書既非儒家專利,亦非由儒家最早使用。
因此,"經"並無所謂的"常道"之義,"謂'經'專儒家書,非也。謂先古已
有'經',尤非也。謂'經'爲千古之常道,則尤非之尤非也。"[4]

---

[1] 錢穆《國學概論》,第 26—27 頁。
[2][3][4] 同上書,第 27 頁。

錢穆所持"經者,綱紀之言也"大體包括三層涵義:從起源看,以
"經"稱書始於周末諸子勃興時期;從含義看,"經"指"綱紀",是爲一家
學説中具有綱領性意味的文字,作爲傳、説等解釋性文字的綱領;從性
質看,"經"非尊稱,亦非儒家獨稱,包括儒家在内的諸子百家皆可稱
"經"。錢穆之後,蒙文通、包鷺賓、徐復觀、張舜徽等人亦以"綱紀"、"綱
領"詮釋"經"名含義。[1]

相較於章太炎、劉師培追溯"經"字本義,錢穆等人以"綱紀之言"釋
"經"可能更爲符合以"經"名書的由來,但這一解釋没有照應到"經"名
含義自漢以後的發展變化。自漢武帝採取董仲舒"諸不在六藝之科、孔
子之術者,皆絶其道,勿使並進"的建議後,儒家取得獨尊地位,儒家所
傳習的六藝隨之獲得至高無上的權威地位,"經"成爲儒家六藝的專稱
和尊稱,儒家六經成爲上至治理天下國家,下至規範私人生活的無上寶
典,經書被視爲具有恒常性和真理性的典籍。因此,漢儒多以"常"解釋
"經"字,《白虎通·五經》篇説:"經所以有五何? 經,常也。有五常之
道,故曰五經。"[2]《釋名·釋典藝》稱:"經,徑也,常典也。如徑路無所
不通,可常用也。"[3]也就是説,隨著經書獨尊地位的取得,"經"的含義

---

[1]　蒙文通説:"到戰國後期,各派學術都趨於成熟,將其學説鈎玄擷要著以爲'經',道家有
《道經》,法家有《法經》,墨家有《墨經》,《管子》、《韓非》書中又各有《經》。儒者常把自己
的思想寓於説經的傳記中,故稱之爲'六藝經傳'。"見蒙季甫《文通先兄論經學》,收入《蒙
文通學記》(增補本),三聯書店,2006年,第79頁。包鷺賓説:"各家弟子,各以其所習聞
於其師者,著録之而爲之説,本皆私家之著述,而皆可名之爲傳;然無以别於若師若弟子
云者,由是弟子所説,還謂之傳,而别以其師説,名之爲經。義固取於綜緝要義,綱紀群
言。"見《包鷺賓學術論著選》,第13—14頁。徐復觀説:"由《墨子》、《韓非》看,所謂'經'
者乃所提出問題的綱領,而所謂'説'者乃對綱領所作較詳細的説明,此與《春秋》的經與
傳的意義相當。"見徐復觀《中國經學史的基礎》,上海:上海世紀出版集團,2006年,第
49頁。張舜徽説:"況經者綱領之謂,原非尊稱。大抵古代綱領性文字,皆可名之爲經。
故諸子百家之書,亦多自名爲經,如《墨經》、《法經》、《道德經》……之類皆是也。是經之
爲名,亦非儒家所得專矣。"見張舜徽《廣校讎略　漢書藝文志通釋》,武漢:華中師範大學
出版社,2004年,第177—188頁。
[2]　陳立《白虎通疏證》(下),吳則虞點校,北京:中華書局,2013年,第447頁。
[3]　王先謙《釋名疏證補》,龔抗雲整理,長沙:湖南大學出版社,2019年,第289頁。

凝結固定爲"常法"、"常道"、"常典"等。在自漢至清的兩千餘年間,經學内部雖有著漢學、宋學等派分,而"經"的這一意義歷代幾無異詞。持"綱紀"説者注意到了以"經"名書的源起,但它無疑忽略和無視了由"子學時代"轉入"經學時代"後"經"名所發生的變化。李源澄對此洞見分明,他指出:"觀於經學未成功以前,諸子皆可稱經……及經學成立以後,則尊經而不敢僭,揚雄之《太玄》、孔衍之《尚書》、王通之'六經',皆見斥於學者,其故可深長思也。"[1]作爲"經者,常道也"的信守者,李源澄並非不知在經學成立以前,諸子皆可稱經的事實,而他依然堅定地主張"經"爲"常道",正是源於他認識到自漢代經學成立以後,"經"已取得尊崇的地位,在經學成立後的"經學時代","經"被認爲承載著聖人經緯世宙的大綱大法,具有永恒的價值,是"常法"、"常道",故擬經者無不見斥於學者。

四、餘論

近代以來,由於儒家獨尊地位的破除以及經學的式微,傳統"經"爲"常道"的觀念不再被輕易接受,知識界試圖對"經"名含義作出新的解釋。劉師培基於其揚州駢文學派文學理念所作的"經"字釋義因頗涉附會,少有認同者。章太炎"經者,編絲綴屬之稱"("經者,今所謂線裝書")的説法最爲學者稱道,並對經學的近代命運造成了相當破壞性的效用。持"綱紀"説者則從"辨章學術,考鏡源流"的角度考察"經"名的由來和含義,認爲"經"爲綱紀之言,並非儒家專稱,亦非尊稱。唯有部分今文學家和嚴守經學價值者堅守"經"之"常法"義,他們認爲經書承載著中華文明特有的道德規範和學術文化,具有恒常與永久的價值,祇是這一堅守在近代學術轉型和社會轉軌的大勢下,無救於經學的衰頹

---

〔1〕 李源澄《經學通論》,第1頁。

與瓦解。

　　除此之外,還有衆多學者別出心裁,予"經"以各式新解。如衛聚賢認爲就字形、字義而言,"經"字原爲紡絲的器具,他認爲以書名"經"最早始於墨子,"墨子……爲印度人,將印度的書譯爲中國的文字,以'經'字有紡織義,故譯爲'經'字"。〔1〕以"經"爲紡織工具。陳漢章以《管子》證《王制》,認爲《管子》中"澤其四經"的"四經"就是《王制》"樂正崇四術"中的"四術","管子所以處士……實宗樂正之四術,而定名爲經,經之爲言,猶術也"。以"經"爲術。范文瀾《群經概論》記有一或説曰:"古無經名,自孔子述周公舊典,傳之弟子,師儒習業,故後人尊奉而稱經。其所以稱經者,古時朝廷大典,聖賢大訓,多鑄於金版。"〔2〕或説以爲"金""經"通用,孔門諸儒以金策尊夫子所定之書,其後"金"字廢而"經"字用,以"經"爲金策。金景芳在《經學概論》中稱"今謂經,徑也。傳,轉也。經以載道,傳以贊經。自學者言之,求之於經,則其得之也徑;因傳以求之,則輾轉矣。"〔3〕以"經"爲徑。

　　近代"經"名釋義的紛繁與經和經學的近代命運密切相關。"經"名"常道"義的失落,歸根結底是由於在近代學術轉型和社會轉軌中,經無法再扮演其在傳統社會中作爲知識和價值源泉的角色。晚清以降,隨著西學新知的傳入,尤其是在中外軍事抗爭中,中國屢屢失敗,以經書和經學爲核心的中學無法達至"退虜送窮"的實效,讀書人日漸懷疑經書的價值,經的神聖性和獨特性受到日益强烈的質疑。這一傾向和趨勢在庚子之役後愈發顯著,熊十力曾指出:"自庚子之亂後,吾國見挫於西人,即在朝在野守舊之徒,疇昔自信自大之念,已一旦喪失無餘。是時思想界,一方面傾向排滿革命,欲移植西方之民主制度於吾國;一方

〔1〕 衛聚賢《十三經概論》,上海:開明書店,1935年,第12頁。
〔2〕 范文瀾《群經概論》,《范文瀾全集》(第一卷),石家莊:河北教育出版社,2002年,第2頁。
〔3〕 金景芳《經學概論》,第2782—2783頁。

面根本詆毀固有學術思想。不獨六經束高閣,且有燒經之説。"[1]作爲
中國傳統學術核心的"經"在西方政教的衝擊下被認爲不適於當日之
用,不但被束之高閣,甚至有被焚之虞,經、經學地位的低落,中學、西學
地位的顛倒於此可見一斑。作爲晚清教育改革親歷者的皮錫瑞同樣指
出:"乃自新學出,而薄視舊學,遂有燒經之説。"[2]劉師培、章太炎的
"經"字新解正出現於這一時期。入民國後,作爲一套整體性學問的經
學不復存在,新文化運動和整理國故運動更是予經與經學以致命打擊,
經書以及經學的神聖性徹底喪失。"經學史學化"成爲當時學界主流,
經被視爲一堆有待整理的史料,祇是認識古代歷史的資料而已,並無任
何永恒不變的精義和大道。"經"爲"常道"的訓釋被否定抛棄,各式新
解紛然雜陳。

　　近代"經"名釋義研究爲理解和把握"經"名的由來和含義提供了助
益。劉師培、章太炎考訂追溯"經"字本義,錢穆等學者闡發的"綱紀"説
以及今文學家和嚴守經學價值者堅守的"常法"説,這三種解説實際上
正對應了"經"名演變的三重歷程:"經"字本義,子學時代的以"經"名書
和經學時代的六經獨尊,要完整全面揭示"經"名的由來和含義實有必
要綜合這三種意見。[3]

　　至於在"後經學時代",[4]經除了作爲現代學術研究的對象,藉以
考察古代中國典章制度、學術思想、風俗禮儀等之外,是否還有著"常

〔1〕　熊十力《讀經示要》,第12頁。
〔2〕　皮錫瑞《經學歷史》,第250頁。
〔3〕　近人朱維錚在簡説中國經學史時指出:自西漢宣布獨尊儒術,設置五經博士後,經學成
　　　立,"於是原屬紡織工藝的古老概念的'經',便由早先諸子學派都可用來比喻某種綱領性
　　　的學説或文獻的通稱,變成了唯指儒家學派尊崇的所謂孔子親授的五類或六類('六經'
　　　即五經加《樂》)著作的專稱",朱維錚在爲經學下定義時已統合了這三種意見。見朱維錚
　　　《中國經學史十講》,上海:復旦大學出版社,2002年,第2頁。
〔4〕　"後經學時代"説法爲陳少明提出,他指出"後經學時代"至少包含兩層含義:"其一,在社
　　　會政治層次上,經學失卻其合法性依據的地位,中國社會形式上走向法理化的時代;其
　　　二,在學術文化的層次上,對經的研究不必站在宗經的立場上。"見陳少明《漢宋學術與現
　　　代思想》,廣州:廣東人民出版社,1998年,第128頁。

道”的意義,這在傳統復興、國人文化自覺日益彰顯的當下實有進一步深入研究的必要。已故學術大家饒宗頤在 21 世紀初年曾發出“新經學”的呼籲,他認爲經書是中華文化精華的寶庫,是國民思維模式、知識蘊含的基礎,亦是先哲道德關懷與睿智的核心精義。[1]他特別指出經書對現代推進精神文明的建設,有積極性的重大作用,這一重大作用就體現在經書所講的“常道”,在他看來,經書蘊含著“五常之道”,“五常是很平常的道理,是講人與人之間,互相親愛,互相敬重,團結群衆,促進文明的總原則。在科技領先的時代下,更當發揚光大,以免把人淪爲物質的俘虜”。[2]

---

〔1〕 饒宗頤《新經學的提出——預期的文藝復興工作》,《饒宗頤二十世紀學術文集》(卷四　經術、禮樂),北京:中國人民大學出版社,2009 年,第 6 頁。
〔2〕 同上書,第 7 頁。

康有爲孔教論中的今古文張力

毛朝暉[*]

　　康有爲及其弟子在晚清民國之際曾發起一場聲勢浩大的孔教運動,他本人也被梁啓超譽爲"孔教之馬丁·路德"。[1]著名孔教研究專家韓星教授指出此運動發端於 1885 年前後,"產生了很大的社會反響,引發了各方面不同的反應以及激烈的論戰"。[2]長期以來,學界普遍認爲康有爲的孔教論是以其今文公羊學作爲學理基礎。例如,韓星教授便認爲"康有爲充分利用了今文經學所具有的解釋廣泛性和濃厚神學色彩的特徵來闡發自己賦予孔教的'微言大義'"。[3]這種觀點影響甚廣,可以説是學界對康氏孔教論的一種主流看法。[4]但最新的研究表明,康有爲早在提倡今文經學以前就已經在構思孔教。[5]如果是這樣,

　　*　作者單位:華僑大學哲學與社會發展學院、華僑大學孟子文化傳播中心。

〔1〕　梁啓超《康南海先生傳》,參見康有爲《我史》,南京:江蘇人民出版社,1999 年,第 249 頁。

〔2〕　韓星《孔學述論》,西安:陝西師範大學出版社,2008 年,第 104 頁。

〔3〕　韓星《儒教的現代傳統現代傳承與復興》,福州:福建教育出版社,2015 年,第 30 頁。

〔4〕　類似的觀點參見劉學照《康有爲的孔子觀與今文經學的終結》,《江蘇社會科學》2000 年第 2 期;孟沖《康有爲新儒典體系之重建及其歷史價值研究》,《河南師範大學學報(哲學社會科學版)》2016 年第 9 期;陳壁生《晚清的經學革命——以康有爲〈春秋〉學爲例》,《哲學動態》2017 年第 12 期;等等。

〔5〕　康有爲提出"孔教"概念雖然最早見於 1886 年完稿的《康子內外篇》,但系統的孔教論述其實在 1885 年撰寫的《教學通義》中就已經成形了,參見唐文明《敷教在寬:康有爲孔教思想申論》,北京:中國人民大學出版社,2012 年,第 55—79 頁。

那麼康有爲的孔教論一開始並非奠基在今文公羊學的基礎之上。帶著這一疑問,本文試圖重新審定康有爲孔教論的經學基礎。這對於我們理解康氏孔教論的義理建構特別是其與儒家經學的義理關聯具有重要意義。

一、康有爲孔教論的三個基本主張

在重新審定康有爲孔教論的經學基礎之前,我們需要首先釐清其孔教論的基本內容。早在 19 世紀 80 年代,康有爲在其《教學通義》、《康子內外篇》等早期著作中已經提出"孔教"的概念與構思,在之後的《孔子改制考》等著作中更是大力宣揚孔教。綜合各書所論,我們可以將康氏的孔教論要旨概括爲以下三個基本主張:

第一,"孔教三義"説。在 1885 年撰寫的《教學通義》中,康有爲追溯儒家教化的起源,認爲"禮教倫理必在事物制作之後,雖或造於庖犧,必至於黃帝而後成也。"[1]並提出"敷教"主張:"(帝舜)蓋憂天下民之不教,故命司徒總領敷教之事。既曰'敷教',則必有章程行其敷教之法,必有官屬宣其敷教之言,必有堂室以爲敷教之地,然後能遍於天下之民。"[2]"古者敷教雖寬……滇、粵之間,百里無一蒙館,以巫爲祭酒,爲其能識字也,故耶穌教得感之。今遍滇、黔、粵間皆異教,以民無教化故也。"[3]在這裏,康有爲將耶穌教(基督教)稱爲"異教",以與"禮教"相對,將"禮教"視爲一種與基督教分庭抗禮的宗教。在 1886 年成書的《康子內外篇》中,康有爲明確提出"孔教"概念。他指出:"今天下之教多矣。於中國有孔教,二帝三皇所傳之教也;於印度有佛教,自創之教也;於歐洲有耶穌;於回部有馬哈麻;自餘旁通異教,不可悉數。然余所

---

〔1〕　康有爲《教學通義》,《康有爲全集》第一集,北京:中國人民大學出版社,2007 年,第 20 頁。
〔2〕〔3〕　同上書,第 53 頁。

謂教有二而已。其立國家,治人民,皆有君臣、父子、夫婦、兄弟之倫,
士、農、工、商之業,鬼、神、巫、祝之俗,詩、書、禮、樂之教,蔬、果、魚、肉
之食,皆孔氏之教也,伏羲、神農、黄帝、堯、舜所傳也。凡地球内之國,
靡能外之。其戒肉不食,戒妻不娶,朝夕膜拜其教祖,絶四民之業,拒四
術之學,去鬼神之治,出乎人情者,皆佛氏之教也。耶穌、馬哈麻、一切
雜教皆從此出也。聖人之教,順人之情,陽教也;佛氏之教,逆人之情,
陰教也。"〔1〕在這裏,康有爲將孔教與佛教相對,認爲"孔教"或"孔氏之
教"與佛教分別代表宗教的一種大的類型。

　　尤其值得重視的是,康有爲創造性地區分了孔教"三義"。他指出:
"今推虞制,別而分之,有教、有學、有官。教,言德行遍天下之民者也;
學,兼道藝登於士者也;官,以任職專於吏者也。下於民者淺,上於士者
深;散於民者公,專於吏者私。先王施之有次第,用之有精粗,而皆以爲
治,則四代同。微而分之,曰教、學;總而名之,曰教。"〔2〕這即是説,
唐虞之時教、學未分,所謂"孔教"兼有宗教、學術兩方面的涵義,籠統而
言就是儒家通常所指的"教化"。析言之,其所謂"孔教"包含三義:一是
"言德行遍天下之民"的"教";二是"兼道藝登於士"的"學";三是"以任
職專於吏"的"官"。就施教内容而言,有通專之分;就立學性質而言,有
公私之別。唐文明確當地指出,"康有爲對教、學、官的區分意味著他從
一開始就區分了三種不同的教:庶民之教、士夫之教和官吏之教,亦可
從學的角度分別稱之爲庶民之學、士夫之學和官吏之學。"〔3〕所謂"官
吏之教",即作爲國家教化的制度宗教,也就是康有爲所謂的"國教";所
謂"士夫之教",即作爲知識階層心性修養的個人宗教;所謂"庶民之
教",即作爲民間社會的制度宗教。三者共同構成康有爲孔教論的理論
框架。唐氏此説凸顯了康有爲孔教論鮮爲人知但富有創見的一個

---

〔1〕　康有爲《康子内外篇》,《康有爲全集》第一集,第103頁。
〔2〕　康有爲《教學通義》,《康有爲全集》第一集,第21頁。
〔3〕　唐文明《敷教在寬:康有爲孔教思想申論》,第58頁。

觀點。

第二,"文明教主"説。在 1904 年撰寫的《義大利遊記》中,康有爲基於一種典型的功能主義宗教觀提出:"夫教之爲道多矣,有以神道爲教者,有以人道爲教者,有合人、神爲教者。要教之爲義,皆在使人去惡爲善而已,但其用法不同。"〔1〕在康有爲看來,宗教的功能就在於"使人去惡爲善",區別祇是"用法不同"。但相比而言,康氏認爲"人道教"比"神道教"更文明更進化。他基於進化論的觀念指出:"太古草昧尚鬼,則神教爲尊,近世文明重人,則人道爲重,故人道之教,實從神道而更進焉。"〔2〕又説:"夫大地教主,未有不託神道以令人尊信者,時地爲之,若不假神道而能爲教主者,惟有孔子,真文明世之教主,大地所無也。"〔3〕在康氏看來,宗教作爲教化的功能是人類不可或缺的需要,因爲它的本質乃是"使人去惡爲善"。但從人類發展的歷史來看,從神道教發展到人道教代表了人類宗教的進化。孔子"不假神道而能爲教主",因此孔教是人道教而非神道教。基於此宗教進化論的立場,康氏認爲孔子是"文明世之教主",代表了一種更文明更進化的宗教。

爲什麽説孔教更文明更進化呢? 康有爲提出了兩個解釋:其一,孔教較其他宗教更切於人事。康氏指出:"聖人之教,順人之情,陽教也。"〔4〕又認爲:"夫孔子者,以人爲道者也。……凡五洲萬國,教有異,國有異,而惟爲僧出家者不行孔子夫婦之一道而已。此外乎,凡圓顱方趾號爲人者,不能出孔子之道外者也。"〔5〕按照康氏的闡釋,孔教是最合乎人情、切於人道的宗教。推此義以極於康氏之"大同"理想,誠如韓星所言:"孔教這種人道教最切人事,有人類的普遍意義,適合近代社會

〔1〕 康有爲《義大利遊記》,《康有爲全集》第七集,第 374 頁。

〔2〕 康有爲《孔教論序二》,《康有爲全集》第九集,第 346 頁。

〔3〕 康有爲《請尊孔子聖爲國教立教部教會以孔子紀年而廢淫祠祀摺》,《康有爲全集》第四集,第 97 頁。

〔4〕 康有爲《康子内外篇》,《康有爲全集》第一集,第 103 頁。

〔5〕 康有爲《以孔教爲國教配天議》,《康有爲全集》第十集,第 93 頁。

特點和中國國情,能够引領人類走向世界大同。"〔1〕其二,孔教較其他宗教更爲寬容。康氏指出:"孔子敷教在寬,不尚迷信,故聽人自由,壓制最少。此乃孔子至公處,而教之弱亦因之。然治古民用神道,漸進則用人道,乃文明之進者。故孔子之爲教主,已加進一層矣。治較智之民,教主自不能太尊矣。"〔2〕所謂"敷教在寬",包含兩層意思:第一,孔教是人道教,"不尚迷信",教義信條、戒律規範的强制力非常寬鬆,更符合理性;第二,孔教不具排他性,"聽人自由,壓制最少",因而即便尊孔教爲國教也不會阻礙信教自由。基於這兩點,康氏提議將孔教定爲國教,用來統攝各種神道教,同時也不會妨礙信教自由。這樣一來,康氏就確立了孔教與其他宗教的關係,同時也構想了孔教與其他宗教在現代中國民族國家建構中的各自定位。

　　第三,"孔子創教"説。這或許是康氏孔教論的所有主張中最廣爲人知的一點了。事實上,這正是其代表作《孔子改制考》的主旨所在。康氏在《孔子改制考》中提出"天既哀大地生人之多艱,黑帝乃降精而救民患,爲神明,爲聖王,爲萬世作師,爲萬民作保,爲大地教主"。"凡大地教主,無不改制立法也。諸子已然矣。中國義理、制度,皆立於孔子,弟子受其道而傳其教,以行之天下,移易其風俗。"〔3〕在這裏,康氏强調孔教的教主是孔子,是黑帝降生,是救民患的"大地教主",其重要表現是"改制立法",而改制立法的功能在於"移易其風俗"。其後,康氏又曾將《孔子改制考》進呈御覽,並説明:"臣今所作編撰,特發明孔子爲改制教主,六經皆爲孔子所作,俾國人知教主,共尊信之。"〔4〕

　　如所周知,康有爲的孔教論是一個複雜的思想體系,其中雜糅了多

〔1〕　韓星《儒教的現代傳承與復興》,第 29 頁。
〔2〕　康有爲《義大利遊記》,《康有爲全集》第七集,第 375 頁。
〔3〕　康有爲《孔子改制考》,《康有爲全集》第三集,第 3、111 頁。
〔4〕　康有爲《請尊孔聖爲國教立教部教會以孔子紀年而廢淫祀摺》,《康有爲全集》第四集,第 98 頁。

種思想資源。除了儒家的經學、西方的進化論,他的孔教論也吸收了佛教、基督教的某些元素。但是,佛教、基督教在其孔教論建構中扮演的角色與經學、進化論不同,更多的是作爲一種外在的參照。换言之,經學、進化論在康氏看來是儒家内在具備的思想資源,而佛教、基督教則是用來建構孔教的外部資源。例如,他將佛教與孔教對比,指出:"余謂教有二而已。……其戒肉不食,戒妻不娶,朝夕膜拜其教祖,絶四民之業,拒四術之學,去鬼神之治,出乎人情者,皆佛氏之教也。耶穌、馬哈麻、一切雜教皆從此出也。聖人之教,順人之情,陽教也;佛氏之教,逆人之情,陰教也。"[1]又説:"佛教至高妙矣,而多出世之言,於人道之條理未詳也。"[2]諸如此類,都可看出佛教是康氏用來判教的重要參照,也是用來彰顯孔教爲"人道教"的重要根據。康有爲在神化孔子的努力中,也借鑒了基督教的宗教資源。他指出:"耶穌之教,所至皆滅……以國力行其教,必將毁吾學宫而爲拜堂,取吾制義而發揮《新約》,從者誘以科第,不從者絶以戮辱,此又非秦始坑儒比也。"[3]又言:"視彼教堂遍地,七日之中,君臣男女咸膜拜、誦經,則彼教雖淺,而行之條理密;吾教雖精,而行之條理疏矣。"[4]凡此種種,均可看出基督教是刺激康有爲創立孔教的重要外因,也是康氏用來創立孔教在宗教制度上的重要參照。

　　儘管如此,如果非要從康有爲的孔教論中選取最具影響力和最具理論價值的主張,上述三點應該説最具代表性。在這三個主張中,"孔子創教"説無疑是學界討論最多的一點,幾乎被視爲康氏孔教論的一個標籤。然而,要是我們僅僅將康氏的孔教論與"孔子創教"説相關聯,就很容易忽視康氏孔教論的複雜性。錯誤産生的根源在於這種標籤化解

〔1〕　康有爲《康子内外篇》,《康有爲全集》第一集,第103頁。
〔2〕　康有爲《以孔教爲國教配天議》,《康有爲全集》第十集,第91頁。
〔3〕　康有爲《答朱蓉生書》,《康有爲全集》第一集,第325頁。
〔4〕　康有爲《請商定教案法律釐正科舉文體聽天下鄉邑增設文廟謹寫〈孔子改制考〉進呈御覽以尊聖師而保大教摺》(簡稱"保教摺"),《康有爲全集》第四集,第93頁。

讀忽視了康氏在《孔子改制考》以外的其他孔教論文獻,其中,本文認爲
"孔教三義"説、"文明教主"説同樣是康氏孔教論的基本主張,同樣具有
重要的理論價值。區別而言,這三個主張實際上代表了康氏孔教論賴
以建立的三個重要思想資源,並扮演著各自不同的理論角色:"文明教
主"説融會了來自西方的進化論,旨在闡述孔教的現代性。"孔子創教"
説與"孔教三義"説都依據的是儒家經學,"孔教三義"説爲康氏的孔教
論提供了一個總體的理論框架,而"孔子創教"説則是爲了强化孔教的
宗教性。

二、"孔子創教"説與公羊學

開篇已經提到,學界過去的一種普遍認識是康有爲的孔教論是以
公羊學作爲學理基礎,這種認識的主要依據就建立在"孔子創教"説的
基礎上。而這一學理基礎的建構,主要是通過《新學僞經考》和《孔子改
制考》來完成的。[1] 下面我們需要分析的是:康有爲爲什麼要提出"孔
子創教"説? 其"孔子創教"説爲什麼必須建立在公羊學的基礎上?

在康有爲的孔教論中存在一個顯而易見的矛盾。一方面,康有爲
認爲孔子是"文明教主",孔教是"人道教",而"人道教"是更文明更進化
的宗教。康有爲承認:"聖人語常而不語怪,語德而不語力,語治而不語
亂,語人而不語神。……蓋怪、力、亂、神者,皆亂世之事,至太平之世,
則不獨怪、力、亂無,即神亦不神也。"[2] 又説:"孔子教之始於人道,孔
子道之出於人性,而人性本於天生,以明孔教之原於天,而宜於人
也。"[3] 縱使我們不能説孔教不談鬼神,但我們不能否認的一點是,孔

---

〔1〕 據湯志鈞考證,康有爲轉向今文經學的具體時間爲第一次上書失敗回廣州後即 1891 年,
　　這種轉向體現在 1891 年撰寫的《長興學記》和《孔子改制考》中,參見湯志鈞《重論康有爲
　　與今古文問題》,《近代史研究》1984 年第 5 期。
〔2〕 康有爲《論語注》,《康有爲全集》第六集,第 430 頁。
〔3〕 康有爲《中庸注》,《康有爲全集》第五集,第 369—370 頁。

子很少談論鬼神而且明確以人道作爲關切的重心。這一點是康有爲也供認不諱的。這就可以解釋爲什麼儘管有學者力主"儒學是宗教",但"儒教非教"的觀點在整體上獲得更廣泛的支持。〔1〕

另一方面,康有爲認爲"神道教"也是孔教應有之義。康氏指出:"夫神道設教,聖人所許,鄉曲爲廟,禱神是資。而牛鬼蛇神,日竊香火,山精木魅,謬設廟祠,於人心無所激厲,於俗尚無所嚮導,徒令妖巫欺惑,神怪驚人,虛糜牲醴之資,日竭香燭之費。"〔2〕又説:"孔子亦言:'聖人以神道設教,百衆以畏,萬民以服。'今六經言鬼神者甚多,肅祭祀者尤嚴,或託天以明賞罰,甚者於古來日、月、食、社稷、五祀亦不廢之,此神道設教之法也。"〔3〕在這些地方,康氏都强調"神道設教"的合理性與孔教作爲神道教的面向。

康有爲本人也意識到這個矛盾的存在,於是他又提出一個折中的"兼該人神"之説。這就是説,康氏雖然認爲孔教相較於基督教、佛教而言是更文明更進化的"人道教",但孔教内部仍包含"神道教"的成分,因而是"兼該人神"之教。他認爲:"夫孔子之道,博大普遍,兼該人神,包羅治教,固爲至矣。"〔4〕又説:"夫教之爲道多矣,有以神道爲教者,有以人道爲教者,有合人、神爲教者。……孔子惡神權太昌而大掃除之,故於當時一切神鬼皆罷棄,惟留天、地、山川、社稷、五祀數者,以臨鑒斯民。雖不專發一神教,而掃蕩舊俗如此,功力亦極大矣! 其仍留山川、社稷、五祀者,俾諸侯、大夫、小民切近而有所畏,亦不得已之事也。"〔5〕換言之,孔教中仍保存有"神道教"的成分。孔子之所以這麼做,是有鑒

〔1〕　王士良《康有爲孔教思想研究:基於古典宗教社會學的視角》,北京:中國社會科學出版社,2018年,第1頁。
〔2〕　康有爲《請尊孔聖爲國教立教部教會以孔子紀年而廢淫祀摺》,《康有爲全集》第四集,第96頁。
〔3〕〔5〕　康有爲《義大利遊記》,《康有爲全集》第七集,第374—375頁。
〔4〕　康有爲《請尊孔聖爲國教立教部教會以孔子紀年而廢淫祀摺》,《康有爲全集》第四集,第98頁。

於社會尚未進化到大同之境，"神道設教"依然是不得已的設施，以期
"俾諸侯、大夫、小民切近而有所畏"。

很明顯，康有爲對於孔教的"神道設教"辯護是基於一種功能主義
的宗教觀。[1]他指出："夫大地教主，未有不託神道以令人尊信
者。……及劉歆起，僞作古文經，託於周公，於是以六經爲非孔子作，但
爲述者。唐世遂尊周公爲先聖，抑孔子爲先師，於是僅以孔子爲純德懿
行之聖人，而不知爲教主矣。近人遂妄稱孔子爲哲學、政治、教育家，妄
言誕稱，皆緣是起，遂令中國誕育大教主而失之，豈不痛哉?"[2]康氏認
爲將孔子視爲哲學家、政治家、教育家是對其"大教主"神聖身份的貶
低，這是造成孔教不被普通民衆所信仰的原因。他進而指出："夫小民
智者少而愚者多，勢必巫覡爲政，妄立淫祠，崇拜神怪，乃自然之數
矣。"[3]至此，康氏重視"神道設教"的意圖更是昭然若揭了，那就是，孔
教之所以必須兼具"神道教"的成分，是爲了服務於下層庶民的信仰。

有鑒於此，康氏認爲必須强化孔教中"神道教"的成分，纔能爲孔教
爭取到更廣泛的信衆。在儒家傳統中，今文經學最具神學色彩。[4]很
自然地，康氏轉向今文經學，並借助其讖緯學説建立了一套孔教的創教
神話，這可以説是《孔子改制考》一書的理論目標之一。在此書中，康有

------

〔1〕 王士良基於古典宗教社會學的視角，著重闡發了康有爲孔教論的功能主義立場。在他看
　　來，康有爲的孔教論儘管存在"人道教"與"神道教"兩個矛盾的面向，但在功能主義的立
　　場之下二者能够得以共存。本文也贊成這種闡釋。參見王士良《康有爲孔教思想研究：
　　基於古典宗教社會學的視角》，第 210—211 頁。
〔2〕 康有爲《請尊孔教爲國教立教部教會以孔子紀年而廢淫祀摺》（簡稱"國教折"），《康有爲
　　全集》第四集，第 97—98 頁。按：此摺收入 1911 年在日本出版的《戊戌奏稿》中，內容卻
　　與 1898 年撰寫的"保教摺"頗多雷同。根據唐文明考證，該摺撰寫於 1904 年或稍後，參
　　見唐文明《敷教在寬：康有爲孔教思想申論》，第 124—151 頁。
〔3〕 康有爲《請尊孔聖爲國教立教部教會以孔子紀年而廢淫祠祀摺》，《康有爲全集》第四集，
　　第 96 頁。
〔4〕 西漢後期以後，讖緯盛行，今文經學運用陰陽五行、天人感應、符命災異等思想解釋儒家
　　經典，經學與讖緯的深度結合使得正統的學術思想進一步神學化，向宗教方面發展。參
　　見吳雁南、秦學頎、李禹階主編《中國經學史》，福州：福建人民出版社，2001 年，第 92—
　　97 頁。

爲受到何休《春秋公羊解詁》將孔子神聖化的啓發,序言開宗明義提出:
"天既哀大地生人之多艱,黑帝乃降精而救民患,爲神明,爲聖王,爲萬
世作師,爲萬民作保,爲大地教主。"[1]又在卷七聲明:"神明聖王,改制
教主,既降爲一抱殘守闕之經師,宜異教敢入而相争也。今發明儒爲孔
子教號,以著孔子爲萬世教主。"[2]將公羊學的"素王"解釋爲"教主",
這爲孔子同時賦予了政治與宗教的雙重身份。與漢代後期的今文經學
家一樣,康有爲也大量稱引"讖緯"以强化其神學論證。例如,《孔子改
制考》卷八"孔子爲制法之王考"就首引《孝經緯援神契》、《春秋緯演孔
圖》等緯書作爲證據。用康有爲自己的話説,這種對孔教的神學化解釋
就是將孔教解釋爲"神道教"。

　　除了將孔子打扮爲孔教的"教主",康有爲還進一步强化了"天"的
人格神解讀。康氏認爲孔子接受天命創教改制,是由於"天既哀大地生
人之多艱"。《孔子改制考》凡二十一卷,前六卷述上古與晚周諸子,可
以視爲孔教創立的背景;後十五卷爲孔教的創立和發展史,其中第七至
十三共七卷論述孔子創教,爲全書的核心部分。卷八《孔子爲制法之王
考》云:"乃上古昔,尚勇競力,亂萌慘黷。天閔振救,不救一世而救百
世,乃生神明聖王,不爲人主,而爲制法主。"[3]可知,無論是孔子的創
教還是改制,都是出於"天"的意志,而"天"的意志則是以天下人之幸福
爲心。從現代政治合法性的理論來看,康氏的"天"論歸結爲一種"公共
善"論證。[4]通過對今文經學的公共善論證,康有爲不僅建立了政治改

〔1〕　康有爲《孔子改制考》,《康有爲全集》第三集,第3頁。
〔2〕　同上書,第86頁。
〔3〕　同上書,第101頁。
〔4〕　Colin Bird論述了三種主要的政治合法性論證:公共善、功利主義和社會契約論。公共善
　　　論證可以包含多種理論形態,柏拉圖的正義論與歐洲的神權政治理論都可歸入此類。參
　　　閲 Colin Bird, *An Introduction to Political Philosophy*, Cambridge; New York: Cam-
　　　bridge University Press, 2006, pp.11—96。按:這種神學的公共善論證使得宗教權威高
　　　於政治權威,這就必然要求承認宗教比世俗具有更高的神聖性與獨立性。這造成了康有
　　　爲後期日益傾向政教分離。此點超出了本文的範圍,當另行討論。

革的合法性,同時也建立了庶民宗教的神聖性。不過,康氏没有意識到他這種神學化的孔教教義重構與 17 世紀以來基於自由平等人權的近代合法性理論公然背道而馳。[1]事實上,這成爲後來"新文化運動"批判孔教的一個靶子。[2]

此外,尚有一義需要辨明,即康有爲訴諸公羊學的另一個重要原因是公羊學"三世"説的進化論義藴。儘管我們不否認康有爲後來融會了西方的進化論思想,但湯志鈞已經有力地論證,"他(康有爲)的社會進化思想,不是導源於西方進化論,而是來自儒家今文經學"。[3]簡言之,康有爲的社會進化思想就是將公羊學的"三統"、"三世"説與《禮運》的"大同"、"小康"糅合爲一個可與西方進化論相容的社會進化學説。康有爲認爲:"蓋今日由小康而大同,由君主而民主,正當過渡之世,孔子所謂昇平之世也,萬無一躍超飛之理。凡君主專制、立憲、民主三法,必當一一循序行之;若紊其序,則必大亂,法國其已然者矣。"[4]而且,他認爲"今者中國已小康矣",祇要通過維新變法即可逐漸達到他所嚮往的"大同"社會。[5]從經學的視角看,康有爲的進化論是以公羊學的"三世"説作爲理論框架,祇不過,這個"三世"進化論後來又逐漸擴充並相容了西方的進化論思想和《禮運》的"大同"、"小康"學説。

康有爲的"文明教主"説也奠基在這種"三世"進化論的基礎上。前面説過,"文明教主"説區分了"人道教"與"神道教",並認爲"人道教"是由"神道教"進化而來。康氏關於"人道教"、"神道教"的論述,較早見於 1904 年撰寫的《義大利遊記》和大致同一時期撰寫的"國教摺"。《義大

[1] Richard E. Flathman, "Legitimacy ", in Robert E. Goodin, Philip Pettit & Thomas Pogge eds., *A Companion to Political Philosophy*, vol.1, 2nd Edition, Malden, MA: Blackwell Publishing, 2007, p.678.
[2] 韓星《儒教的現代傳統現代傳承與復興》,第 91—112 頁。
[3] 湯志鈞《再論康有爲與今文經學》,《歷史研究》2000 年第 6 期。
[4] 康有爲《答南北美洲諸華商論中國只可行立憲不能行革命書》,《康有爲全集》第六集,第 314 頁。
[5] 湯志鈞《論康有爲的"大同三世"説》,《中華文史論叢》1979 年第 2 輯。

利遊記》在表彰孔子"人道教"的同時,也指出"吾昔視歐美過高,以爲可漸至大同,由今按之,則昇平尚未至也。孔子於今日,猶爲大醫王,無有能易之者"。[1]可見,康氏認爲孔教"無有能易之者"的理論依據正是上述的公羊"三世"説。在"國教摺"中,康氏認爲孔子爲"文明世之教主"的理由是"孔子應天受命,以主人倫,集三代之文,還定六經之義。其《詩》、《書》、《禮》、《樂》,因藉先王之舊而正定之,其《易》以通陰陽,《春秋》以張三世,繼周改制,號爲素王,蒼帝降精,實爲教主"。[2]這同樣也是依據公羊"三世"説來論證孔子的教主身份,進而依據孔子"孔子應天受命,以主人倫,集三代之文,還定六經之義"等幾個要點來闡明孔教作爲"人道教"的特質,這種孔教論證及其要點的闡述與他在《孔子改制考》的公羊學理論是一致的。這表明,康有爲的"文明宗教"説實際上也是奠基在其公羊學的基礎上。

三、"孔教三義"説與古文《周禮》

通過上文的分析,我們已經看出康有爲孔教論的兩個主要觀點"孔子創教"説、"文明教主"説實際上都是奠基在公羊學的基礎上。其中,"文明教主"説雖然吸收了西方的進化論思想,但這種吸收絕非無根的,而是也具有内在的經學依據。這可以解釋康有爲的孔教論後期爲什麽會轉向今文經學,而且要以公羊學作爲其經學基礎。但是,我們發現他的"孔教三義"説並非依據公羊學。下面,我們將辨明康氏的"孔教三義"説是奠定在古文經學尤其是《周禮》的基礎上。這意味著,我們不能想當然地得出因爲康有爲作爲晚清提倡今文經學的一位大師,所以他的孔教論也必然單純地奠定在今文經學的基礎之上。

---

[1] 康有爲《義大利遊記》,《康有爲全集》第七集,第374頁。
[2] 康有爲《請尊孔聖爲國教立教部教會以孔子紀年而廢淫祠祀摺》,《康有爲全集》第四集,第97頁。

需要注意的是,當上文引入"孔教三義"説的分析時,我們採用的文本不是《新學僞經考》或《孔子改制考》,而是康氏早期撰寫的《教學通義》。在《教學通義》中,康氏對孔教進行了溯源的工作。康氏在其中依據的經典是今文《尚書·堯典》,[1]由此提出前述的"孔教三義"。然而,《堯典》的"敷教"説非常簡略,僅僅提供一個理念,無法提供制度建構的參照。那麼,孔教的官吏之教義、庶民之教義、士夫之教義如何落實爲具體的制度呢? 康氏認爲"孔教三義"完全可與國家治理結合,形成寓教於學、由教通治的制度建構:"周公兼三王而施事,兼二代以爲文,凡四代之學皆並設之,三百六十官皆兼張之,天人之道咸備,其守官舉職皆有專學,以範人工,理物曲,各專其業,傳其事。若太卜掌《易》,太師掌《詩》,外史掌《書》,宗伯掌《禮》,其餘農、工之事皆然。官司之所守,即師資之所在。秦人以吏爲師,猶是古法。蓋黃帝相傳之制,至周公而極其美備,制度典章集大成而範天下,人士循之,道法俱舉。"[2]

由此可知,康有爲有關孔教制度的構思完全是依據《周禮》。他所謂"官司之所守,即師資之所在",指的就是由國家推行的官吏之教;他所謂"以範人工,理物曲,各專其業,傳其事"、"其餘農、工之事皆然",指的就是普被全民的庶民之教;他所謂"四代之學",指的就是面向知識階層的士夫之教。這樣,《周禮》實際上就成了一個能够讓國家治理與康有爲所理解的孔教完美結合的經學依據與制度藍本。該書《備學》篇以下,他又論述《周禮》六官皆學而有公、私之分,其内容包括面向全民的幼學、德行學、藝學、國法,以及由專門官吏所執掌的私學。在公學之内,又分化出面向天子、世子、公卿、大夫、元士之嫡子與凡民俊秀的國學,這就是所謂士夫之教。這裏傳遞的核心觀念是,"孔教三義"説旨在依據《周禮》的教學制度建立制度性的宗教。

〔1〕 古文《尚書》則分爲《堯典》、《舜典》二篇,内容上該篇爲今古文所同。
〔2〕 康有爲《教學通義》,《康有爲全集》第一集,第21頁。

　　抑有進者,康有爲還依據《周禮》指出作爲士夫之教的核心内容"六經"實際上也是源於王官,即所謂"太卜掌《易》,太師掌《詩》,外史掌《書》,宗伯掌《禮》"。這樣一來,《周禮》就不但成爲理解孔教制度的經學依據,也成爲理解整個"六經"義理的總框架。儘管康有爲後來轉向今文經學,但由於他自始至終未曾放棄從國家治理角度"制度宗教"的孔教構想以及"孔教三義"的基本架構,因而或隱或顯,《周禮》事實上始終是其建構孔教的經學基礎與理論框架。

　　要是我們想當然地以爲康有爲在轉向今文經學後便完全抛棄了上述源於《周禮》的思想,那將是一個很大的誤解。仍以康氏孔教論的後期重要文獻《請尊孔聖爲國教立教部教會以孔子紀年而廢淫祠祀摺》爲例,我們試看康氏在此摺中構思的孔教制度:"夫舉中國人皆孔教也,將欲令治教分途,莫若專職以保守之,令官立教部,而地方立教會焉。首宜定制,令舉國罷棄淫祀,自京師城野省府縣鄉,皆獨立孔子廟,以孔子配天,聽人民男女皆祠謁之,釋菜奉花,必默誦聖經。所在鄉市,皆立孔子教會,公舉士人通六經、四書者爲講生,以七日休息,宣講聖經,男女皆聽。……至凡爲傳教,奉職講業之人,學業言行,悉以後漢、宋、明之儒先爲法。……政教各立,雙輪並馳,既並行而不悖,亦相反而相成。國勢可張,聖教日盛,其於敬教勸學,匡謬正俗,豈少補哉?"[1]如果將此摺與《教學通義》對照,我們會發現二者在"孔教三義"的理念與制度構思上並無改變。《教學通義》以"經世"爲宗,孔教是在政治功能的視野中予以關照的。該摺也是如此,其孔教建制主張都是從政治制度與孔教功能相互配合的視野中提出的,其最終的歸宿是"國勢可張,聖教日盛","敬教勸學,匡謬正俗",這與《教學通義》以制言教的孔教觀沒有分别。尤爲緊要的是,此摺顯然也是在"孔教三義"的框架内立論的,所

---

〔1〕　康有爲《請尊孔聖爲國教立教部教會以孔子紀年而廢淫祠祀摺》,《康有爲全集》第四集,第98頁。

謂"令官立教部",即是《周禮》的官吏之教;所謂"地方立教會",即是《周禮》的庶民之教;所謂"凡爲傳教,奉職講業之人,學業言行,悉以後漢、宋、明之儒先爲法",即是《周禮》的士夫之教。這樣看來,康有爲後期孔教論依然堅持"孔教三義"説,這作爲其孔教制度的整體框架依然奠基在《周禮》之上。

更進一層,康有爲"孔教三義"説這一基本主張不但始終不曾改變,而且脱離此一主張,其"文明教主"説、"孔子創教"説在理論上都不完整。這是因爲,"文明教主"説區分"人道教"與"神道教",認爲孔教是更文明更進化的"人道教",而"孔子創教"説的主旨則是將孔教建構爲一種"神道教"。因此,從理論上講,"文明教主"説與"孔子創教"説實際上彼此矛盾。"孔教三義"説的一個重要的理論意義就在於,它區分了不同的宗教對象,將庶民之教詮釋爲作爲"神道教"的孔教,而將官吏之教、士夫之教詮釋爲作爲"人道教"的孔教。[1]這樣看來,"孔教三義"説在康有爲整個孔教論體系中是基礎性的,也是"文明教主"説、"孔子創教"説得以調和的理論基礎。

辨析至此,也許有人仍會懷疑上文的分析誇大了《周禮》對於康有爲的影響,但這種質疑其實並無必要。我們祇要細檢康有爲《自編年譜》,就會發現青年康有爲的確曾深受《周禮》的影響。根據《自編年譜》,1878 年,康有爲 21 歲時曾"攻《周禮》、《儀禮》、《爾雅》、《説文》、《水經》之學"。[2]次年,"時時取《周禮》、《王制》、《太平經國書》、《文獻通考》、《經世文編》、《天下郡國利病書》、《讀史方輿紀要》緯劃之,俯讀深

---

[1]　在康有爲的"孔教三義"説中,官吏之教、士夫之教無疑都屬於"人道教"的範疇,其中官吏之教正是其"國教"説賴以建立的依據。二者都將孔教視爲一種道德修養,區別在於,前者企圖將儒家的道德修養建構爲現代民族國家的國家性的政治倫理,後者僅限於個人的道德修養工夫。相較而言,康氏的"國教"説不但容易激起其他宗教的反對,而且也會引起來自現代學術的質疑。例如,趙法生就指出其不但與憲法相違,而且也混淆了道德功能與政治功能。參見趙法生《國教之爭與康有爲復興儒學運動的失敗》,《文化縱橫》2012 年第 1 期。

[2]　康有爲《我史》,第 7 頁。

思,筆記皆經緯世宙之言"。[1]25 歲時(1882 年),康氏仍自稱"吾故夙
事三《禮》者也"[2]。所謂"夙事三《禮》",根據《自編年譜》所載精讀書
目,主要就是指《周禮》。康氏高弟梁啓超的話也可爲我們提供一個旁
證:"有爲早年,酷好《周禮》,嘗貫穴之著《教學通義》,後見廖平所著書,
乃盡棄其舊説。"[3]結合上文的分析,我們可以看到《周禮》對於康氏孔
教論的理論奠基意義,也很能理解他爲什麼會"酷好《周禮》"。不過,梁
啓超説康氏"後見廖平所著書,乃盡棄其舊説",這是一個很有影響也很
有誤導性的概括,我們並不能完全贊同。因爲,儘管康有爲後來很少再
明顯提及《周禮》,但如前所述,青年時代由《周禮》所奠定的孔教觀念與
理論框架在他那裏實際上是終生以之、揮之不去的。最明顯不過的,就
是上文所指出的,他始終秉持《教學通義》中作爲制度宗教的孔教觀與
"孔教三義"的理論框架。唐文明通過細緻的考證也獲得類似的結論:
"儘管在確立今文經學立場之後康有爲以《周禮》爲劉歆之僞作,但他在
《教學通義》中主要依據《周禮》所提出的敷教主張並没有因爲經學立場
的變化而被廢棄,這其中的一個證據可見於《上清帝第二書》和《上清帝
第三書》中。……其時他對《周禮》的態度是僞而不廢。"[4]

四、結論

本文的辨析表明,康有爲的孔教論並非一開始就以今文公羊學作爲
學理基礎,而且並非僅僅以今文公羊學作爲學理基礎。本文指出康有爲
的孔教論由三個基本主張構成:"孔教三義"説、"文明教主"説與"孔子創
教"説。其中,"文明教主"説雖然吸收了西方的進化論,但與"孔子創教"

---

〔1〕 康有爲《我史》,第 9 頁。

〔2〕 同上書,第 10 頁。

〔3〕 梁啓超撰,朱維錚導讀《清代學術概論》,上海:上海古籍出版社,1998 年,第 77 頁。

〔4〕 唐文明《敷教在寬:康有爲孔教思想申論》,第 106—107 頁。

説同樣都是以今文公羊學作爲經學依據。具體而言,"文明教主"説的宗教進化論是源於公羊學的"三世"説,而"孔子創教"説則是源於公羊學的神學化詮釋。然而,他的"孔教三義"説並非基於今文公羊學,而是以《周禮》作爲經學依據。"孔教三義"説作爲康氏孔教論的基底和理論框架,不但自始至終不曾改變,而且是調和"文明教主"説與"孔子創教"説内在矛盾的理論依據。從經學的眼光看,康有爲在晚清今古文之爭的視野中構築自己的孔教論體系,他一方面利用今文經學尤其是《春秋》公羊學來論證孔教的宗教性與進步性;另一方面又基於《周禮》來構思孔教的制度設計。二者具有巨大的張力。更有甚者,他還撰寫《孔子改制考》,極端地否定古文經在文獻學上的真實性。[1]如此一來,他就不啻親手毀壞了其孔教論的經學地基,也進一步加劇了其孔教論的内在張力。撇開實踐不談,孔教的現代開展必須首先正視與化解這一理論張力。

　　【内容摘要】康有爲的孔教論由三個基本主張構成:"孔教三義"説、"文明教主"説、"孔子創教"説。其中,"文明教主"説雖然吸收了西方的進化論,但與"孔子創教"説同樣都是以今文公羊學作爲經學依據。而"孔教三義"説則並非基於今文公羊學,而是以《周禮》作爲經學依據。這是潛藏在康氏孔教論中的巨大張力,導致其孔教論缺乏一個自洽的經學基礎。他的"僞經"説更是自行毀壞了自身的經學奠基,引發了儒學内部廣泛的質疑。因此,撇開實踐不談,他的孔教論在理論體系上也必然會在巨大的張力下崩塌。

　　【關鍵詞】康有爲　孔教論　今古文經學

〔1〕錢穆、符定一基於史料考證對《新學僞經考》的"僞經"説提出了有力的駁難,參見錢穆《劉向歆父子年譜》,收入《兩漢經學今古文平議》(《錢賓四先生全集》第八册),臺北:聯經出版事業股份有限公司,1998年,第1—180頁;符定一《新學僞經考駁議》,上海:商務印書館,1937年。即便是康氏高弟陳千秋、梁啓超,也認爲此書失之武斷,參見梁啓超撰,朱維錚導讀《清代學術概論》,第78頁。來自儒學内部的其他批評參見孫向中《維新變法中康有爲的創教努力及其影響》,《史學月刊》2002年第10期。

錢穆與康有爲經學"剽竊"案*

吳仰湘**

中國近代史上有一件盡人皆知的"學術公案",即康有爲轟動天下的《新學僞經考》和《孔子改制考》,是否分別源自廖平的《闢劉篇》和《知聖篇》? 關於廖、康"交涉之事",[1]晚清以來有多種傳聞,廖平與其門生、子嗣相繼又有各種記述與演繹,學界更是紛紛研討,迄今爭議不斷,褒貶不一。朱維錚在 1992 年就指出:"康有爲《新學僞經考》、《孔子改制考》,究竟是否剽竊廖平的《闢劉》、《知聖》二篇,無疑是晚清學術史上最大的版權官司。孰是孰非,史學家們聚訟紛唊,或許將繼續到下一世紀。"[2]筆者反思已有研究成果,細讀廖、康"交涉"的原始文獻,將圍繞兩人經學淵源關係引發的"學術糾葛",釐析爲三個具體問題,即《新學僞經考》"剽竊"《闢劉篇》、《改制考》"祖述"《知聖篇》、廖學"影響"康學,得以對這場百年懸案加以裁斷,指出三點:第一,羊城之會廖平並無《闢

---

* 本文爲國家社科基金項目"新學僞經説的淵源、形成與回應研究"(11BZX045)的研究成果。
** 作者單位:湖南師範大學歷史文化學院。

[1] 廖平《四益館文集》所收《致某人書》,爲現存廖平致康有爲第一信,其中説"吾兩人交涉之事,天下所共聞知"(舒大綱、楊世文主編《廖平全集》第 8 册,上海:上海古籍出版社,2015 年,第 437 頁),把兩人學術往來稱爲"交涉",致使後人誤解,衍變成所謂的"學術糾葛"或"學術公案"。
[2] 朱維錚《重評〈新學僞經考〉》,《復旦學報》1992 年第 2 期。

劉篇》書稿出示康有爲,而《新學僞經考》已基本成稿,廖平也見到該書稿,康有爲絕不可能"剽竊"《闢劉篇》;第二,廖平對康有爲始終堅持"足下之學,自有之可也",[1]從未指控《新學僞經考》"剽竊",至於戊戌政變後廖平懼禍自危,與門生炮製"祖述"説,意在斥責康有爲"多失其宗旨",[2]亟與康學劃界以自保,内心並不認康作傳人;第三,康有爲迅速轉向今文經學,確實受到廖平《今古學考》和《知聖篇》的影響,但不能在廖、康經學之間確立唯一對應的淵源關係。[3]鑒於錢穆在廖、康"學術公案"形成史上深具影響,特續作此文,期能進一步澄清某些史實,消除相關影響。

一、"康有爲剽竊"説的流傳

廖、康"學術公案"的形成,大體上經歷兩個階段:先從社會上流傳"康學出於廖",逐漸演繹出"《改制考》即祖述《知聖篇》,《僞經考》即祖述《闢劉篇》",進而衍化成羊城之會促使康有爲經學轉向的"廖平影響"説,和《新學僞經考》、《孔子改制考》分别源自《闢劉篇》、《知聖篇》的"康有爲剽竊"説。[4]以下專就"康有爲剽竊"説的形成,略作追溯。

廖、康自庚寅(1890年)春間羊城之會後,社會上逐漸流傳"人有向秀之謗",[5]隱指廖平著作被人抄襲,但未指明抄襲之人。戊戌政變後,廖平及其門人、子姪多次指責康有爲"祖述"、"攘竊"廖平書稿,但都指《孔子改制考》抄襲《知聖篇》,僅有一次提到"康作《僞經考》……實以爲非駭俗驚世不足以立名,又依託四益以爲藏身之固,竊人之説以要世

〔1〕〔5〕　廖平《致某人書》,《廖平全集》第8册,第437頁。
〔2〕　廖平述、及門記《四益館經學四變記》,《廖平全集》第2册,第545頁。
〔3〕　吴仰湘《重論廖平、康有爲"學術公案"》,《中國社會科學》2020年第4期。
〔4〕　詳見吴仰湘《重論廖平、康有爲"學術公案"》,《中國社會科學》2020年第4期,第183—187頁。

名,亦熱中躁進之一端",[1]籠統稱《新學僞經考》"竊人之説",未明言其與廖平及《闢劉篇》的關係。1906 年,由廖平口述、鄭可經記録,編成《四益館經學四變記》,其中《二變記》一條夾注補充説:"外間所祖述之《改制考》即祖述《知聖篇》,《僞經考》即祖述《辟劉篇》,而多失其宗旨。"[2]第一次宣稱《新學僞經考》、《孔子改制考》與《闢劉篇》、《知聖篇》一一對應的源流關係,坐實"康學出於廖"的傳聞,後來更成"康有爲剽竊"説的鐵證。

1932 年廖平辭世後,其孫廖宗澤作《先王考府君行述》,其中敘述羊城之會説:"初,康長素得先祖《今古學考》,引爲知己。先祖己丑會試後,謁文襄於廣東,長素同黄季度過廣雅書局相訪。先祖以《知聖編》、《辟劉編》示之,别後致書數千言,斥爲好名騖外,輕變前説,急當焚毁。先祖以爲此事要當面曉耳,後訪之安徽會館,談論移晷,頓釋前疑。未幾而康氏《新學僞經考》、《孔子改制考》告成,蓋即就《知聖編》、《辟劉編》而引申之者也。梁氏謂其師'見廖氏所著書,乃盡弃其舊學'者指此。"[3]顯然,這是基於《二變記》"祖述"説,添加羊城之會的細節,聲稱廖平以兩篇書稿出示康有爲,康有爲遂在羊城之會後加以"引申",迅速撰成《新學僞經考》、《孔子改制考》,並援引梁啓超《清代學術概論》的説法作爲佐證。[4]當時追挽廖平的詩文大多津津樂道羊城之會,顯然是接受《先王考府君行述》的説法,因而大談廖平對康有爲經學的影響,特別是不約而同地責備康有爲"剽竊"。如廖平晚年弟子胡翼在挽詩中寫道:"《改制》篇成拾唾餘,斷言秦政未燒書。羊城會館源頭水,只見遺荃

---

[1] 廖師慎《家學樹坊》,《廖平全集》第 2 册,第 789 頁。

[2] 廖平述、及門記《四益館經學四變記》,《廖平全集》第 2 册,第 545 頁。

[3] 廖宗澤《先王考府君行述》,重慶《中國學報》第 1 卷第 1 期(1943 年),今收入《廖平全集》第 11 册,引見第 538—539 頁。

[4] 按:廖宗澤多年後編成 7 卷本《六譯先生年譜》,其中對於羊城之會和廖平、康有爲經學淵源關係的記載,仍圍繞康有爲"剽竊"説作文章,較之《先王考府君行述》略有添加。廖幼平曾將此譜加以删改,編成《廖季平年譜》,1985 年由巴蜀書社出版,廣爲學界引用。

不見魚。"又作注加以補充:"康有爲著《新學僞經考》、《孔子改制考》,不言其所自來。其實康初見《今古學考》,傾倒先生甚至。及康與先生會於羊城會館,先生歷舉始皇未焚六經確證,康大悟。未幾,二《考》成書,名滿天下,惟竺舊者嫉之。張之洞函責先生,指康爲嫡傳弟子,梁啓超爲再傳弟子。"[1]胡翼公然指責康有爲諱言《新學僞經考》、《孔子改制考》源自廖平,尤其是顛倒事實,將秦始皇焚書六經未亡之説指爲廖平創發。[2]另如廖平同邑後學胡靜溪挽聯説"素王之學倡於井研(語見《湘學報》),上下數千年,先生而後誰知聖;南海僞經本宗廖氏(語出新會梁氏),縱橫九萬里,廣雅之中有解人",晚學李承烈挽詩説"專席一宵話,疑獄議未平。誰何善剽竊,黨徒粤蜀分",[3]認爲康有爲尊今斥古的經學思想淵源於廖平,明言或暗斥康有爲"剽竊"。可見,正是廖平之逝,使"康有爲剽竊"説廣泛流傳。

　　1935 年,應廖宗澤之請,章太炎撰成《清故龍安府學教授廖君墓志銘》,同樣將康有爲斥作"剽竊者"。不過,章太炎認定"康氏所受於君者,特其第二變",而廖平經學"二變"中,既有發明孔子受命改制的學説,又有抑黜劉歆竄益《周禮》的理論,究竟《孔子改制考》抑或《新學僞經考》出於"剽竊",他並未言明,暗藏玄機。其實,章太炎在廖平墓志開篇即説:"余始聞南海康有爲作《新學僞經考》、《孔子改制考》,議論多宗君,意君必牢持董、何義者。後稍得其書,頗不應。民國初,君以事入京師,與余對語者再,言甚平實,未嘗及怪迂也。後其徒稍稍傳君説,又絶與常論異。"[4]雖然章太炎所聞各種傳言有《新學僞經考》在内,但他下文僅指向"牢持董、何義",實即"素王改制"、"三科九旨"之類,顯然與"新學僞經"説渺不相涉。換言之,章太炎雖斥責康有爲"剽竊",但所指

〔1〕《六譯先生追悼録》,《廖平全集》第 11 册,第 459 頁。
〔2〕按:關於秦皇焚書六經不亡,廖平《古學考》明引康有爲之説,詳見《廖平全集》第 1 册,第 74 頁。
〔3〕《六譯先生追悼録》,《廖平全集》第 11 册,第 524、457 頁。
〔4〕章太炎《清故龍安府學教授廖君墓志銘》,《制言》1935 年第 1 期。

實者乃在《知聖篇》,也即戊戌政變後廖平及其門人一再指控的事實。章太炎如此作銘,既顧及人情,又不悖史實,[1]堪稱妙筆。

在章太炎之後,以學者身份論及"康有爲剽竊"説的第二人,就是錢穆。

二、錢穆對康有爲經學"剽竊"案的評判及其影響

1936年,錢穆在《清華學報》發表長文《康有爲學術述評》,包括:(一)康有爲傳略;(二)康氏之長興講學,附朱次琦;(三)康氏之新考據,附廖平;(四)康氏之《大同書》,附譚嗣同及其《仁學》;(五)康氏思想之兩極端;(六)康氏關於尊孔讀經之見解。該文對康有爲學術作了全面評析,後來成爲《中國近三百年學術史》的卒章,意在藉批評廖、康穿鑿附會的考據和矛盾百出的經學,對清代盛极一時的考證學作總結。錢穆對廖、康"學术公案"的評判,集中在該文第三部分。根據其內容,可以概括爲如下幾點:

其一,认定康有爲《新學僞經考》、《孔子改制考》"剽竊"廖平。

錢穆略述《新學僞經考》內容要旨、斥其屬於"無根不經之譚",即説:"蓋長素《僞經考》一書,亦非自創,而特剽竊之於川人廖平。猶《長興學記》之言義理,皆有所聞,而張皇以爲之説,非由寢饋之深而自得之也。"[2]他以《長興學記》來源於朱次琦,以类推法推斷《新學僞經考》"剽竊"自廖平,並非康有爲長期研究的成果。在譏斥廖平好"以戲論自炫爲實見"時,錢穆順帶批評説:"而長素以接席之頃,驚其新奇,穿鑿張

---

[1] 按:章太炎1899年作《〈翼教叢編〉書後》,就提到:"中國學者之疑經,亦不始於康氏也;非直不始於康氏,亦不始東壁、申受、默深、于庭也。"(《章太炎全集》第10册,上海:上海人民出版社,2018年,第195頁。)未將廖平列入康有爲之前疑經辨僞的學者隊伍中,可佐證他不太可能主張《新學僞經考》"剽竊"《辟劉篇》。

[2] 錢穆《中國近三百年學術史》,北京:商務印書館,1997年,第712—713頁。

皇,急成鉅著,前後一年外,得書十四卷,竟以風行海内,驟獲盛譽。"[1]
在論述完廖、康圍繞《新學僞經考》的相關交涉後,錢穆又指出《孔子改
制考》也源自廖平:"長素書繼《新學僞經考》而成者,有《孔子改
制考》,亦季平之緒論,季平所謂《僞經考》本之《闢劉》,《改制考》本之《知聖》
也。"[2]後來敘述朱一新對康有爲的批評,錢穆又强調"長素剽竊廖説,
倡爲僞經、改制之論"。[3]在考證康有爲《禮運注》撰作時間時,他再次
譏責:"殆長素欲自掩其《僞經考》剽竊之跡,故爲此序倒填年月以欺人
耳。長素嘗謂劉歆僞造經典,本屬無據,不謂長素乃躬自蹈之。"[4]錢
穆如此密集地向學界宣稱康有爲兩部經學名著是"剽竊"廖平書稿,可
謂空前決絶。

其二,論述廖平一再揭露康有爲"剽竊"、康有爲卻一直諱避其事。

在"廖、康交涉"題下,錢穆徑稱:"長素辨新學僞經,實啓始自季平。
此爲長素所深諱,而季平則力揭之。"所謂"深諱",應是對胡翼"不言其
所自來"的發展。爲表明廖平如何"力揭之",錢穆引述廖平《經話甲編》
卷一、卷二敘述廖、康交涉的數則經話,以及《二變記》的"祖述"説,認爲
"季平既屢屢自道其事,又親致書長素爭之",再引據《致某人書》所述與
康有爲交往各情,分析廖平的心態與康有爲的反應,指出:"《僞經考》一
案,凡季平之斷斷於其事者,具如上述。而長素則藏喙若噤,始終不一
辨。及民國六年丁巳爲《僞經考後序》,始稍稍道及之。"因康有爲將"新
學僞經"説歸於自己對讀《史記》、《漢書》的發現,否認受過廖平啓發,錢
穆就此揭露康有爲强詞飾説、自相矛盾,"此無怪乎季平之喋喋而道
也"。錢穆還根據廖平1913年致康有爲、江瀚兩信,指責廖平爲學多
變,不再追究康有爲"剽竊"之事,可謂言行反覆:"蓋時過境遷,季平已

---

[1]　錢穆《中國近三百年學術史》,第 722 頁。
[2]　同上書,第 723 頁。
[3]　同上書,第 725 頁。
[4]　同上書,第 774 頁。

不守舊解,而猶未忘夙恨","不惟不願貪天功,抑若不欲分人謗,出朱入素,前後判若兩人矣".[1]綜合錢穆以上論析,他對廖、康"交涉之事"作出如下建構:廖平不斷指控康有爲"剽竊",1913 年又改變態度,不再追究其責,但舊恨難消,康有爲則長期諱避,直到 1917 年以矢口否認的方式作出回應。當然,錢穆大做文章的這場"剽竊"案,事實上是不了了之。

其三,借重梁啓超來揭發康有爲的"剽竊"事實。

爲進一步揭露康有爲對"剽竊"事實的掩飾,錢穆繼廖宗澤之後,使用梁啓超這一妙棋:"長素書出於季平,長素自諱之,長素弟子不爲其師諱也。"[2]他引《清代學術概論》對廖、康經學淵源關係的一段議論,即"有爲早年,酷好《周禮》,嘗貫穴之著《政學通議》。後見廖平所著書,乃盡弃其舊説。……(廖平)其人固不足道,然有爲之思想,受其影響,不可誣也",然後順勢指出:"謂有爲受廖平影響爲不可誣,不啻針對其師之自辨發也。"[3]錢穆强調梁啓超"不爲其師諱",將其言論視作最有力的證詞,對康有爲故意隱飾"剽竊"加以揭發。

錢穆早在 1929 年就發表《劉向歆父子年譜》,對《新學僞經考》的主要内容和重要觀點力作批駁,使《新學僞經考》遭受到面世以來最爲嚴重的打擊。因此,當錢穆緊接著對廖、康"學術公案"作出判定,學界自然相當信服。事實上,"康有爲剽竊"説此前主要是廖平子嗣與後學的主觀性宣傳、流傳川省的地方性認知,此後卻成爲國人皆知的學術結論,甚至被視作清學史研究的經典論斷,對後來的研究產生深遠影響。例如,現有對廖、康"學術公案"的描述,都基於這樣一個模式:康有爲讀過《今古學考》後,引廖平爲知己,不久兩人在羊城相會,廖平以《知聖篇》、《闢劉篇》書稿相示,康有爲大受啓發,迅速撰成《新學僞經考》、《孔

---

〔1〕 錢穆《中國近三百年學術史》,第 715—721 頁。

〔2〕 同上書,第 722 頁。

〔3〕 同上書,第 722—723 頁。

子改制考》，卻長期諱言其淵源，1917年重刻《僞經考》時，還公然否認受過廖平影響。這一被學界普遍接受的"歷史事實"，[1]正始自錢穆的建構。有學者在評析廖、康"學術公案"研究進展時，特意指出："錢穆對此公案作了完整的梳理，立下了論述的規模與層次，使後人得以再作拓展，其功最大。"[2]的確，已有關於廖、康個案研究以及近代經學史、文化史、思想史研究的成果，多以錢穆的論斷作爲後續研究的出發點。[3]即使少數反對"康有爲剿竊"說的學者，如房德鄰、龔鵬程、劉芝慶、蘇全有等，[4]主觀上極力擺脫錢穆的影響，但某些具體論述仍然落入其窠臼。其中徐光仁、黄明同評析《二變記》"祖述"說時指出："此所謂'多失

〔1〕"歷史事實"之說，首見於陳德述、黄開國、蔡方鹿合著《廖平學術思想研究》（成都：四川省社會科學院出版社，1987年，第185、202、213頁），後來的研究者紛紛採信。劉巍新近發表《重訪廖平、康有爲學術交涉公案》（《齊魯學刊》2019年第4期），即聲明"我們的重訪還是要從廖平的控訴出發"，對錢穆所謂廖平"屢屢自道其事"加以發展，認爲廖平1913年仍"屢屢重提此案"，"一直耿耿於懷，執之老而彌堅"，"不厭其煩地一再揭發"，"康有爲對於自己通過羊城之會等受廖平之說之事，先是絶口不提故作沉默，再則矢口否認。其徒梁啓超則表現了不同的風度，不爲師諱，屢道乃師所受廖平影響之跡"，"以康有爲那種死不認賬的態度，加上廖平之學術見解屢變而不知所終的性格，非有梁啓超這樣的人站出來説句公道話，不知情者，尤其是後學很難得其真相的。所以廖宗澤等廖門人士不得不據此爲説，像錢穆那樣與兩造均無瓜葛之學者也不能不據此爲説"，引見第36、43、50、51頁。
〔2〕劉芝慶《論康有爲與廖平二人學術思想的關係——從〈廣藝舟雙楫〉談起》，臺北《中國歷史學會史學集刊》第41期（2009年），第290頁。
〔3〕代表性論著有：李耀仙《廖季平的〈古學考〉和康有爲的〈新學僞經考〉》，《社會科學研究》1983年第5期；湯志鈞《康有爲與戊戌變法》，北京：中華書局，1984年；徐光仁、黄明同《論廖平與康有爲的治經》，《廣東社會科學》1988年第3期；馬洪林《康有爲大傳》，瀋陽：遼寧人民出版社，1988年，第152—153頁；黄開國《廖平評傳》，南昌：百花洲文藝出版社，1993年，第237頁；楊向奎《清儒學案新編》第4卷，濟南：齊魯書社，1994年；陳文豪《廖平經學思想研究》，臺北：文津出版社，1995年；崔泰勳《論康有爲思想發展與廖平的關係》，臺灣大學中文研究所碩士学位論文，2001年；劉巍《〈教學通義〉與康有爲的早期經學路向及其轉向——兼及康氏與廖平的學術糾葛》，《歷史研究》2005年第4期。
〔4〕房德鄰《康有爲和廖平的一樁學術公案》，《近代史研究》1990年第4期；龔鵬程《康有爲的書論》，《書藝叢談》，濟南：山東畫報出版社，2007年，第157頁；劉芝慶《論康有爲與廖平二人學術思想的關係——從〈廣藝舟雙楫〉談起》，臺北《中國歷史學會史學集刊》2009年第41期，第323—324、334頁；蘇全有、王申《康有爲剿竊廖平説質疑》，《信陽師範學院學報》2009年第3期；房德鄰《論康有爲從經古文學向經今文學的轉變》，《近代史研究》2012年第2期。

其宗旨’,可見其同異關係,並非‘所本’或‘引申’成書,而指出別有其宗旨,此則可爲確論。……以‘引申’、‘沿用’、‘所本’乃至‘剿襲’、‘剽竊’論廖、康學術思想關係是欠恰當的。”這一認識高出時流,但論及廖、康兩書關係時仍説:“康有爲接受廖平經分今古,‘尊今抑古’的‘兩篇’中的主旨是‘不可誣’的事實,受到啓發和影響,因而在高足弟子陳千秋、梁啓超的助力下,寫成了‘兩考’。”[1]這種持論自相矛盾的現象十分普遍,反映有些重視基本文獻的學者雖已發現某一事實真相,却無法徹底擺脱錢穆等舊説潛在的强大影響。此外,後人探討廖、康“學術公案”的重要史料,也很少超出錢穆引録的範圍,甚至有人不覆檢廖、康“交涉”的原始文獻,轉用錢穆所引材料而出現訛誤。例如,錢穆引廖平《經話甲編》、《致某人書》多有删節,論者轉加引用,不檢讀原文,必然遺失原文中的豐富信息。又如,錢穆引《二變記》“祖述”説,但漏未注明出自《四益館經學四變記》,下文另引兩條史料後纔注明見《經話甲編》卷二,[2]後來李耀仙、黄開國等人竟誤以爲這條極其重要的史料出自《經話甲編》。[3]

概言之,錢穆全盤接受“康有爲剽竊”説,再以學術研究的方式加以裁斷,使之由社會傳聞變成學界新論,從此廣爲傳播,乃至形成後續研究的思維定勢。因此,在廖、康“學術公案”形成史上,作爲專業學者的錢穆,實是最關鍵之人。

三、錢穆評判康有爲經學“剽竊”案的失誤

對於長期流傳、言議紛紛的廖、康“學術公案”,錢穆既没有詳細探

〔1〕 徐光仁、黄明同《論廖平與康有爲的治經》,《廣東社會科學》1988 年第 3 期。
〔2〕 錢穆《中國近三百年學術史》,第 716 頁。
〔3〕 李耀仙《廖季平的〈古學考〉和康有爲的〈新學僞經考〉》,《社會科學研究》1983 年第 5 期,第 14 頁;黄開國《廖康羊城之會與康有爲經學思想的轉變》,《社會科學研究》1986 年第 4 期,第 75—76 頁;黄開國《公羊學發展史》,北京:人民出版社,2013 年,第 674 頁。

討《新學僞經考》、《孔子改制考》的成書情況,更没有具體論證它們與《闢劉篇》、《知聖篇》在内容、觀點、材料、方法等方面有何異同,卻斬釘截鐵地判定康有爲"剽竊",結果出現諸多失誤:

首先,簡單比擬。《孔子改制考》確實在某種程度上借鑒、吸取了《知聖篇》,所以廖平在戊戌政變後一再披露、嘲諷康有爲"攘竊",錢穆也指出康有爲家藏有《知聖篇》原稿,"頗多孔子改制説,顧頡剛親見之",[1]補充了一份物證。然而,《新學僞經考》並未"剽竊"《闢劉篇》,廖平數次坦承康有爲自有其學,錢穆卻失之眉睫,將《孔子改制考》與《知聖篇》的關係,擴大到《新學僞經考》與《闢劉篇》之上,兩種完全不同的情形被混爲一談,因此輕易接受廖宗澤、胡翼等人的意見,將《二變記》真僞並存的"祖述"説,直接轉成"剽竊"説,對廖、康"學術公案"作出錯誤裁斷。

其次,主觀篩選史料。錢穆以康有爲"剽竊"爲前提,對有關廖、康"交涉之事"的基本文獻作選擇性引用與解讀,不僅過濾掉廖平《致某人書》、《經話甲編》、《與康長素書》中若干重要信息,背離文本語境,導致牽强附會,還遺漏康有爲1913年《答廖季平書》和廖平《再與康長素書》,未能追溯廖、康交涉的完整過程,難以知悉兩人交往的全貌與真相,以致錯誤地認爲廖平一直指控康有爲"剽竊"、康有爲卻長期諱避其事。其實,平心靜氣去細讀廖平留下的各種文獻,求其原意,發現廖平除戊戌政變後數年内力闢康學、指斥《孔子改制考》"攘竊"外,始終堅持"余不願貪天功以爲己力,足下之學,自有之可也",[2]對康有爲抱持讚賞、欽佩的態度,視作學術知己、尊孔同道,從未指控《新學僞經考》"剽竊"。[3]

〔1〕 錢穆《中國近三百年學術史》,第723頁。
〔2〕 廖平《致某人書》,《廖平全集》第8册,第437頁。
〔3〕 詳參吳仰湘《重論廖平、康有爲"學術公案"》,《中國社會科學》2020年第4期,第192—196頁。

再次,臆解史料。錢穆分析廖平對待康有爲"剿竊"的心態,看似精細入微,其實前後矛盾,充分暴露出史料解讀的主觀性。一方面,他認爲廖平在《經話甲編》卷一、卷二和《四益館經學四變記》等處"屢屢自道其事",尤其專作《致某人書》與康有爲直面相爭,一再揭露"剿竊"之事;另一方面,他又從《致某人書》中分析廖平對康有爲存在艷羨、利賴之心:"《僞經考》既享大名,季平欲藉其稱引,自顯姓字,故爲《古學考》先兩引長素《僞經考》云云,我以此施,亦期彼以此報。蓋長素驟得盛名,全由《僞經考》一書,宜季平健羨不能置。而長素則深諱不願自白,然季平亦震於盛名,方期相爲桴鼓,故書辭亦遜,而《古學考》亦未及長素攘己書事。"〔1〕但廖平1913年《與康長素書》言辭謙和,根本不提"剿竊"事,《答江叔海論〈今古學考〉書》還將尊今抑古的經學"二變"歸於"康長素所發明者",錢穆因此又説:"蓋時過境遷,季平已不守舊解,而猶未忘夙恨,故如此云云也。""不惟不願貪天功,抑若不欲分人謗,出朱入素,前後判若兩人矣。"〔2〕從這種前後游移、彼此歧互的分析中,足見錢穆隨意處理史料的缺失。

錢穆評判康有爲"剿竊"案時,還對某些細節性問題作過考證、評析,其結論明顯有誤,卻不斷爲後續研究者襲用,因此也有必要加以辨析:

其一,在現存有關廖、康"交涉之事"的原始文獻中,廖平《致某人書》不僅時間最早,蘊含信息也最多。錢穆即大段引用這一文獻,作爲論述廖平處理廖、康關係的核心史料。不過,對於此信的寫作時間,錢穆的判斷有誤。根據信中內容,他指出:"龍濟之至蜀在甲午(據前引《經話甲編》),《古學考》刊於甲午四月,已引及《僞經考》,則龍之至蜀,應在甲午初春也。長素《僞經考後序》,謂'《僞經考》初出時,海內風行,

---

〔1〕 錢穆《中國近三百年學術史》,第718頁。
〔2〕 同上書,第720—721頁。

上海及各直省,翻印五版。徐仁鑄督學湖南,以之試士,而攻之者亦群起,朝野譁然’。故季平謂‘今足下大名,震動天下,百倍鄙人’也。是年二月,長素入京會試未第,六月歸粤,七月清廷即下諭燬禁其書。季平與長素書當在其時,故有‘久宜收斂’又‘患難與共’之語,而猶未知燬禁之令,故書中亦未及。”[1]即首先根據龍濟之(名積厚)至蜀時間,確定該信作於甲午年,再根據信中談論《新學僞經考》遭禁燬的時間,推斷爲六、七月間。按,廖宗澤編《六譯先生年譜》“光緒二十年甲午”條下記“三月,服闋,赴成都就尊經襄校職”,[2]則廖平與龍積厚見面必不在初春,應在三月或稍後。根據廖平所擬尊經書院堂課題,其中三月題有“康長素以《爾雅》、《説文》爲僞古文辨”,“六藝未嘗焚佚考(補康書所未備)”,“鄭學盛於六朝、古學淵源皆後儒僞撰實證”,“致康長素論《新學僞經考》書”,四月題有“古文學案(可否仿‘烏臺詩案’爲之,康書未備者補之,‘五經不全’、‘五經皆孔子作’二條,尤宜闡發)”,[3]這些題目顯然針對《新學僞經考》缺失而擬,希望院生對康説作糾補、辯駁,由此可確定廖平與龍積厚見面、得到《新學僞經考》等刊本,必在甲午三月。至於錢穆判斷廖平寫信時“猶未知燬禁之令,故書中亦未及”,同樣失察。廖平在信中諄諄告誡康有爲“久宜收斂,固不可私立名字,動引聖人自況,伯尼、超回,當不至是。如傳聞非虛,望去尊號、守臣節,庶不爲世所詬病也”,[4]所謂“動引聖人自況,伯尼、超回”等傳聞,正指某御史彈章所説“康祖詒自號長素,以爲長於素王,而其徒亦遂各以超回、軼賜爲號”,[5]因此廖平此信必作於甲午七月《新學僞經考》遭奏劾之後。事實上,廖平在信中特別説到:“惟庚寅羊城安徽會館之會,鄙人《左傳》經

〔1〕 錢穆《中國近三百年學術史》,第717—718頁。
〔2〕 廖宗澤《六譯先生年譜》卷三,《廖平全集》第11册,第305頁。
〔3〕 廖平《尊經書院日課題目》,《廖平全集》第2册,第512—513、516頁。
〔4〕 廖平《致某人書》,《四益館文集》,《廖平全集》第8册,第437頁。
〔5〕 茅海建《從甲午到戊戌:康有爲〈我史〉鑒注》,北京:生活·讀書·新知三聯書店,2009年,第39頁。

説雖未成書,然大端已定,足下以《左》學列入新莽,則殊與鄙意相左。……在吾子雖聞新有《左氏》之説,先入爲主,以爲萬不相合,故從舊説而不用新義,此不足爲吾子怪也。獨是經學有經之根柢、門徑,史學亦然。今觀《僞經考》,外貌雖極炳烺,足以聳一時之耳目,而内無底蘊,不出史學、目録二派之窠臼,尚未足以洽鄙懷也。當時以爲速於成書,未能深考,出書已後,學問日進,必有改異,乃俟之五、六年,而仍持故説,則殊乖雅望。"[1]這顯然是廖平閲過《新學僞經考》刊本後,與庚寅(1890 年)春季羊城之會所見初稿本作比較,遺憾康有爲學無長進,批評《新學僞經考》"速於成書"後未經大修改,"乃俟之五、六年,而仍持故説"。從 1890 年往後推"五、六年",最早應在 1895 年。[2]因此,廖宗澤《六譯先生年譜》將此信繫於 1895 年,較可信從,可惜學界至今仍多采信錢穆之説。[3]

　　其二,廖平《經話甲篇》卷二載:"丁亥,作《今古學考》。戊子,分爲二篇:述今學爲《知聖》,論古學爲《闢劉》。"[4]錢穆引用時生疑,在第一句後作按:"廖氏《古學考序》自稱《今古學考》刊於丙戌,此又云作於丁亥,必有一誤。"又在第二句後加按:"據此則《知聖》、《闢劉》兩書均已成,何以又云'己丑在蘇見俞蔭甫,曰俟書成再議'? 抑猶未爲定稿乎? 大抵廖既屢變其説,又故自矜誇,所言容有不盡信者。"[5]按,據廖宗澤

---

〔1〕 廖平《致某人書》,《四益館文集》,《廖平全集》第 8 册,第 436 頁。
〔2〕 按:劉巍最近注意到根據"乃俟之五、六年"來推定此信寫作年代,認爲"必在《新學僞經考》出版(1891 年)後之五、六年",判斷此信當作於 1897 年左右(《重訪廖平、康有爲學術交涉公案》,《齊魯學刊》2019 年第 4 期,第 45 頁),其誤在不知廖平設定的計算起點是羊城之會見到《新學僞經考》稿本。
〔3〕 例如,李伏伽《六譯先生年譜補遺》即不依廖宗澤《六譯先生年譜》,另從錢穆之説,繫此信於光緒二十年下。另如房德鄰《論康有爲從講古文學向經今文學的轉變》、陳文豪《廖平經學思想研究》、崔泰勳《論康有爲思想發展與廖平的關係》、劉芝慶《論康有爲與廖平二人學術思想的關係》等,均依錢穆之説。
〔4〕 廖平《經話甲篇》卷二,《廖平全集》第 1 册,第 169 頁。
〔5〕 錢穆《中國近三百年學術史》,第 716 頁。

引劉子雄日記,〔1〕第一句當是"丁亥,作《續今古學考》",原文脱漏一字。廖平戊子年改變撰著計劃,將《續今古學考》分成《知聖篇》、《闢劉篇》,但當年兩書並未完稿,因此《經話甲篇》卷一記己丑年俞樾説"俟書成再議",前後並不抵觸。錢穆乃因廖平"既屢變其説,又故自矜誇",質疑其言論與人品,未免懷疑過頭。但後來屢有學者引證錢穆此説,對廖平留下的文獻概不取信。其中房德鄰最爲典型,甚至否認《經話甲篇》卷一"余以《知聖篇》示之"的確鑿記載,〔2〕崔泰勳即指出"房德鄰引錢穆之言以爲不信廖平自述之根據,這種結論是不太適宜的"。〔3〕

其三,康有爲在《重刻〈僞經考〉後序》中,回憶當初撰作情形:"吾嚮亦受古文經説,然自劉申受、魏默深、龔定庵以來,疑攻劉歆之作僞多矣,吾蓄疑心久矣。吾居西樵山之北,銀塘之鄉,讀書澹如之樓,卧七檜之下",對讀《史記》、《漢書》,發現劉歆作僞的驚天秘密,於是"先撰《僞經考》,粗發其大端"。〔4〕錢穆卻提出:"撰《僞經考》在羊城,不在銀塘,上文皆飾説也。"他認爲康有爲此説是想掩飾《新學僞經考》"剽竊"事實,"謂自劉、魏、龔以來疑攻劉歆者多矣,此等微見彼之所爲不必出自季平,抑不悟其與《僞經考》初成書時所言異也",即康有爲曾一再宣稱二千年來"無一人焉發奸露覆",甚以"孤鳴而正易之"自誇,"則長素在當時,應不知有廖季平其人,不知有《知聖》、《闢劉》其書,且不知有劉、魏、龔諸氏而可。不然,《知聖》、《闢劉》之篇,固足以助我之孤鳴矣。此無怪乎季平之喋喋而道也"。〔5〕因此,他尋出《新學僞經考》撰寫地點有誤,試圖憑藉這一細節加以反駁,揭露康有爲瞞天過海的伎倆。〔6〕然

〔1〕　廖宗澤《六譯先生年譜》卷三,《廖平全集》第11册,第289頁。
〔2〕　參見房德鄰《康有爲和廖平的一樁學術公案》,《近代史研究》1990年第4期;《論康有爲從經古文學向經今文學的轉變》,《近代史研究》2012年第2期。
〔3〕　崔泰勳《論康有爲思想發展與廖平的關係》,第50頁。
〔4〕　康有爲《新學僞經考》,北京:中華書局,1988年,第379—380頁。
〔5〕　錢穆《中國近三百年學術史》,第719—720頁。
〔6〕　按:黄開國在揭露康有爲的欲蓋彌彰時,採信錢穆此説,見《廖平評傳》,第243頁。

而,錢穆揪出的這個細節並無錯誤。據康有爲自述,戊子在京撰《廣藝舟雙楫》,己丑之臘南歸,"乃理舊稿於西樵山北銀塘鄉之澹如樓,長松敗柳,侍我草玄焉",[1]《去國吟》一詩也説"澹如樓中七檜下,攤碑淪茗且聽潮"。而《廣藝舟雙楫》定稿時,《新學僞經考》也大體成稿。[2]因此,康有爲在《重刻〈僞經考〉後序》中回憶"吾居西樵山之北,銀塘之鄉,讀書澹如之樓,卧七檜下……先撰《僞經考》",補充《新學僞經考》撰寫的一些細節,基本符合事實,不宜以他故作僞飾而簡單否定。康有爲1913年《答廖季平書》也特别提到:"僕昔以端居暇日,偶讀《史記》至河間獻王傳,乃不稱古文諸經,竊疑而怪之。以太史公之博聞,自謂'網羅金匱石室之藏,闕協六經異傳,整齊百家雜語',若有古文之大典,豈有史公而不知? 乃遍考《史記》全書,竟無古文諸經,間著'古文'二字,行文不類,則誤由劉歆之竄入。既信史公而知古文之爲僞,即信今文之爲真。於是推得《春秋》由董、何而大明三世之旨,於是孔子之道四通六辟焉。"[3]與1917年的回憶相符,可爲佐證。錢穆致誤之源,在執定《新學僞經考》始撰於1890年羊城之會以後,其時康有爲已離家遷居羊城。

其四,錢穆提出:"方長素講學長興,而已有《新學僞經考》之作。《學記》成於光緒十七年二月,《僞經考序》在四月,相差僅兩月。(《僞經考》刊成在七月。)'新學僞經'者,謂東漢以來經學,皆出劉歆僞造,乃新莽一朝之學,與孔子無涉。其書亦似從乾嘉考據來,而已入考據絶途,與長興宗旨並不合,而長素不自知。且《僞經考》大意,亦已粗見於《學記》。"[4]後來他引述《致某人書》,在"奉讀大著《僞經考》、《長興學記》"

〔1〕康有爲《廣藝舟雙楫自敘》,《康有爲全集》第1册,第252頁。
〔2〕按:筆者對《新學僞經考》的始撰與成稿問題有詳細考證,見《重論廖平、康有爲"學術公案"》,《中國社會科學》2020年第4期,第188—191頁。
〔3〕康有爲《答廖季平書》,姜義華、張榮華編校《康有爲全集》第10集,北京:中國人民大學出版社,2007年,第19頁。
〔4〕錢穆《中國近三百年學術史》,第712頁。

句下,又作按語:"《學記》成書在康、廖會談之後,所以中亦采及廖説也。"[1]錢穆根據《長興學記》成書在羊城之會後、刊行在《新學僞經考》前,卻已有"新學僞經"的重要主張,認爲《長興學記》吸取了廖平"闢劉"之説。然而,根據筆者考證,《新學僞經考》並未"剽竊"《闢劉篇》,其成書又在《長興學記》之前,康有爲 1890 年冬曾將這兩部書稿送朱一新閲讀,[2]因此"《僞經考》大意"出現在《長興學記》中並不奇怪,更不能由此推斷《長興學記》采及《闢劉篇》,無端擴大康有爲"剽竊"的範圍。

結語

錢穆《康有爲學術述評》刊出後,趙豐田專門撰文評議,認爲"取捨稍偏,語多譏諷,議論未盡持平,主張稍涉武斷,細味全文,似著者對於康氏之學術、爲人,頗寓貶斥之意","於其整個思想及事迹猶未爲精深有系統之研究,故論其思想每多主觀誤解之處,言事迹尤多揣測失實之處",特別是針對文中專評《新學僞經考》、《孔子改制考》及其與廖平關係的第三節,提出:"所引廖、朱兩家書札甚多,而又詳爲考證,反復説明,實爲全文最精要部分,惟惜於康、廖交涉一案,所論稍嫌太過。鄙意康於此段交涉,容有諱言之處,然其實際亦決不如著者所言之甚。查廖氏各札,前後矛盾衝突之處甚多,其足信據者,僅原文所引第一書而已,然據該書所謂'謬引爲知己'、'兩心相協,談論移晷'云云,明示康氏彼時於僞經、改制之義,已有所見,否則廖氏決不應有'知己'、'相協'之言。而康氏此時學問廣博,懷抱遠大,其爲人又極主觀,苟非與己意相合者,決不輕受他人之説,證以廖書所言,則康氏是時於僞經、改制之説,應有所見,特未發表,及聞廖説,始引爲知己,采取之發揚之也。誠

---

〔1〕　錢穆《中國近三百年學術史》,第 716 頁。
〔2〕　吳仰湘《重論廖平、康有爲"學術公案"》,《中國社會科學》2020 年第 4 期,第 189 頁。

如此論,則康之於廖,充其量不過受其影響而已,固不如著者所謂'特勦
竊之於川人廖平'之甚也。竊疑著者於康氏,似先存有其學術駁雜思想
矛盾無所發明之成見,故於其長興講學也,謂爲襲取之於禮山,於其言
僞經、改制也,謂爲勦竊之於廖平,於其思想言論也,謂爲前後矛盾,謂
爲兩極端。鄙意康氏思想言論,每多發明,且多先天下言之,特不逢時
會耳,安可以成敗埋没其價值哉。"〔1〕趙豐田雖未能就廖、康"交涉之
事"作出準確判斷,卻敏鋭地發現錢穆在此問題上憑臆私決,揣測失實,
對康氏其人其學太多成見,恐有厚誣之嫌,因而加以嚴厲批評。

　　錢穆《中國近三百年學術史》自問世以來,一直得到學界推重。他
對清代考據學、常州公羊學以及康有爲學術的諸多評述,雖然帶有濃厚
的成見甚至是明顯的偏見,卻已成爲經典性論斷,後來的研究者屢屢徵
引,對其中的謬誤缺乏警惕,導致以訛傳訛。錢穆關於康有爲經學"勦
竊"案的評判,即是一則典型案例。本文之作,既不是質疑錢穆清學史
研究的整體成就,也没有否定他研究康有爲經學的所有結論,僅就《新
學僞經考》"勦竊"案進行反思、辨正,希望後人對於先前的權威研究保
持警醒,不迷信,不盲從,務必破除先入之見,一切從原始文獻出發,遵
守文本語境,還原史事真相。

---

〔1〕趙豐田《讀錢著〈康有爲學術述評〉》,《大公報・史地週刊》第 122 期(1937 年 1 月 29 日),
　　第 11 版。

曹元弼《復禮堂述學詩》形成史論 *

一、文化神州喪一身:從"王國維之死"談起

　　1927 年 6 月 2 日,王國維自沈於頤和園昆明湖,成爲近代史上最爲
轟動的一椿學人自殺事件。二日後,顧頡剛"覽《申報》,本月二號,王静
安先生自沈於頤和園池中,聞之悲歎"。[1]十餘日後撰《悼王静安先生》
一文[2],發首即言:"這個消息驀然給我一個猛烈的刺戟,使我失望而
悲歎。"[3]"聞之悲歎"自可理解,但何以失望呢? 顧頡剛續曰:

　　　　昨天,在報紙上讀到他的遺囑,裏邊説:"五十之年,只欠一
　　　死;經此事變,義無再辱。"始恍然明白他的死是怕國民革命軍給
　　　他過不去。湖南政府把葉德輝鎗斃,浙江政府把章炳麟家産籍

---

* 本文爲 2019 年度教育部人文社會科學青年基金項目"《復禮堂述學詩》與曹元弼經學思
　想研究(19YJC720038)"階段性成果。
** 作者單位:湖南大學嶽麓書院。
[1] 顧頡剛《顧頡剛日記》第二册,一九二七年六月四日條,北京:中華書局,2011 年,第
　53 頁。
[2] 參《顧頡剛日記》一九二七年六月十三日條。
[3] 顧頡剛《悼王静安先生》,原載《文學週報》第二七六期(1928 年),今據《寶樹園文存》,北
　京:中華書局,2011 年,第一册,第 268 頁。

没,在我們看來,覺得他們罪有應得,並不詫異,但是這種事情或
者深深地刺中了静安先生的心,以爲黨軍既敢用這樣的辣手對付
學者,他們到了北京也會把他如法泡製,辦他一個"復辟派"的罪
名的;與其到那時受辱,不如趁黨軍尚未來時,索性做了清室的忠
臣,到清室的花園裏死了,倒落一個千載流芳。……他究竟還是
一個超然的學者,黨軍到北京時哪會使他難堪;至多只有在街上
遇見,硬剪掉他的辮子而已,實在也算不得侮辱。他以前做過北
京大學研究所的導師,現在正作清華大學研究院的教授,他拿了
中華民國的俸給已有五六年了,他已經不能説是一個"西山採薇
蕨"的遺民了![1]

顧頡剛對於王國維之死的失望,實即是將王氏之死歸之於對革命軍的
恐懼,故亦同時指向殉清説。[2]但顧頡剛不認爲受到侮辱者,在王國維
或許並不能够忍受。如文中言道:"至多只有在街上遇見,硬剪掉他的
辮子而已,實在也算不得侮辱。"顧頡剛認爲剪掉辮子"實在也算不得侮
辱",但王國維卻並不一定能够接受。這也就導向了王國維遺書中的
"五十之年,義無再辱"之説。葉嘉瑩指出:

> 静安先生所畏懼的實在應該乃是由外界迫害所加之於他自己
> 精神人格上的污辱。之於一個人究竟以何等的遭遇視爲對自己精
> 神人格上的污辱,則因每個人在理想中所追求之完美的程度標準
> 不同,因此所要求於自己之持守的尺寸分際也各異。一般人之無
> 法瞭解静安先生遺書中所説的"辱"究竟何指,便正因爲一般人不
> 能以静安先生之心爲心,所以也就無法認知其所追求所持守的標
> 準和分際何在的緣故。[3]

---

[1] 顧頡剛《悼王静安先生》,《寶樹園文存》,第一册,第268頁。
[2] 關於王國維之死的種種説法,尤其是殉清説、對革命軍的恐懼説,可參看葉嘉瑩《王國維
　　及其文學批評》第二章《一個新舊文化激變中的悲劇人物——王國維死因探討》,北京:北
　　京大學出版社,2014年,第45—97頁。
[3] 葉嘉瑩《王國維及其文學批評》,北京:北京大學出版社,2014年,第78頁。

葉嘉瑩對王國維之死,尤其是"義無再辱"之"辱"的分析,實深具慧眼,
也體現了文學家獨有的細膩心思與筆觸。對於顧頡剛來説"實在也算
不得侮辱"的事,或許對於王國維而言就是難以忍受的極致。就此而
言,顧頡剛雖在悼念王國維,但其實卻對王國維無深刻之理解、體認。
但這種不理解或許並非有意爲之,而當是晚清民國極度變化的代際因
素所造成的。就此點而言,顧頡剛續論士大夫意識,並予以批判,可謂
彰顯了顧頡剛、王國維作爲兩個代際學者代表之歧異:

> 我們應當造成一種風氣,把學者們脱離士大夫階級而歸入工
> 人階級。這並不是學時髦,實在應當如此。以前讀書人心目中,以
> 爲讀書的目的是要做好了文章,修好了道德,豫備出而問世;問世
> 就是做官,目的是要把他的道德文章發揮盡致。因爲這樣,他們專
> 注目於科第仕宦,不復肯爲純粹的藝術和科學畢生盡瘁。……做
> 文章只是做文章,研究學問只是研究學問,同政治毫没有關係,同
> 道德也毫没有關係。做文章和研究學問的人,他們的地位跟土木
> 工、雕刻工、農夫、織女的地位是一樣的。……他們只是作工,都没
> 有什麼神秘。……説到底,這就是"士大夫"一個傳統觀念在那裏
> 作怪!……這個觀念,我承認它是害死静安先生的主要之
> 點。……他少年到日本早已剪髮,後來反而留起辮子,到現在寧可
> 以身殉辮,這就是他不肯自居於民眾,故意立異,裝腔作勢,以鳴其
> 高傲,以維持其士大夫階級的尊嚴的確據。[1]

顧頡剛對王國維之死的不能理解,即在於其將學者置於與土木工、雕刻
工、農夫、織女等勞動者一樣的地位,將作學問比作作工,僅僅將學術指
向了一種職業。但對於王國維以及中國數千年學人而言,治學的目的
並不僅僅在於學問,更在於治國平天下。此即顧頡剛所謂士大夫思想。
從這一角度説,王國維與顧頡剛不但分屬兩個代際,更是兩種不同觀念

---

[1] 顧頡剛《悼王静安先生》,《寶樹園文存》,第一册,第273—274頁。

的代表。顧頡剛言士大夫觀念"是害死静安先生的主要之點",或有其道理,王國維自是有士大夫意識,並以之自期的。其《沈乙庵先生七十壽序》曰:

> 竊又聞之,國家與學術爲存亡。天之未厭中國也,必不亡其學術;天不欲亡中國之學術,則於學術所寄之人,必因而篤之。世變愈亟,則所以篤之者愈至。[1]

此文雖是爲壽沈曾植而作,但其對於國家與學術關係之體認,無疑是王國維之心聲,亦即顧頡剛所謂"士大夫觀念"。但王國維的士大夫觀念絶非是要自絶於民衆,而是以中國之存亡,或者説中國文化之存亡自繫。陳寅恪《輓王静安先生》曰:"敢將私誼哭斯人,文化神州喪一身。……吾儕所學關天意,汒世相知妒道真。"[2]即此義也。[3]王國維所殉並非僅僅是作爲王朝的清,更是作爲中國傳統文化延續的清。陳寅恪説王國維之死是"文化神州喪一身",即認爲王國維並非僅僅殉清,更是殉中國文化。而"文化神州喪一身"、"吾儕所學關天意"等語,實亦點出了王國維,同時也是其自身所具的"士大夫意識"。[4]

　　在晚清民國這樣一個"二千年未有之大變局"下,隨著西學與西方觀念的不斷傳入,王國維、陳寅恪所體認的中國文化不復爲人所認可,

[1] 王國維《沈乙庵先生七十壽序》,《觀堂集林》卷十九,《王國維全集》第 8 册,杭州:浙江教育出版社,2009 年,第 620 頁。
[2] 陳寅恪《陳寅恪集·詩集》,北京:生活·讀書·新知三聯書店,2015 年,第 11 頁。
[3] 參見胡文輝《陳寅恪詩箋釋》,廣州:廣州人民出版社,2013 年,第 38—45 頁。
[4] 張廣達言:"王國維不是不明白兩千年的帝統已然無可救藥,但是,他的失落情節或精神迷惘日益加深。他自幼所受的熏陶和'慣性行爲',決定了他無從在心理上異化自己的信念。……王國維眼見生民'淪胥以鋪',自己人生觀中珍視的一切也已破壞殆盡,四顧蕭然,留給他的祇剩下了對現實的絶望和對信念的忠誠。他知道自己的孤獨的存在猶如一莖蓬草,正像一根稻草壓折駱駝的超載的腰,意義危機造成的長期心理重負可以由於任何細故作爲契機而促使他踏上絶路。以放棄自我而完成自我,這是社會失序、道德淪喪下的具有末代士大夫意識的一種價值追求的抉擇。"(《王國維的西學和國學》,收入《史家、史學與現代學術》,桂林:廣西師範大學出版社,2008 年,第 24—25 頁)張廣達對王國維士大夫心理的剖析無疑更具有"同情之理解"。

作爲以中國文化存亡自命之人，其痛苦可想而知。[1]顧頡剛悼文對王國維士大夫意識的批判，正是這種中國文化被西方觀念取代之後，部分現代學人已無法理解這些以中國傳統文化自命之人。這也從另一個方面體現了晚近中國"文化神州喪一身"的現實。

二、執拗的低音：傳統禮教與中國文化

那麼，王國維所持守的中國文化到底是什麼呢？與王國維晚年交往甚篤的吴宓，在日記中對王國維之死多有記載，其中頗涉及王國維所殉之文化爲何，不妨抄録於次。《吴宓日記》六月二日記曰：

> 王先生此次捨身，其爲殉清室無疑。大節孤忠，與梁公巨川同一旨趣，若謂慮一身安危，懼爲黨軍或學生所辱，猶爲未能知王先生者。……今王先生既盡節矣，悠悠之口，譏詆責難，或妄相推測，亦只可任之而已。若夫我輩主維持中國禮教，對於王先生之棄世，只有敬服哀悼已耳。[2]

六月三日續曰：

> 王先生忠事清室，宓之身世境遇不同。然宓固願以維持中國文化道德禮教之精神爲己任者，今敢誓於王先生之靈，他年苟不能實行所志，而湅忍以没；或爲中國文化禮教之敵所逼迫，義無苟全者，則必當效王先生之行事，從容就死。[3]

六月四日記曰：

> 下午四時，黄晦聞先生（節）來。宓迎入述王先生事。黄先生

————————
[1] 劉夢溪言："當一種文化值衰弱之時，其中的一些'文化所化之人'，或曰'文化精神所凝聚之人'，一句話，就是'文化所託命之人'，必因之而感到苦痛，是再自然不過的事情。"《王國維與陳寅恪》，北京：北京時代華文書局，2020年，第127頁。
[2][3]《吴宓日記》第三册，北京：生活·讀書·新知三聯書店，1998年，第345頁。

　　大悲泣,淚涔涔下。謂以彼意度之,則王先生之死,必爲不忍見中
　　國從古傳來之文化禮教道德精神,今將日全行漸滅,故而自戕其
　　生。宓又詳述遺囑種種。黃先生謂,如是則王先生志在殉清,與彼
　　之志稍異。然宓謂二先生所主張雖不同,而禮教道德之精神,固與
　　忠節之行事,表裏相維,結爲一體,不可區分者也。特因個人之身
　　世境遇及性情見解不同,故有輕此重彼者耳。善爲採擇而發揚之,
　　是吾儕之責也。[1]

黃節認爲王國維之死是殉中國文化,而吳宓認爲王國維是殉清。但吳
宓指出,王國維之殉清亦不是僅僅是殉作爲統治王朝的有清一朝,王氏
之殉是將對清王朝的忠與中國禮教文化的核心結合起來的。是以,黃
節認爲其與王國維之志稍有不同,但吳宓卻認爲,"中國從古傳來之文
化禮教道德精神"並不是空懸的,"禮教道德之精神,固與忠節之行事,
表裏相維,結爲一體,不可區分者也"。因此,吳宓認爲王國維之死是以
殉清爲表而以殉中國禮教爲裏。蓋中國傳統禮教不復存在,則中國也
就不是文化意義上的傳統中國了。就此點而言,陳寅恪《王觀堂先生輓
詞序》頗有切當之論:

　　近人有東西文化之説,其區域分劃之當否,固不必論,即所謂
　　異同優劣,亦姑不具言;然而可得一假定之義焉。……吾中國文化
　　之定義,具於《白虎通》三綱六紀之説,其意義爲抽象理想最高之
　　境,猶希臘柏拉圖所謂 Eidos 者。[2]

陳寅恪將中國文化歸極於"三綱六紀",即將中國文化之核心指向禮教,
而禮教之核心則歸之於三綱六紀。並且將三綱六紀之説提高到"抽象
理想最高之境",而與"希臘柏拉圖所謂 Eidos"相比類。由是,在陳寅恪
筆下,中國文化亦成爲可與西方文化分庭抗禮的文化之一種,故自有其

─────────────

[1]　《吳宓日記》第三册,第 346 頁。
[2]　陳寅恪《王觀堂先生輓詞(并序)》,《陳寅恪集·詩集》,第 12 頁。

傳統,亦有其價值。陳寅恪之所以發爲此論,固是因於王國維之死,亦是就是時社會現狀而發。其續言曰:

夫綱紀本理想抽象之物,然不能不有所依託,以爲具體表現之用;其所依託以表現者,實爲有形之社會制度,而經濟制度尤其最要者。故所依託者不變易,則依託者亦得以因以保存。吾國古來亦嘗有悖三綱違六紀無父無君之説,如釋迦牟尼外來之教者矣,然佛教流傳播衍盛昌於中土,而中土歷世遺留綱紀之説,曾不因之以動搖者,其説所依託之社會經濟制度未嘗根本變遷,故猶能藉之以爲寄命之地也。近數十年來,自道光之季,迄乎今日,社會經濟之制度,以外族之侵迫,致劇疾之變遷;綱紀之説,無所憑依,不待外來學説之掊擊,而已銷沉淪喪於不知覺之間;雖有人焉,强聒而力持,亦終歸於不可救療之局。蓋今日之赤縣神州值數千年未有之鉅劫奇變;劫盡變窮,則此文化精神所凝聚之人,安得不與之共命而同盡,此觀堂先生所以不得不死,遂爲天下後世所極哀而深惜者也。[1]

陳寅恪言王國維之死,"其所殉之道,與所成之仁,均爲抽象理想之通性,而非具體之一人一事"[2],即將王國維之死指向了作爲文化意義的中國的淪喪,是以有"文化神州喪一身"之句。而其所謂"文化神州"之喪,即"今日之赤縣神州值數千年未有之鉅劫奇變",亦即"社會經濟之制度,致劇疾之變遷;綱紀之説,無所憑依"。陳寅恪認爲中國禮教文化亦嘗受佛教等外來文化之衝擊與影響,但因爲所依託之經濟制度未有變化,故禮教並未受到真正的衝擊,相反,外來之文化則需與中國文化相結合方能廣泛傳播、發揚光大。其於《馮友蘭中國哲學史下册審查報告》曰:

[1] 陳寅恪《王觀堂先生輓詞(并序)》,《陳寅恪集·詩集》,第12—13頁。
[2] 同上書,第12頁。

釋迦之教義，無父無君，與吾國傳統之學說，存在之制度，無一
不相衝突。輸入之後，若久不變易，則絕難保持。是以佛教學説，
能於吾國思想史上，發生重大久遠之影響者，皆經國人吸收改造之
過程。其忠實輸入不改本來面目者，若玄奘唯識之學，雖震動一時
人心，而卒歸於消沈歇絕。[1]

但晚近以來的新變局則是，國人希望將救亡圖存的希望寄託在全盤西
化上，即不但要改變中國的經濟、制度，更要改變中國的傳統禮教文化。
如民國年間反禮教之巨匠吳虞撰有《家族制度爲專制主義之根據論》、
《儒家主張階級制度之害》、《禮論》、《康有爲"君臣之倫不可廢"駁議》、
《吃人與禮教》等文章，[2]對以禮教爲核心的中國傳統文化予以猛烈地
掊擊。在此現狀下，陳寅恪藉王國維之死提出陳、王等人所共有的文化
本位主義，[3]亦藉以提出"中國文化之定義"。李旭指出：

陳氏所謂"定義"之"定"，乃是相對近代"劇疾之變遷"之"變"
而發；易言之，陳氏所謂"中國文化之定義"，並非"界定之義"，而是
"恒定之義"，意指中國歷史文化中恒常不變的因子。此"定義"在
晚近變局中竟爾"銷沉淪喪"，則"中國文化"是否還是"中國文化"，
遂成一問題。[4]

李氏此論可謂卓識，無疑是把握到了陳寅恪"中國文化定義"之內核與
本質。李旭續曰："陳氏富於歷史感，故綜論中國文化，不止於義理系統
的衡定，更就歷代繁複史事的變遷大勢而抉發其恒常因子，此論的史學
之維因而凸顯。"[5]無疑，陳寅恪認定的中國文化的核心是以三綱六紀

〔1〕陳寅恪《馮友蘭中國哲學史下冊審查報告》，《金明館叢稿二編》，北京：生活·讀書·新知
　　三聯書店，2015年，第283—284頁。
〔2〕參見《吳虞集》，成都：四川人民出版社，1985年。
〔3〕參見鄭熊《解析陳寅恪文化本位論》，《西北大學學報(哲學社會科學版)》2006年第2期。
〔4〕李旭《"中國文化定義"說的淵源、蘊義與踐履——近代學術嬗變脈絡下的陳寅恪〈王觀堂
　　先生輓詞序〉》，《清華大學學報(哲學社會科學版)》2021年第1期，第31頁。
〔5〕同上書，第32頁。

爲内核的傳統禮教。如果三綱六紀等禮教而不存,那麽,"'中國文化'是否還是'中國文化',遂成一問題"。易言之,在陳寅恪、王國維等人的思想中,禮教是中國之所以爲中國的恒常因素,當這個因素變化,乃至受到質疑之後,何謂中國就成了問題,傳統中國能否繼續存在也就隨之成爲問題。[1]陳寅恪在《馮友蘭中國哲學史下册審查報告》中續言:

> 至道教對輸入之思想,如佛教、摩尼教等,無不盡量吸收,然仍不忘其本來民族之地位。既融成一家之説以後,則堅持夷夏之論,以排斥外來之教義。此種思想上之態度,自六朝時亦已如此。雖似相反,而實足以相成。從來新儒家即繼承此種遺業而能大成者。竊疑中國自今日以後,即使能忠實輸入北美或東歐之思想,其結局當亦等於玄奘唯識之學,在吾國思想史上,既不能居最高之地位,且亦終歸於歇絶者。其真能於思想上自成系統,有所創獲者,必須一方面吸收輸入外來之學説,一方面不忘本來民族之地位。此二種相反而適相成之態度,乃道教之真精神,新儒家之舊途徑,而二千年吾民族與他民族思想接觸史之所昭示者也。[2]

即認爲外來文化之於中國文化,祇能走融合之路,而不可走全盤外化之途。但陳寅恪所持有的仍然是"中國文化本位主義",即中國之所以爲中國,即當有中國文化作爲内核。其所謂佛教、道教、新儒家中的外來因素,即以中國傳統文化爲恒定因素,而外來文化祇能爲恒定文化的修訂因子,不能成爲核心因子。凡不能與恒定因子相結合者,終歸於銷歇;而能與恒定因子相融合者,纔能真正在中國文化中傳承下來。即兩千年歷史的中外交流中,中國文化始終是主軸,外來文化祇是修訂主軸的協從因素。但陳寅恪這裏有一個重要的前提假設,就是"中國還是中

[1] 吳宓日記1927年6月12日記載:"十時,至前門外高井胡同,謁黃節先生。談中國現時局勢,及文化德教覆亡絶滅之可憂。黃先生言次幾將泣下,淚已盈眶矣。"(《吳宓日記》第三册,第353頁)可知對於中國文化懷"同情之理解"者,固不滿於將中國文化棄若敝屐之説。
[2] 陳寅恪《馮友蘭中國哲學史下册審查報告》,《金明館叢稿二編》,第284—285頁。

國”,如果根本不在乎中國是否爲文化意義上的“中國”,那麽,中國文化爲西方文化,即其所謂“北美或東歐之思想”所取代,亦無不可了。事實上,晚近中國確實走在“北美或東歐”化的路上,而不是要化“北美或東歐”爲“中國”。如果説中國歷史上的傳統禮教文化與外來的佛教、摩尼教思想的關係,始終是以傳統禮教文化爲核心的話,那麽,晚近的中國與西方,則是以西方爲核心、爲主軸的。套用丸山真男的概念,禮教文化在晚近已經成爲了古層。[1]由是而論,王國維、陳寅恪也成了民國文化史上“執拗的低音”。[2]

三、變革時代的舊學:晚近傳統學人對經學之持守

如果説以胡適爲首的西化派、科學派是要全盤輸入西方觀念,那麽,王國維、陳寅恪、吳宓等人則是要堅守“中國之爲中國”的“文化本位”。如果説胡適等西化派、科學派是面向近代以降的未來,那麽,王國維、陳寅恪、吳宓等人則是迴向傳統。按陳寅恪的説法,文化應當以相應的制度、經濟爲依託,那麽,傳統也當以“故國”爲依託。但此“故國”並非是政治和時間意義上的“故國”,更多是文化意義上的“故國”。梁濟《敬告世人書》曰:

> 吾今竭誠致敬以告世人曰:梁濟之死,係殉清朝而死也。……吾因身值清朝之末,故云殉清,其實非以清朝爲本位,而以幼年所學爲本位。吾國數千年先聖之詩禮綱常,吾家先祖先父之遺傳與教訓,幼年所聞以對於世道有責任爲主義,此主義深印於吾腦中,即以此主義爲本位,故不容不殉。[3]

---

〔1〕參見丸山真男《原型・古層・執拗的低音——關於日本思想史方法論的探索》,收入加藤周一著,唐月梅譯《日本文化特徵》,上海:上海人民出版社,1992年。
〔2〕參見王汎森《執拗的低音:一些歷史思考方式的反思》,北京:生活・讀書・新知三聯書店,2020年。
〔3〕梁濟著,黃曙輝編校《梁巨川遺書》,上海:華東師範大學出版社,2008年,第51頁。

故無論是梁濟還是王國維,從表面上看是殉清,但究其本質,則是殉文化所依託的故國,亦即殉故國所代表的文化。陳寅恪言"其真能於思想上自成系統,有所創獲者,必須一方面吸收輸入外來之學説,一方面不忘本來民族之地位",又言"此二種相反而適相成之態度,乃道教之真精神,新儒家之舊途徑,而二千年吾民族與他民族思想接觸史之所昭示者也",則是仍以"吾國數千年先聖之詩禮綱常"爲本根,而以北美、東歐之文化必當附此本根以生。就兩種文化而言,禮教無疑是故國文化之魂。禮教不存,則王朝的滅亡便成了文化上的"亡天下"。陳寅恪言"寅恪平生爲不古不今之學,思想囿於咸豐、同治之世,議論近乎湘鄉、南皮之間",[1]其關於中西文化之思考,亦可導源於張之洞。張之洞《勸學篇序》言"明保國、保教、保種爲一體",[2]《勸學篇·同心第一》更申論曰:

> 吾聞欲救今日之世變者,其説有三:一曰保國家,一曰保聖教,一曰保華種。夫三事一貫而已矣。保國、保教、保種,合爲一心,是謂同心。保種必先保教,保教必先保國。種何以存?有智則存。智者,教之謂也。教何以行?有力則行。力者,兵之謂也。故國不威,則教不循;國不盛,則種不尊。[3]

以是而論,就保國、保教、保種而言,其核心在於保種。而保種又是與保教相表裏者,即惟有保教纔有保種,若教之不存,故從文化上講,中國人也就不是中國人了。教之不存,種將焉復,蓋其義也。故張氏又特提出保教之核心,即三綱的重要性,其言曰:"三綱爲中國神聖相傳之至教,禮政之原本,人禽之大防,以保教也。"[4]張之洞將三綱上升到"人禽之辨"的程度,即認爲若無三綱,則人將不人。又曰:"五倫之要,百行之原,相傳數千年更無異義,聖人所以爲聖人,中國所以爲中國,實在於

---

〔1〕 陳寅恪《馮友蘭中國哲學史下册審查報告》,《金明館叢稿二編》,第 285 頁。
〔2〕 張之洞《勸學篇》,《張之洞全集》第十二册,武漢:武漢出版社,2008 年,第 157 頁。
〔3〕 同上書,第 159 頁。
〔4〕 同上書,第 158 頁。

此。"〔1〕其將保國、保教、保種合爲一體,實則是以保教居於文化中國的核心地位。〔2〕要之,張之洞更注重的是作爲文化意義的"中國"得以存續的問題,而不是作爲政治意義的"清朝"。其所以必保國者,是認爲非保國不能保教、保種也。由是而論,梁濟、王國維之殉,即與張之洞之保國、保教、保種同一義也。王國維、陳寅恪、吴宓等人在民元期間仍持守張之洞等人所提倡之文化政策,但在西風壓倒東風的時代,他們無疑成了"執拗的低音",成了學術史上的"少數派"。

1922 年 10 月,梁啓超撰《五十年中國進化概論》,將近五十年思想界變遷分爲三期,其言曰:

> 這三期思想的進步,試把前後期的人物做個尺度來量他一下,便很明白。第一期,如郭嵩燾、張佩綸、張之洞等輩,算是很新很新的怪物;到第二期時,嵩燾、佩綸輩已死去,之洞卻還在,之洞在第二期前半依然算是提倡風氣的一個人,到了後半,居然成了老朽思想的代表了。在第二期,康有爲、梁啓超、章炳麟、嚴復等輩,都是新思想界勇士,立在陣頭最前的一排。到第三期時,許多新青年跑上前線,這些人一躺一躺被擠落後,甚至已經全然退伍了。這種新陳代謝現象,可以證明這五十年間思想界的血液流轉得很快,可以證明思想界的體氣實已漸趨康强。〔3〕

梁啓超自然是晚清民初重要的思想人物,也是新派之代表,但就梁氏此文自述而論,梁啓超亦祇能算是思想進化第二期之代表人物,而在第三期已屬落後了。若果梁啓超已屬落後,無怪乎其認爲第一期之代表人物張之洞,在第二期後半"居然成了老朽思想的代表了"。在晚近這一

〔1〕 張之洞《勸學篇》,《張之洞全集》第十二册,第 163 頁。
〔2〕 李旭言:"張之洞之所謂'學',重在經學;所謂'教',即是名教。'勸學'之意,尤在'保教'。這是張氏在晚近變局中的探本之論。"深得張氏之義。《〈中國文化定義〉説的淵源、蘊義與踐履——近代學術嬗變脈絡下的陳寅恪〈王觀堂先生輓詞序〉》,第 33 頁。
〔3〕 梁啓超《五十年中國進化概論》,《梁啓超全集》(第十一集),北京:中國人民大學出版社,2018 年,第 405—406 頁。

劇烈變化的時代,新舊輪轉也就隨之劇烈了。如果站在"進化"的角度而言,那麼,不能繼續跟上時代,自然就是"落後"與"老朽"了;但思想、文化的變化,並非是純然符合"進化律"的。陳寅恪即言:

> 縱覽史乘,凡士大夫階級之轉移升降,往往與道德標準及社會風習之變遷有關。當其新舊蜕嬗之間際,常呈一紛紜綜錯之情態,即新道德標準與舊道德標準,新社會風習與舊社會風習並存雜用。各是其是,而互非其非也。斯誠亦事實之無可如何者。雖然,值此道德標準、社會風習紛亂變易之時,此轉移升降之士大夫階級之人,有賢不肖拙巧之分別,而其賢者拙者,常感受苦痛,終於消滅而後已。其不肖者巧者,則多享受歡樂,往往富貴榮顯,身泰名遂。其故何也? 由於善利用或不善利用此兩種以上不同之標準及習俗,以應付此環境而已。[1]

梁啓超從晚清以至民國,一直站在新學之潮頭,固然可謂提倡新學之賢者;但王國維、梁濟轉而迴向舊學、舊道德,終至於自殉,亦可謂堅守舊道德之賢者。新舊道德之變易,本無與於賢不肖之別。但從後世觀之,正是由於新道德終取代舊道德,則守舊道德者終得"老朽"之稱。陳寅恪此文雖是論晚唐之世,但似亦爲切己之論,蓋晚近可謂二千年未有之大變局,亦新舊道德、風習劇變最烈之時代也。陳寅恪言晚近世局,嘗言:"當日英賢誰北斗,南皮太保方迂叟。忠順勤勞矢素衷,中西體用資循誘。"[2]又言:"寅恪平生爲不古不今之學,思想囿於咸豐、同治之世,議論近乎湘鄉、南皮之間。"蔣天樞箋注"中西體用資循誘"句曰:"文襄著《勸學篇》,主中學爲體,西學爲用。"[3]《勸學篇·循序》曰:

> 今欲强中國、存中學,則不得不講西學。然不先以中學固其根柢,端其識趣,則强者爲亂首,弱者爲人奴,其禍更烈於不通西學者

〔1〕 陳寅恪《元白詩箋證稿》,北京:生活·讀書·新知三聯書店,2015 年,第 85 頁。
〔2〕 陳寅恪《王觀堂先生輓詞(并序)》,《陳寅恪集·詩集》,第 13—14 頁。
〔3〕 同上書,第 14 頁。

矣！……今力學者必先通經，以明我中國先聖先師立教之旨；考史，以識我中國歷代之治亂，九州之風土；涉獵子、集，以通我中國之學術文章，然後擇西學之可以補吾闕者用之，西政之可以起吾疾者取之，斯有益而無其害。如養生者，先有穀氣，而後可飫庶羞；療病者，先審藏府，而後可施藥石。西學必先由中學，亦猶是矣。[1]

張之洞認爲，今日之中國若不藉助西學，固不能守國；然全盤西化，則中國亦不復存在。蓋以禮教爲中心的傳統四部之學是"中國之爲中國"的文化基因，亦可謂"中國之魂"，若全然棄之而從於西學，則"中學"不存，"中國"亦不復存在了。是以，張之洞認爲"今欲强中國、存中學，則不得不講西學"，但講西學必當"以中學固其根柢，端其識趣"，不然則"强者爲亂首，弱者爲人奴，其禍更烈於不通西學者矣"。是以，張之洞欲以西學救國，然要人以中學固本。但晚近之世，時局劇變，非能堅守舊訓，而當有所更革。《勸學篇·守約》曰：

儒術危矣！……夫先博後約，孔孟之教所同。而處今日之世變，則當以孟子守約施博之説通之。……滄海橫流，外侮洊至，不講新學，則勢不行，兼講舊學，則力不給。再歷數年，苦其難而不知其益，則儒益爲人所賤。聖教儒書，寖微寖減，雖無嬴秦坑焚之禍，亦必有梁元文武道盡之憂。此可爲大懼者矣！尤可患者，今日無志之士，本不悦學，離經畔道者，尤不悦中學，因倡爲中學繁難無用之説，設淫辭而助之攻，於是樂其便而和之者益衆，殆欲立廢中學而後快。是惟設一易簡之策以救之，庶可以間讕中學者之口，而解畏難不學者之惑。今欲存中學，必自守約始。[2]

面對國勢日黜、舊學日微的局面，張之洞雖然持"中學爲體"之理念，但也不得不改變原本"先博後約"的舊訓，轉而要學人以"守約"爲入手處。

〔1〕 張之洞《勸學篇》，《張之洞全集》第十二册，第168頁。
〔2〕 同上書，第168—169頁。

可以説,張之洞晚年編纂《輶軒語》、《勸學篇》、《書目答問》等書,都意在守約以推廣舊學之研習。就中學各門而言,其亦提出研習之序:

> 爰舉中學各門求約之法,條列於後,損之又損,義主救世,以致用當務爲貴,不以殫見洽聞爲賢。十五歲以前誦《孝經》、四書、五經正文,隨文解義,並讀史略、天文、地理、歌括、圖式諸書,及漢、唐、宋人明白曉暢文字有益於今日行文者。[1]

就經學而言,則又提出通經七端:

> 經學,通大義。切於治身心、治天下者,謂之大義。……欲有要而無勞,約有七端:一明例,謂全書之義例。一要指,謂今日尤切用者,每一經少則數十事,多則百餘事。一圖表。一會通,謂本經與羣經貫通之義。一解紛,謂先儒異義各有依據者,擇其較長一説主之,不必再考,免耗日力。一闕疑,謂隱奧難明、碎義不急者置之不考。一流別,謂本經授受之源流,古今經師之家法。以上七事,分類求之,批郤導窾,事半功倍。[2]

陸胤指出:"《勸學篇·守約》的'中學'分科方案頗有廣雅、兩湖書院分門體制的痕跡,其偏重經學、小學,亦與當時兩湖書院經師雲集的狀況有關。"[3]張之洞提出以"守約"治舊學,固有推廣此道之義,而書院無疑是晚清推廣此道的最佳途徑。張之洞掌廣雅書院、兩湖書院、存古學堂,即此教育思想之實際踐行。就張氏所提出的經學七端而言,實已包括經學、經學史的方方面面,同時也可視爲古代註疏之學的近代轉換。但不得不説,張氏之意甚佳,但學堂能夠照此七端講授經學,卻也是難上加難。蓋原本講授註疏之學祇需要照本宣科,而照此七端則需要講授者貫通羣經,至少精通一經之學,且能夠提要鈎玄、釋疑解難,是亦談何容易。張之洞之所以能夠提出此論,且亦能實行,蓋在於廣雅、兩湖、

---

〔1〕〔2〕 張之洞《勸學篇》,《張之洞全集》第十二册,第169頁。

〔3〕 陸胤《政教存續與文教轉型:近代學術史上的張之洞學人圈》,北京:北京大學出版社,2015年,第153頁。

存古學堂"經師雲集"之故。是以,欲推廣此理念,張之洞即起以此七端編纂諸經講義之念。而承其意以撰次經學講義者,即是時任兩湖書院經學分教之曹元弼。曹元弼《周易鄭氏注箋釋・序》曰:

> 文襄師以世道衰微,人心陷溺,邪説横行,敗綱斁倫,作《勸學篇》以拯世。内有《守約》一章,立治經提要鈎元之法,約以明例、要旨、圖表、會通、解紛、闕疑、流别七目,冀事少而功多,人人有經義數千條在心,則終身可無離經叛道之患。屬元弼依類撰集《十四經學》。[1]

曹元弼作爲晚清一大儒,其受命編纂《十四經學》,可謂得人。但據其自述,曹氏研撰十餘年,似乎祇成《周易》、三《禮》、《孝經》、《論語》、《孟子》等學。[2]就今所見,則惟有《周易學》、《禮經學》、《孝經學》,《毛詩學》惟餘其半,《周禮學》惟存數頁,終未能克成張之洞所望之偉業。但曹元弼晚年完成《復禮堂述學詩》一書,雖未按張氏七端予以闡釋,卻對經學及經學史之重要課題與疑難問題作了闡釋。如果説張之洞的目的在於守約以廣舊學,那麽,就經學而言,《復禮堂述學詩》克當其任矣。

四、爲故國招魂:曹元弼經學與《復禮堂述學詩》

曹元弼生於同治六年(1867),卒於 1953 年,歷經清同治、光緒、宣統,再經民國,身歷軍閥混戰、抗日戰爭、解放戰爭,及至中華人民共和國建立,但數十年的政治動蕩、政權鼎革似乎都没有影響曹氏學術,其數十年孜孜矻矻地治經、研經,可謂"最後的經師"。王欣夫在曹氏身後爲其撰有一篇頗爲詳盡的行狀,可爲我們瞭解曹元弼提供頗多信息,不妨摘録於次:

---

〔1〕 曹元弼《周易鄭氏注箋釋・序》,《復禮堂遺書》第二册,北京:中華書局,2019 年,第 517—518 頁。

〔2〕 同上書,第 518—519 頁。

先生姓曹氏,諱元弼,字穀孫,又字師鄭,一字懿齋,號叔彥,晚號復禮老人,又號新羅仙史。……光緒辛巳,以幼童科試第四名入庠。……乙酉,調取江陰南菁書院肄業,從定海黄先生以周問故。時大江南北才俊士咸集南菁,朝夕切磋,而尤與婁張錫恭、太倉唐文治交篤,質疑問難無虚日。是年,選充拔貢生第一名。……旋中式本省鄉試第二十七名舉人。明年,應禮部試赴京,於瑞安客座識孫先生詒讓,論《禮》甚相得,並與公子紹箕訂昆弟交。……甲午,會試中式,以目疾未與廷試。乙未,補行殿試。時殿廷試競尚書法,習以成風。先生自幼以用精太過,目疾甚,不能作楷。閲卷者既列二等矣,有御史熙麟參奏,奉旨提卷呈覽,常熟翁文恭公方入直,面奏曹元弼雖寫不成字,實大江以南通經博覽之士。卒以字跡模糊,降列三等五十名,以中書用。……時南皮張文襄公方督兩江,延爲書局總校。……丁酉,文襄移節兩湖,電聘主講兩湖書院。先生撰《原道》、《述學》、《守約》三篇,示諸生治學之方,亦先生所以自道也。在院與番禺梁文忠公同輯《經學文鈔》。……未幾,文襄命編十四經學,立治經提要鉤玄之法,約以明例、要旨、圖表、會通、解紛、闕疑、流別七目。先生以兹事體大物博,任重道遠,發憤覃思,閉户論撰,寢食俱忘,晷刻必爭,冀速揆於成。已刻者《周易學》八卷、《禮經學》九卷、《孝經學》七卷,刻而未竟者《毛詩學》、《周禮學》、《孟子學》各若干卷,其《論語學》則後改題曰《聖學挽狂録》者也。……丁未,文襄又電招爲湖北存古學堂總教。……戊申,……江蘇亦設存古學堂,延爲經學總教,仍兼鄂學。……宣統辛亥,辭存古總教,旋即致政詔下,先生心摧氣絶,飲恨吞聲。……自此閉户絶世,殫心著述。……暇則爲諸弟子講授經義,毅然以守先待後爲己任。[1]

---

〔1〕 王大隆《吴縣曹先生行狀》,《民國人物碑傳集》,北京:團結出版社,1995 年,第 522—524 頁。關於曹元弼生平,另可參看宫志翀《曹元弼學術年譜》,收入干春松、陳壁生主編《曹元弼的生平與學術》,北京:中國人民大學出版社,2018 年,第 3—145 頁。

王欣夫作爲曹元弼晚年高弟,其對曹氏生平經歷之梳理,當可信從。通過王欣夫《曹先生行狀》,我們可以對曹氏行實有所瞭解。而就曹元弼之經學而言,其前期受學於南菁書院,師友切磋,頗爲有得,故有"大江以南通經博覽之士"之譽。由於黃以周、張錫恭、唐文治等師友之影響,其學合匯漢宋,尤以鄭玄爲宗,[1]分撰《周易鄭氏注箋釋》、《古文尚書鄭氏注箋釋》、《孝經鄭氏注箋釋》等著作。[2]在南菁書院受黃以周、孫詒讓等教導,使得曹氏在經學研究上達到了精深的程度。如果説曹元弼青少年時期對經學的研習是傳統教育模式的結果,那麽,自其入張之洞幕之後,受張之洞影響,受命撰寫十四經學,則是希望在經學瓦解時代重拾經學的價值,冀圖爲經學招魂。

　　王欣夫言:"先生撰《原道》、《述學》、《守約》三篇,示諸生治學之方,亦先生所以自道也。"曹元弼《復禮堂述學詩序》亦曰:"公既爲《勸學篇》,又屬元弼編《十四經學》。先爲《原道》、《述學》、《守約》三篇,以提其綱。"[3]即以《原道》、《述學》、《守約》三篇爲《十四經學》之提綱,更是示諸生以治經之法。[4]綜觀曹元弼經學論著,可以説,《原道》、《述學》、

[1] 王欣夫《吳縣曹先生行狀》曰:"先生説經,一以高密鄭氏爲宗,而兼采程、朱二子,平直通達,與番禺陳氏爲近。"(《民國人物碑傳集》,第526頁。)宫志翀言:"曹元弼一生纂著以全面表彰、恢復鄭學爲依歸,然其所以訂誤補遺,疏釋群經,與清人分文析字、旁徵廣引之漢學有别,而終構建一以人倫愛敬爲宗旨,以禮爲體,六藝同歸共貫之經學系統,爲經學史之獨特景象。"(《曹元弼學術年譜》,《曹元弼的生平與學術》,第4頁。)
[2] 曹元弼著作主要有《周易學》、《周易鄭氏注箋釋》、《周易集解補釋》、《古文尚書鄭氏注箋釋》、《毛詩學》、《禮經學》、《禮經校釋》、《禮經大義》、《孝經學》、《孝經鄭氏解》、《孝經鄭氏注箋釋》、《孝經校釋》、《孝經集注》、《孝經六藝大道録》、《大學通義》、《中庸通義》、《復禮堂述學詩》、《復禮堂文集》、《復禮堂文二集》、《復禮堂文三集》、《復禮堂詩集》等。復旦大學圖書館古籍部有《復禮堂遺書》四十册(北京:中華書局,2019年),曹元弼重要文獻多收録於此書。
[3] 曹元弼《復禮堂述學詩序》,《復禮堂述學詩》,1938年刻本。後凡引《復禮堂述學詩》皆爲此本,爲簡潔計,若無特殊情況,祇在文中註明《述某某學》第幾首,不再出注説明。
[4] 宫志翀《曹元弼學術年譜》言:"(光緒二十四年)三月末,張之洞撰成《勸學篇》,以辟邪説,正學術,維世道。曹元弼因撰《原道》《述學》《守約》三篇廣之,以示諸生治學之方,亦其所自道也。"(《曹元弼學術年譜》第40頁。)《原道》《述學》《守約》三篇收入《復禮堂文集》卷一,復以《十四經學開宗》名義收入《周易學》卷首。

《守約》三篇不但是《十四經學》之提綱,更是曹元弼經學方法與經學主旨的夫子自道。曹元弼數十年經學研究,其核心即貫穿此三篇之義。不妨以此三篇爲例,對曹元弼之經學理念略作剖析。曹元弼於《原道》篇首論聖人所以作經曰:

> 聖人愛敬萬世之心無窮,不能豫爲萬世興治過亂,而能爲萬世豫立有治無亂、撥亂反正之本。天不變道亦不變,經之所以爲經也。[1]

曹元弼對於聖人所以作經的原因,並不是純然從形而上的角度予以解讀,而是從經學之所用的角度予以解答,提出經就是"爲萬世豫立有治無亂、撥亂反正之本"。那麼,從經本身來説,經的核心又是什麼呢? 曹元弼認爲,就經學之本旨而言,其最核心者爲三綱五常,曹元弼曰"三綱五常,王政之始,聖教之本"[2],即此義也。可以發現,曹元弼對經學的定義是基於現實的王教聖教而論的。故其續論經學,尤其是"三綱五常"之於清末之世的意義:

> 孔子刪述六經於前,以仁萬世。六經存則三綱五常存,而人心之愛敬可得而用。人心之愛敬用則愚者可使明,弱者可使強,散者可使聚。今日人爲刀俎、我爲魚肉,累卵積薪,未足以喻其危。七年之病,求三年之艾,惟有確明宗旨、激發忠義、萬衆一心,知人爲大清人、學爲大清學,畢智竭慮,通達萬變,不離其宗。上紓君父之憂,下濟蒼生之厄,前答先聖愛敬萬世之仁,今日學堂之所以爲教、所以爲學也。合是四者,經明行修,通經致用。夫是之謂經學。[3]

曹元弼將"三綱五常"作爲中國之爲中國的底色,正如陳寅恪所言,"吾中國文化之定義,具於《白虎通》三綱六紀之説,其意義爲抽象理想最高之境"。經學之所以爲經學,正是出於"中國之爲中國"的意義而言的。

---

〔1〕 曹元弼《復禮堂文集》卷一《原道》,民國六年刻本,第8頁A。
〔2〕 同上書,第3頁。
〔3〕 同上書,第8頁B—第9頁A。

經作爲"天不變道亦不變"的道,構成了中國的精神底色與文明基底。"中國之爲中國",其核心就在於經學的"三綱五常"之說。若經學不再爲國人所普遍接受,那麼,就成了"天變"。在清末這樣一個經學與禮教的末世,事實上已將"天變"。山雨欲來,傳統士人的感受必更爲强烈。但對於傳統士人而言,經是中國之爲中國之基礎,就器物、技術的層面而言,可以採用西方之技術;但就文明之基底而言,卻必當以經學爲依歸。故曹元弼等傳統士人不得不再三呼籲以經學作爲教育之精神内核與指導思想,惟有據經以立政,繰能以經學統貫西學。故《守約》篇曰:

> 今欲强中國,自勤習中西各學始。欲學之專、學之精、學之成,學之爲國用而不爲敵用,學之爲民出死入生而不自陷其身於死、以陷天下,自正人心始。欲正人心,自發明聖經大義始。大義必易簡,則守約爲至要。[1]

又曰:

> 各本經義施政立教,勵相國家,師道立則善人多,人才盛則國勢昌。周幹商霖,枝蕃流衍。俾全國臣民人識綱常、家敦道義,士農工商兵,凡習聲、光、化、電各學者皆有與國爲體、忠愛利濟之心,天下如一家,中國如一人,皇祚固於億禩,華種尊於環球。而聲教所被,孔孟之道且偏行於五大洲。君子務本,本立而道生。原泉混混,不舍晝夜,盈科而後進,放乎四海,有本者如是。[2]

以是可知,曹元弼並非不知道西學之於中學的優勢,但其念兹在兹地以綱常禮教爲精神依歸,就是要在學習西學技術之先,先明瞭禮教綱常之於中國的意義。曹氏認爲,惟有"全國臣民人識綱常、家敦道義",即先以中國的傳統禮教綱常爲立身之本,則士農工商兵及一切"習聲、光、化、電"之西學者,繰能"與國爲體、忠愛利濟",也繰能"學之爲國用而不

---

[1] 曹元弼《復禮堂文集》卷一《守約》,第21頁。
[2] 同上書,第24頁B。

爲敵用,學之爲民出死入生而不自陷其身於死、以陷天下"。易言之,祇有堅守中國傳統禮教,纔能明瞭自身作爲中國人的意義,也纔能在學習西學之外,恪守"中國之爲中國"的立身之本。由是而論,經學就成了一切學問之先,必須先學經學,纔能恪守傳統之道,纔能不在精神上被"西化"。那麽,又當如何學習經學呢? 畢竟當下祇有經學已經不够了,在學習西學之先學習經學,與傳統純粹的以經學爲學,終歸是不同了。故曹元弼提出學習經學之方式,亦與傳統科舉時代的經學學習有所不同。曹氏曰:"竊嘗考古者治經之法有二,一爲略舉大要之學,一爲究極經義之學。"〔1〕歷代經師之學多爲"究極經義之學",但就清末之世而言,"略舉大要之學"反而更爲合適,蓋"通經致用,知其大要,觀其會通"〔2〕可也,其目的在於以經學立本、立心、立身,而非爲精研經義。此亦張之洞編纂《勸學篇》之意,亦曹氏所以賡續張之洞者。曹元弼《述學》篇即分經對中國歷代經學史作了論述,這本身已經可以説是"守約"了,但在清末這個局勢下,即使是這樣,仍嫌不够簡便,故其於《守約》曰:

> 每經限以最切要之數書,歸於永無流弊之一途,不復使人理璞取瑜、探山鑄銅。固已舉要,不求備矣。然時局之危朝不謀夕,需材之亟刻不容緩,前舉各書徧讀盡通已非十餘年不爲功,今日之學如理軍市、如救水火、如醫急證、如求亡子,風雨漂摇、危急存亡之秋,豈能從容待此? 善乎南皮張相國之《勸學篇》設治經簡易之法,爲守約之説。孟子曰:"博學而詳説之,將以反説約也。"又曰:"守約而施博者,善道也。"夫約者,聖學之所以成始而成終。〔3〕

在清末之世,即使是要人"每經限以最切要之數書"也已不可能,祇能約之又約,以講明經學大要爲旨。是以,張之洞編纂《勸學篇》,以總中國傳統學問之門徑;又命曹元弼撰《十四經學》,即以《勸學篇》之方法施之

---

〔1〕〔2〕　曹元弼《復禮堂文集》卷一《守約》,第20頁B。
〔3〕　同上書,第18頁B—第19頁A。

於每一經,以期使後學明瞭經學大要、經學大義,或亦期開經學之門徑。曹元弼《十四經學略例》曰:

　　一、此書據張文襄師《勸學篇》所列七目隳括古今經師經義之法分類編纂。造端宏大,向所未有,草創經年,體例始定。分別部居,比合義類,一本古人準繩規矩,引而申之。

　　一、明例。例者,經之所以爲體,例明則若綱在綱,如裘挈領,全經竅要豁然貫通。又如親見人之面目,僞者不能冒,真者不可誣,疑經非聖之邪説自息矣。先儒釋例之書甚多,今整齊而貫穿之。本經通例、經師別例、注例、疏例、各家説經例、學者治經例,一一表明。

　　一、要旨。旨者,經之所以爲心,聖人所以繼天覺民、幸教萬世。學者治身心、治天下之至道精微廣大、探索無窮,今放顧氏《日知録》之例,掇舉經句,繫以先儒成説,並下己意,爲有志聞道者舉隅。

　　一、圖表。取舊圖舊表尤要者著之,正其誤、補其闕。

　　一、會通。極論一經與群經相通大義,條列事證,略放《漢書·藝文志》、鄭君《詩譜》例。

　　一、解紛。舉各經尤難明而切要之義,窮原竟委明辯之,俾學者一覽而悟。

　　一、闕疑。各經多寡有無不定,備存其目而繫以説。

　　一、流別。詳敘傳經源流,標舉各家撰述要略,並列經注疏各本得失,俾學者知所適從。[1]

曹元弼受張之洞命編《十四經學》,每一經學皆恪守張之洞明例、要旨、圖表、會通、解紛、闕疑、流別七目編纂,要在便於後學入門。就此七目而言,實已涵括經學大義、宗旨、疑難及經學史等各門類。可以説,按照

---

〔1〕 曹元弼《十四經學略例》,《曹元弼遺書》第一册,第51—53頁。

張之洞和曹元弼的設計,《十四經學》是要成爲後學入門的經學教科書。這一想法雖然是由張之洞發起端,但曹元弼《原道》、《述學》、《守約》三篇,實亦已貫穿此一思想。曹元弼受命編纂《十四經學》,因兹事體大,辭兩湖書院事,杜門著書。[1]"聖人之仁天下萬世也以學",[2]曹元弼與張之洞等傳統士大夫欲傳揚聖人之道,堅守中國傳統文化與倫理,即欲以學爲切入點。在西方政治與文化的交相催迫下,中國自古以來的聖人之道受到了前所未有的衝擊。無論是《勸學篇》,還是《十四經學》,都以傳承聖人之道爲依歸。但《十四經學》終歸體系龐大,曹元弼雖杜門著述,最終祇完成、刊刻了《周易學》、《禮經學》、《孝經學》、《毛詩學》數種。或許正是出於"守約"這一不得不然的要求,曹元弼晚年撰寫《復禮堂述學詩》一書,以七言絶句的形式,闡述各經大義、疑難、經學史源流等,可謂是"約之又約"。曹元弼雖然沒有能够完成《十四經學》,但《復禮堂述學詩》在一定程度上達到了"守約"以接引後學入道的目的。

《復禮堂述學詩》啓思於辛亥後,刊行於戊寅年(1938),是曹元弼晚年撰寫的經學史專著。[3]《述學詩》以七言絶句的詩歌體裁研究、闡發中國經學及經學史上的重要課題,是其數十年經學研究的總結,亦可謂曹氏經學研究的"晚年定論"。曹元弼《復禮堂述學詩序》曰:

> 《述學詩》者,元弼自宣統辛亥後,悲天憫人,獨居深念,懼文武道盡,乾坤或息,憂患學易,覃精研思,默察天人消息,冀剝之反復、否之反泰。日月以幾,寒暑迭嬗,至丁巳之夏,普天希長夜復旦之光,率土屬倒懸解縲之望,而民今方殆,多難未已。九重城闕驟生煙塵,海濱微臣心膽摧裂。悲憤填膺,自恨讀聖賢書,受國家厚恩,曾不能奮身著尺寸效。心痗首疾,神志失度者累月。

---

[1] 參見曹元弼《經學文鈔序》。

[2] 曹元弼《復禮堂文集》卷一《原道》,第2頁A。

[3] 李科以爲《復禮堂述學詩》刊刻、修版、付印最終完成時間在民國二十九年,即1940年。參見《曹元弼致王欣夫書札考釋上篇》,《版本目録學研究》第十一輯,北京:國家圖書館出版社,2020年,第260頁。

曹元弼之撰《述學詩》,是在《勸學篇》、《十四經學》的脈絡中展開的。如其序所言,作《述學詩》之思起於辛亥清帝退位,而真正寫下第一首詩則是在丁巳年張勳復辟失敗後,在在顯示曹元弼對清廷、清帝之眷戀與關切。從政治上講,就是清朝滅亡帶給曹元弼以巨大的衝擊;從文化上講,西方文化與政治的侵迫、清朝的滅亡、民國的建立,都在更大程度上衝擊著傳統禮教文化與制度。爲了回應這雙重衝擊,曹元弼開啓其《述學詩》的撰寫。但就《述學詩》體例而言,卻有一定的偶然性。《述學詩序》曰:

> 一日讀《説文》,喟然而嘆,微吟一詩,有"九千文字歸忠孝,不數揚雄拜叔重"之句。先仲兄綺園逸史見而善之,謂盍放此例,每經各爲詩若干首,提挈綱維,開示來學,使記誦易而感發深,於經學人心蓋非小補。余敬諾,乃勉定心氣,綜括數十年治經心得,日作數詩。……自九月至歲終,得詩六百數十首。

但在這種偶然性之外,詩體敘事體裁在清代的流行,尤其是葉昌熾《藏書紀事詩》的典範作用,或許亦起了潛在的推動作用。[1]《復禮堂述學詩序》續言:"故侍講葉菊裳前輩《藏書紀事詩》之例爲七言絶句,竊取《小雅》之義,其言有文,其聲有哀,俾吟詠之間,抑揚反覆,足以感發人之善心。而韻語易記,治經綱目具在,興藝樂學,事半功倍。庶幾吾黨小子識之,凡百君子聽之。"是亦《述學詩》體例之先源。而此序亦彰顯其欲藉韻體文以便後學入門之意。《述學詩》共包括《述易》、《述尚書》、《述詩》、《述周禮》、《述禮經》、《述禮記》、《述大戴禮記》、《述禮總義》、《述春秋》、《述左傳》、《述國語》、《述公羊傳》、《述穀梁傳》、《述孝經》、《述論語》、《述孟子》、《述小學》、《述群經總義》等十八部分,用六百數十首七言絶句概述中國歷代經學及經學發展史。就體例而言,"每經先舉

---

[1] 曹元弼與葉昌熾交游頗久,亦曾讀葉氏所撰詩體敘事著作《藏書紀事詩》,可認爲此是曹氏之所以採用詩體的一種潛在的推動因素。參見崔燕南整理《曹元弼友朋書札》(上海:上海人民出版社,2018 年)之葉昌熾部分。

大義,正宗旨也;次詳源流,明傳信也。""然經義淵深,經師家法遠源未分,百家得失參錯不齊,每一事以二十八字括之,其勢非注不明……出入三年而注成"。總詩、注約三十餘萬言。

就曹元弼所撰第一首《述學詩》,即"九千文字歸忠孝,不數揚雄拜叔重"句,其所謂"忠孝"雖或出於對"清朝"與"宣統辛亥"的感慨,但亦是對以忠孝爲中心的傳統禮教的悲歌。曹氏在在以遺老遺少自居,時人亦視之若是,然吾人讀曹氏書,可見其所顧念者與其説是作爲政權擁有者的清廷,毋寧説是作爲傳統儒家文化表徵之清朝與清帝。曹氏於《述學詩·述詩》曰:

> 三代以上,禮明樂備莫如周,漢唐以來,憲章稽古莫如我朝。御纂、欽定諸經,兼收百代師儒之説,《易》、《書》、《詩》皆由宋溯漢,《春秋》以三傳爲主,《三禮》以鄭注爲主。而《詩經傳説彙纂》於鄭、衛諸篇皆表章小序及諸儒申序之説。於是函丈之儒、青衿之俊咸得指南,並式古訓,精發毛、鄭,旁通三家,微言大義,雲爛星陳,郁郁彬彬,會歸有極,如百川之朝宗於海矣。

由是可見,曹氏所守之清朝,非僅爲政權所屬之清朝,更是集中華文化、禮樂文明大成之清朝。周公、孔子之大化不行久矣,而曹氏以清爲二千年周孔文明大行之時,故《述學詩·述周禮》曰:

> 周公典法曠代不行,惟我朝列聖體堯舜執中、文武緝熙敬勝之德,重熙累洽,致成王、周公禮樂交通、太平雅頌之盛。凡所以經緯天地、裁成萬物者,無一不與《周官》精義相符。恭讀《欽定三禮義疏》,可以知先聖後聖之一揆。

故曹氏之清朝,非僅爲滿族之政權所在,亦乃中國二千年文化之所繫。是所謂"先聖后聖,其揆一也",其"一揆"之者即中華周孔之文化。就曹氏而言,辛亥革命非但是革清廷之命,亦是革中國二千年文明之命。"中原陸沈,亂靡有定;人紀淪亡,天常反易。豈惟我朝之厄運,乃天生烝民有物有則、千聖百王以養以教禮道之大厄,而乾坤或幾乎息之秋也。微臣涕淚餘生,涓埃未報。潛蹤北海,仰希夷、叔待清;企想東京,深愧桓榮稽古。"由是可見,其所謂"中國",即周孔之故國、文化之故國、文明之故國。

其第一首述學詩之"九千文字歸忠孝,不數揚雄拜叔重"句,實即體現了此點,即以《説文》爲代表的傳統儒家文化歸結於忠孝,但忠孝歸根結底仍要回到許慎等前賢。故就曹氏學行及《述學詩》全文而言,曹氏固然眷戀故朝,但其所深望者則更在冀望傳統文化之復興。是以,曹氏續言:"蓋處人道之窮,鬱無可奈何之孤墳,抱萬不得已之苦心,求存絶學於一綫,以俟天地之再清,此《述學詩》所爲作也。"

如果説張之洞希望的是在帝國晚年爲國朝續命,那麽,曹元弼在清朝滅亡三四十年,廢除科舉、不再讀經數十年之後,仍然孜孜不倦地研經、治經,試圖重新推廣經學、引導後學,則無疑是冀圖爲故國招魂,更是爲經學招魂、爲傳統文化招魂。

五、最後的經師:作爲文化遺民的曹元弼

曹元弼於 1953 年 9 月去世,顧頡剛稱其爲"最後一個經學家",[1]可謂的當。由於曹元弼"平生習於閉户,聲聞不彰",[2]更由於晚近對經學與保守之批判,無疑使曹元弼不爲研討晚近歷史者所注意,論其行其學者寥寥。[3]曹元弼過世不久,顧頡剛於 1954 年 3 月 21 日日記載:

---

〔1〕〔2〕《顧頡剛日記》第七册,一九五三年十月二十八日條,第 462 頁。

〔3〕 就當代學術研究而言,關於曹元弼之研究可謂極少。曹氏弟子沈文倬《曹元弼〈古文尚書鄭氏注箋釋〉》(《文獻》1980 年第 3 期)一文是目前可見當代學術界首次對曹元弼經學予以研究的作品。此後經三十餘年沉寂,直到 2010 年左右,學界重新注意到曹元弼的經學。2012 年周洪整理出版曹元弼《禮經學》,是第一本整理出版的曹元弼著作。在周洪指導下,張敬煜撰寫了題爲《曹元弼禮經思想研究——以〈禮經學〉爲考察重點》的碩士論文(江西師範大學 2009 年);朱一、周洪撰寫《曹元弼〈禮經學〉對張惠言〈儀禮圖〉圖表引用之概述》(《東華理工大學學報(社會科學版)》2015 年第 1 期)、《曹元弼〈禮經學〉對張惠言"喪服表"之校正》(《南昌師範學院學報》2015 年第 1 期)等論文,對曹元弼(轉下頁)

"叔彦先生,予十餘歲時即敬之,以其爲經師也。而其人過於篤信,必欲

(接上頁)《禮經學》作了多方面的探討。同一時期,南京師範大學畢研哲撰寫《曹元弼〈禮經學・喪服例〉述義與特色辨析》(《文教資料》2015 年第 29 期)、《曹元弼〈喪服例〉疑義辨正》(《唐山師範學院學報》2016 年第 3 期),並在此基礎上撰寫碩士論文《曹元弼〈禮經學〉研究》(2016 年),對《禮經學》作了較爲全面的考察。蔣鵬翔《論曹元弼校勘〈儀禮〉的成績及其意義》(《經學文獻研究集刊》第十六輯)則從校勘的角度對曹元弼《儀禮》學予以討論。聶濤《曹元弼〈禮經校釋〉的成書背景與體例探析》(《長春師範大學學報》2020 年第 7 期)、《論曹元弼〈禮經校釋〉對〈禮經學〉的影響》(《金陵科技學院學報》2021 年第 2 期),張文《曹元弼〈禮經校釋〉學術價值探微》(《中國經學》第 27 輯),對曹元弼《禮經校釋》一書予以研究。而張付東《曹元弼的〈孝經學研究〉》(《湖北工程學院學報》2012 年第 6 期)、陳壁生《追尋六經之本——曹元弼的〈孝經〉學》(《雲南大學學報(社會科學版)》2017 年第 4 期),對曹元弼《孝經》學予以研究。尤其是陳壁生文,對曹元弼《孝經》著述及其思想主旨作了深入的分析。鄧國光《曹元弼先生〈經學文鈔〉禮説初識》(《湖南大學學報(社會科學版)》2016 年第 5 期)、《道濟天下——唐文治、曹元弼二先生經學大義比論》(《中國經學》第 23 輯)、《曹元弼先生〈尚書〉學初識》(《中國經學》第 24 輯)、《會通與知識:唐文治與曹元弼"經教"法要初探》(《國際儒學》2021 年第 1 期),對曹元弼經學的多種著作與思想予以研究。許超傑《再造人倫:曹元弼〈春秋〉學中的守制與建構》(《哲學與文化(月刊)》2021 年第 6 期),則對曹元弼《春秋》學之主旨予以探討。宮志翀《古今革命之間的"文王稱王"問題——以曹元弼爲中心》(《開放時代》2019 年第 2 期),對曹元弼的文王稱王論述作了深入的研究。孫利政《曹元弼佚作〈經學通義〉述略》(《文教資料》2016 年第 34 期)一文對曹氏佚文予以輯考。虞萬里、許超傑《唐文治致曹元弼書札編年校錄》(《經學文獻研究集刊》第十三輯),許超傑《曹元弼〈覆段熙仲書〉考釋》(《南京師範大學文學院學報》2014 年第 4 期),許超傑、王園園《孫德謙致曹元弼書札七通考釋》(《文獻》2017 年第 2 期),許超傑《曹元弼〈素王説〉疏釋》(《中國四庫學》第二輯),對曹元弼書札及稿抄本文獻作了一些考釋。李科《曹元弼致王欣夫書札考釋》(《版本目錄學研究》第十一、十二輯),對曹元弼致王欣夫書札作了深入的考證;《曹元弼禮記繫年考辨》(《中國典籍與文化》2020 年第 1 期),對曹元弼日記作了全面考察。在對曹元弼文獻研究的基礎上,李科還撰有《乾嘉吳皖二派對曹元弼經學研究之影響》(《中國典籍與文化論叢》第 23 輯)、《曹元弼與黃以周學術異同考論》(《北方民族大學學報(哲學社會科學版)》2019 年第 4 期)等文章,對曹元弼之學術予以研究。近年隨著干春松、陳壁生主編《經學研究》第四輯《曹元弼的生平與學術》(北京:中國人民大學出版社,2018 年,包括宮志翀《曹元弼學術年譜》、李科《顧炎武對曹元弼思想學術之影響略論》、廖娟《晚清經師曹元弼的〈易〉學三書》等),吳飛主編《南菁書院與近世學術》(北京:三聯書店,2019 年,包括林鵠《曹叔彦先生論〈春秋〉》、崔燕南《曹元弼與梁鼎芬交游考論》、李科《曹元弼與唐文治交游考論》等),集中刊布一系列曹元弼論文,推動了曹元弼研究向前發展。而崔燕南整理《曹元弼友朋書札》、李科整理《曹元弼日記》、宮志翀整理《孝經學》《孝經鄭氏注箋釋》、劉增光整理《曹元弼孝經學著作四種》的出版,以及《曹元弼遺書》的影印,無疑都爲曹元弼研究奠定了資料基礎。通過以上梳理不難發現,相較於此前數十年,近十餘年曹元弼研究有了極大的發展,學界對曹元弼的學術史意義也有了更爲明確的認識。但相較於曹元弼數百萬字的著作,目前學界對於曹元弼的研究可以説遠遠不足,仍存在著極大的空白。

通經致用,疑古如予,實所畏見,故平生從未一面。"[1]據此日記,則顧頡剛對曹元弼固持其敬意。但就經學而言,顧氏實不能讚同曹元弼。顧頡剛《崔東壁遺書序》曰:

> 辨僞工作,萌芽於戰國、秦、漢,而勃發於唐、宋、元、明,到了清代瀕近於成熟階段。……從前戰國、秦、漢間人利用"合"的手段,把什麽東西都收進來,堆積到孔子的寶座之下,造成了儒家,造成了經學,也幾乎造成了孔教。想不到經過一兩千年,學風丕變,什麽都要"分"了。經了這一分,而後經學解體,孔子不再可能成爲教主。……我們應當吸收其精華而淘汰其糟粕,宋學取其批評精神,去其空談;清代經學取其考證法,去其墨守漢儒説;今文經學取其較早的材料,去其妖妄與迷信,然後在這個基礎上建立起新史料學來。[2]

在顧頡剛看來,經學當去掉宋學的"空談"、清學的"墨守漢儒"、今文學的"妖妄與迷信"。但這樣"吸收其精華而淘汰其糟粕",經學也不再是經學了。事實上,顧頡剛也没打算將其稱爲"經學",而是要建設"新史料學",即將經學史料化。這並不是顧頡剛一人的觀點,而是晚近"先進者"所普遍持有的觀點。最有名的自然是胡適闡發的"六經皆史料"説。其論章學誠"六經皆史"曰:

> 先生作《文史通義》之第一篇——《易教》——之第一句即云:"六經皆史也。"此語百餘年來,雖偶有人崇奉,而實無人深懂其所涵之意義。我們必須先懂得"盈天地間,一切著作,皆史也"這一句總綱,然後可以懂得"六經皆史也"這一條子目。"六經皆史也"一句孤立的話,很不容易懂得;而《周易》一書更不容易看作"史",故先生的《易教》篇很露出勉强拉攏的痕跡。其實先生的本意祇是説

---

〔1〕《顧頡剛日記》第七册,一九五四年三月二十一日條,第520頁。

〔2〕顧頡剛《崔東壁遺書序一》,《顧頡剛古史論文集》卷七,北京:中華書局,2011年,第165—166頁。

"一切著作,都是史料"。如此説法,便不難懂得了。先生的主張以
爲六經皆先王的政典;因爲是政典,故皆有史料的價值。故他《報
孫淵如書》説"六經特聖人取此六種之史以垂訓者耳"。《史考釋
例》論六經的流别皆爲史部所不得不收;其論《易》,祇説"蓋史有律
憲志,而卦氣通於律憲,則《易》之支流通於史矣"。次論子部通於
史者什有八九;又次論集部諸書與史家互相出入。説"什有八九",
説"互相出入",都可見先生並不真説"一切子集皆史也",祇是要説
子部集部中有許多史料。以子集兩部推之,則先生所説"六經皆史
也",其實祇是説經部中有許多史料。[1]

作爲經史關係提出的"六經皆史説",在胡適的推闡下,轉變爲"六經皆
史料"。事實上,胡適不僅認爲"六經皆史料",實則認爲"四部皆史料"。
正是在胡適、顧頡剛等人的推動下,傳統的經史之學讓位於現代科學的
歷史學,經學也就被消解掉了。[2]周予同即言:"使中國史學完全脱離
經學的羈絆而獨立的是胡適。……轉變期的史學,到了他確是前進了
一步。"[3]在胡適等人的推動下,經學已逐步讓位於科學史學與史料
學。雖然曹元弼經學成就卓著,但傳統經學在民國已經成爲保守與落
後的代名詞,而作爲經學核心的禮教更是"人人得而誅之",在這樣的環
境下,曹元弼的"被遺忘"也就可以理解了。但就民初歷史世界而言,似
乎不應該忘卻這一原有的拼圖。羅志田言:

> 對於一些不再積極反擊新派而規模又不太大的舊派"世界",
> 我們過去的注意也相當不夠。民初多半生活在上海的所謂"遺
> 老",其實就自成一"世界"。他們當然也不滿意時代的發展,但除
> 少數認真捲入清朝"復辟"活動者外,多數實際上已基本不問政治,

---

〔1〕 胡適撰,姚名達訂補《章實齋先生年譜》,《胡適文集》(7),北京:北京大學出版社,2013
年,第102頁。

〔2〕 參見陳壁生《經學的瓦解》,上海:華東師範大學出版社,2014年。

〔3〕 周予同《五十年來中國之新史學》,朱維錚編《周予同經學史論著選集(增訂版)》,上海:上
海人民出版社,1996年,第542頁。

而過著一種帶有"大隱在朝市"意味的世內桃園生活。這些人的文酒過從之中當然有大量的牢騷不平之語,但其所嚮往的目標、競爭的成敗、以及關懷的事物,其實與這一"世界"外的人頗不相同。……很可能由於這一"世界"的人越來越少"預流"於其所處時代的主流思想言説,特別是日漸淡出當時的新舊之爭,我們過去的史學論述即使在論及舊派時對此社群也幾乎是略而不提的。[1]

羅志田注意到以往學術界對"遺民"群體的忽視,故提醒我們要注意此一群體。雖然民初"遺民"群體並不算很大,但這些遺民作爲"舊世界"的重要組成者,包括舊時的官員、士人、鄉紳等,其影響力卻並不小。尤其是就思想文化史而言,並不會因爲政治的改朝換代而立刻改弦更張,以遺民爲代表的舊文化、舊道德仍然在現實世界中起著重要的作用。要瞭解清末民初的歷史世界與思想世界,如果缺掉了"保守者"這一塊,無疑是殘缺的。[2]

　　就曹元弼而言,其雖未久居滬上,但其與滬上遺民多有交流,可謂這一拼圖中的一小塊。[3]1914 年 3 月 27 日羅振玉致書王國維,言其見

---

[1]　羅志田《新舊之間:近代中國的多個世界及"失語"群體》,《四川大學學報(哲學社會學科版)》1999 年第 6 期,第 80—81 頁。

[2]　林志宏《民國乃敵國也:政治文化轉型下的清遺民》對民初遺民作了深入的研究,其於結論部分言曰:"或許有人會提出這樣的疑問:與現代民主潮流相互背道而馳之下,清遺民在民國不過衹是一群充滿'反動'思想的'逆流',是否有必要去美化這樣一批違反時潮之人,甚至去瞭解他們的政治認同和態度? 當我們觸及如此論調時,往往可能會陷到先入爲主的思維中,甚至不禁帶有情緒性字眼,以致錯失了瞭解歷史深層的意義。……誠如後見之明,'激進'逐漸成爲近代中國主要的思想特徵和力量,人們大抵衹有希冀不同程度的變革,要求變革較少的人往往被劃分爲'保守',並戴上有色的眼鏡。民國以後,由於政治立場與思想相左,忠直的遺民們被歸類爲'保守'的群體,屢遭'污名化'/'妖魔化'的對待,成爲社會上'負面'的代表人物。但值得追問的是,這群普遍被深惡痛絕的人們,如果放在傳統過渡到現代的角度進行觀察,究竟具有何種意義? 關於這一問題,可從'轉型時代'來看。對研究中國近現代史的學者來説,轉型時代象徵政治秩序和思想取向發生重大轉變;對於如此關鍵的時刻,若能釐清當中個體/集體的心理傾向,都將有助於進行更深刻的反思。"《民國乃敵國也:政治文化轉型下的清遺民》,北京:中華書局,2013 年,第 331—332 頁。此即可謂遺民研究的意義所在。

[3]　民國建立之後,曹元弼多次赴滬,1914 年、1924 年皆有赴滬記録,參見《曹元弼年譜》第 86、100 頁。

沈曾植、梁鼎芬、曹元弼事：

> 昨午見沈乙老，暢談二時許。座中並見曹叔彦。今朝梁節老來，略悉近來情狀。乙老堅持"非無可挽"四字，節老則痛禽獸之充斥，所聞頗有得之意外者。節老火氣退盡，和平誠摯，此又一異事也。[1]

可見曹元弼與沈曾植、羅振玉等清遺民領袖多有交往。[2]但曹元弼與沈、羅、梁等亦有所不同，沈、羅、梁等多直接介入政治之中，如乙老堅持"非無可挽"，即指溥儀復辟之事而言；[3]但曹元弼更多的則是堅守中國傳統文化，以經學介入是時之文化。如果説沈、羅、梁等人更多指向爲政治遺民，那麼，曹元弼雖亦心懷勝朝，但究其實則當指向爲文化遺民。曹元弼的文化遺民感，或者説是對文化没落的自覺，當始於青少年時代。這種文化遺民的自覺，與其説是出於對現實政治的思考，毋寧説是出於中西文化中中國傳統文化的日漸式微。葉昌熾《緣督廬日記》光緒十四年(1888)記曹元弼來訪曰："日哺，屺懷、叔彦偕來暢談。叔彦讀凌次仲《校禮堂集·黄鐘攷》尊崇西學，有'西方有聖人'一語，憤不能平，爲之廢寢。"[4]曹元弼時年二十二歲，仍在修學階段。凌廷堪尊崇西學，有"西方有聖人"之語，曹元弼爲之憤憤不平。凌廷堪作爲清中期著名學者，尤善於禮學，與曹元弼可謂興味相投。但凌氏可以正視西學，而曹氏卻堅不欲見"西方有聖人"之義，蓋時勢然也。凌廷堪所處的清中期正處於清朝鼎盛時期，天朝上國之夢尚未破碎，故其對西學之認同、提出"西方有聖人"之論，並不會影響中國"聖人"的合法性。但曹元

---

[1] 王慶祥、蕭立文校注，羅繼祖審訂《羅振玉王國維往來書信》，上海：東方出版社，2000年，第12頁。

[2] 亦可參見《曹元弼友朋書札》，曹元弼交游往還者多爲清遺民與文化保守者。

[3] 許全勝《沈曾植年譜長編》曰："此札中公所謂'非無可挽'，與三月十五日《羅振玉致王國維札》'培老之説，恐成熟之期不遠'，皆指復辟而言。"(北京：中華書局，2007年，第397頁。)

[4] 葉昌熾《緣督廬日記》第三册，南京：江蘇古籍出版社，2002年，第1441頁。

弱所處的清末,則大有"西方聖人"取代"東方聖人"之勢,故曹氏堅不欲納此論。對於西風壓倒東風而言,民國建立並不是一個起始點,1895年則可視爲一個重要的節點。葛兆光指出:

> 如果回顧歷史,可以看到一個深刻的曲折,從明末清初面對西洋新學時士人關於"西學中源"的歷史制作,到阮元《疇人傳》中所表現的對天文算學的實際重視和對西洋學術的習慣蔑視,以及李銳、李善蘭等人試圖在算學上超越西洋學問,從馮桂芬《采西學議》的"以中國之倫常名教爲原本,輔以諸國富强之術",到張之洞等人的"中體西用",在面對西方文明時,中國大體上都是堅持克拉克所説的,"在傳統中變"。可是,1895年以後,在這種追求富强的心情中,一切卻似乎在向著西方式的"現代"轉化,出現了"在傳統外變"的取向。很多人都開始廢棄傳統舊學而轉向追求西洋新知。……研究者都注意到這種現象,1895年以後,新的傳媒、新式學堂、新的學會和新的報刊的出現,"西方文化在轉型時代有著空前的擴散",而西方知識與思想也在這些載體的支持下,以前所未有的速度傳播。如果説,1895年以前的士人們尤其是大儒、甚至沿海士大夫對西學還有"一種普遍的漠視","一般士大夫思想上的門仍然靜靜地關閉著",但是"在1895年以後開始有了極大的轉變",而《萬國公報》的言論也表現著這一傾向,"以甲午戰爭爲分野,《萬國公報》的言論發生了顯著變化,那以前大多没有超出通商築路、改革科舉的範圍,那以後便轉向'不變法不能救中國'"。[1]

如果説1895年之前士大夫對文化還有其自信,那麽,1895年之後日漸瞭解西方文化的士人、學者,亦日益認識到必須轉向西方文化,纔能救中國,即"不變法不能救中國"也。是以,"在十九世紀末,特别是1895年以後,中國人在極度震驚之後,突然對自己的傳統失去了信心,

----

[1] 葛兆光《中國思想史》第二卷,上海:復旦大學出版社,2018年,第476—477頁。

雖然共同生活的地域還在，共同使用的語言還在，但是共同的信仰卻開始被西洋的新知動搖，共同的歷史記憶似乎也在漸漸消失"。〔1〕1895 年帶給中國的震驚，最重要的是甲午海戰對日本的失敗，讓國人認識到必須從技術到體制全面學習西方。而就思想界而言，1895 年前後最重要的，就是康有爲《新學僞經考》和《孔子改制考》的出版。〔2〕康氏意圖改造經學體系以接續西學，使中學與西學接榫。但就傳統經學家而言，康氏之論無疑是離經叛道之舉。曹元弼對康有爲之論多有批駁，即認爲康有爲等人之論非恪守經學之本根，實以中就西。1895 年，曹元弼致書梁鼎芬，即可見曹元弼對傳統經學之堅守與對以中就西之批判：

> 星海先生執事：去夏得手教，意氣肫懇，誨以所不逮，誠感誠荷。承賜《東塾集》，謹敬受讀。側聞講席近在鍾山，大江南北得張制軍以爲帥，得執事以爲師，孤獨困窮之士、顛越奸宄之民復性遂生在今日矣。弼在京年餘，矞目時艱，言之痛心。小人陵君子，夷狄侵中國，滄海橫流，至斯而極。賊民康有爲貪天之禍，以匹夫熒惑天子，崇飾惡言，助夷猾夏，其意以爲義、農、舜、周、孔皆不足法，而惟夷是從，人頭畜鳴，豈不哀哉！夫法久則弊生，設法救弊似也。然必以聖賢至公無私、至正無邪之心處之，博選方正廉潔有道之人，就所長任以事。審權勢之宜，折常變之中，方能救法弊而不至滋弊，豈患得患失之嗇夫所能徼幸而爲之乎？雖然，有爲其著聞者耳，其貪冒詖邪、包藏禍心而未經暴露者，奚啻千百其人。弼常謂今日天下之患在於無人才，所以無人才者由於無人心，所以無人心者由於無學術。所望大君子閑聖道、息邪説，發揮許、鄭之微言，張皇程、朱之精義，俾孔、孟彝訓昭昭揭日月而行，爲天地蘇人心，爲國家培元氣。弼亦當勉竭駑鈍，隨執事後焉。與子言孝，與弟言

〔1〕 葛兆光《中國思想史》第二卷，第 480 頁。
〔2〕 據《康有爲全集》載，《新學僞經考》初刻於光緒十七年(1891)，《孔子改制考》"始屬稿"於光緒十二年(1886)，系統編纂於光緒十八年(1892)，光緒二十三年(1898)冬首次刊刻。

弟，與臣言忠，堅持古訓，力申正道，庶幾雨雪見晛而消，髦蠻之憂
可以少息。嗚呼，洪水而後爲中國患者莫如夷狄禽獸，然必中國先
夷狄而後夷狄入之，民人先禽獸而後禽獸乘之。今天下滔滔，日趨
於夷狄，相率爲禽獸矣。民我同胞，物我與也，有心人能不赴水蹈
火而救之乎？[1]

曹元弼指出是時“小人陵君子，夷狄侵中國，滄海横流，至斯而極”，即中
國已面臨從來未有的局面。但曹氏認爲，“中國先夷狄而後夷狄入之，
民人先禽獸而後禽獸乘之”，即祇有中國文化内部纔能真正破壞中國，
使中國夷狄化、禽獸化。而其所謂夷狄化、禽獸化，即是從中西文化對
比的角度提出的。西方文化不足以真正威脅到中國，而是中國文化内
部的主動夷狄化、禽獸化，即變夏爲夷，纔是中國文化面臨的最大威脅。
易言之，西方文化、西化學人祇是在中國文化外部對中國提出挑戰，而
真正從中國内部對中國文化予以衝擊的，則是康有爲等改變經學體系
的做法。康有爲藉《新學僞經考》、《孔子改制考》意圖變法，但從經學上
講，二《考》的刊行，導致了對經學與經典的普遍懷疑，最終導向了對經
典與聖人的質疑，從而導致經學與聖人都將失去二千年來的“天然合法
性”。是以，曹元弼怒斥曰：“賊民康有爲貪天之禍，以匹夫熒惑天子，崇
飾惡言，助夷猾夏，其意以爲羲、農、舜、周、孔皆不足法，而惟夷是從，人
頭畜鳴，豈不哀哉！”後人多看到康有爲二《考》及維新變法對政治、學術
走向現代的積極意義，但卻忽略了對於傳統士人而言，康氏之論對傳統
經學與中國傳統文化的破壞性。曹元弼作爲文化保守主義者，其對康
有爲的批判即是建立在中國文化維度之上的。稍早於此函，曹元弼致
書張錫恭，言：“周公、孔子、鄭君、朱子之道，當賴吾兄明之。千秋大業，

〔1〕　虞和平主編《近代史所藏清代名人稿本抄本（第一輯）》第一三五册，鄭州：大象出版社，
2011年，第505—510頁。此札原定爲殘札，蒙吴仰湘老師見告，重新編排，實爲完整信
札，特此致謝。

擔荷至重也。"〔1〕此固是曹氏所期待於張錫恭者,但亦未嘗不是其自我期許所在。從此亦可見,曹氏所堅守者即周公、孔子、鄭君、朱子之道。

但就十九世紀末的現實而言,中國傳統文化日益爲西方文化所衝擊、所取代,曹氏所堅守之周公、孔子、鄭君、朱子之道日漸爲士人所不取,乃至重加批判。張之洞作爲當朝大員,能夠推崇中學,故曹氏以爲"大江南北得張制軍以爲帥,得執事以爲師,孤獨困窮之士、顛越奸宄之民復性遂生在今日矣",即對張之洞極懷期待。後此,曹氏入張之洞幕,任經學總教,編纂《十四經學》,皆是在此一脈絡的延續。宣統元年八月二十一日張之洞薨,曹元弼於八月二十四日日記記曰:

> 聞南皮相國薨,天禍中國,天禍斯文,一至此邪!弼自是無心於世矣。《十四經學》當依舊編纂,以無墜南皮師遺教。他日此書苟能於世道人心有益,則《勸學篇》之立法爲不虛,我師維持名教之功與六經無終極,而國士之知差可無負矣。〔2〕

曹元弼於張之洞之薨言"天禍中國,天禍斯文,一至此邪",則是將張之洞視爲中國文化繫命之人。張之洞之薨也使曹元弼"無心於世",所以然者,蓋亦明瞭世事之不可爲也。宣統元年下距清朝滅亡僅有兩年,西方文化更顯壓倒性優勢,張之洞的去世也預示著傳統文化没落的趨勢已無可挽回。晚清西方船堅炮利、打開中國大門可謂是對中國物質文化的第一次衝擊,甲午海戰、維新變法則是對中國制度文化的又一大衝擊,而張之洞去世、清朝滅亡,在曹元弼眼中則意味著中國傳統文化的終結。是以,作爲文化遺民,曹元弼的"遺民"意識並非始於清亡,而是從晚清西學衝擊中學即已有危機感,而隨著張之洞去世,終感事不可爲,事實上已成其爲"文化遺民"。但曹元弼心繫《十四經學》,冀圖以此延續中國文化,以"維持名教",使"六經無終極",即使以禮教爲中心的

〔1〕　崔燕南整理《曹元弼友朋書札》,第384頁。
〔2〕　曹元弼著,李科整理《曹元弼日記》,南京:鳳凰出版社,2020年,第68頁。

中國傳統文化不至廢絶。曹元弼以經學自任,以禮教文化遺民自居,數十年孜孜矻矻治經、研經,即欲延續中國文化之命脈。

六、餘論

王汎森在題爲《思想史研究方法經驗談》的講座中曾言:

> 思想世界林林總總的現象不總是一個簡單的、在"典範"下面解決問題的情形,有許多時候是在一個鬆散的價值層級下調動各種思想資源。這個價值層級有它的最高級、最優位的思想,也有屬於下位、邊緣的思想,它微妙地在調動、驅策思想資源的升降與聚散。隨著時代的變動,這個價值層級會變。在一個個價值層級下,存在著很多發揮、競爭。價值層級隨著時代而變,譬如"五四"以來科學和民主居有主流,人們覺得這個思想好,那麼以科學與民主爲最高層級的思想框架便到處調動思想界的變化,各種資源向它趨近或軼離,連帶的很多舊的東西也跟著變。……思想界的事有很多時候不能用"典範"來解釋,而要用一個鬆散的架構和思想的層級來把握,這個架構與層級使得某些是上位的,某些是下位的。譬如"五四"以後很長一段時間科學的或胡適所代表的東西是上位的,而保守派思想家的東西可能就是比較下位的。[1]

在民國以降的思想與歷史世界中,中西文化的對比已經不是對等的、可以放在同一平面予以比較的兩種文化,早已成爲了"落後"與"先進"的代名詞。[2]無疑,胡適等西化派和科學代表了先進,而張之洞、曹元弼

---

[1]　王汎森《思想史研究方法經驗談》,許紀霖、劉擎主編《何謂現代,誰之中國——現代中國的再闡釋》,上海:上海人民出版社,2014年,第55—56頁。

[2]　羅志田言:"近代史上的中、西、新、舊,各自都有其獨立的意義,不過相互依存的一面似更顯著。中西和新舊之間的關係,尤更密切而糾結。在某種程度上,正因中國在對外競爭中的屢屢失利,'中西'的認同已帶有太多的感情色彩,承載著强烈的價值判斷,纔逐漸被更超越的'新舊'所取代。在很長時期裏,西與新和中與舊,往往可以相互替代。"《道出於二:過渡時代的新舊之爭》,北京:北京師範大學出版社,2014年,《自序》第3頁。

等保守派和禮教則是落後的表徵。在思想史、學術史的研究中,由於
"先進"的勝利,我們從後設的"先進"觀念出發去觀照當日的思想、歷史
世界,無疑更容易捕捉到"先進"的思想及思想家,而忽略"落後"的思想
及其持有者。正如王汎森所説,"科學的或胡適所代表的東西是上位
的,而保守派思想家的東西可能就是比較下位的"。將"上位"和"下位"
納入學術世界,就是主流正方向與潛流逆方向。在這種"上位"和"下
位"的比照中,胡適等科學派自然是屬於"最上位"的;王國維、陳寅恪則
由於方法的"上位"與思想的"下位",處於"上位"與"下位"之間,即同時
具有可爲後世推崇與批駁之處;[1]而曹元弼因爲其思想與方法的完全
"守舊",從後世學術史研究看來,無疑是處於"最下位"的。這種"下位"就
注定了,在"進化論"史學的譜系與脈絡中,"落後者"是被淘汰和無視的。

　　這種"先進"與"落後"的譜系建構,無疑是與近代以來的"線性歷史
觀"相關聯的。[2]當我們從後世回溯清末,我們會將與當下一脈相承的
西化派視爲"先進",而將傳統視爲"守舊"與"落後"。但"在面對挖掘過
去的思想傳統這一問題時,我們應當回到思想的出發點,去關注在思想
破殼而出時那裏蕴含的不均衡的、可以前往任何方向的可能性,而不是
去看思想到達的結果"。[3]我們對於清末民初的研究,就是將"思想界"
界定在衹能導向"先進",故而忽略乃至抹殺了"先進"之外的各種因素
與可能。但如果"回到思想的起點或它還未得到充分發展的階段,去關
注那裏包含的各種要素以及能够前往任意方向的可能性",[4]那麼,我

〔1〕　羅志田言:"陳寅恪到 20 世紀仍自詡其思想在曾國藩和張之洞之間而爲'不新不舊之
學',就不僅是近代中國思想時段和社會時段不同步現象的一個典型例子,而且提示了新
舊兩極之間的過渡地帶其實相當寬廣。"《新舊之間:近代中國的多個世界及"失語"群
體》,《四川大學學報(哲學社會學科版)》1999 年第 6 期,第 78 頁。
〔2〕　參見王汎森《近代中國的線性歷史觀——以社會進化論爲中心的討論》,收入氏著《近代
中國的史家與史學(增訂本)》,香港:三聯書店(香港)有限公司,2020 年,第 52—103 頁。
〔3〕　丸山真男《關於思想史的思考方法》,收入氏著,路平譯《忠誠與反叛:日本轉型期的精神
史狀況》,上海:上海文藝出版社,2021 年,第 380 頁。
〔4〕　同上書,第 381 頁。

們也許就會發現,"守舊"乃至"落後"的思想家,未嘗不是在應對三千年未有之大變局,試圖以自己的探索去破解這一困局。如果説西化派試圖通過解構中國傳統以現代化,進而與西方接榫,成爲"世界"的一分子;那麽,"保守派"則希望在解決當前變局與危機的同時,堅守中國傳統禮教,並以傳統禮教作爲"中國"的本根。"自古以來越是沉澱於人們精神深處的東西越是無意識的,持續性也越强。"[1]對於傳統中國來説,禮教就是"中國之爲中國"最深層的意識與無意識。西化派爲了與西方接榫,就要求批判與解構和西方思想、文化格格不入的禮教文化,但傳統學者則認爲禮教是中國的本根所在,禮教不存則中國非中國矣。賀麟作爲輾轉遊學於美、德兩國的重要哲學家,其對於傳統與時髦兩種文化的分判,或可視爲對"落後"與"先進"的更深一層思考:

> 無形中支配我們生活的重大力量有二:一爲過去的傳統的觀念,一爲現在的流行的或時髦的觀念。一個人要想保持行爲的獨立與自主,不作傳統觀念的奴隸,不作流行觀念的犧牲品,他必須具有批評的、反省的宗主力,能夠對這些傳統觀念及流行觀念,加以新檢討、新估價。同時如要把握住傳統觀念中的精華,而作爲民族文化的負荷者,理解流行觀念的真義,而作時代精神的代表,也須能夠對傳統觀念及其流行觀念加以重新檢討、重新估價。有許多人表面上好像很新,滿口的新名詞新口號,時而要推翻這樣,打倒那樣,試細考其實際行爲,有時反作傳統觀念的努力而不自覺。這就是因爲他們對於傳統的舊觀念與流行的新觀念未曾加以批評的考察、反省的檢討、重新的估價。結果,衹看見他們在那裏浮躁叫囂,打不倒壞的舊觀念,亦不能建設起來好的新的觀念,既不能保持舊有文化的精華,又不能認識新時代的真精神。[2]

[1] 丸山真男著,唐永亮譯《丸山真男講義録(第六册)》,成都:四川教育出版社,2017年,第21頁。
[2] 賀麟《五倫觀念的新檢討》,《近代唯心論簡釋》,北京:商務印書館,2011年,第230頁。

西化派一意推行西方文化與理念,他們對於西方文化、思想及其概念的關照,是以西方爲參考系的。在這個參考系下,往往對西方沒有真正的深層的精神體認,而祇有表面的形式認同;對於中國傳統則更無温情與敬意,一意打倒,故對中國傳統也沒有真正的理解。是以,在這樣的情况下,打倒、批判與建設都是在浮泛的表面予以詮釋的。賀麟提出,"民族文化的負荷者","要把握住傳統觀念中的精華",就要"理解流行觀念的真義",更需"對傳統觀念及其流行觀念加以重新檢討、重新估價",從而建立"新時代的真精神"。就以中國傳統禮教中的五倫觀念而言,賀麟即曰:

> 五倫的觀念是幾千年來支配了我們中國人的道德生活的最有力量的傳統觀念之一。它是我們禮教的核心,它是維繫中華民族的群體的綱紀。我們要從檢討這舊的傳統觀念裏,去發現最新的近代精神。從舊的裏面去發現新的,這就叫做推陳出新。必定要舊中之新,有歷史有淵源的新,才是真正的新。那種表面上五花八門、欺世駭俗、競奇鬥異的新,祇是一時的時髦,並不是真正的新。[1]

爲什麼真正的新必然是"要舊中之新,有歷史有淵源的新"? 蓋如果没有傳統,所謂的新或是空中樓閣,或是逐人後塵,而不是真正具有根基的新。就中國而言,五倫就是支配數千年中國人道德生活的最爲重要的禮教思想之一,如果不以中國數千年傳統作爲根基,那麼,其所謂新,也並非是屬於中國的新。一味徹底地追隨西方,祇能是消解自我式的新;而此新就西方而言,祇不過是庸常。那麼,要真正成就中國的新,該當如何呢? 賀麟即以五倫爲例,言要從作爲舊道德的五倫中去發現新的時代精神,從舊中發現新,即將舊道德與新時代相結合,意圖從中國傳統中開出新時代的新精神,此可謂真正屬於中國的新。

---

[1] 賀麟《五倫觀念的新檢討》,《近代唯心論簡釋》,第230—231頁。

　　就此點而言,曹元弼與賀麟並無本質上的區別,曹元弼亦是意圖從以接續中國傳統來應對西方的新觀念、新理念、新生活。曹元弼的經學研究並非是一成不變、完全恪守傳統的。尤其是《十四經學》、《復禮堂述學詩》的編纂,從形式上講,也已經由傳統的博轉向了近代教科書式的約,是主動的形式轉換、範式轉換;從内核上講,曹元弼之經學思想也集中於禮教、綱常之上;從目的上講,經學祇是曹元弼教育理念中的精神學科,而其亦不排斥西學在聲、光、電等領域的教學。是以,並不能説曹元弼是完全食古不化之人,其對經學與禮教的堅守,更多地是從"中國之爲中國"的文化視角切入的。相比於賀麟,曹元弼當然是極大的保守派;但相比於對傳統禮教的徹底批判、蔑棄,賀麟又何嘗不是保守派呢?

　　回到思想起點的岔路口,胡適、顧頡剛、賀麟、王國維、陳寅恪、張之洞、曹元弼都代表了不同的思想與文化走向。在這一岔路口,誰也不知道最終哪條路是最佳路線,大家都不過是在這條分叉路上試探,作出自己的選擇。百年之後,當我們重新回溯到這一分叉口,我們也需要面對不同的分叉路,重新體認是時的學者在這一分岔路口的迷茫與嘗試,或許我們就能更好地理解王國維、陳寅恪、張之洞、曹元弼,而不是認爲祇有胡適、顧頡剛。讓我們重回這一分岔路口,沿著曹元弼所開闢的這一泥濘之路向前,雖或佈滿荆棘、雜草叢生,但不妨看看曹元弼到底要帶我們走向何方。

中國近代經學史上的蒙文通

郗方圍 *

緒 論

晚清今文學的大家主要有廖平、蒙文通、康有爲、梁啓超等人。其中,康、梁學術的重心在託古改制,而廖氏論學則意在區分今、古。吕思勉曾説:“康氏昌言孔子改制託古;廖氏發明今古文之别,在於其所説之制度:此則爲經學上之兩大發明。有康氏之説,而後古勝於今之觀念全破,考究古事,乃一無障礙。有廖氏之説,而後今古文之分野,得以判然分明,亦不容一筆抹殺也。”[1]清代關於今古文之爭研究的學者可以分爲兩派:一派自莊存與、莊述祖、劉逢禄、宋翔鳳至龔自珍、魏源,講《公羊》,重視張三世、通三統、絀周王魯、受命改制,然而“高唱微言大義而忽視禮制”,[2]其議論似高而實空;一派自陳壽祺、陳喬樅父子,至陳立、皮錫瑞,“能知禮義之略,而未能明制作之源,未能闡發微旨新制”。[3]

能集兩派之長者爲廖平,馮友蘭先生更以其學爲“中國哲學史中經

---

* 作者單位:上海交通大學歷史系。

[1] 吕思勉《吕思勉讀史札記》,上海:上海古籍出版社,2005 年,第 725 頁。

[2][3] 蒙文通《經學抉原》,上海:上海人民出版社,2006 年,第 5 頁(蒙默撰《重編前言》)。

學時代之結束"。[1]總體説來,今文學"以孔子爲致治家,以六經爲孔子政治之説",[2]古文學"以孔子爲史學家,以六經爲孔子整理古代史料之書"。[3]廖平則清楚地指出了今、古文之學的差異在於禮制的不同,以今文學家的立場構建了今、古文之間判若水火的差異性。

　　廖氏學術的最大貢獻在以禮制區分今、古文之學,認爲今文學尊《王制》,崇孔子;古文學尊《周禮》,崇周公,從而使漢儒在禮制上的分歧,大部分可以從今、古學派上的不同得到解决。[4]對於"何以有經今、古文之别"這一問題,他先是解釋爲孔子初年、晚年立説不同:古文爲孔子壯年之學,主張從周,流傳於燕、趙之間;今文爲晚年"素王"之志,主張改制,流傳於齊、魯之間。[5]其後又解釋爲古文學起於劉歆僞作,唯今文學纔是孔子真傳。[6]然而,廖平雖屢變其説而未能解决這一問題,在他看來,漢代的今、古文學派,其不同地域的學問都同源於孔子或周公。[7]此外,"尊孔過甚"亦是廖平思想中爲人詬病之處。[8]

---

〔1〕　馮友蘭《中國哲學史》,北京:商務印書館,2011年,第489頁。

〔2〕　周予同《中國經學史論著選編》,上海:復旦大學出版社,2015年,第46頁。

〔3〕　同上引。此外,關於清代的經今、古文的定義、總體特點,以及相關學術史梳理等問題,周予同先生在《經今古文學》五《經今文學的復興》、《"經"、"經學"、經學史》中有精彩探討,見氏著《中國經學史論著選編》,第13—17、433—441頁。

〔4〕　蒙季甫《文通先兄論經學》,收入蒙默編《蒙文通學記》,北京:生活・讀書・新知三聯書店,2006年,第73頁。廖平經學凡經六變,而以前兩變對於經學産生的影響最大。廖平在《今古學考》中,以今文爲改制,古文爲從周,古爲孔子壯年之學,今則晚年"素王"之制;二變則撰《辟劉篇》(後改訂爲《古學考》),以古學始於劉歆,諸書皆劉歆所僞,而今學則孔子嫡派。其生平及行事可見錢穆《中國近三百年學術史》,北京:中華書局,1986年,第643—653頁。

〔5〕　這一觀點爲廖平經學一變時的主張。廖平經學一變始於1883年癸未,主要著作爲《今古學考》,立場爲"平分今古"。

〔6〕　這一觀點爲廖平經學二變時的主張,廖平經學二變始於1888年戊子,主要著作爲《辟劉篇》、《知聖篇》,立場爲"尊今抑古"。廖平於《經學四變記・二變記》中曰:"於是考究古文家淵源,則皆出於許、鄭以後之僞撰,所有古文家師説,則全出劉歆以後據《周禮》、《左氏》之推衍。又考西漢以前,言經學者,皆主孔子,並無周公,六藝皆爲新經,並非舊史。"見舒大剛、楊世文主編《廖平全集》,上海:上海古籍出版社,2015年,第545頁。

〔7〕　蒙季甫《文通先兄論經學》,見《蒙文通學記》,第73頁。

〔8〕　蒙文通《孔子和今文學》,《經學抉原》,第265—266頁。

　　蒙文通作爲廖平的嫡傳弟子,在清末民初的經學史上具有特殊地位。蒙氏繼承了其師以禮制區分今、古文的方法,但又於尊經書院師從古文學家劉師培,且曾問學於章太炎並獲得啓發。在清末民初的經學史中,很難找不出第二人能够同時受到晚清今、古文學兩派中,最具代表性的人物親自傳授思想學説。因此,蒙文通的經學思想頗值得重視。蒙氏由於受到章太炎的啓發,所以雖沿用了廖平以"理想制度"與"歷史事實"區分今、古文的方法,但是捨棄其師"尊孔"的立場,從而能够"具體揭示今文家的理想制度、並通過理想制度來闡述今文家的'微言大義'"。[1]因此他"對漢代今文學家'素王'、'革命'理論及其'一王大法'制度的系統揭示,都是發前人所未發",[2]"與當時以西人史觀爲準繩的新派學者(如周予同)以及精研古音系統的乾嘉樸學後勁(章太炎、黄季剛及其弟子)均大爲不同"。[3]

　　清末民初時期,隨著科舉制的廢除,經學地位下降。而在章太炎、梁啓超等人以史學"説明古代民族成立發展之跡,而推求其所以能保存盛大之故,而察其有無衰敗之徵"[4]的意圖下,史學地位得以上升,其趨勢可分兩端而言之,"一曰史料搜集與整理,一曰新史學之建設及新史之編纂"。[5]因此,清末的學者是如何由經學轉入史學領域的,這一話題便得到了王汎森、羅志田等人的關注。以往的研究可以分爲兩種類型:第一類爲宏觀研究,將晚清今文學與"古史辨"派相聯繫。進行這

〔1〕〔2〕　蒙季甫《文通先兄論經學》,見《蒙文通學記》,第78頁。
〔3〕　嚴壽澂《經通於史而經非史——蒙文通經學研究述評》,見氏著《百年中國學術表微·經學編》,上海:華東師範大學出版社,2012年,第270頁。
〔4〕　梁啓超《中國歷史研究法》,北京:中華書局,2009年,第7頁。
〔5〕　就史料的搜集與整理而言,這一派主要以對材料的搜集、辨僞和勘誤爲務,注重的史料有六:一曰殷墟之甲骨文字,二曰敦煌及西域各地之漢晉簡牘,三曰敦煌石室之六朝唐人所書卷軸,四曰內閣大庫之書籍檔案,五曰古代漢族以外之各族文字,六曰各地之吉金文字。就新史學之建設與新史之編纂而言,這一派主張用近代最新之方法以改造舊史。倡言新史學之建設,始於梁啓超,而何炳松尤屢言之而不厭。其中,梁啓超的觀點頗具有代表性,認爲史以生人爲本位、應當客觀、範圍應重新規定。參見金毓黻《中國史學史》第十章《最近史學之趨勢》,北京:商務印書館,2007年,第367—426頁。

一類研究的學者中,較有代表性的有周予同、余英時、王汎森等,[1]他們關注的是晚清今文經學"本意尊經、乃至疑古"的面相,指出今文學瓦解了經典的神聖性,從而開出了古史辨派的"疑古辨僞"運動。第二類則對經學轉入史學的過程進行個案研究,將由廖平到蒙文通作爲其中的典型例子之一來呈現,關注的是由廖平到蒙文通的思想傳授過程中,展現出的是由經學轉入史學的面相。[2]

然而,作爲由今文學入手、其後轉向史學領域的學者,蒙文通的"古史三系說"與顧頡剛的"層累構成說"均有力地推動了上古史的研究。在對民國史學的書寫中,蒙文通以地域區分學派的方法以及對於先秦社會"國野異制"說的提出,往往作爲管窺民初史學動向的依據之一,但是在蒙文通的史學研究背後,其最初的研究動機與意圖,卻從未被投射以關注。

因此,與之前的研究相比,本文並非是在"經學瓦解、史學發展"這一敘事框架下研究蒙文通的經學或者史學思想,而是從其思想内部著手,試圖發掘蒙氏進行史學研究的意旨所在,通過考索蒙文通對於先秦至兩漢時期經學形成過程的梳理,庶幾能夠再現隱藏在其史學研究背後的學術動機。

---

[1] 對於這一點,王汎森先生有詳細的探討,他指出:"在'通經致用'的目標下,爲了使經典啓示的訊息與現實境況更密切相關,解釋者自覺或不自覺地依照自己的意見來支配經典。"在晚清的變局中,廖平、康有爲、梁啓超等人爲了變法改制,對經書作了種種新解釋,造成了"本意尊聖,乃至疑經"的吊詭性結果。由於廖平所形塑的孔子是一個沒有實際地位的社會政治改革者,所以六經不再是單純的歷史文獻,而是孔子寄託其經世計劃的書,其中"最激烈的觀點之一是把經書中所記載的歷史和真正的上古歷史分爲兩層,甚至將史事當成符號看"。具體内容見王汎森《古史辨運動的興起》,臺北:允晨文化實業有限公司,1987年。

[2] 王汎森《從經學向史學的過渡——廖平與蒙文通的例子》,《歷史研究》2005年第2期。此外,蒙文通的觀點中,史學的面相往往被人關注,比如李孝遷、任虎編校《近代中國史家學記》(上海:上海古籍出版社,2018年)一書中,便將蒙文通的《〈四庫全書〉給我的啓示》、《回到宋學之路》等文章收入其中。周文玖亦在《從梁啓超到白壽彝——中國史學史學科發展的學術系譜》(《回族研究》2005年第2期)一文中,以蒙文通的史學史研究爲20世紀中國史學發展的一環,雖然該文點出蒙氏兼通經史,但是強調的是"他的史學史成就,在20世紀40年代受到顧頡剛的高度評價"。

　　蒙文通先生生平强調"在整個學術各個方面都卓然有所建樹而構成一個整體",[1]對於任何事情他都要追問它們之間是否有聯繫、這些聯繫是如何發生的、又是如何演變的。[2]本文在下面便想試從蒙氏的經學、諸子和史學研究的角度來説明他何以能在 20 世紀上半葉的學術領域扮演那樣一種獨特的歷史角色。因此,本文的第一部分主要探討蒙氏前期思想中的核心觀念及其來源,從而揭示"古史三系説"提出的情境。但是,僅靠這一點並不足以説明蒙文通長期關注史學、諸子學的原因。所以本文的第二部分則將進一步探討蒙文通在後期,使用歷史的方法觀察先秦社會制度的動機,以及他是在什麼層面上肯定了諸子學的價值。

　　由於本文探討的問題主要圍繞蒙文通經學思想的轉變而展開,因此時間因素便顯得尤爲重要。[3]需要説明的是,思想轉變是一個逐漸

---

[1]　蒙文通《治學雜語》,見蒙默《蒙文通學記》,第 2 頁。

[2]　蒙氏曾自言"文化的變化,不是孤立的,常常不局限於某一領域,因此必須從經、史、文學各個方面來考察,而且常常還同經濟基礎的變化相聯繫"。見蒙文通《治學雜語》,收入蒙默《蒙文通學記》,第 29 頁。

[3]　蒙文通先生(1894—1968)一生經歷了晚清、民國、中華人民共和國三個時期。因此,需要説明的是,本文標題中的"近代"一詞,指的是鴉片戰爭以來的歷史。關於中國"近代"的分期,學者多有爭論。根據陳旭麓先生在《中國近代史十五講》(北京:中華書局,2008年,第 15—22 頁)一書中的梳理,對於這個問題,大致有四派觀點。第一派稱鴉片戰爭開始以後的歷史爲"近世史"。他們認爲近世史"就是世界資本主義發生發展的歷史,中國的近世史大體是和世界近世史並行的"。因此,"從清末到辛亥革命以後出版的一些中國近世史,多數都是從 16 世紀西方傳教士來到中國的所謂'西學東漸'寫起的,也有開始於鴉片戰爭的"。第二派以鴉片戰爭到中華人民共和國爲"近百年史",因爲"近百年史這一名稱,始於抗日戰爭","從鴉片戰爭至抗日戰爭前期,恰滿百年"。所以雖然"時代的發展早已超越了 100 年,人們寫作從鴉片戰爭到中華人民共和國的歷史,卻仍喜沿用近百年史的名稱"。第三派則將"近代"和"現代"作爲兩個概念嚴格地區分開來,"是學習蘇聯科學地區分近代和現代歷史的結果"、"教學用書更嚴守這個界限"。這一派"以鴉片戰爭至'五四'運動的 80 年爲近代,以'五四'運動開始以後的歷史稱爲現代"。第四派則不加區分地將鴉片戰爭以來的歷史稱爲近代史或現代史。管見所及,徐中約先生的《中國近代史:1600—2000,中國的奮鬥》(北京:世界圖書出版公司,2008 年)一書,便將"近代"下訖至 21 世紀。不過,筆者之所以採取這一派對"近代"的分期,完全是爲了説明上的方便。我們當然也可以撇開"近代"一詞,使用"從晚清到中華人民共和國"這樣的表達方式,不過那樣做並没有太大的意義,而且將會使文章的標題顯得過於冗長。

的過程,並没有一條涇渭分明的分水嶺。然而,在蒙文通三十八歲時提出"周也,秦也,先漢經説也,截然而爲三"的觀點後,其總體經學思想及方法發生了較大的轉變,可謂是前、後期思想過渡與轉變的一個轉折點。蒙默認爲蒙氏之學凡經三變:第一階段(前期)主要以齊、魯、晉劃分經今、古文學,第二階段(轉型過渡階段)則否定廖平將今、古之學皆推尊於孔子的做法,並截然將漢代經學與周秦劃分爲二,主張破棄今、古家法,上溯先秦。第三階段(後期)則承廖平以今文爲改制、古文爲從周之旨,認爲古文學所尊的周制爲現實中國野異制、貴賤嚴格的等級制度,孔孟是維護貴族世卿的舊儒家;漢代今文學家所講的"一王大法"爲萬民一律平等的理想制度,漢代經師爲持此諸制的新儒家。[1]

一、舊説:地域、孔子與"古史三系"説

1927年,蒙文通撰《古史甄微》,是爲成名之作。第二年,又成《經學抉原》《天問本事》。[2]蒙氏的"古史三系説"[3]便是在《古史甄微》一書中提出的。

蒙文通在三十四歲時曾師從劉師培,並且"從歐陽先生學佛,從廖平先生學經,今文經;也曾向古文經大師章太炎先生問故。同世三先生是古、今文經和佛學的最高權威",[4]這樣的例子,在中國近代史上是

〔1〕　蒙文通《論經學遺稿三篇》,見氏著《經學抉原》,第213頁。
〔2〕　王承軍《蒙文通先生年譜長編》,北京:中華書局,2012年,第71頁。
〔3〕　"古史三系説"認爲古代分爲江漢、河洛、海岱三系,"中國古代之文化,創始於泰族,導源於東方。炎、黄二族後起,自應多承襲之"。其中,江漢爲炎帝、共工一系,河洛爲西北民族,是黄帝、顓頊一系,海岱爲伏羲、女媧一系,"立國海渤、江、淮之間"。三地均以自己的都城爲"天下之中",各地的文化、史書均不相同,"三方原始之生活與環境既殊,其發生之文明各異,固必然之勢也"。江漢"爲崇幽靈、信鬼神之民",河洛"實爲善制法度者",海岱爲"一富於研究思考之民族"。見蒙文通《古史甄微》,成都:巴蜀書社,2015年。
〔4〕　楊向奎《我們的蒙老師》,收入蒙默《蒙文通學記》,第64頁。

極爲罕見的。[1]多年來，"很多人知道蒙文通先生是個中國史學家，並且是個上古史家"，[2]其"古史三系説"、"國野異制"説尤爲學者所重視。[3]自古迄今，兼通經史者不在少數，蒙文通學識廣博，自然可算是其中一例。但是史學家或者他的研究者對蒙氏史學的推崇，有時卻不

---

[1] 李源澄曾師從蒙文通、廖平、章太炎。但是李源澄未曾得到過劉師培的授業，廖平由於老病也未能親自爲李源澄講授，對其的指導僅限於答疑解惑，這和蒙文通得到廖、劉的親自傳授仍然稍有不同。此外，錢玄同的學術路徑雖然也較爲特殊，他由尊崇章太炎到轉入古史辨派，但是這與蒙、李二人並不相同。錢玄同在 1906 年"翻章氏《訄書》《正名釋例》，言皆極有理"、"《民報》首有章太炎《無神論》一篇，駁耶穌之自相矛盾，極好"，服膺章氏的學説。但是 1925 年"買得《孔子改制考》"，並且轉入古史辨派的陣營，謂"宋以前對於'六經'，除最無思想之博士和經師外，凡有思想之學者並不認爲一物，最高明者，如王充、如劉知幾皆是。劉知幾衹認《尚書》《春秋》是史，絶不連類而及於《易》《詩》(三《禮》)倒是應該説爲'書志'之源，但是他沒有説。可見劉氏不以'六經'爲一物也。自宋以後便不然了，經師學究且不論，以享實齋、龔定庵、康有爲、夏穗卿之高明，猶認爲一物或認爲歷史，則六經皆史；或認爲哲理，則六經皆哲理矣。這實在可笑極了。漢之古文説、今文説尚不如此(惟崔東壁不認爲一物，他不信孔子删定'六經'之説，可謂有特識)。梁任公漸次能打破，然而還遠不太行。至胡適之、顧頡剛始能大解放"，與蒙文通的學術路徑亦有不同。楊天石主編《錢玄同日記》，北京：北京大學出版社，2014 年，第 27、62、618、622 頁。

[2] 爲保持文意的連貫，筆者衹取了前半句話。原句見湯用彤《博學的蒙文通》，載《光明日報》1957 年 5 月 24 日，收入蒙默《蒙文通學記》，第 58 頁。

[3] 參見李零《待兔軒文存》，桂林：廣西師範大學出版社，2011 年，第 45 頁。李零在梳理考古文化區系和類型研究的學術史時，指出"1927 年，蒙文通首先把古代民族分爲江漢、河洛和海岱三系。繼之，傅斯年於 1930 年和 1935 年提出'東夷西夏説'，徐旭生於 1941 年提出'古代部族三集團説'(華夏集團、東夷集團和苗蠻集團)。徐氏之説後出最詳"。根據觀點提出的時間先後，可以看出蒙文通"古史三系説"對於上古史地域劃分的首創之功。李鋭則在《疑古與重建的糾葛——從顧頡剛、傅斯年等對三代以前古史的態度看上古史重建》(《清華大學學報(哲學社會科學版)》2009 年第 1 期，第 96—105 頁)一文中，指出"古史三系説"雖然"由於古史材料匱乏，蒙先生的觀點雖長於分系，卻也恰恰受制於此，不免隱晦或未注意到難以申説者，有時難免給人以觀念先行的感覺"，但是"自此空間觀念在上古史研究中大行其道，立足於解釋上古史中種種問題的研究，頗多借鑒此種方法"。此外，蒙文通在《略論〈山海經〉的寫作時代及產生地域》一文中，反對視《海外經》爲與《海内經》同一時的代作品，而與《五臟山經》相區分的舊説。他根據《海内經》以蜀國爲"天下之中"、《大荒經》以巴國爲天下之中、《五臟山經》和《海外經》以巴、蜀、荆楚爲"天下之中"這一點，認爲《海内經》和《大荒經》爲同一時代作品，分別出自蜀地和巴地；《海外經》和《五臟山經》爲接受巴蜀文化以後的荆楚作品。這一研究成果對考古學領域通過《山海經》中所載神話，從而確定出土器物所屬的地域範圍，提供了有力依據。見俞偉超《"大武"舞戚續記》，《考古》1964 年第 1 期。

免給人一種印象,好像蒙文通的史學研究是孤立存在的,與其經學思想並無聯繫。對此,筆者想要探討的是蒙文通爲什麼會在師從一位尊經薄史的今文學家之時,對於上古民族、文化進行區域研究,從而提出了"古史三系説"? 換句話説,蒙文通對於先秦史的研究,除了回應西方學界"文化西來説"這一意圖以外,其背後是否蘊含有經學關懷?

1927 年的中國學術思想界當然不乏對古史進行探討之人,事實上,中國近代思想史上影響最大的幾位人物如錢穆、傅斯年均較爲活躍。錢穆在這一年撰成《先秦諸子繫年》,同年歷史語言研究所成立。1928 年錢氏撰成《國學概論》,傅斯年則發表了《歷史語言研究所之工作旨趣》,認爲應"上窮碧落下黃泉,動手動腳找東西"。其中對於古史,傅斯年認爲應"擴張他研究的材料",通過"求出一部古史於地下遺物",從而關注"神祇崇拜、歌謠、民俗、各地各時雕刻文式之差別"這些以往被忽略的部分。[1]此外,傅氏還主張應擴充研究工具,通過"地質、地理、考古、生物、氣象等學",研究《春秋》經的年代、左氏傳的真僞等問題。[2]但此時的經學界中,古文學家章太炎已歲至花甲,祇能"尸學問上的大權威"(傅斯年語),劉師培則已故去,今文學家康有爲也在1927 年逝世。可以看出這一時期的經學界處於一種低潮的狀態,史學界雖然較爲活躍,然而卻無人對上古民族、文化進行區系研究。所以我們可以説蒙文通在師從廖平之時,中國史學界有一段空白而恰好被他填上了。

但是問題並不如此簡單。我們必須追問,蒙氏的"古史三系説"究竟是在什麼情境下提出的? 爲什麼蒙文通能够填上這段空白?

對於這兩個問題,我們可以有種種不同的解答。例如强調"衝擊—回應"學説的人便往往把這一學説的提出看作是當時中國學術界需要

---

[1] 傅斯年《歷史語言研究所工作之旨趣》,收入歐陽哲生編《傅斯年文集》第三卷,北京:中華書局,2017 年,第 7 頁。

[2] 同上書,第 8 頁。

回應西方的"中國文化西來説"。這一點蒙文通自身也提到過,1929 年他在《中國開化始於東方考》中説:"近二百年,歐美學者爲中國民族西化説,中國文化西元論,於是我國學者亦多穿鑿史乘以附會之","諸先生前後爲文以證成之者凡十數人,一若西天之説已成定論",[1]然而"文通竊有疑焉",因此"作《古史甄微》於我國民族問題嘗有所論列"。[2]可以看出,蒙氏確實有回應西方學説的意圖。强調"在中國發現歷史"學説的人則認爲應採取"中國中心取向",即關注"某一文化内部在時間上所經歷的變異",[3]這一點也不無道理。不過,筆者衹打算從經學史的角度來討論上述兩個問題。現在筆者先提出對於第一個問題的看法。

　　要瞭解蒙文通"古史三系説"的性質,我們首先必須確定,當時存在於蒙文通思想中的核心觀念是什麽。我們可以毫不遲疑地説,當時廖平、蒙文通、皮錫瑞等今文學家均有將一切學術的源頭歸之於孔子的傾向。廖氏在經學一變之際以齊、魯、燕的地域劃分,區分今、古文之學與孔子的關係。蒙氏則在這一時期繼承了廖平的方法,以地域區分學派,並以"與孔子關係的遠近"區分今、古文之學,皮錫瑞更是以孔子"爲萬世作經,不是爲一代作史",[4]可見當時今文學界"尊孔"的風氣。

---

[1] 這兩句話均見蒙文通《中國開化始於東方考》,見《古史甄微》,成都:巴蜀書社,2015 年,第 125 頁。
[2] 蒙文通《中國開化始於東方考》,見《古史甄微》,第 125 頁。
[3] 柯文指出:中國中心取向"進行比較的重點不在於一個文化和另一個文化(中國和西方)的不同,而在於一個文化(中國)内部前後情況的不同。前一種比較方法由於把注意力集中在某一文化的比較穩定持續的屬性和特徵——即文化的固有特性上——容易使人們對歷史採取相對靜止的看法。而後一種比較由於强調某一文化内部在時間上所經歷的變異,就扶植了一種對歷史更加動態、更加以變化爲中心的看法,依此看法,文化作爲解釋因素,退居次要地位,而歷史——或者説一種對歷史過程的更加高度的敏感性——就漸居注意的中心"。見[美]柯文著,林同奇譯《在中國發現歷史——中國中心觀在美國的興起》,第 205 頁。
[4] 皮錫瑞撰,吳仰湘點校《經學通論》,北京:中華書局,2018 年,第 367 頁。

(一) 背景:"尊孔"與齊、魯、燕之學

晚清中國今文學界的主流話題大致圍繞孔子的"託古改制"展開,我們通常把這個觀點歸之於康有爲,其實這是晚清今文學的共同見解。1905 年皮錫瑞曾説:"讀孔子所作之經,當知孔子作'六經'之旨。孔子有帝王之德而無帝王之位,晚年知道不行,退而删定'六經',以教萬世。其微言大義實可爲萬世準則。"[1]可見其對孔子的尊崇。

"尊孔"的特點在廖平的思想中尤爲明顯。廖氏在《尊孔篇》自言"學經四變,而尊孔宗旨,前後如一"。[2]他在經學一變之際,以齊、魯、燕劃分學派,"魯爲今學正宗,燕趙爲古學正宗"、[3]"齊人間於二學之間,爲鄉土聞見所囿,不能不雜采"。[4]廖氏劃分的依據是"孔子的初年、晚年之學"。他以古文經學爲孔子壯年所主"從周"之學,"孔子初年問禮,有'從周'之言,是尊王命、畏大人之意",[5]所主經書爲"學古者潤色史册"[6]而來,因此將其歸爲史學派。值得注意的是,廖平認爲,由於古文學派"皆緣經立説",因此"無因鄉土而異之事",[7]皆存於燕趙之地。

與之相對,廖平以今文經學爲孔子晚年"改制"之説,"至於晚年,哀道不行,不得假手自行其意,以挽弊補偏,所謂因革繼周之事",[8]所主經書"皆孔子所作",[9]因此將其歸爲經學派。並且,"全由鄉土致歧異",[10]"舊本一派"、"始於魯人",[11]但是由於"傳習者因地而異,流爲齊、韓派"。[12]在這一語境下,廖氏"尊孔"的意旨不言而明。可以看出,這種將學派依照地域分爲三處的做法,其核心觀念是孔子的學説是古

〔1〕 皮錫瑞《經學歷史》,北京:中華書局,2011 年,第 6 頁。《經學歷史》的撰作時間則見皮名振《皮鹿門年譜》,第 94 頁。
〔2〕 廖平《尊孔篇》,見《廖平全集·群經類》,第 611 頁。
〔3〕〔4〕 廖平《今古學考》,見《廖平全集·群經類》,第 37 頁。
〔5〕〔8〕 同上書,第 34 頁。
〔6〕〔9〕〔11〕 同上書,第 19 頁。
〔7〕〔10〕〔12〕 同上書,第 21 頁。

代一切學術的源頭，"其實孔子一人之言，前後不同。予謂從周爲孔子少壯之學，因革爲孔子晚年之意"，[1]因此應一以孔子爲準。

廖平對諸子之學的態度，更爲直白地展現了"以孔子爲一切學説的源頭"的意圖。不妨進行一個對比：康有爲認爲上古之事"茫昧無稽"，因此"諸子得以紛紛假託"，[2]諸子並起創教，由於"孔子爲諸子之卓"，因此"天下咸歸依孔子"。[3]廖平則否認了諸子之説、孔子之言處於同一時代的觀點，"或以諸子欲傳教，人思改制，以法孔子，此大誤也"。[4]他非常清楚地指出，孔子是一切學説的源頭，"以言立教，開於孔子，春秋以前，但有藝術卜筮之書，凡子家皆出於孔子之後"，[5]因此後起的諸子實際上是孔子學説的支流，"子書則爲春秋後四科流派，託之古人"。[6]

總的來説，這一時期的今文學界極力推尊孔子。廖平使用"齊、魯、燕"的方法三分古代學派，自認爲"知今學同爲齊魯派，十四博士同源共異，不自相異；古學爲燕趙派，群經共爲一家，與今學爲敵，而不自相異，則知者更鮮矣"，[7]頗爲自得於通過地域差異解釋今、古文之間差别形成的原因。然而，其背後隱含的意圖依然是以孔子爲一切學説的源頭。這種以地域區分學派的方法及其背後的意圖，對於蒙文通早期的經學思想影響極深，他前期的研究便是在這一基礎上展開的。

（二）"古史三系説"的始點：孔子與齊、魯、晉之學

現在我們必須進一步討論前面所提出的第二個問題：爲什麽恰巧是蒙文通填補了中國上古民族區域、文化區系研究的空白呢？在蒙氏

---

〔1〕〔7〕 廖平《今古學考》，見《廖平全集·群經類》，第34頁。
〔2〕 康有爲《孔子改制考》，北京：中國人民大學出版社，2010年，第8頁。
〔3〕 同上書，第11頁。
〔4〕〔5〕 廖平《知聖篇》，見《廖平全集·群經類》，第212頁。
〔6〕 廖平《知聖篇》，見《廖平全集·群經類》，第212頁。值得一提的是，當時的今文家多貶抑墨子之説。李源澄則謂孟子斥墨家無父無君，歐陽竟無亦持此觀點。李源澄與歐陽竟無對於墨家的觀點，參見柳詒徵《劬堂遺劄》，收入王元化主編《學術集林》第六卷，上海：上海遠東出版社，1995年，第26頁。

“古史三系説”的提出已經成爲歷史事實的情形之下,我們需要把歷史的客觀發展和蒙文通個人的主觀思考配合起來加以觀察。從主觀思考一方面著眼,我們便會發現蒙文通“古史三系説”的提出並不完全是偶然的,甚至蒙氏進行這一研究的本意並非完全是探求古史的真相,其背後蘊含有微妙而深刻的經學關懷。

　　蒙文通的早期經學思想受廖平影響極深,尤爲服膺廖氏所撰《今古學考》一書,認爲此書“平分江漢,劃若鴻溝,真是論今、古學超絶的著作”,[1]曾在《經學導言》的緒論部分自陳“現在我拿出我的見解來討論今古文兩家的究竟,我也還是出不得《今古學考》的範圍”。[2]在這一階段,他所關注的話題雖頗有遷易,但以地域三分學派的方法及推尊孔子的意圖始終未變,即“以今、古皆傳自孔門”。[3]例如他在《魯學》和《齊學》兩篇文章中,對於今文學派中齊、魯之學態度迥異,認爲“魯學爲孔孟正宗,而齊學已失道本”。[4]原因在於,魯學爲孔子嫡傳,最爲醇正,“孔子删定六經,蓋據魯史記、參列國寶書而作者也”。[5]與之相比,齊學爲百家之學,較爲駁雜,“稷下先生六家是都有的。孔子的六經,在稷下祇好占個小部分。這一小部分的六經,和諸子百家的學術在這裏就混合起來”。[6]

　　此外,在《王伯》一文中,蒙文通更是從禮制的角度,以齊、魯之學相對比,得出了“齊、晉改制而魯用王禮”[7]的結論。他認爲“周禮祇是魯國還存在”,[8]因此魯學所主的《穀梁》纔是王道”、《孟子》這部書與魯學的禮制相合”。與之相比,齊學則爲“齊桓的霸制”,“主《公羊》”,是

---

〔1〕〔2〕　蒙文通《經學導言·緒論》,見《經學抉原》,第16頁。
〔3〕　此爲蒙文通之子蒙默語,見《經學抉原》,第212頁。
〔4〕　蒙文通《儒家政治思想之發展》,見《經學抉原》,第152頁。
〔5〕　蒙文通《〈經學抉原〉别摘》,見《甄微别集》,成都:巴蜀書社,2015年,第171頁。
〔6〕　蒙文通《齊學》,見《經學抉原》,第26頁。
〔7〕〔8〕　蒙文通《王伯》,見《經學抉原》,第32頁。

"不惜損壞周家的舊禮來要好諸侯"、"强迫全國的人民都去當兵、來威服天下的"。[1]這一態度和蒙文通後期在《孔子和今文學》中,極爲推崇齊學所主的禮制,認爲"應以《齊詩》、《京易》、《公羊春秋》的'革命'、'素王'學説爲其中心,禮家制度爲其輔翼",[2]可謂截然異趣。

蒙文通曾在《王伯》篇中總結道:

> 從漢儒學術裏詳細分析,便尋出來魯學、齊學、晉學的蹤跡。又詳細推證,纔知道齊學本是百家言,晉學本是古史家,祇有魯學纔是孔子的嫡派。但這三派在經學裏最顯著的差別是什麼呢? 禮制總算是大宗了。從禮制方面著手,去分別古來的學派,這是廖先生作《今古學考》勝人一著的地方。《今古學考》裏邊,辨別今、古兩家禮制的異同,本極分明,又説"齊學出入二家,兼采今古"。所以又有"齊學消息於其間"的話。《今古學考》在這個地方,已經提出三家分庭抗禮的説法了,也就是《春秋》三傳對抗的説法了。[3]

這一段文字最足以表現蒙氏這一時期,對於廖平在《今古學考》中呈現出的經學立場及方法的繼承。對於齊學、魯學、晉學的研究,他從禮制的角度進行分析,始終認爲在今文學派之中,魯學爲孔子的嫡傳,經學價值最大。與之相比,齊學之中由於混入了諸子之説,因此較爲駁雜。最後,"古文是晉國流傳的學問",由於所主《周官》、[4]《左傳》、《竹書記年》等書"和六經所説離得遠",因此"三晉的學問正是和孔子背道而

---

〔1〕 這兩句話均見於蒙文通《王伯》,《經學抉原》,第33頁。
〔2〕 蒙文通《孔子和今文學》,見《經學抉原》,第222頁。
〔3〕 蒙文通《經學抉原》,第31頁。
〔4〕 需要説明的是,蒙文通認爲晉學以《周官》爲核心。對於《周官》一書的性質,他根據《左傳》"於是乎大蒐,以示之禮,作執秩以正其官,民聽不惑,而後用之"及《國語》"歸乃講聚三代之典禮,於是乎修執秩以爲晉法"之言,認爲晉文公改制、創霸之法典爲被廬之法,幾經修改後而爲《周官》,因此《周官》爲舊史。見蒙文通《治學雜語》,收入蒙默《蒙文通學記》,第8—9頁。關於蒙氏所據的兩句話,見(清)洪亮吉撰,李解民點校《春秋左傳詁》卷八僖公二十七年,北京:中華書局,1987年,第328頁。左丘明《國語·周語中·定王論不用全蒸之故》,河南:中州古籍出版社,2010年,第59頁。

馳"〔1〕的,晉學祇能被稱作是"古史家",學説中的史學價值較大。在這一觀念下,蒙文通分别研究三派學説的特點,"余之撰《經學抉原》,專推明六藝之歸,惟魯學得其正。又成《天問本事》,亦可以窺楚學之大凡也。兹重訂《古史甄微》,則晉人言學旨趣所在,亦庶可以推徵",〔2〕"晉、楚、鄒、魯説前曆各異,而又自相同也"。〔3〕他對於古史及諸子的研究並非漫無目的,而是爲了考察晉學的特點。

試以蒙氏在《古史甄微》中使用諸子書中所載内容的舉動而言,那時他認爲諸子學説的價值在於對史事的記載,"古史奇聞,諸子爲詳"。〔4〕相較之下,"六藝所陳,反不免於迂隔",經書所載多爲託古改制的空言,不合於史實,因此"方《古史甄微》初稿之成,則於託古改制之説,雖欲不信而不得"。〔5〕

無論是魯學是"孔子的嫡傳"也好,齊學是"百家言"也好,晉學爲"古史家"也好,總之,蒙文通在《古史甄微》中的"古史三系説",是在齊、魯、晉之學的框架下,出於對晉學的研究而提出的,而這一研究背後的意旨在於對比三派學説的不同點,證明諸子之説合於古史,六經之言多理想,從而證明孔子"託古改制"説的合理性。

因此根據廖平將經學分爲"魯學、齊學、燕學"〔6〕三系的思路加以發展,棄今、古而上溯先秦,以地域區分學派,從地域的角度論述經學及史學之家法,將其分爲魯學、晉學、齊學(楚學)。〔7〕實際上,"古史三系説"正是在對於經學觀點的反思下,以地域構建其學術體系的産物。〔8〕

---

〔1〕 蒙文通《古學》,見《經學抉原》,第31頁。
〔2〕〔4〕〔5〕 蒙文通《古史甄微》,第5頁。
〔3〕 同上書,第28頁。
〔6〕 廖平認爲今學始於魯人,齊附之;古學成於燕趙人。見廖平《今古學考》,第19、44頁。
〔7〕 需要指出的是,蒙文通將經學分爲魯學、晉學、齊學三派,史學則分爲魯學、晉學、楚學三派。
〔8〕 這一點與蒙文通撰作《成都二江考》的過程有一定相似性。蒙氏在《治學雜語》中自言"古地之學不能憑空去講。我是在經史中遇著很多問題不能不從地理探討,積累久了,地理也熟了,問題也多了,好像專門講古地。其實我與清人治《水經注》的學問全不相同。他們是專搞地理,盡讀地理書。我是從經注、史注中去,而不專從地理書去,所以與他們的結果不同。"見蒙默《蒙文通學記》,第31頁。

二、新言：“理想空言”、諸子之學與“國野異制”説

　　但是僅靠“尊孔”的標準和廖平方法的支撐並不足以使蒙文通進一步關注古史。因此我們必須更進一步去分析蒙文通在後期，爲什麽會進一步使用歷史的方法觀察先秦社會的制度。在《經學抉原》中，蒙文通曾自述其思想裏，經學、史學與諸子學之間的關係，他説：

> 　　惟井研廖師著論，絛然有以抉其旨要。《周官》、《王制》之殊途，實爲政治制度之分限，一爲歷史，一則理想之所寄也。今文、古文之辨，至是如犀分水，絛理燦然。然漢師所陳者制也，而先秦所論者義也。不究於義，安知制所由起。不求於制，安知義所以用。……復有進者，漢師之所論者亦約也，先秦之所究者則博也。不以今文之旨要探先秦之歸宿，則諸子之術散漫無統宗；不以諸子之博衍，窺漢儒之宏肆，則今文之説終嫌於枯窘。故必經與子交相發，而後義可備也。綱絛既張，枝葉自傅。舉凡西漢之籍，其有事非釋經，而陳義精卓者，莫不與綱絛相通貫。其導源於諸子之跡，亦灼然可明。誠以今文之約，求諸子之約，以諸子之博，尋今文之博。究於嬗變之跡，立義之由，而本末兼該，而終始之故亦舉。所謂出入於百氏，反求諸六經而後得之者，豈其然乎！[1]

蒙文通在這段話中自述心曲，以“理想”與“歷史”來區分今文學和古文學，主張通過考求漢代經師所言之“制”，並且將這種制度上溯至先秦諸子所言之“義”，二者相輔來看，方能明今文學的價值所在。值得注意的是，對於經學、史學和子學之間的關係，崔適、康有爲、廖平等今文學家皆相信諸子出於孔子，反對“六經皆史”之説，並對經史子體例宜分的説

---

[1]　蒙文通《〈儒學五論〉題辭》，見《經學抉原》，第203頁。

法不以爲然。[1]若不明蒙文通對於今文學核心思想的理解,則極易將蒙文通後期注重諸子之學、使用歷史方法以探求先秦制度的做法,視爲蒙文通已經由經入史,或者是轉入諸子之學的研究領域內,而忽視蒙氏這些舉動背後的經學旨歸。[2]因此,蒙文通對於先秦社會制度的歷史考察以及對諸子學的關注,"漢師所陳者制也,而先秦所論者義也"、"必經與子交相發,而後義可備也",這兩點大體上有助於我們瞭解蒙文通這些舉動背後的意圖與關注點。

　　蒙文通在《經學抉原序》、《治學雜語》裏,曾自敘其轉入史學領域及佛學領域的過程。他接觸佛學領域是在 1923 年,而深入關注史學領域則是在 1934 年以後。[3]經學在蒙氏思想中佔據何種地位,通過他追隨歐陽竟無進行佛學研究的緣起便可窺見。蒙文通在《經學抉原序》中自陳接觸佛學的緣起,他本爲"觀同光以來經學之流變"而"南走吳越",但是由於戰亂,經學凋敝,"戎馬生郊,故老潛遯,講貫奚由",因此祇得放棄最初的想法,"遂從宜黃歐陽大師問成唯識義以歸"。[4]他在《治學雜語》中則清楚地説明了轉入史學領域的原因,"四十以後因專在史學系教課,纔放開了經學"。[5]然而,他進行史學研究的同時,還在思考經學問題,直至 1961 年蒙氏六十八歲時,《孔子和今文學》刊載於《孔子討論文集》之中,他纔説"《孔子與今文學》,也可説是我的經學研究告一段落"。[6]這兩點充分地説明了蒙文通對於經學的重視程度——去吳越

---

[1]　錢玄同指出,廖平思想的核心即是"尊孔",並且極爲贊同廖氏的這種傾向。他在日記中寫道:"案廖氏最精者爲諸子皆出孔經,儒亦不能代表孔子,其説最精,與《莊子‧天子〈下〉篇》相合,余所謂洞見道本者此也。"見楊天石主編《錢玄同日記》,第284—285頁。

[2]　對於蒙文通在考察經今古文問題時,對於周代社會提出的歷史考察及最典型的"周人統治殷人的國野説",後人往往將其作爲史學貢獻來處理,這一點已經在應永深《山高水長——文通師在先秦史研究上的成就和對後學的教導》等文章中指出。見應永深《山高水長》,收入蒙默《蒙文通學記》,第147—148頁。

[3]　王承軍《蒙文通先生年譜長編》,第56、123頁。

[4]　以上所引文通的原話,見氏著《經學抉原》,第55頁。

[5]　蒙文通《治學雜語》,收入蒙默《蒙文通學記》,第36頁。

[6]　同上書,第34頁。

之地的本意是求問經學,由於"故老潛遯"而不得,這纔選擇了問學於歐陽竟無。對先秦史的進一步關注,則是伴隨著對經學的思考進行的。

但是,這並不等於是説,蒙文通在這兩個領域裏進行的研究,依然可以劃歸至經學的範圍内。以他個人的研究而言,我們可以説,他在先秦史的區域、制度研究,以及諸子學研究方面作出了貢獻,這種研究主要圍繞其經學思考展開,是與經學研究相輔而行的。正是在這個層面上——也可稱爲研究目的層面——蒙氏對今文經學的思考,極大影響了他對史學及諸子學性質、價值的理解,以及進行研究時所關注的話題。關於蒙文通研究目的層面的問題,下文還要繼續提到。這裏祇是要特别指出,本文所謂蒙文通的諸子學、史學研究與其今文經學思想的聯繫,基本上是就這一層面而言的。

(一) 方法論的來源

蒙文通思想的後期階段,有一種非常明顯的以"歷史事實"與"理想制度"進行對比,從而區分今、古文的傾向,即"今文學所講是理想制度,古文學所講是歷史陳跡"。[1]他把古文學所主的制度,與今文學、諸子學中所載的制度進行對照,以古文學爲"歷史事實",今文學及諸子學爲"理想空言"。在這樣的區分標準下,蒙氏認爲齊學"上承孟、荀、《易傳》之'湯武革命'論,而下開出漢師'立素王之制'、'著素王之法'之整套'一王大法'",[2]最完整地保存了體現"革命"、"爲兆民"精神的理想制度。[3]

---

[1]　蒙文通《孔子和今文學》,見《經學抉原》,第 250 頁。

[2]　蒙默《重編前言》,見《經學抉原》,第 3 頁。

[3]　蒙文通尤爲重視齊學中的"革命"、"素王"之義。蒙氏認爲"《春秋》作則'王魯'、'新周'可也,'素王'可也",以孔子作《春秋》爲"易姓革命"之事。在蒙文通看來,"素王是代周而王的孔子,是德若禹、舜的賢者,而《春秋》是另立一套'一王大法'"。所以他認爲齊學保留的"一王大法",體現在《齊詩》講'革命',《公羊》講'素王'。但兩者是不能分割的,不能孤立起來講論的,因爲"如果没有'革命'來'易姓改代',聖人如何能受命而王";"如果没有'素王'的'一王大法','革命'便將無所歸宿"。然而,以董仲舒爲代表的漢代今文學家向皇權的妥協,將"繼體守文之君"變爲了魯國君主。董仲舒主張"雖有繼體守文之君,不害聖人之受命",則變"湯武革命"《齊詩》"五際"之説爲"改制"之義,即"董生變'易姓'之事爲'繼體之君',於'湯武革命'漫曰'三代改制',而僅當於'五際'、'改政'之義","王魯則代周而王的是魯君,是當時的現實君主,祇不過是改制以當新王"。見蒙文通《儒家政治思想之發展》、《孔子和今文學》,收入《經學抉原》,第 157、228—231 頁。

因此他"一反昔日崇魯學、薄齊學之舊説,而盛讚齊學'革命'、'素王'之恢弘精深",[1]認爲"齊學擯而儒者之事狹也"。[2]據他自己所説,以"理想"與"事實"區分今、古文的方法是承自廖平。

這裏有必要稍稍提及廖平、康有爲以今文學爲"素王改制"的傾向,他們認爲孔子"除擇善而從外,不能不取己所新創之事,並以爲古制",[3]"天命孔子不能不作,然有德無位,不能實見施行,則以所作者存空言於六經,託之帝王,爲復古返本之説"。[4]馮友蘭先生以"立教改制"來解釋這一現象折射出的心理緊張,大體不差。[5]然而,極度推尊孔子、以孔子爲一切學説的源頭的做法,主要與今文學家的政治意圖有關,但在學理上則較難講通。因此,蒙氏在受到章太炎的啓發後,對今文學核心思想的理解,較前期而言有所改變。《治學雜語》一文清楚地記下了這次轉變的緣起及過程:

> 昔自滬歸金陵,過蘇州謁章太炎先生……先生每喜與余談論,常命近坐,雖飲食亦時命坐旁。昕夕論對,將十餘日,每至廢寢忘食,幾乎無所不言,亦無所不罄。徐以啓先生曰:六經之道同源,何以末流復有今、古之懸別?井研初説今爲孔氏改制,古爲從周,此一義也;一變而謂今爲孔學,古始劉歆,此又一義也;再變説一爲大統,一爲小統,則又一義也。儀徵雖不似井研明張六變之旨,而義

---

〔1〕　蒙默《重編前言》,見《經學抉原》,第3頁。

〔2〕　蒙文通《周秦民族與思想》,見《先秦諸子與理學》,桂林:廣西師範大學出版社,2006年,第36頁。

〔3〕　廖平《知聖篇》,見《廖平全集·群經類》,第198頁。

〔4〕　同上書,第199頁。

〔5〕　關於晚清時期廖平、康有爲等人以孔子爲"素王改制"的現象,馮友蘭、余英時、葉純芳等學者均指出,廖、康等人"認爲經書與西政不是異質之物"、"西洋的立憲政體,就是遵從孔子的真意"(葉純芳語),因此"講今文經學,則可將時人理想中之政治,託於孔子之説,以爲改革其時現行政治上社會上各種制度之標準"(馮友蘭語)、"要借重西方的觀念來闡明儒學的現代意義"(余英時語)。具體內容可見葉純芳《中國經學史大綱》,北京:北京大學出版社,2016年,第483—497頁;馮友蘭《中國哲學史》,第462—463頁;余英時《現代儒學的回顧與展望——從明清思想基調的轉換看儒學的現代發展》,《中國文化》第11期。

亦屢遷。見於《明堂考》、《西漢周官師説考》,或以今古之辨爲豐
鎬、雒邑之異制,或又以爲西周、東周之殊科。諸持説雖不同,而於
今、古學之内容乃未始有異。要究此二學之胡由共樹而分條已耳。
凡斯立義,孰爲諦解? 章氏默然久之,乃曰:今、古皆漢代之學,吾
輩所應究者,則先秦之學也。章氏之説雖如此,然古今文家,孰不
本之先秦以爲義,則又和邪? 余於此用心既久,在解梁時,比輯秦
制,凡數萬言,始怳然於秦之爲秦,然後知法家之説爲空言,而秦制
其行事也;周、秦之政殊,而儒、法之論異。既見乎秦制之所以異於
周,遂於今學之所以異於古者,亦瞭然也。乃見周也、秦也、春秋一
王大法也,截然而爲三。於是有《儒家政治思想之發展》之作,以見
秦、漢之際之儒生爲與孔孟有别之新儒家,實爲戰國以來諸子學術
發展之總結。……後集《儒學五論》及撰《孔子與今文學》時,始略
論"儒分爲八"即儒家之出入百家者,八儒之書,多存傳記,漢師言
法夏、法殷、制備四代即新儒家之有取於諸子(本欲詳論之而未
果)……於是知廖、劉二師推今古之歧異至於周孔,皆非情實;章氏
言今、古止爲漢代之學固是,然其離漢師於先秦又未必是也。余沈
思今古事,歷久不得通,走於四方,博問故老,亦未足祛其積惑,旁
稽子史,間有會心,乃漸以得解,然前後已逾四十餘年,甚矣爲學之
難也。[1]

蒙文通在這一時期始終認爲"《周官》所言,爲貴族封建之制;《射義》、
《王制》以下所言,爲平等之民治,而實儒者之理想,非前代之史跡
也",[2]這樣的觀點承自廖平。然而,蒙氏後期受啓發於章太炎,對廖
平將一切學説的源頭均上溯至孔子的觀點產生了懷疑,"廖師過重孔
子,以爲今、古皆一家之言,故以爲初年、晚年之異説,又以爲大統、小统

〔1〕　蒙默《蒙文通學記》,第3—4頁。
〔2〕　蒙文通《儒家政治思想之發展》,見《經學抉原》,第163頁。

之殊科"。[1]他通過考察先秦社會制度,發現法家之說合乎秦制;孔孟之說合乎周制;漢儒的傳記經說主"一王大法",多與史實相悖,但是卻與諸子之說往往相合,且體現出"萬民一律平等"的追求。因此,他在代表自身"經學研究告一段落"[2]的《孔子和今文學》中,對廖平的《今古學考》評價爲"明確提出以禮制判今、古文學的方法,認爲古文學是從周是舊制,今文學是改制是理想,而後今、古文學如涇渭分流,秩然不紊";[3]"雖然廖先生的學說後又迭有變改,但以《周官》、《王制》分判今、古文學的基本論點從未動搖。'今學是經學、古學是史學'的論斷可說是千古定論"。[4]蒙氏推尊廖平以"理想"與"事實"區分今、古文之法,而不取其尊孔之說,這種意圖在這段話中表現得極爲清楚。

因此,在這一階段,蒙文通雖採取廖氏以"理想制度"與"歷史事實"的判斷方法,通過對比禮制的不同以區分今、古文,然而,他拋卻了廖氏"尊孔"的立場,不再以孔子爲一切學說的源頭。所以,不可否認地,二人在基本觀念上產生了分歧。廖平推尊孔子的意向極爲明顯,他認爲今文學和古文學均爲孔子一人所傳,初始時期二者均傳聖人之義,[5]

---

〔1〕 蒙文通《井研廖季平師與近代今文學》,見《經學抉原》,第99頁。

〔2〕 蒙默《蒙文通學記》,第34頁。

〔3〕〔4〕 蒙文通《孔子和今文學》,見《經學抉原》,第266頁。

〔5〕 值得注意的是,廖平拋卻了清代今文學以"屬辭比事"之法闡釋《春秋》的慣例,認爲今文學爲"理想空言",六經中所載的事實爲虛構出來的,今文學所主的禮制也未曾真實存在過,即"今所傳者皆非史"、"六藝皆孔子所作,禮亦爲孔子所傳"。原因在於"周時真事,皆怪力亂神,不可以示後人。如同姓爲婚、父納子妻、弒逐其君、桓公滅卅國、姑姊妹不嫁七人等,背傷禮教之言,乃爲真事",於是"孔子全行掩之,而雅言以《詩》、《書》執禮",因此《春秋》不可復言史法"(章太炎便將之斥爲"又其誣者,或言孔子以上,世鴻鴻無文教,故六經皆孔子臆作,不竟有其事也")。這一點與孔廣森、莊存與、魏源、龔自珍等人較爲不同。與之相比,孔廣森、莊存與等人均通過"屬辭比事"的書法考求蘊含在事件記錄背後的褒貶之義,"已不遵南宋以來謂《春秋》直書其事而不煩褒貶之義",往往"舉何氏三科九旨爲聖人微言大義所在,特著《春秋論》上下篇,極論《春秋》之旨有書法,舉條例之必遵何氏"。他們注重孔子心中對於一個理想的新王朝出現以後的褒貶,因此並不注重《春秋》的記事,而是因其事見"義法"。然而,即便他們認爲"《春秋》以辭成義,以象垂法,示天下後世以聖心之極",但是仍然承認《春秋》所載的事件曾在歷史上真實發生過,"《春秋》博列國之載,因魯史以約文。於所不審,則義不可斷,皆削之而不書,書則斷之(轉下頁)

祇是古文學所主爲孔子壯年"從周"之制,今文學所主爲孔子晚年"因革救弊"之制,因此"今、古之分,全在制度,不在義理,以義理今、古同也",[1]祇是其後"弟子之大義,經師之推衍,乃有取舍不同、是非異制之説"。[2]因此,廖平所言"理想制度"更爲强調的是孔子傳授下來的"空言",他肯定"今文理想"的價值,是因爲其導源於孔子,即"孔子受命制作,爲生知,爲素王。帝王見諸事實,孔子徒託空言,六藝即其典章制度"。[3]但蒙文通的態度在這一時期與之較有不同:他在研究今文經學時則强調"今文學的思想是一個萬民一律平等的思想"。[4]因此,在這一時期,蒙氏的這種判斷標準決定了他對孔孟學説别有定見。對於孔孟學説與"理想制度"的矛盾,他曾在《治學雜語》中有一段極爲經典的表述:

> 1934 年,我講魏晉南北朝史,講到高歡語鮮卑曰:'漢民是汝奴,夫爲汝耕,婦爲汝織,輸汝粟帛。'語華人曰:'鮮卑是汝作客,爲汝擊賊,令汝安寧。'猛然悟到這種區分正與周代國人、野人之分相吻合。下課返家立即進行研究,看出《孟子》、《周官》所講確實是如此,國、野不僅田制、兵制不同,學制、選士也不同。並且進一步看出廖先生説古文是史學、今文是經學(或哲學),的確是顛撲不破的判斷。同時也看出經學家們把經今古文問題推到孔孟時期顯然也

(接上頁)者,斷則審之者,故曰'《春秋》之信史也'"。祇是,這些事情在記録之時被孔子賦予了政治寓意,因此"《春秋》非記事之史,不書多於書,以所不書知其書,以所書知其不書",通過闡釋《春秋》記事的黜退褒貶義例,來發掘事件記録過程中,孔子對於諸侯、世卿等人物持有的態度,並且往往引用載於史書中的具體事件,來進一步説明經書並未明言之"義"。見廖平《古學考》,《廖平全集·群經類》,第 71、83—84 頁。章太炎撰,龐俊、郭誠永疏證《國故論衡疏證》,第 424 頁。(清)莊存與、孔廣森撰,郭曉東、陸建松、鄒輝傑校點《春秋正辭》,上海:上海古籍出版社,2014 年,第 227—228 頁。錢穆《兩漢經學今古文平議》,北京:九州出版社,2011 年,第 235—237 頁。

[1][2]　廖平《今古學考》,見《廖平全集·群經類》,第 37 頁。
[3]　廖平《知聖篇》,見《廖平全集·群經類》,第 198 頁。
[4]　蒙文通《孔子和今文學》,見《經學抉原》,第 251 頁。

　　是不對的,孔孟所言周事還基本是歷史事實而不是理想虛構。[1]
可見他在察覺到周代存在"國野異制"的制度後,所進行的研究是以《周
官》《孟子》中所載内容相對照,發現"兩部書是相合的",[2]並且得出
的結論是"古文是史學、今文是經學"、"孔孟所言還基本是歷史事實不
是理想虛構",因此他認爲"孔子、孟子都是維護貴族世卿政治的"。[3]
後來蒙氏更在《對殷周社會研究提供的材料和問題》中,對於不合於今
文理想制度、維護周制的孟子進行批判,"孟子儘管説'治地莫善於助',
卻要把一個不到五十里的滕國仍然徹、助並用,祇是要恢復周朝的舊制
度,要分個君子、野人而已"。[4]在這一時期,蒙文通所重視的始終是今
文學理想制度中的"平等"思想,他的史學及諸子學研究正是緊緊圍繞
這一觀念展開的,即通過史學研究瞭解周秦真實的社會制度,然後考求
六經所載、諸子之言,符合"萬民一律平等"的理想制度的,便可被劃歸
至今文學的陣營。

　　1961年蒙文通所撰《孔子思想中進步面的探討》進一步展現了他的
這種觀念。蒙氏在這篇文章中肯定了孔子思想中進步的一面,但他的
依據十分值得細細揣摩:他根據曹魏時許芝所言"周公反政,尸子以爲
孔子非之,以爲周公其不聖乎? 以天下讓,不爲兆民也",認爲"'爲兆
民'這一思想是孔子評論管仲的出發點,亦是孔子要往費、往中牟的主
腦"、"孔子把讓天下當成小事,把爲兆民當成大事",[5]因此"今文家正
是從這一原則擴充出去的"。[6]蒙文通先前否定孔子,依據是孔子維護
真實存在的、貴賤懸殊的周制,在這裏則肯定了孔子學説的價值,依據

〔1〕　蒙文通《治學雜語》,見蒙默《蒙文通學記》,第41頁。
〔2〕　蒙文通《對周秦社會研究提供的材料和問題》,見《古禮甄微》,第330頁。
〔3〕　蒙文通《治學雜語》,見蒙默《蒙文通學記》,第12頁。
〔4〕　蒙文通《對周秦社會研究提供的材料和問題》,見《古禮甄微》,第331頁。此外,蒙氏還在
　　　《周秦民族與思想》一文中批判孟子的"爲政不難,不得罪於巨室"、"所謂故國者,非有喬木
　　　之屬也,有世臣之謂也",認爲"終不離乎貴族政治以爲言"。見《先秦諸子與理學》,第32頁。
〔5〕〔6〕　蒙文通《孔子思想中進步面的探討》,見《儒學甄微》,第23頁。

則是孔子存在"爲兆民"的一面,因此與今文學"萬民平等"的理想相符合。前後看似矛盾的態度,恰恰體現了蒙文通始終以今文學爲理想空言、古文學爲歷史事實的觀念。

(二) 以子解經

蒙文通對於先秦諸子學説的關注,[1]最初完全是由於他以"理想制度"與"歷史事實"作爲衡量標準,分別今、古文經書所載禮制的異同。在章太炎"吾輩所應究者,則先秦之學也"的啓發下,蒙氏認爲古、今文家均"本之先秦以爲義"。[2]然而,他發現孔孟的儒學與漢代的今、古文經説,有時並不能完全相合,"晚周之儒學,入秦漢爲經生,道相承而跡不相接"。[3]所以蒙氏旁稽諸子之説,"求之周秦",以明孔孟儒學是如何發展爲漢代經學的,並認爲諸子學説在這一過程中起到橋梁作用,即"周秦間原爲諸子學術最發達之時,至漢一變而經學最盛,罷黜百家,獨尊孔氏,其事甚奇。及觀傳記間多存百家義,則知事之非偶、誠自有來",[4]"窮其源流,而後知西漢之儒家直承晚周之緒,融合百氏而一新之,其事乃顯"。[5]因此他説:

> 考之先秦學術之變,而知儒之日益精卓者,以其善取於諸子百家之言而大義以恢弘也。[6]

雖然清儒早有"以治經餘力,旁及諸子"[7]的傳統,但是"諸子則專家之學,不能通其大義而徒求於訓詁名物",[8]因此"篳路藍縷,所得已

---

〔1〕 值得一提的是,王汎森先生指出,廖平在面對先秦諸子由末席躋上首位的趨勢時,爲了增強聖人之道的絶對性,主張它包含一切,但實際的結果卻是使孔子的思想中不容許有任何違反諸子學的東西,將聖人之道降低到和過去認爲是"異端"、"邪説"的諸子並存的地步。見氏著《中國近代思想與學術的系譜》,長春:吉林出版集團有限責任公司,2011 年,第 113—114 頁。
〔2〕 蒙默《蒙文通學記》,第 4 頁。
〔3〕〔5〕 蒙文通《論經學遺稿三篇》,見《經學抉原》,第 208 頁。
〔4〕 同上書,第 210 頁。
〔6〕 同上書,第 207 頁。
〔7〕 錢穆《國學概論》,北京:九州出版社,2011 年,第 321 頁。
〔8〕 同上書,第 319 頁。

彀”。[1]晚清的經學界中,今文學家廖平認爲“子書多春秋以後處士託
名”,[2]康有爲則“思想之來歷,在中國則爲莊子寓言之荒唐,爲墨子之
兼愛無等,又炫於歐美之新奇,附之釋氏之廣大,而獨以孔子爲説”。[3]
古文學家章太炎則曰“儒家、道家、法家,異也,有其同”、[4]“九流皆言
道。道者,彼也;能道者,此也。白蘿門書謂之陀爾奢那,此則言見,自
宋始言道學,今又通言哲學矣”。[5]這些觀點或多或少,均含有對歐美
學説的思考。錢穆將這一時期的學風概括爲“至於最近學者,轉治西人
哲學,反以證説古籍,而子學遂大白。最先爲餘杭章炳麟,以佛理及西
説闡發諸子,於墨、莊、荀、韓諸家皆有創見。績溪胡適、新會梁啓超繼
之,而子學遂風靡一時”。[6]不能認爲蒙文通完全没有受到這一風氣的
影響,但是蒙氏推尊諸子之説,恐怕還有更深層次的原因。關於他推尊
諸子學説這一點,他生平在經學著作中曾反復説過許多次,當然是可信
的。但是,我們要問:究竟在什麽確定的意義上,我們纔可以説蒙文通
推尊諸子學説呢? 關於這個問題,他自己在《論經學遺稿三篇》中有明
白的交代:

> 今三十年來,諸子之學盛於一時,雖著作之林瑕瑜互見,而創通
> 大義已十得四五,誠非畢、孫沾沾校勘訓釋者所可及也,而余固略知
> 也。時會之所與,昔人未能有此助益也。然不以先漢經説爲據,則
> 漫衍而無歸,況其精義奧旨畢匯於經! 儒爲經之先河,經爲儒之後
> 海,益後之論益精,惟於經説可以求之,舍經説而言諸子,殆猶僅涉

〔1〕 錢穆《國學概論》,第 321 頁。

〔2〕 廖平《古學考》,見《廖平全集·群經類》,第 73 頁。

〔3〕 錢穆《中國近三百年學術史》,第 665 頁。

〔4〕 章太炎撰,龐俊、郭誠永疏證《國故論衡疏證》,第 682 頁。

〔5〕 同上書,第 747—748 頁。

〔6〕 錢穆《國學概論》,第 321—323 頁。此外,劉東、文韜編有《審問與明辨——晚清民國的
　　　“國學”論爭》(北京:北京大學出版社,2012 年)一書,收錄了自 1902—1947 年關於“國學”
　　　的經典論爭。其中,希如的《論國學研究之法式》、鄧實的《古學復興論》以及《〈國粹學報〉
　　　發刊詞》等文章均指出當時“子學益盛”的風氣。

其樊者也，豈足以言宗廟百官之美富哉！執諸子以窺六經師説，雖賈、鄭猶多可取，又況於伏生、董、韓之儔哉！是則余生雖晚，猶幸得聞先德之餘緒，略窺經學之户牖，則又今之喜而不寐者也。〔1〕

這一自白最可以清楚地表明蒙文通進行諸子學研究的目的。這裏最值得注意的是他特別强調以諸子學説輔助理解"漢師之淵宏博大"，即"蓋操經生之業以讀諸子，固未若以諸子之學求儒生之旨而合之經生之業也"。〔2〕他將今文學的價值推到了一個頂點，認爲先秦時期所有思想的精華均薈萃於漢代經説之説，"實經説之能薈集諸子以爲經術之中心"，〔3〕"先秦以往之思想畢萃於漢，而豈特匯儒者一家之説使結晶於是哉"。〔4〕

　　如果蒙文通僅將今文學的價值限於對先秦儒家思想的繼承，那麽他便衹能承認今文學中包含孔孟"維護世卿"的面相，然而這與"萬民平等"的理想制度是極爲矛盾的。因此，在以"理想制度"與"歷史事實"區分今、古文的前提下，蒙文通甚至説"六經本爲古文獻，而漢人所言者爲理想之新制度，乃舊文獻與此新制度無抵觸者，此非六經成於新儒家之手乎"，〔5〕他對六經的肯定，完全是由於經書載有"與此新制度無抵觸"的内容。而"多存百家義"的傳記，則由於"經學固百家言之結論"，因此"發展之精深卓絶乃在傳記，經其表而傳記爲之裏也"。〔6〕蒙氏肯定傳記的價值，則是因爲漢代今文學所構建的"理想制度"，採取了諸子學説的部分内容。他對墨家"選天子"的肯定，尤其可以證明這一點。〔7〕他

〔1〕〔2〕　蒙文通《論經學遺稿三篇》，見《經學抉原》，第207頁。
〔3〕〔4〕　同上書，第208頁。
〔5〕　同上書，第211頁。
〔6〕　同上書，第212頁。
〔7〕　值得注意的是，蒙文通以墨家"選天子"制度與儒家"素王"學説相近，這一點可能受到了章太炎的啓發。他在下文中引用《墨子·公孟》來證明"'孔子爲天子'正是墨家'巨子'、儒家'素王'説法"這一觀點，但是他的推斷則是基於"章太炎先生以公孟即孔子弟子公孟子高，就是公明高，也就是公羊高"展開的。此外，錢穆在《孔門傳經辨》中亦指出，公明高、公明儀、公孟子、公明宣、公明地均爲同一人。見蒙文通《孔子和今文學》，《經學抉原》，第226頁；錢穆《先秦諸子繫年》，北京：商務印書館，2005年，第99—100頁。章太炎對於這一問題的論述，見章太炎撰，龐俊、郭誠永疏證《國故論衡疏證》，第425頁。

曾在《儒家政治思想之發展》、《孔子和今文學》中反復說道：

　　墨家首先提出了選天子和公卿大夫，《禮運》認“大人世及”爲小康，那末大同所主張的“選賢舉能”也就是選天子。[1]

　　“素王”雖爲今文學家的主要學說，然而這一學說當導源於墨家。墨家尚賢，主張賢人政治，尚賢的極致便主張“選天下賢可立者，立以爲天子……又選擇天下之賢可立者，置立之以爲三公”（《墨子·尚同上》），而成爲尚同說的基礎。墨家的巨子制度，就是墨家尚賢、尚同學說的實踐。“巨子”就是墨家理想的應當立爲天子的聖人。[2]

　　凡儒家之平等思想，皆出於法、墨；法家之平等，爲擯棄世族、擴張君權而壹刑法；墨家之平等，爲廢抑君權而建民治。[3]

所以根據他自己的供證，《墨子·尚同》主張“選天下之賢可者立以爲天子”，合於“理想之政治制度”；[4]墨家的“餘力相勞，餘財相分”則爲“理想之經濟制度”。[5]蒙氏總結道，今文學的理想制度是以“明堂”爲核心的，[6]原因在於“今文學家不僅以明堂爲議政之所，禪讓行之於明堂，巡狩黜陟告歸於明堂，大射選侯於明堂，辟雍選賢也在明堂”。他根據

---

〔1〕　蒙文通《孔子和今文學》，見《經學抉原》，第217頁。
〔2〕　同上書，第229頁。
〔3〕　蒙文通《儒家政治思想之發展》，《經學抉原》，第174頁。值得注意的是，蒙文通認爲墨家符合今文學‘萬民平等’的理想制度，是受到過錢穆《先秦諸子繫年》的啓發的。本段所引本的上文便是“墨之道，‘以自苦爲極’，故穆賀謂之‘賤人之所爲’，荀卿謂之‘役夫之道’，錢賓四氏因之極論儒家爲模擬上層之貴族，墨家爲代表下層之庶民”。
〔4〕〔5〕　蒙文通《周秦民族與思想》，見《先秦諸子與理學》，第29頁。
〔6〕　值得注意的是，廖平認爲今學無明堂，古學有明堂。劉師培則認爲明堂、太學一也，朝覲、尊賢、鄉射、行政等均行於其中。此外，明堂環之以水則爲辟雍，爲習射之地。古代選舉行於學校之中，故射於辟雍以擇士。因此學校出於明堂，“則知明堂所行之典，咸爲學校之所該，故古代政教之權咸出於學校”。在劉師培看來，古代政教合一，明堂具有教化、選賢、議政的功能，具有極爲重要的作用。可以看出，蒙文通和劉師培均認爲明堂具有議政、選賢的功能，並且將其作爲禮制的核心來進行闡釋，二人在對待名堂的態度上具有相似的傾向。廖平《今古學考》，見《廖平全集·群經類》，第27頁。劉師培《古政原始論》，見氏著《清儒得失論》，北京：中國人民大學出版社，2005年，第188—191頁。

《漢書·藝文志》的"墨家者流,蓋出於清廟之守",並且墨家確實"兼愛
之極則不別親疏一律平等,尚賢之極則至於選天子",[1]認爲今文學的
理想制度"莫不歸本於明堂,導源於墨子",[2]從而取墨家擯棄世族之
義。總而言之,他對諸子之學合乎今文"理想制度"之處的肯定,在此已
明確地表露了出來。最重要的是他不看重墨家的"兼愛"、"非攻"、"節
用"、"天志"、"明鬼",而專注意一個"理想制度"。他對諸子學的關注,
自始至終均是爲了肯定今文學的價值。因此,他在《周秦民族與思想》
裏說:

> 及乎公羊子"譏世卿",則已取法家之說以輔儒者之不足。《王
> 制》一篇,尤爲祖述孟子,而別爲一王之法,以明新周之制。孟子以
> "無父"、"無君"毁楊墨,及《禮運》已顯取墨子選天子諸義,而訾大
> 人之世及。抑六君子而獨讚堯舜。是由《王制》以至乎《禮運》,而
> 儒家外王之法,已融法家、墨家而取其英華,以補孔氏之制也。而
> 井田、學校、明堂、封禪、巡狩、選舉諸事遂井井可說也。[3]

他認爲"廢貴族以張王權,期於君權擴張之實現,此法家之主要宗旨
也",[4]因此今文學取法家廢貴族之義,"儒家《春秋公羊》之徒譏世卿
之類,是非孔、孟之說,而《公羊》之流取法家以爲說也"。[5]可以看出,
蒙氏認爲墨家、法家思想中均含有"平等"的成分,這一點與今文"萬民
平等"的理想制度相符,因此在這一層面——强調今文學"理想制度"的
價值層面上,他推尊諸子的學說。

---

〔1〕 蒙文通《孔子和今文學》,見《經學抉原》,第 255 頁。
〔2〕 蒙文通根據《淮南》"墨子學儒者之業,受孔子之術"之言,論證儒墨具有相通之處。蒙氏
　　　所引原文,見劉文典撰,馮逸、喬華點校《淮南鴻烈集解》卷二十一《要略》:"墨子學儒者之
　　　業,受孔子之術,以爲其禮煩擾而不說,厚葬靡財而貧民,服傷生而害事,故背周道而用夏
　　　政。"(北京:中華書局,1989 年,第 709 頁)不過,原文之意爲墨子由於對儒家學說不滿從
　　　而"背周道而用夏政",蒙氏引此用以說明儒墨共通之處,似有斷章取義之嫌。
〔3〕 蒙文通《周秦民族與思想》,見《先秦諸子與理學》,第 32 頁。
〔4〕 蒙文通《儒家法夏法殷義》,見《經學抉原》,第 189 頁。
〔5〕 蒙文通《儒墨合流與〈尸子〉》,見《經學抉原》,第 188 頁。

(三) 因制度以求義理：“國野異制”説的提出

如果蒙文通的研究領域僅限於經學和諸子學，那麼“不以行實考空言，則無以見深切著明之效”，[1]很難看出今文學“理想制度”的價值。他認爲今文學家的“井田、學校、封禪、巡狩、明堂諸端，正所謂‘一王大法’者也”。[2]所以 1961 年蒙文通在《孔子和今文學》裏説：

> 今文學家必還有一套和革命、素王思想一貫的具體的典章制度存在。但這在現存資料中，卻不能找到明確答案。[3]

> 對於這個問題，我們應當這樣來理解：這是由於這套制度是和革命、素王的理論相一貫，所以它同樣是王朝統治者所不能容忍的。當時學者迫於統治權威的壓力，祗好託之於三代，以寄寓其理想。這樣，雖然把理想的制度保全了，但卻把真正的三古制度搞得混亂了。所以漢代的經師們在傳授同一經籍的時候，卻講出了各各不相同的制度，所以其不同的根源，就在於此。因此，我們就必須仔細分析漢代經師所講的各種制度，清理出哪些制度是歷史的陳跡，哪些制度是寄寓的理想，然後纔能觀察出理想制度所體現出的思想實質，然後纔能看出經學家思想的深遠恢弘。[4]

這段話始終緊密圍繞今文學家“理想的制度”展開，不但把“歷史事實”和“寄寓的理想”聯繫了起來，也把蒙文通進行先秦史研究以輔助其經學思考的意思表露得十分明顯。這裏有必要稍稍回顧一下傳統的古史研究所呈現的大體面貌。乾嘉學者“高唱之‘實事求是’主義”，其方向及工作“大抵校勘前史文名之訛舛，其一也；訂正其所載事實之矛盾錯誤，其二也；補其遺闕，其三也；整齊其事實使有條理易省覽，其四也”，[5]對於上古史主要關注的問題是“一春秋以前或秦漢以前史跡問

---

[1]　蒙文通《儒家政治思想之發展》，見《經學抉原》，第 173 頁。
[2]　同上書，第 172 頁。
[3]　蒙文通《孔子和今文學》，見《經學抉原》，第 231 頁。
[4]　同上書，第 231—232 頁。
[5]　梁啓超《中國近三百年學術史》，上海：上海三聯書店，2006 年，第 243 頁。

題;一春秋戰國間缺漏的史跡及戰國史跡年代問題".[1]其後的晚清經學界中,古文學家章太炎以六經爲史書,認爲"言《春秋》者,憲章文武,下遵時王,懲惡而揚善",[2]原因在於,《春秋》能使"耳孫小子,耿耿不忘先代,然後民無攜志,國有與立"。[3]今文學家廖平則尊經薄史,認爲"孔子翻經以來,真正周制度,實無可考",[4]"古周於明堂、辟雍、郊社、壇坫、天神、地祇諸典制,百無一有",[5]周代真實的制度早已不可聞知,現今所知周制爲孔子的空言,即"孔以前爲經説,孔以後爲史事","三代以前之文明,皆出經説空言,實無其事。至於入秦,乃爲史事"。[6]

　　事實上,蒙氏並不似乾嘉學者般,以"實事求是"的精神對史書進行校勘、補訂,"遺理想而專事考訂,絶不一言及於治道";[7]不似古文學家般,認爲六經所載制度能够"褒大前哲,然後發奮於寶書,哀思於國命";[8]也不似晚清今文學家般,完全將史學棄置一旁,認爲孔子的空言出則"舊典全無"[9](廖平語)。這一歷史背景可以使我們瞭解蒙氏致力於研究周代舊制、提出"國野異制"説時,他的思考由於蕴含了對今文學的關注,即在"今文理想"與"古文事實"的觀念下,捨棄了尊孔的面相,從而呈現出了獨特性。因此,他進行古史的研究時,思考問題的角

---

[1]　梁啓超《中國近三百年學術史》,第 247 頁。梁氏指出,學者關注上古史這兩個問題的原因在於"《史記》起唐虞三代而實跡可詳記者,實斷自春秋而取材於《左氏》。《通鑑》則託始戰國。而《左傳》下距《戰國策》既百三十三年,中間一無史籍,《戰國策》又皆斷片記載,不著事實發生年代"。
[2]　章太炎撰,龐俊、郭誠永疏證《國故論衡疏證》,第 412 頁。
[3]　同上書,第 418—419 頁。
[4]　廖平《知聖篇》,見《廖平全集・群經類》,第 204 頁。
[5][6]　同上書,第 623 頁。
[7]　蒙文通《周秦民族與思想》,見《先秦諸子與理學》,第 36 頁。
[8]　章太炎撰,龐俊、郭誠永疏證《國故論衡疏證》,第 419 頁。
[9]　廖平雖認爲"欲實明改制之事,非輯四代古制佚説不能","凡與經不合者,皆周制"。廖平認爲孔子之學出則舊典全亡,因此需通過輯佚的方式復原,然後以周制與孔子的理想制度相對比,即"此書輯成,改制之説不煩而解"。見廖平《知聖篇》,《廖平全集・群經類》,第 212 頁。

度便顯得與衆不同。這一點從蒙氏所謂的"制度"便可看出,"制度"主要包括五個方面,一曰井田,二曰辟雍,三曰封禪,四曰巡狩,五曰明堂。他顯然認爲這五點可以最明顯地展現出今、古文禮制的不同。要區分"歷史的陳跡"和"寄寓的理想",就不得不深入考察先秦的社會制度,這就需要進行史學研究了。

所以蒙文通在《孔子和今文學》中,對於先秦社會制度進行了詳細的研究,並且與之前在《儒家政治思想之發展》一文裏的"今文理想"進行對比,充分地考察今、古文制度所體現出的思想實質,並肯定了今文學的價值。對於古文學的制度,就井田而言,他在"孟子主張從周,他向滕國的建議正是周制"[1]的觀念下,以《孟子·滕文公上》篇"野九一而助,國中什一使自賦",與《周官》所載禮制相對照,認爲"《周官》鄉、遂、鄙田制不同,正是徹助並行"。[2]蒙氏從田制和軍制的角度入手,他説:

《周官》僅僅鄉不是井田,而遂是井田,但又和都鄙有所不同。[3]

居住六鄉的人當兵,居住六遂和都鄙者則不當兵。[4]

因此,鄉、遂、都鄙所行制度並不完全相同。[5]蒙氏認爲,周制蘊含的思想實質,以及與今文學家理想的區別,均可通過田制進行分析。因爲"今文學家所説井田制度則與此不同",在理想制度中,"通國皆井,通國皆兵"、"没有鄉、遂、都、鄙之别"。[6]與此相比,周朝舊制中則有"鄉

---

〔1〕 蒙文通《孔子和今文學》,見《經學抉原》,第232頁。
〔2〕 需要説明的是,蒙氏認爲"井田所在者爲野人,然徹法所行者爲君子"。見蒙文通《孔子和今文學》,見《經學抉原》,第158、233頁。
〔3〕〔4〕 蒙文通《孔子和今文學》,見《經學抉原》,第233頁。
〔5〕 蒙氏對於鄉、遂制度的具體研究,見《對殷周社會研究提供的材料和問題》第二節《鄉遂居民的不同身份》、第四節《助法是殷人舊法》、第五節《都鄙制度》,《古禮甄微》,第332—334、339—346頁。不過,正如他在《對殷周社會研究提供的材料和問題》中所言,"關於今文家的理想制度,作者另有專文討論,這裏不用多説,因爲我們在這裏主要是討論歷史,祇需把歷史弄明白就行了",本文所要探討的是蒙氏是如何在"今文理想"與"歷史事實"的區分下,關注先秦史領域的,因此對於蒙文通對歷史制度是如何進行具體探討的,兹不展開。
〔6〕 這三句話均見蒙文通《孔子和今文學》,見《經學抉原》,第235頁。

遂"、"國野"之別,"《周官》六鄉居民都是君子。六鄉所居都是君子,而又不行井田,這就是孟子所説的'國中'"。[1]"六鄉但稱民,而六遂則稱野民;六鄉但稱役,而六遂則稱野役。很顯然《周官》是以六遂爲野,而以所居爲野民的"。[2]對於周代舊制與今文新説在田制層面迥然不同的原因,蒙文通給出了答案。他説:

> 鄉遂異制正是周人處理被征服部族的辦法。但六遂既爲頑殷,居民仍用五家起數來編制,田制則是井田。鄭玄説是對的。井田又行於甸、稍、縣、都,這都是普通一般人,六遂是殷頑,所以六遂被稱爲野,六遂居民被稱爲野人,且不給予當兵和受教育的權利。……於此,我們知道《孟子》、《周官》所説歷史上的井田制度絶不是甚麽"王天下"、"致太平"的理想制度,而是征服者統治被征服部族的極不平等的種族歧視政策的反映而已。[3]

> 《公羊》家述井田,如彼其精密宏美,三代之隆,未能至也。夫周爲貴賤之懸殊,秦爲貧富之夐隔。而以此井田去兼併,則貧富之等夷矣。周爲助、徹並行,獨徹者任兵入學,此悉爲助法,則貴賤之等夷矣。由鄉村制度,以及乎選天子、選諸侯之政治制度,周悉靡遺。此所謂新周一王大法,非周、非秦,而王魯之説出,孔氏以爲素王也。[4]

蒙文通是非常肯定今文學理想制度的人,但是客觀上他不得不承認今文學的典章制度"在現存資料中,卻不能找到明確的答案"。[5]所以蒙文通"國野異制"、"鄉遂並行"的觀點,以結果而論雖是史學研究,但從開始的意圖而論則是有其經學思考的,即"文獻記載上的井田制度,本來就有兩種,一種是歷史上確實存在過的,一種是學者們所理想的,前者是階級嚴酷的不平等制度,後者是人人平等的理想制度。兩者大有

---

〔1〕〔2〕　蒙文通《孔子和今文學》,見《經學抉原》,第233頁。
〔3〕〔5〕　同上書,第234頁。
〔4〕　蒙文通《周秦民族與思想》,見《先秦諸子與理學》,第34頁。

區別,決不能混爲一談。前一制度是歷史,當然是有;後一制度是理想,當然是無";[1]"今文家之論井田,既以夷周人貴賤之殊,亦以絶秦人貧富之隔,所謂'一王大法'者,豈非鑒於二代之弊,而特擬一理想之治哉"。[2]因此蒙氏研究周秦社會制度,是爲了指出其中的弊端,並以此反襯出今文學理想制度的價值。他頗爲自得於這一點,"清代講了幾百年的考據,很早就在分別今古文的制度,但如像井田這樣的制度,始終没有人能分别來看,像這樣人人平等的井田制度,衹是今文家的理想,不是真正的歷史"。[3]所以,蒙氏曾自陳道:"專去考察怎樣纔是古代史跡,對於今文學的理想、孔子學術的真諦也就沉晦不明了",[4]可以看出,蒙氏對於先秦史的研究,意在"從禮家研究一王大法的具體制度"。[5]

所以蒙文通纔會在對周代"辟雍"制度的研究中,毫不遲疑地指出"《王制》、《大傳》等所講的那種貴賤平等、全國平等的教育制度絶不可能是周代的史實,衹不過是今文學家的理想而已",[6]因爲蒙氏考察《周官》所載之"辟雍"制,國中"國子入國學而後再由王朝任用",[7]六鄉"對鄉里優秀者卻没有送入國學深造的規定",[8]六遂則"找不到設學的痕跡"、"找不到掌教化的條文",[9]從而認定歷史上真實存在的舊制中"貴族、國人、野人之間界限和差異是嚴格的",這説明周代"種族歧視很嚴重","貴庶之間的界限是極明確的"。蒙文通藉"國野異制"、"鄉遂並行"這一點,對古文學所主禮制進行批判,在他對"明堂"制度的研究裏表現得最爲清楚。他説:

────────────

〔1〕　蒙文通《對殷周社會研究提供的材料和問題》,見《古禮甄微》,第329頁。
〔2〕　蒙文通《儒家政治思想之發展》,見《經學抉原》,第159頁。
〔3〕　蒙文通《對殷周社會研究提供的材料和問題》,第336頁。
〔4〕〔5〕　蒙文通《孔子和今文學》,見《經學抉原》,第218頁。
〔6〕　同上書,第238頁。
〔7〕〔8〕　同上書,第236頁。
〔9〕　這兩句話均見蒙文通《孔子和今文學》,見《經學抉原》,第237頁。

　　　　周的大學是一群貴族子弟的學校，所謂大學議政，祇不過是貴

　　族子弟的課程實習而已。今文學理想的大學則不然，它已經不完

　　全是貴族子弟的學校了，滲入了從王朝領地和諸侯領地所選送來

　　的大量的秀選之士，這批人是從農村、從鄉校選拔出來的優秀分

　　子，富有廣泛的代表性。這樣的太學議政便不再是貴族子弟的課

　　程實習，而是具有全國性的對政治的"獻替可否"。[1]

然而，蒙氏不得不承認的是，《周官》中明確載有類似的議政制度，今文
學的"明堂議政這一思想，一方面源於太學議政，另一方面也源於《周
官》的外朝'致萬民而詢焉'的制度"。[2]那麼，在古文學所主禮制中亦
存在這樣能够找到看似接近今文理想之處，今文學的價值要如何體現
呢？蒙文通在《儒家政治思想之發展》、《孔子與今文學》兩篇文章中，均
對這個問題進行了回答。對於周代"致萬民而詢焉"的外朝制度，他說：

　　　　這裏所說的"萬民"，應當予以界說：這裏的萬民是祇有鄉大夫

　　和州長統領的六鄉之民，而六遂以下之民是不包括在內的。祇有

　　在鄉大夫的職責內纔有"帥其鄉之衆寡而致於朝"的規定，在外朝

　　時就由鄉大夫及其下級——州長帥領萬民站在三公後面。在遂大

　　夫、遂師等六遂官吏的職責內，就沒有"帥其衆致於朝"的規定，而

　　在外朝中也沒有他們站立的部位。[3]

蒙文通答案中對於古文學所主周制的貶抑，是從"國野異制"、"鄉遂並
行"的角度進行的。關於"萬民"的界定，恐怕帶有蒙氏個人以周制爲

───────────

〔1〕　蒙文通《孔子和今文學》，見《經學抉原》，第 246 頁。
〔2〕　蒙文通所言《周官》的"外朝"制度，指的是《秋官·小司寇》所載"小司寇之職，掌外朝之
　　　政，以致萬民而詢焉。一曰詢國危，二曰詢國遷，三曰詢立君"，《地官·大司徒》所載"若
　　　國有大故，則致萬民於王門"，《地官·鄉大夫》所載"國大詢於衆庶，則各帥其鄉之衆寡而
　　　致於朝"，以及《秋官·朝士》的"掌建邦外朝之法"。見蒙文通《孔子和今文學》，《經學抉
　　　原》，第 246 頁。(漢)鄭玄注，(唐)賈公彥疏《周禮注疏》(上海：上海古籍出版社，2010
　　　年)卷第四十一《秋官司寇第五》，第 1337 頁；卷第十《地官司徒第二》，第 376 頁；卷第十
　　　二《地官司徒第二》，第 421 頁；卷第四十二《秋官司寇第五》，第 1373 頁。
〔3〕　蒙文通《孔子和今文學》，見《經學抉原》，第 247 頁。

“種族歧視的政治權利不平等的制度”〔1〕的主觀看法。即《周官》中的
外朝之法,雖亦有“國有大故,未有不詢於萬民者”、〔2〕“謀及庶人”〔3〕
之義,但是“所謂‘萬民’、‘百姓’云者,實即六鄉之人”,〔4〕“自六遂以下
皆不得與外朝之事也”,〔5〕六遂的居民是被排除在外的,因此依然具有
“貴賤懸殊”的特點。與之對比,今文家捨短取長,“鑒周人之舊典,而別
爲一王之新法,於此‘致萬民而詢焉’之制不容置之不取,不取則其政下
於周且霄壤間也”。〔6〕因此今文理想中的“明堂議政”,則“所選極於四
海”,並沒有這樣的身份區分。

　　因此,蒙氏進行先秦史學研究的意圖在於“破棄今、古家法,而剖析
今古學家所據之典籍,分别研討,以求其真,則晚周學派之實庶乎可
見”,〔7〕即探究今、古文之間的差别形成的原因,“既見秦制之所以異於
周,遂瞭然於今學之所以異於古”。〔8〕“國野異制”説便是在這一思想背
景下提出的。羅志田先生將蒙氏的史學研究概括爲“過去研究周秦思
想,每從義理入手,言人人殊,難以依據;但許多古事卻可考定,由史事
而反觀諸子之言,可對理解各家義理有進一步的認識”,〔9〕點明了其背
後的意圖所在。

　　蒙文通在《甄微别集》中清楚地説:

　　　　今文學家所講述的古代制度如井田、辟雍、封禪、巡狩、明堂
　　等,都爲與歷史實際不合的理想制度,是否定周代貴賤等級制度和
　　秦代貧富懸殊制度的産物,是戰國以來儒家‘革命’、‘素王’思想的

〔1〕　蒙文通《孔子和今文學》,見《經學抉原》,第248頁。
〔2〕　蒙文通《儒家政治思想之發展》,見《經學抉原》,第169頁。
〔3〕　同上書,第170頁。
〔4〕〔5〕〔6〕　同上書,第171頁。
〔7〕　蒙文通《經學抉原》,第213頁。
〔8〕　蒙文通《儒家政治思想之發展》,見《經學抉原》,第173頁。
〔9〕　羅志田《事不孤起,必有其鄰:蒙文通先生與思想史的社會視角》,《四川大學學報(哲學社
　　　會科學版)》,2005年第4期,第106頁。

具體化,是以先秦儒家思想爲中心、吸收諸子思想而發展出來的。[1]

可見蒙氏注重的是今文學説禮制中藴含的平等思想,[2]並且以漢代今文學家而非孔子作爲傳達"空言"的主體。因此,考察周秦的社會制度,他得出的結論是"周之制爲貴族,爲封建,而貴賤之級嚴;秦之制爲君權,爲專制,而貧富之辨急。'素王革命'之説,爲民治,爲平等,其於前世貴賤貧富兩階級,殆舉一而並絶之,是秦、漢之際,儒之爲儒,視周、孔之論,偶乎其有辨也"。[3]由此看來,蒙氏對於周代"國野異制"、"鄉遂並行"的制度所作的史學研究,其目的在於論證周制爲"征服者統治被征服部族的極不平等的種族歧視政策",[4]是爲了説明漢代今文學家所構建的理想制度的合理性。也就是説,蒙氏對於周制的歷史考察,是爲其經學目的服務的。

結語

根據蒙文通的指示,再加上我們對蒙氏留下文字的疏解,我們就確切知道在清末民國時期,今文經學並不是衹有"本意尊經、乃至疑古"的面相,由經入史的學者也並不全是將經、史之學截然分開的。由於"經學衰退、史學發展"的敘事結構,現代學者往往傾向於更爲關注"近代的

---

[1]　蒙文通《略談我近年來的學術研究》,見《甄微別集》,第68頁。

[2]　蒙文通非常强調今文"理想制度"中的平等思想。他在《孔子和今文學》一文中進行總結,認爲漢代經學是"氣魄雄偉、規模宏大的有理論根據有具體辦法的比較完善的思想體系",原因便在於"今文學的理想是一個萬民一律平等的思想,井田制度是在經濟基礎上的平等,全國普遍建立學校是在受教育和做官吏機會上的平等,封禪是在出任國家首腦上的權利的平等,大射巡狩是在封國爵土上的平等,明堂議政是在議論政治上的平等"。見《經學抉原》,第251頁。此外,蒙氏對周秦社會"貴賤懸殊"、"貧富不均"的觀察,可見《秦代的地主階級與社會經濟》、《秦之社會》等文章,收入蒙文通《古史甄微》,第157—180頁。

[3]　蒙文通《儒家政治思想之發展》,見《經學抉原》,第173頁。

[4]　蒙文通《孔子和今文學》,《經學抉原》第234頁。

史學是如何建立起來的"這樣的話題。從史學的觀點出發,研究學術思
想史的人已經無法分辨出蒙文通的學術是何門路了,從而使得蒙氏以
"古史三系説"、"國野異制説"等歷史研究成果爲世人認知,其經學研究
卻鮮有言及。其實蒙文通雖致力於先秦史、諸子學、佛學等領域,但他
自己治學的根本方法和最終依歸實則爲經學。

　　在蒙氏的思想中,今文學的學術理念與關懷始終一以貫之。對於
先秦史,他的"古史三系説"首先把古代民族分爲江漢、河洛和海岱三
系,對於古史的地域劃分具有開創之功;對於南宋浙東史學,他强調的
是其"義理派史學"、"義與制不相遺"的一面;[1]對於經學,他始終關注
"漢代今古文之爭"這一問題,前期沿用廖平以地域區分學術的方法,將
經學分爲齊、魯、晉三系;後期爲揭示漢代今文學形成的過程,則以史實
(主要爲對於職官的考察)核漢師禮制,從而指出先秦儒家所重爲西周
舊制,漢代今文經學家所重爲理想中的禮家新制,系統揭示了漢代今文
學家"革命"、"素王"理論及其"一王大法"制度。

　　實際上,古人的學術格局,並不爲今人的學術門類所局限。換言
之,古人呈現其追求心中之"道"的過程,並不會局限在單一載體上。因
此,將蒙文通研究先秦社會制度及諸子學時主要關注的話題,與蒙氏的
經學研究聯繫起來,我們纔能更精確地估計蒙文通從事史學研究的動
機與目的。蒙氏一直到晚年都還特別注重通過"經與子交相發"、"以行
實考空言"的方法,來肯定今文學"理想制度"的價值所在。雖然就其研
究領域而言,蒙氏涉獵較廣,但是其經學思考卻是一以貫之的,他的古
史、諸子研究均是圍繞這一點展開的,不能將其割裂來看。明晰這一
點,庶幾能够對晚清今文学家關注史學、諸子學領域的動機,有一個更
爲準確的理解。

---

〔1〕 參考張凱《浙東史學與民國經史轉型——以劉咸炘、蒙文通爲中心》,《浙江大學學報(人
　　文社會科學版)》2011年第6期,第162頁。

【内容摘要】清末民初時期，蒙文通既得到了今文學家廖平的嫡傳，又曾師從古文學家劉師培，並問學於章太炎。因此，蒙氏的思想呈現出前、後分期的特點。在前期階段，他繼承了廖平以地域三分學派的方法，以"與孔子學說關係的遠近"爲準則將今、古文分爲齊、魯、晉之學，並分別研究各個學派的特點，"古史三系說"便是在對於晉學研究的過程中提出的。在後期階段，蒙文通受到章太炎的啓發，對於廖平推尊孔子、以孔子爲一切學說源頭的做法產生了懷疑，但沿用了廖平以"理想制度"與"歷史事實"爲標準區分今、古文的做法。在這一準則下，蒙文通對齊學的價值、孔孟學說的性質、諸子學與今文學的關係等問題進行了重新思考，並以周秦社會制度與今文學所主禮制相對比，從而肯定今文"理想制度"的價值。"國野異制"說正是在這樣的情境下提出的。可以看出，蒙文通對於史學、諸子學領域的研究並非孤立存在，而是爲其經學目的服務的。

【關鍵詞】晚清今文經學　蒙文通　古史三系說　國野異制說

根本六經,洞明心性
——鍾泰與《鍾泰著作集》

劉海濱、鍾　斌、張文江、吳　格、傅　傑、顧　錚、陳　贇、
鄧秉元、黄德海

劉海濱(上海古籍出版社副編審)

歡迎大家! 在座的老師有幾位參與過《鍾泰著作集》的整理工作,
其他幾位老師要麽跟鍾泰先生有很深的淵源,要麽跟鍾泰先生的著作
和相关研究領域有各自的淵源,所以這次非常榮幸請到幾位專家學者
一起來對這套書作研討。因爲我所在的編輯室負責了《鍾泰著作集》的
整理和出版工作,所以我在這裏簡單介紹一下整理出版的過程。

最早的因緣首先來自張文江老師,張老師聽説鍾斌先生藏有他祖
父鍾泰先生的一套《日録》。鍾泰先生有記日記的習慣,《日録》就是用
各種不同的本子、手册記録下來的日記,基本上每天不落,但是在保存
的過程中,包括戰爭時期的顛沛流離,後來住處也多有輾轉,所以有些
没有完整地保存下來,但是主體部分經過鍾斌先生數十年的精心保存,
並且逐字録入電腦,整理校對。張老師聽説有鍾泰《日録》存世,就帶著
我和黄德海先生去鍾斌先生家裏拜訪,想瞭解《日録》的情況,結果喜出
望外地不僅看到了《日録》的手稿本,還看到了很多鍾斌先生保存的祖
父的諸多遺著,包括一些手抄的珍貴資料。我們一方面非常驚喜,一方
面也覺得這麽珍貴的著作和資料,我們有責任,特别是我作爲一個出版

工作者,有責任將鍾泰先生的著作整理出版。

我們製定了一個出版計劃,後來又有各種因緣,包括申請到了上海市新聞出版專項資金的資助,這樣就使工作有了保證。接下來張老師請黃德海先生來主持這一套書的整理,因爲出版的工作前面要有一個完整的專業的整理工作,我們就在鍾斌先生已經先行整理的基礎上,又請黃德海先生來主持這套書的專業的整理,爲此黃先生又邀請了幾位學者一起參與這套書的整理。經過差不多三年的時間——僅整理的時間就有三年——然後纔進入出版的階段。接下來又花了差不多兩年的時間,因爲我們還要反復去校對,包括有些疑難問題,還要請鍾斌先生再確認手跡,有的還要請專家來辨識手跡。總之這些事情都比較繁瑣,比原來預想的要艱難得多。但是好在經過各位專家,包括鍾斌先生,我們一起努力,這套書終於在 2021 年年底的時候問世。

一會兒各位專家會介紹鍾泰先生本人和他的著作在學術史和各個領域中的地位和價值,我就不贅言了。從出版者的角度,這套書能够克服各種困難出版,希望有一個比較正式的新書研討會,所以纔定了這個活動。但這個活動定下來之後,又碰上了疫情、封閉,各種曲折,一直到今天。不過也因此有機緣碰到了上海圖書館東館開館的日期,這樣我們就借東風把研討會放在這麼一個充滿了書香氣的、有文化氣息的場所來召開,也是一種機緣巧合。

接下來簡單地説一下這套書的内容。這套書可以從類型上分成三類。第一類是曾經出版過的著作,比如説大家比較熟悉的《中國哲學史》,比如説《莊子發微》是八十年代出版的,包括三四十年代還出過《國學概論》、《荀注訂補》。

第二類是我們這次整理出版工作的重頭戲,就是之前未經出版的,包括手稿、油印本這樣的一些著作,有《春秋通義》、《理學綱領》、《詩詞講義》、《莊子天下篇校釋》、《國學書目舉要》等,當然還包括分量非常重的《鍾泰日録》、《鍾泰詩文集》,這是我們這一次花了五年時間整理出版的主要部分。

第三類,鍾斌先生收藏了很多鍾泰先生手抄的古人著作,還有一些可能是選編的,因爲鍾泰先生擔任過幾所大學的教授,他在上課的過程中,有一些就用作他的講義或者是上課用的重要的參考書,很多都是他手抄的,並且經過一些選編工作,比如說古詩選、古文選、宋詩選,包括還有簡短的評注。這部分著作也是很重要的,但是因爲我們的時間和能力的限制,如果全部都整理出來,可能不知道到哪一年。再者這裏面還要確定,哪些基本上是抄的部分,哪些是鍾泰先生選編和自注的,這些也需要去辨析。如果出版的話,可能需要等到下一階段,再用另外的形式,或者外編或者續編的形式,繼續做這個工作。所以我們這次把鍾先生自己的著作、能夠得到的,作爲主體部分先出版。但是爲了體現剛才說的第三類著作的情況,選了兩三種,其中一種是《詩經》,一種是《老子章義》,這兩本都是在明清時候的刻本的基礎上,鍾先生有很多手批的小字注釋評語,因爲這兩本很完整,就把它們作了影印處理,另外還有一個《廢字廢義表》,這三個作品影印後作爲這套書的附冊,這樣和前8冊合在一起,組成了9冊的《鍾泰著作集》。

另外還要說明一點,除此之外,還有一些著作被其他專家提到過,比如說有一部《春秋正言斷辭三傳參》,這是很重要的經學著作。還有像《訒齋論語詩》,據說是鍾泰先生根據《論語》的內容寫的詩,大概有一百多首,我聽另外一個朋友說有人見到過,也曾經在廣東某一位收藏家手裏,但是我們循著這個線索去尋找的時候,因爲那位收藏家已經過世了,他的子孫可能也不是做這一行的,就沒有找到。還有《顧詩箋校訂》。這三種比較有名,可能還有其他的著作。這三種重要的著作,一會兒張老師會提到其中的《春秋正言斷辭三傳參》是有下落的,另外兩本目前還沒有線索,我這裏就提一下,還是感到略有遺憾,我們這套書沒有收進來,以後有機會再做增補。以上大致就是這套書的出版過程和內容情況,我就簡單作一個介紹,接下來的時間就交給各位嘉賓,請大家發言。

鍾斌（鍾泰先生哲孫）

　　各位在場的老師，大家好，我叫鍾斌，今年 77 歲，是鍾泰先生的孫子。一個多月前，出版社劉海濱主任打電話給我，他説邀請我參加今天《鍾泰著作集》的研討會，當時聽到這個消息以後，我自然心情是很高興的，也很激動。我這個人平時退休以後基本上就宅在家裏不出門的，跟外界沒有什麼接觸，那麼有這麼一個機會，而且他跟我講，到會有多少多少專家學者，我想這倒也是個機會，來聽一聽，或者是加深我對我祖父全方位的瞭解吧。但是我又緊張，因爲我不會説話的，我也從來沒有在任何場合發過言，也不知道講什麼好。所以我做了一點準備，我講一講。

　　我從 1946 年出生以來，基本上就是跟我父母、跟我祖父（鍾泰）一直共同生活居住。在我的印象裏面，我祖父是怎麼樣一個人？他個子不高的，就 1 米 7 左右的個子，瘦瘦的，總是架著一副老式的圓框眼鏡，下巴處總是留著一小綹山羊鬍鬚。在家裏平時不出門的話，或者沒有客人來訪的時候，他一般都是穿長衫布衣，穿布鞋，很隨便的。但是如果有來客，或者他要出門的話，要麼去學校上課，要麼出門拜訪哪個人，他常會西裝革履，頸上繫著領帶，手裏拿一根文明棍（手杖）。他走在路上，神采奕奕的，精神很飽滿的，比較引起路人的注目。

　　我祖父平時在家裏的日常生活還是比較有規律、有習慣的，一日三餐，早中晚，他好吃什麼？喜歡吃肉，吃紅燒肉，吃麵食，他一貫以來是這樣子的。不抽煙，不酗酒，因爲我從來沒看到在家裏有什麼人來了，開瓶酒，他沒有這個習慣的。睡覺也是這樣子的，一般他晚上睡覺總比較遲，在我的印象裏面很少有十點之前熄燈睡覺的，一般都十點以後或者更晚一些時間，但是他早晨起床比較遲，一般也是到八九點鐘纔起床，洗臉刷牙。他生活上是這個樣子的。

　　祖父還有一個特點,他好交遊。他這個人和藹可親平易近人得很,朋友當中既有像馬一浮、熊十力、梁漱溟、陳銘樞、呂思勉這些社會名流、大家學者,也有不少戲劇演員,還有醫生等等,還有泥瓦匠、理髮師、三輪車夫。比如説有個泥瓦匠,姓張,當年到我們家裏來,走到書房裏,滿壁都是書箱書櫃,那麽多,他就隨意拿起來看看,看的過程當中,他會跟我祖父聊上幾句,在我的祖父眼裏,他這麽一個很普通的泥瓦匠能有這麽一個興趣看看古書,到後來認爲他也是個讀書的種子,所以後來經常借書給他,這個人他喜歡看什麽,發展到最後也送給他幾部,這是我從祖父的日記裏面瞭解到的這麽一個情況,就是很平易近人,待人很隨和。

　　其實現在我也珍藏了大概有六十多通我祖父在不同時期寫給我的信,這些書信跨度是從 1962 年到 1978 年,在我祖父過世前一年,一直到 1978 年。這些信我沒有事經常會打開來看看,因爲一方面,我祖父毛筆字寫得很有特色的,很有特點的,我也很喜歡他這個毛筆字,另一方面,這些字裏行間透露出了他對我的各方面的關愛,直到現在我還是非常感慨的。我今天主要是想就這個事情,舉了幾個例子,把這些信的内容稍微跟大家讀一讀。

　　比如説 1964 年到 1969 年,那時候我在部隊服兵役,在青島海軍航空基地,沒多久,有可能是水土不服,後來醫生看了也知道叫蕁麻疹,每天尤其到了晚上睡覺,很難受,有時候就徹夜不眠,我就把這個情況寫信告訴我祖父。我祖父得知這個情況以後,就多次來信跟我講,下面就是我祖父信中的原文:"風疹塊不足慮,衹是常常失眠卻不可不注意。有醫生説睡覺比吃飯要緊,此是實情,一夜不睡第二天人就沒有精神,吃飯也不香了。我聞此甚不放心,望你不必多想。"在 1968 年 8 月 12 號,祖父給我的來信是這樣子講的,他説:"你失眠服安眠藥,我很不放心。安眠藥不能常服,常服成了習慣性,也就無效。況且這種藥對於消化有害,決不能多服。大半失眠是精神的作用,精神安定,到時自然睡得著。中醫治此病，多用安神的藥，是很有道理的。桂圓就是安神的良藥，你可以每天睡覺吃7顆至14顆。又，睡下不要思前想後，把心放下，如不得已，就默默的聽自己的呼吸，呼吸平靜，就是要睡的徵兆了。"

　　1969年我從部隊復員回到上海，這時"文革"還沒有結束，當時祖父已經辭去了上海文史館館員的職務，生活上沒有了經濟來源，但他得知我在經濟上比較拮据，硬把他日常生活中節省下來的100塊錢給了我，並叮囑我說此事對任何人都不用講。大家知道，這100塊錢在當時不是一個小的數字，相當於一個普通工人三個月的總收入。我祖父一下子拿出來100塊錢給我，還叮囑我說這個事情對任何人都不用講。

　　1973年，我因患急性闌尾炎穿孔引起腹膜炎入院手術治療，這時候祖父已經去南京定居了，當時他從我父親那裏得知這一消息以後，當即寫信給我哥哥，要我哥哥將我的病情每天及時地告訴他。一個月以後我康復出院，不久我就去單位上班了。我將這個情況寫信告訴我祖父，祖父在給我的回信中是這麼講的："知你已上班，我心放下矣！家中蚊子多，最好設法將紗窗修好，眼前即點蚊香，睡眠很要緊，不可不注意。"看著信中字裏行間祖父對我的關愛，我確實感激之情溢於言表，沒齒難忘。

　　1976年，我結婚的時候，婚房就在我祖父原來二樓朝北的書房，祖父知道上海冬天氣候寒冷，尤其是刮西北風的時候，寒冷刺骨，所以他寫信跟我說："北窗透風，照北方人的辦法，用紙條子將所有的縫隙都糊好，這樣就好很多了。"

　　我再舉一例，1976年11月3號，我兒子降臨到這個世上，第二天我給已經在南京定居了的祖父去信，告訴他喜訊，祖父收到信後立馬覆信給我，在信中寫道："我很高興接到你4號的來信，我得了一個重孫子。雖然現在男女一樣，但是女子終要嫁人，終是人家的人。要我起個名字，我想就叫作鍾呂。呂是呂尚，俗稱姜太公。太公80遇文王，是古今高壽，我要這孩子同我一樣活到90、100歲。"從這封信中不難看出，當時祖父得知他有了第一個重孫子以後,他的心情是多麼的高興。

以上我所舉的幾個例子,在生活當中可以說是舉不勝舉,要說的話真是幾天幾夜都説不完。

我祖父他一生著作宏富,祇是因爲經歷了多個動盪時期,而且住所幾經遷徙,所以散佚很多。一生當中,雖然與他交往的人不少,但同輩當中絶大多數人都先他而去了,即使學生當中現在還在世的,也早已到了耄耊之年,所以眼下能够出面對我祖父的著作進行整理編撰的人少之又少。就這樣,那個時候我考慮到自己也已經漸漸步入老年行列了,不能讓祖父身後留下的那些珍貴文化遺產在我的手中白白流失,我作爲祖父的孫子應該盡自己最大的責任和義務,爲自己深愛的祖父做點什麼。

因此在這種思想的驅動下,我自 1998 年離開單位回到家以後不久,就開始根據祖父在上海寓所留下的包括日記和所有的文字手稿,先是用鋼筆在紙本上反復抄寫、核對,然後再根據抄寫的文字,一字不漏地輸入電腦,並在電腦上來進行整理編排。就這樣經過十多年的春夏秋冬,我先後在電腦上整理出了《鍾泰日録》、《鍾泰詩文集彙編》、《鍾泰友朋信札彙編》和《春秋通義》。這次上海古籍出版社出版的《鍾泰著作集》除了《鍾泰友朋信札彙編》没有收録進去之外,其他的内容全部被收入集中了,這對我來説自然感到非常高興,也很激動,畢竟是我這一輩子所能做的最有意義的一件事,不僅圓了我多年的最大的一個心願,也可以藉此告慰我最敬愛的祖父的在天之靈。

最後我想藉今天的會議這個平臺,向到會的張文江老師表示深深的謝意,因爲是張老師的熱情推薦和幫助,聯繫上了上海古籍出版社,纔使得《鍾泰著作集》有這麼一個出版的機會。同時我還要感謝上海古籍出版社的主任編輯劉海濱先生,以及《思南文學選刊》副主編黄德海先生,還有參與這次出版工作的所有幕後的工作人員,是你們的敬業精神和辛勤的勞動,方使得《鍾泰著作集》能够在這短短的四年中得以順利的完成。以上就是我今天想要説的，我也不會説，希望大家給予批評指正，謝謝大家。

張文江（同濟大學人文學院教授）

感謝主辦方的安排，讓我有機會參加會議，聆聽各位專家學者的高見，並且與老朋友見面。感謝鍾斌先生剛才的發言，由於他幾十年如一日地保存、整理祖父的文稿，纔有了今天《鍾泰著作集》的問世，使我們可以相對完整地理解鍾泰先生思想的全貌。

我想説的有兩點，第一點是鍾泰先生的學術道路和他對中華學術的貢獻，第二點是我所知道的《鍾泰著作集》編撰的緣起、得失和進一步設想。

先説第一點，理解鍾泰先生的學術道路和他對中華學術的貢獻，涉及中國思想的源流演變。在他一生不同的時期，可以列出四部代表作。

中華民國時期：

1.《中國哲學史》（1929）

2.《國學概論》（1936）

中華人民共和國時期：

3.《莊子發微》（1963，1988）

4.《春秋正言斷辭三傳參》（未刊，八卷，1964?）

先看前二部。清末發生三千年未有之大變局，20世紀的中國學術，面臨激烈的變遷，於是出現各種"中國哲學史"的寫作。什麼是"中國哲學史"？大體可以看成是在當時條件下，對西方頂尖學問和中國頂尖學問的認知。鍾泰先生的《中國哲學史》和《國學概論》一縱一橫，完成了一個整體，可以看成中國傳統學術在20世紀的部分現身，正是對時代的回應。

中國哲學史的寫作，當時有兩條路線。一條是新學的路線，可以稱爲"以西釋中"，有兩本代表作：胡適的《中國哲學史大綱》（1919），馮友蘭的《中國哲學史》(1931, 1934)。另外一條是舊學的路線,可以稱爲"以中釋中",也有兩本代表作:謝無量的《中國哲學史》(1915),鍾泰先生的《中國哲學史》(1929)。

在時代的競爭中,前一條道路,胡適和馮友蘭的道路,更適合思想的發展,並以此爲基礎,建立了中國哲學學科,然而頭頂上始終有"中國哲學的合法性"這朵烏雲,揮之不去。後一條道路,尤其是鍾泰先生的道路,可以用他在《中國哲學史·凡例》中的話爲標誌:"中西學術,各有統系。强爲比附,轉失本真。"在世界局勢大變動的時代,如何理解自古及今的中國學問? 其背後涉及世界與中國的關聯,以及中國現代化的發展道路。

從"萬物畢同畢異"的角度來看,在 20 世紀中國,這四部著作都是"以西釋中"的,也都是"以中釋中"的。以"以西釋中"排序,爲胡適、馮友蘭、鍾泰、謝無量;以"以中釋中"排序則相反,爲謝無量、鍾泰、馮友蘭、胡適。而以發表時間爲序,則爲謝無量、胡適、鍾泰、馮友蘭,呈間隔交織的狀態。

從明末開始,尤其是清末以來,中西學術的交流,在中國不能不是時代的大趨勢。清末以後第一個一百年如此,到今天第二個一百年依然如此。20 世紀中國不得不處於救亡圖存的壓力下,而 21 世紀,儘管世界局勢依然在劇烈變動,中國可能有更從容的選擇。原先相對沉寂的"以中釋中",也重新引起關注。

那麼"以中釋中"是不是强調自我封閉,拒絕乃至隔離西方學問? 不是,而是中華文明尋找更好的接口來重新與世界交流,走向中西文明的匯合。因此不僅需要"以西釋中"和"以中釋中",在遙遠的未來,還可能進一步"以西釋西",即在西方學術的源流演變中理解西方,甚至還可能出現"以中釋西",也就是中西文明在根源處的比較、互補與互證,以此貢獻於世界,促進人類的幸福。

再看後兩部。第三本是《莊子發微》,1963 年石印本一百本(一説二百本)，1988年正式出版。另外還有第四本，一直尋找而沒有找到，那就是《春秋正言斷辭三傳參》，今年纔知道還存世，並將由中華書局出版。此書寫作於《莊子發微》以後，《莊子發微》序言署庚子(1960)，而《春秋正言斷辭三傳參》序言署甲辰(1964)。現在知道鍾泰先生於1966年5月從吉林長春回上海，此書定稿應該在此以前。

《莊子發微》，如果從古典學問的角度來看，應該是20世紀解莊最佳作。理解這本書，必須關注經子關係和儒道關係。它有三大特點：第一，以《易》解莊；第二，莊子儒門説，歸莊子爲儒家；第三，以莊解莊。

《春秋正言斷辭三傳參》。在今年6月，我有一次關於鍾泰先生的講座，聽衆席上的王繼如先生留言説，這本書還在，將由中華書局出版。真是幸運啊，找了好多年未見的書原來還在。感謝王繼如先生的保存和整理，使這部珍貴的著作重見天日。整部書目前還沒有出版，能看到的是先期發表的第一卷，相關的特色已經顯出來了。

第一，此書繼承《莊子發微》的以《易》解莊，繼續以《易》解《春秋》。書名中"正言、斷辭"，語出《周易·繫辭下》第六章："夫易，彰往而察來，而微顯闡幽。開而當名辨物，正言斷辭則備矣。"根據此書的凡例，什麼是"正言"？"正言"猶孔子的正名，言之意在言中。什麼是"斷辭"？"斷辭"是辭之意恒在言外。如果用傳統學術來表達，正言就是大義，斷辭就是微言。第二，"三傳參"是平衡三傳，於《公羊》、《穀梁》、《左傳》各取其長，並簡汰了董仲舒和何休注的部分説法。第三，序言引《史記·太史公自序》"有國者不可不知《春秋》"，關心國家的發展乃至文明的命運。

序言中舉了一個例子，於僖公五年《春秋》書"晉人執虞公"，這其實已是滅國，但是《春秋》沒有書"滅"。此前在僖公二年，《春秋》書"虞師、晉師滅夏陽"，夏陽僅爲一邑，而《春秋》卻特書"滅"。春秋時期的這段歷史，大家其實耳熟能詳，就是"假途伐虢"、"脣亡齒寒"的故事。然而，三年前還沒有滅的時候寫"滅"，三年後"滅"的時候卻不寫"滅"，這就是

《春秋》見微知著,見幾之學,《春秋》由此通《易》。

在《鍾泰先生著作集》之前,還有選集《鍾泰先生學術文集》,編者是在場的陳贇老師。書中有一篇小傳,總結鍾泰先生學術:"精通周秦諸子,但歸宗六經,下及宋明理學,卻精通校勘訓詁。"包含了多重關係:一、經子平衡,二、漢宋平衡,三、從清學回歸漢學。鍾泰先生不取董、何,那麼六經不僅是漢代的六經,而且還是回到先秦的六經。以先秦的六經整合中華文明,以此相應軸心時期的世界各區域的思想突破。

最後談一下此書的緣起、得失與進一步設想。

我在當學生時,從潘雨廷先生書架上看到石印本《莊子發微》,後來纔知道,這就是鍾泰先生當年的贈送本,託王揆生帶過去的(見《鍾泰日録》1964 年 7 月 30 日)。以後自己嘗試讀《莊子》,《發微》也是常常翻閱的參考書。潘先生去世若干年後,因爲尋求鍾泰先生的佚文(《周易終始》序,1972),鍾斌先生通過潘師母聯繫我。

我知道有鍾泰先生的日記存世,一直想看看其中是否記載潘雨廷先生的情況? 但長久等待而不得。大約在四五年前,我聯繫鍾斌先生,無意中得知鍾泰先生著作的出版狀況並不理想,於是參與推動《鍾泰著作集》的出版。同時有意想不到的收穫,薛學潛先生《天文文字》,本來以爲已經亡佚,居然在鍾家有完好的保存。感謝薛先生的在天之靈,也感謝鍾斌先生的慷慨相助,我完成了《薛學潛著作集》的編纂。

在《鍾泰著作集》的編纂、整理過程中,黃德海和劉海濱付出了極大的努力,取得了重要的階段性成果,使讀者有可能比較完整地瞭解鍾泰先生著作的全貌。

此書疑似有少量的標點錯誤,還有些要核對原稿。比如《著作集》第 6 册,129 頁,《偶成一絶,題於"莊子"後》(1978 年 5 月):"道在全生與盡年,相忘物論總蹄筌。千周萬變《參同契》,不抵《消摇》文七篇。"《參同契》原文爲"千周燦彬彬兮,萬遍將可睹",故知詩中的"變"或當作"遍",推測應該是過録時的疏失。

根據鍾斌先生整理的目録，還有部分知而未見的文稿散佈各處，尚有待時間釋出。希望將來有朝一日，能完成《著作集》的《續編》，以見出鍾泰先生學術更完備的整體。

1. 最重要的是《春秋正言斷辭三傳參》，已知此書未佚。

2.《鍾泰先生日録》尚缺一小部分（1974 年 1 月至 1979 年 7 月 31 日），不知道將來能不能見到。

3. 第六册《書信》，應該繼續收集。還有其他來往書信，等解決版權問題後，是否可整理成《鍾泰往來書信集》，並且修訂釋文。

4. 已見《學術文集》的部分篇目，應當收入《著作集》，初步計有 13 篇。

5. 以鍾斌自存目録爲參照，還有未收入《著作集》的文稿，需要精心挑選，選擇最重要部分引入。比如説，墨家的《經上説附》、《經下説附》。

任重而道遠。期待將來條件成熟時，在各方面努力下，有更完整的結集。

吳格（復旦大學古籍保護研究院教授）

謝謝各位，很榮幸能夠參加《鍾泰著作集》出版座談會。在座除了鍾斌兄是從出生到青年時代，一直陪著祖父，能夠聆聽老先生的教導以外，我也是親眼見過鍾泰先生的，所以先要給各位介紹我的家庭、我的師門與鍾老一家的關係。

我是浙江人，先父抗戰時期求學浙江大學。當時浙江大學内遷，本部一路西遷到貴州遵義，又在浙江南部麗水地區建立了浙江大學龍泉分校。戰爭期間教育没有完全停止，中日戰爭形勢吃緊了，學校還曾經往福建武夷山搬遷，形勢緩和一點，又回到浙江境内。現在高鐵、高速公路很方便,浙江境內據說三四個小時所有地方都能到達,但當時則好像遠在天邊,交通非常不便。先父在龍泉很有幸,雖處抗戰期間,但仍弦歌不斷,有一批好老師,堅持和學生們一起教學。老師們後來出過一本詩集,叫《風雨龍吟樓詩詞集》。說龍在那裏吟唱,比喻非常優雅,其實就是指毛竹蓋的棚子,上面鋪一點稻草,山裏頭晚上有風有雨,毛竹隨著風雨吱吱呀呀的聲音——就說是龍吟。老師學生一樣穿草鞋,一樣喫山芋粗糧,但還是唐詩宋詞,還是《春秋》、《國語》、"四書",中國傳統的學問、傳統的精神、傳統的教養,一步都沒有鬆懈。老師當中有詞學大師夏承燾先生,有成爲我家兩代老師、教過先父也教過我的華師大徐震堮先生,又有詞曲學大家王季思先生——後來到了中山大學,還有後面要講到的任銘善先生——任銘善是鍾泰先生非常重要的弟子,還有蔣禮鴻先生,也是鍾泰先生非常中意的弟子。任銘善是蔣禮鴻的師兄,和鍾先生保持了終身情同父子的關係。先父在浙大龍泉分校期間,最親近的老師就是任銘善先生,當時學生二十來歲,老師也不過三十來歲,又是老師又像兄長,感情很深。

　　抗戰以後,龍泉分校的老師都回到了杭州西子湖畔,抗戰時期的學生則大部分散在浙江境內,在各市縣擔任中學教師。先父從松江到上海,長期在中學教書。因爲是浙江人,每年要回杭州去,到杭州則一定去杭大看老師,抗戰時期的老師當時都在杭州大學。我從小跟著先父從上海到杭州,總是聽說任先生如何如何,夏先生如何如何,徐先生如何如何,那時候懵懵懂懂。鍾先生居滬期間,父親經常到山陰路去看鍾先生,我也跟著去拜訪過老先生。鍾先生是父親的老師的老師,剛才講的任銘善先生、夏承燾先生、徐震堮先生,對於鍾先生都非常尊敬。

　　鍾先生 1973 年從上海搬回南京,因爲他是南京人,南京也有子女在。在此之前,我雖跟著父親去看鍾先生,但大人們談些什麼,印象不深。印象較深的是"文化大革命"後期,許多事情歷歷在目。1976 年是現代史上一個很重要的年份,那年年初,周恩來總理去世,總理忠心耿耿，爲百姓鞠躬盡瘁，大家都很痛心，同時還有對現狀的不滿，也在對周總理的悼念中迸發。那年春天北京有個天安門廣場事件，起因就是清明節悼念總理。2月份的時候，我隨父親到安徽探親，經過南京，去拜訪鍾先生，這是我見到鍾先生的最後一次。剛才翻閱《鍾泰詩文集》，鍾先生在1976年初也有悼念周恩來總理的詩，與當時的場景都對得起來。鍾先生當時已經高年，人很瘦削，但很挺拔。南京的冬季比上海還要寒冷，七十年代室內沒有取暖設備，鍾先生在室內都穿著大衣，要靠衣服穿得厚點來保持體溫。兩位大人談了許多，也談到對我學業的一些建議，印象非常之深。告別後離開，彼此心情都很沉重，國家和個人此後都發生變故。鍾先生在南京住的是平房，子女都上班去了，老人獨自在家，記得就用一玻璃杯暖手，飲食也非常簡單，但精神非常硬朗，所談皆天下事和學問。

因爲家庭的關係，我從少年時代對鍾先生就有印象，但對他的學問則不甚瞭解，因爲當時自己教育程度很低。改革開放以後到華師大念研究生，在老師的指導下略知一點學問。我的老師一輩，算起來都是鍾先生的後輩，因爲鍾先生曾在貴州大夏大學教書，大夏大學後來遷回上海，五十年代成立了華師大，鍾先生成爲華師大的教師。鍾先生因爲年事高，1955年前後就結束了在華師大的教學。

報考研究生時有一段印象，面試老師說，你一個插隊知青，如何要學古籍整理，有什麼家庭的原因嗎？原因也講不出來，那時候年輕不知深淺，聽老師問，腦子裏突然跳出鍾泰先生，就說我見過鍾鍾山先生。老師說，啊？你這麼一個鄉下知青，怎麼會見過鍾先生？可知鍾先生從清末到民國一直到1949年以後，因爲在不少高校都教過書，培養了許多子弟，影響很大。現已併入浙大的杭大，其前身也叫浙江師範學院，浙師又和錢塘江邊、六和塔側的教會學校之江大學有關係。現在要說到任銘善先生，他跟蔣禮鴻先生都是鍾先生在之江大學時期的學生。鍾先生做國文系主任，因爲是個教會學校，學生不是很多，這兩位弟子他都是很中意的。任先生畢業後就留在系裏教書,生活上、學業上與鍾先生長期有接觸,關係很深。五六十年代,任先生在杭大,鍾先生則住在上海山陰路,有時候命先父送個信,帶包書,包括剛才講到的《莊子發微》那本書,也是家大人手中所保留的一個底本,"文革"中藏來藏去,冒了很多風險,總算"文革"後得以完璧歸趙。

1986 年,我已在華師大圖書館工作,作爲一名圖書館員,還經手一件事情。當時鍾先生已經過世,鍾家老宅裏還留了很多的線裝古籍,當時是和鍾家的一名王姓外甥聯繫,對方説因爲知道你是吳先生的兒子,現在圖書館工作,所以山陰路東照里鍾家的藏書,是我經手促成移藏到華師大圖書館的。爲此,我與父親有一些不同的意見。父親講你到老先生家裏去,將讀書人家的書搬走,這在過去講是大逆不道,有辱斯文。我的理由是,我在圖書館工作,就希望圖書館的藏書能越來越多,私人藏書往往不能世守不變,而圖書館則有制度保障,如古籍怎麼編目、怎麼收藏、怎麼使用,包括書庫裏面怎麼除蟲、怎麼去濕,都有一定的要求,所以我覺得是做了一件好事。

鍾先生藏有大量宋明理學的書,不是一般所謂的善本書,而是讀書人的用書,其中重要的是鍾先生的批校。在座有華師大哲學方面的老師,以後可以關注下。此批理學書是 1986 年以後入藏,它的登記號應該是連續的,鍾先生的批校數量是不是很多,是不是有價值,需要做點調查。

再説一件比較近的事情。2015 年前後,我到吉林省圖書館作培訓,周末承當地主人陪我去參觀吉林省博物館。省博物館的常設展,竟是著名的張伯駒先生藏品。張先生即著名的民國四公子及收藏家之一,其收藏都是國寶級的。而伯駒先生晚年病重送到醫院裏,因級別不够,没有紅卡,所以病情就耽誤了,很可惜。人們説,這老先生曾捐了半個故宫的文物。長春的博物館裏面也有大量的張伯駒收藏捐贈的字畫,當時覺得有點奇怪,張先生是河南人,長期生活在北京,怎麼跟關外的長春有這樣深的交情？對方說張伯駒先生六十年代是長春社會科學院的教師之一，我恍然大悟，由此又想到了鍾先生。

五十年代鍾先生已從華師大退休，家居讀書寫作不懈。到了六十年代，一位七十多歲的老人還頂風冒雪，到長春去做過幾年講師，這是很值得同行關注的事情。當年的長春社會主義學院不衹講政治，也講傳統文化，爲此專門從上海請來鍾泰先生。另外一位，是和上海古籍出版社夙有淵源的范祥雍先生，是鍾泰先生到長春後推薦的，說你們既然誠心誠意地找了許多青年來學原典，講《論語》，講《春秋》，講《莊子》，那麼我還有一個老朋友范祥雍先生在上海，就住在我們山陰路。2015年上海古籍出版社聯合上海文史館，一起舉辦范祥雍先生的百年紀念，當時社裏正好出版范祥雍古籍整理系列，他從五六十年代一直到改革開放後，陸陸續續完成十多種的古籍整理，都是很厚重的古籍。范老五十年代開始沒有公職，需要賴此微薄收入爲生，更因他一心一意要做文獻整理。那個紀念會我也參與了，當時也有個發言，我說上海除了東方明珠，除了璀璨夜景，在那種平常的里弄裏，生活過形形色色的文化人，這些文化人生命力很頑強，在艱苦環境中仍在做研究。如編法學詞典的一批1949年以前的法官，後來不能做法官，因爲有留學和外語背景，就一起翻譯法學大詞典，還有翻譯英漢詞典的，更有做傳統學問的。剛才講到的鍾先生也好，范先生也好，生活狀況的改變會使他們的身體和情緒有所改善，但對於我們民族文化的感情，久已和生命融爲一體，衹要一息尚存，他們就不會停止他們的著述，不會停止他們的工作。

鍾先生在長春教了幾年書，帶了一大批的學生，有點研究生班性質。所長叫佟冬，當時是個中年人，受命來辦社會主義學院，隨後"四清"運動開始，形勢轉變，鍾先生輟講返滬。

張伯駒也是長春社會主義學院講師，和鍾老因此成爲同事。上次到鍾家去拜訪，一進門就見到一幅潘素的青綠山水。風波數十年，當年張伯駒夫人送給鍾先生的畫作,至今仍懸掛在壁。(鍾斌:我插一句,祖父跟張伯駒在長春時同居一樓,是隔壁鄰居。張伯駒回北京的時候,他家的鑰匙交給祖父保管。他們之間的關係前後四年。)以前回憶張伯駒,這一段都被忽略了,我也是因爲在吉林省博物館看了展覽,回憶起鍾先生的塞外生活。

最後再講講 2015 年底鍾泰友朋書札的拍賣。最近一二十年跟鍾家來往少了,看到朵雲軒拍賣鍾泰先生的友朋書札三百多封,爲此我們專門組織讀書會來閱讀討論。看到鍾先生跟浙江方面老師們的早年來往,又是親切又是感傷,塵封已久的許多東西都被勾起了回憶。在這三百多封信裏面,有三十來封信是任銘善先生給老師的信。任先生給鍾先生的信,每封都似書法作品,精光炯炯,藹然學人風範。每封信都先説幾句生活細節,有事弟子服其勞,如爲老師去打聽事情,找房子,領工資,運行李之類的。下面正經的就談學問,我有個什麼什麼問題,這兩天百思不得其解,老師你上次講的什麼什麼,我再要問你一個什麼什麼,談論的都是有關心性的學問,那種互相講論都結合自己的感悟、自己的修行,讀來真是令人難忘。我把這部分信,大概就是那批拍賣的信的十分之一,逐字逐句做了謄録。

鍾泰先生何許人? 今人已經很陌生,但他是一個真實的存在,清末到東洋去留學,回國後在南京、鎮江参與辦學,又曾短暫從政,最後回到學校教書。抗戰的時候到過湖南,到過貴州,先後任教藍田師範、大夏大學,又到四川,跟馬一浮先生的復性書院發生關係。抗戰結束,馬一浮説,鍾先生你先回杭州去,請你負責張羅,把我們復性書院搬回西湖邊去。鍾先生是江蘇人,自從到了之江大學,到了復性書院,成了浙江人。老師們的日記、書信裏面,記録了大量鍾先生與浙江學脈的關係。任銘善的公子叫任平,他整理父親的文集,找不到很多材料,我説這三十來封信不是一般的寒暄問慰,都是有内容的,可以收到您父親的文集裏去,他也很高興。今天從虹口來這裏的路上,浙江圖書館的一位同事來微信，說蔣禮鴻先生的公子上午在浙圖看書，看到任銘善先生的一段題跋，馬上拍下來，手機上發給任平。同事感慨說，老輩的二代都像兄弟一樣。我回信說，我現在正陪著鍾家公子去參加上圖的紀念會。

拉拉雜雜地，就是想告訴各位，許多學術前輩、文化老人，是我們這個城市抹不去的歷史之光。這些老先生的身後有家屬，有親友，有學生，有不小的圈子。我們的文化真正要發達的話，不僅要往前走，吸收新文化的種種元素，有如我們的前輩，一代代地上下尋索、東西探求各種各樣的知識，經消化吸收，來拯救、改造我們的民族文化，所以我們不能忘記他們。如果我們能夠不忘他們的過去、他們的著作、他們的精神，不懈地整理弘揚，我們在向前發展的進步中，又有不忘初始、不忘來路的追溯，我想我們一定能夠真正的強大。

傅傑（浙江大學馬一浮書院特聘教授）

今天受邀出席的幾位先生都是熟人，有的不久前見過，如吳格教授；有的已暌隔數年，如張文江教授。本欲當面聆教，不想我的社區昨天被封閉管理，衹能作個書面發言。

鍾先生四十年代任教光華大學教授，五十年代合併轉爲華東師範大學教授，而我九十年代師從兼職的王元化師讀博士正在華東師大。三年前我從復旦調浙江大學，鍾先生二十年代是浙大前身之一的之江大學教授，還是國文系的主任。而我現在的單位，也是以鍾先生的摯友命名的馬一浮書院。對鍾先生曾任教的兩個學校的攀附讓我今天參會尤覺親切。而我對鍾先生的崇敬則更由來已久。上世紀八十年代我在杭州大學讀完碩士留在古籍研究所工作，上海古籍出版社印行鍾先生的《莊子發微》，前冠雲從師（蔣禮鴻）小引，稱述其師的名著“縝密以栗”，“粹然成一家之言”——而書也是雲從師推薦出版的。雲從師《自傳》中且稱在之江念書時對他最有啓迪的就是“老師鍾鍾山（泰）先生的反復涵泳、細究文章脈理的讀書方法”。後來鳳笙師（沈文倬）閒聊時復指著自己書桌上的《莊子發微》指點我説:到鍾先生這裏很多東西都貫通起來了,《莊子》這本應該是頂好的。九十年代我來滬後在上海舊書店買到了三十年代商務印書館出版的《荀注訂補》;協助元化師編《學術集林》文叢刊出過鍾先生的外孫王繼如教授提供的《校定〈管子·侈靡篇〉》;參與的俞曉群先生主持出版的《新世紀萬有文庫》又印出了《中國哲學史》。這些都是二十多年乃至三十多年前的事了。但鍾先生的著作一直難窺全貌,現在上海古籍出版社推出這八卷《鍾泰著作集》,讓人心爲之喜,眼爲之明,實在是嘉惠學林的大功績。

　　鍾先生的著作,《國學概論》、《中國哲學史》、《莊子發微》、《荀注訂補》都曾印行,而《春秋通義》、《理學綱領》、《莊子天下篇校釋》、《詩詞講義》、《國學書目舉要》以及詩文集與日録都是根據遺稿與講義整理的,另有影印的《詩經》、《老子章義》二書手批本。對鍾先生的學術作深入的研究與闡發將是本書出版後由多人經多年纔可能完成的任務,這裏我祇能簡單談兩點粗淺的印象。

　　一是既重小學又重義理的治學途徑。

　　鍾先生是能貫通四部的傳統意義上真正的國學家,觀其《國學概論》及《國學書目舉要》,於四部舊籍皆廣爲涉獵。而他早年留學日本,更開闊了視野,磨煉了理性。《荀注訂補》對清代樸學家的校釋逐一加以條辨,而總結説:

> 大抵書有疑義,所以決之,不出四端:一曰訓詁之相通,二曰他書之所引,三曰文勢之相接,四曰義理之所安。諸家既屏斥義理不欲言,而於文章銜接與否,又往之忽不經意,則其不能無失,固勢有必然者矣。

　　所論可謂切中清儒古籍校釋所以未能盡愜人意的根本原因。他的《訂補》皆爲後人《荀子校釋》、《荀子匯校匯注》諸書徵引。上世紀七十年代後期雲從師整理鍾先生的《〈荀注訂補〉補》,所撰前言指出:"師學宗紫陽,而平恕不廢漢學家言,殆與紫陽稱鄭康成是好人者同,而於漢

學家識字而不通文之失亦頗勘正。"而他特別强調清儒校釋荀書之失原
因之一即在屏斥義理。他自己的治學，則既不鄙薄訓詁功夫，又直探經
子的思想底蘊，是以他既能使晚輩中的任銘善、蔣禮鴻先生諸小學名家
深受影響，又能與同輩中的馬一浮、熊十力先生諸哲學大師縱論上下
(2015年朵雲軒梓行的《鍾泰友朋信札》收有馬一浮信六通，熊十力信四
通)；既有《荀注訂補》這樣考訂字句的著作，又有《莊子發微》這樣在詳
考字句疑義基礎上徹究學術本源的著作，以及《中國哲學史》、《春秋通
義》、《理學綱要》等著作。盧前先生序《國學概論》說：

> 世僅知吾師邃於老莊之學，不知其根本六經，洞明心性，未嘗
> 忘治平之術而以章句儒自囿也。故是編首小學，而經大義，而諸
> 子，而宋學，示初學之方，導歸於聖域，明體達用，有條不紊。

學生對老師學術特點所作的體察極其準確，因而所作的概括也是
極其到位的。

二是既不苟同又不苟異的治學態度。

鍾先生在《中國哲學史》的凡例中開宗明義：

> 中西學術，各有統系。强爲比附，轉失本真。此書命名釋義，
> 一用舊文。近人影響牽扯之談，多爲葛藤，不敢妄和。

又說：

> 門户之爭，自古不免。然言各有宜，理無相悖。此書於各家同
> 異，時附平亭，既欲見學術之全，亦以爲溝通之助。

書中在在可見這樣的特點。如從老子時代的判定，到對老子"天地
不仁以萬物爲芻狗"的詮釋，都不以胡適的觀點爲然。書中也常好用反
問句，來對通行之說提出異議。如謂："由吾觀之，(公孫)龍非(惠)施之
比也。而太炎章氏作《明見》，乃揚施而抑龍，何哉?"又謂："後人不察，
以爲荀子之法後王，爲對孟子之法先王而起，則何不於《荀子》全書而熟
考之?"又謂："此亦一時論之必至，固非獨仲任一人識能見及於此也。
今人罕見季彦之書，見仲任所作，乃詫爲創見，而附致之優勝劣敗之說。

若然,則《傳》言'强淩弱,衆暴寡',不尤遠在仲任之前耶?"反問之外,更
多直指諸說之非,如謂:"孫夏峰《理學宗傳》乃以陽明之説爲由伊川得
來,恐猶有所未深察也。"又謂:"此而尚疑濂溪、伊川有不同者,真皮相
之見也。"凡此都可見鍾先生持論時除細味原著外,每遍考古今諸家説,
是其是,非其非,不苟同,不苟異。《荀注訂補》既充分肯定清儒對楊倞
注的糾正,也明確指出他們"亦有楊本不誤而自説實誤者",對劉台拱、
王念孫、顧千里、盧文弨、郝懿行、俞樾、王先謙、劉師培等皆有駁正。所
以他從讀書到著書,每每既不魯莽滅裂——不肯放過每個可疑之處,也
不無事生非——不雞蛋裏挑骨頭似地求勝於人。他説"異端之見不除,
相勝之心不化,吾並未見其有當也",他歷數流行的學弊,提倡是非之
爭,反對勝負之爭,因爲"是非之爭在理,勝負之爭在己",所以他的立論
每能平正通達,一以實事求是爲依歸。這是尤其值得今天的我們奉爲
楷模的。

從整理團隊到出版社編輯爲《鍾泰著作集》付出了經年累月的辛勤
勞動,值得我們坐享其成者衷心感謝。讀以前未見的鍾先生詩文集與
日録,既時受教益,又時受感動。如鍾先生的詩固也難免應景之作,但
跟馬一浮先生的多首唱和,既可從中窺見老輩間的心心相印惺惺相惜,
也可窺見他們的學術趨向。有的論學詩則集中體現了鍾先生的學術
觀,如他推重楊萬里的《易傳》:

> 天心人事本相符,千古興亡盡此書。
>
> 災異京房嫌妄誕,玄談王弼惜虛無。
>
> 淵源別派仍承洛,憂患同時尚有朱。
>
> 一語忍窮能避難,幾回掩卷爲長籲。

真是言簡意賅之至。作爲多年上《論語》課的教師,我還從 1965 至
1966 年的日録中看到鍾先生記下的每週講授《論語》的進度,更看到他
晚年除了逐卷重溫《通鑑》等多種典籍,還在借閱亞里士多德的《形而上
學》,還在買《安娜·卡列尼娜》,一位"學而不厭,誨人不倦"的當代夫子

形象躍然紙上，不能不令人肅然起敬。

　　當然，這樣一部大書，整理起來難以周到，也是勢所難免的。如有的標點還可加工。而收入致雲從師的信二十一通，編者很細心地查考日錄爲之繫年，但不知爲什麼排序卻常不按年代先後，顯得有些淩亂。這些微疵不影響本書的價值。最後我還要再次向鍾斌先生、向爲《鍾泰著作集》的問世付出大量心血的黃德海、劉海濱等各位先生致敬。謝謝！

顧錚（復旦大學新聞學院教授）

　　大家好，我今天在這裏，也是和鍾泰先生的一個淵源。這幾天古籍社公衆號發佈研討會信息以後，有一些文史界的朋友問過來説，顧錚，你怎麼會在這個會上，你應該不是這個領域的，那麼我想了想，你應該是鍾先生的親戚了？我回復説應該可以這麼説。如果吳格老師是一直受鍾泰先生的各種形式的教誨的話，我則是出現在了《鍾泰日錄》裏邊1959 年 9 月 4 日的一個條目中。日記的内容是什麼呢？就是説他來我外婆家，見我外婆女兒"産一男孩"，並給了兩塊錢作爲見面禮。老人有這麼一種禮數。而我就是那個男孩。當時我媽媽在我外婆家裏。我外婆家在哪裏？今年上半年上海有一段非常有名的視頻，就是晚上年輕人在"梧桐區"馬路上唱歌彈琴，他們背靠的路牆一直上去的視窗就是我外婆的家裏，延慶路 123 弄 4 號。我就生在這裏。

　　那麼我外婆和鍾泰先生是什麼關係？她是鍾泰先生的外甥女。鍾先生的《日錄》裏邊，到六十年代我外婆離開上海回南京，一直有大量的關於我外婆和他來往的記録，可見鍾先生對我外婆特別地關心、關照。尤其是我外婆個人生活發生了重大變故之後，他一直不離不棄，以各種方式關心她的生活。作爲小輩，我和鍾泰先生某種意義上來説已經是太遥遠了，但是從日記能够感受到，包括鍾先生在我出生之後到我外婆家來看我媽媽、看我外婆等，都有一種濃烈的親情。

剛才吳老師也説了鍾先生的朋友圈和爲人,其實我們看這次上海古籍出版社出的一篇推文裏邊用了一張照片,我注意到的是鍾先生的神情的專注。他的眼睛是絶對的明亮和一種專注,我能够感受到。看他的日記,裏面有方方面面的人,包括鍾斌先生剛剛説的、令人印象深刻的泥瓦匠張先生。鍾先生對各色人等都抱有一種好奇、理解、溝通的熱情。而這種熱情的背後,我覺得就是一種生命的態度。這種生命態度,最後其實就是他的學術的底色。

剛剛説到鍾泰先生和我外婆的這麼一個情分,還有一層。鍾先生在教書的時候,早期生涯應該是在南京的國立江蘇法政學校。這個學校後來成爲國民政府時的中央政治學校,現在則是臺灣政治大學,是這麼一個沿革。我的外公叫馬元放,他在國立江蘇法政學校念了本科和研究科。鍾先生特別喜歡我外公,把他介紹給自己的外甥女,撮合兩人成婚。所以《鍾泰日録》裏邊有大量的他和我外公的來往記録。我外公應該也是鍾先生加以厚望的一個青年才俊。他(馬元放)一路從政,曾經做過江蘇省教育廳長、江蘇省黨部主任委員。在 1940 年抗戰的時候,上海灘有一件著名的事,在遠東飯店李士群把當時在上海領導抗日的我外公他們一群國民黨人抓起來。平襟亞曾經和我外公關在一間屋子裏面,46 年他在一家報紙上寫了一篇文章,説和我外公一起被關在了76 號。他的記載就是,我外公雖然被敵僞抓起來了——因爲代表重慶政府——但是人非常平靜,在裏面下棋。平襟亞的文章裏面説,在馬元放被帶出去時,他問馬先生,你要去見汪精衛的話,你有什麼話跟他説?那時候我外公説我要問汪精衛,你當初在北京要行刺載灃的時候,你是什麼心情?我今天爲了民族身羈牢獄,我希望你知道我是什麼樣的心情。他後來到了南京,被軟禁了一段時間以後,設計逃脱,逃到重慶。到了重慶以後,我外公寫了一本書叫《歸漢記》,這在鍾先生的日記裏邊有記録,就是我外公寄了兩本《歸漢記》給鍾先生。爲什麼呢?因爲鍾先生給他寫了序。此序收録在著作集第六卷《鍾泰詩文集》裏。吳稚暉也寫了序——吳稚暉寫的是一個短序，鍾先生寫了一個比較長的序。因爲我外公在對敵僞的問題上堅持民族大義，在國民黨六大（1945年）的時候，就被選爲中央委員會執行委員，同時被任命爲南京特別市的副市長，然後直接飛到芷江，作爲國民政府代表一同參與芷江受降，再飛到南京，參加南京受降。他在南京擔任副市長任上還兼任教育局長。49年，我外公辭去所有的官職在上海定居，和在上海的鍾先生有了更多的交往，包括鍾先生有兩次在上海看房子，都是我外公一起陪著。我外公當時還年富力強，不僅陪他一起去看房子，還幫助鍾先生搬家。從當時鍾先生在我外公家附近找房子看，他似乎還蠻想和我外婆、外公在西區一起住下來。

在鍾先生與人的交往中，我們還可以看到他與我外婆的姐夫吳俊升的交往。我外婆的姐姐叫倪亮，是中國第一批進入大學的八位女大學生之一，後來和她的夫君吳俊升一起到法國巴黎大學留學。也就是說我外公和吳俊升是連襟。吳俊升後來是北京大學教育學系主任和北大教授，曾經是少年中國學會的會長，後來從政，抗戰時是國民政府教育部的高教司司長，後來任教育部次長。49年後他曾經是香港新亞書院第二任院長。吳士選是他的字，吳俊升、吳士選這兩個名字在鍾先生日記裏也經常出現，包括有些請托等等，是有這樣的一份淵源在裏邊。也就是說，鍾泰先生的門生、親戚、朋友裏邊，應該說是人才濟濟。另外出現在鍾先生的日記中有一位戴戎光，他在上海解放時是江陰要塞司令——江陰要塞就等於是江防第一道，江陰要塞要是守不住了，接下來就要全線崩潰。戴戎光在大西南的時候，鍾先生和戴戎光有非常多的交往。（鍾斌：對，那時在貴陽，他經常在戴戎光家裏過夜。）

我最後還有一個例子。其實今天還可以請到一位與會，我也希望可以請到他，他也願意一起過來說一說鍾泰先生的事情。當然他也和我一樣，和鍾泰先生沒有直接的關係。他是誰？上海的藝術家馬良。馬良和鍾泰先生有什麼關係？馬良的父親是京劇導演馬科，是被鍾先生手把手地教古文的一位京劇演員和導演。也就是説,後來馬科的成長,尤其在他導的《曹操與楊修》這種大戲裏,他作爲導演的修養底氣來自誰? 來自鍾先生對他的手把手的教導。馬良和我説,馬科先生對他説,鍾先生有恩於我。馬良問怎麼回事? 馬科很自豪地和馬良説,你會背《史記》嗎? 鍾先生就教我們背《史記》。當時馬科還是一個初出茅廬的年輕演員,但是鍾先生很樂意和這些方方面面的人交往。鍾先生同時傳授知識的還有誰? 梁斌,長篇小説《紅旗譜》的作者,梁斌那個時候在上海和馬科一起受鍾先生的古文教育,學《史記》、背《史記》等等。還有一個京劇演員叫黄正勤,也一起參加學習。

由此可見,鍾先生的交友譜系其實是很廣的,是没有辦法以學科來限定的。最重要的是,我覺得他就是願意奉獻助人,在朋友間發光發熱,把自己的能量和知識無條件地傳承下去,特别是無保留地傳遞給年輕人。這就是一種風格。還有,馬科結婚,鍾先生寫賀詩,然後到馬科的宿舍裏去喝酒,那個時候鍾先生七十多歲了,和馬科這樣三十多歲的年輕人交往得水乳交融。馬科的夫人是誰? 童正維,是電視劇《編輯部的故事》裏邊的牛大姐。非常遺憾的是,馬良讓我和大家打個招呼,馬科先生現在進了養老公寓,已經得了阿爾兹海默症,失去記憶了;牛大姐童正維老師最近腦梗,馬良照顧她很辛苦,實在是没有辦法過來。但是我覺得這個故事的分享其實很有意義,就是説可以窺見鍾先生的爲人,而我們是可以從這麼一個角度去看他和理解他。謝謝!

陳贇(華東師範大學哲學系教授)

鍾泰的莊子研究前後持續了三十多年,可謂其一生學問的最重要方面。其莊子研究不僅是 20 世紀中國莊學研究的巔峰之作,也是兩千年莊子學史上的典範之作,是可以與郭象、船山等人的莊學並峙的大文字。他之所以能够提供這樣一個傳世的作品,一方面與其出入世變的動盪經歷、時代變化相關,另一方面則與其以學問修身應世的經歷相關。

一、莊子之學的定位：孔顏之傳

1932 年、1934 年、1935 年，鍾泰先生先後在《之江學報》發表了《讀莊偶記（内篇）》、《讀莊偶記（外篇）》、《讀莊偶記（雜篇）》。1948 年又在《讀書通訊》發表了《讀莊發例》。可以說，在 1930—1940 年代，鍾泰已經達成了對莊子的一些基本認識。首先是莊子上繼孔門，而有得於六經之傳，因而讀莊解莊都離不開六經；讀經之法亦即讀莊子之法；其次，六經中的《易》學與莊子關聯尤其深密，讀莊子尤需通《易》；再次，讀莊子必先通老子，其實在《中國哲學史》中鍾泰就提出莊子之學綜合了孔子與老子思想。復次，讀莊當以内篇爲主，以外、雜篇爲輔，外篇、雜篇可視爲内七篇之注腳。在思想取向上，莊學以"遊"爲宗旨：《天下》篇自序其學"芴漠無形，變化無常，死與？生與？天地並與，神明往與！芒乎何之，忽乎何適，萬物畢羅，莫足以歸。古之道術有在於是者。莊周聞其風而說之"，此三十六言者，可以約而言之，一"遊"字而已。"彼其充實，不可以已，上與造物者遊，而下與外死生、無終始者爲友"再次點明"遊"字。"遊"可謂莊子之道，能通達"遊"之義，於莊子之學殆思過半矣。

在 1929 年出版的《中國哲學史》中，鍾泰就提出莊子之學兼孔老兩家之傳，1930—1940 年代，猶保留此見。但到了 1963 年的《莊子發微》，他提出，莊子之學淵源自孔子，而尤於孔子之門顏子之學爲獨契。莊子既爲孔門顏子一派之傳，則與孟子之傳自曾子一派者，雖同時不相聞，而學則足以並峙。對於孔子之學的理解，則重在孔子晚年之《易》學與《春秋》學，此爲孔子之兩大學問，義理又相爲表裏。莊子於《逍遙遊》闡《易》之緼，於《齊物論》則深明《春秋》之宏旨。如果說，孔子本乎先王之志，而爲經世之書，爲中華文明奠基，則莊子秉承孔子之《易》學與《春秋》學，而深有所得。

爲中華文明奠基的《易》與《春秋》之學，也規整了鍾泰本人學問的版圖。1957 年 7 月 15 日文史館表格上，鍾泰寫自己的研究領域爲文史組《易》、《春秋》、宋明理學。而莊子之學竟然不在其列,看起來匪夷所思。鍾泰的《春秋》學代表作是《春秋正言斷辭三傳參》(1966),這是其對整合平衡三傳而理解《春秋》的著作,爲撰寫這一作品,他編纂了《春秋通義》,彙編宋代多家《春秋》學作品,可謂其爲撰寫《春秋正言斷辭三傳參》的準備功課。雖然《易》學爲其一生的學問,但並没有此類作品問世。其實,莊子之學在某種意義上可以視爲其《易》學之用,鍾泰並非直接撰寫《易》學作品,明《易》學之體,但將"寓言十九"的《莊子》視爲《易》象,以《易》解《莊》,即從《易》之用而明《易》之體。就此而言,莊學的背景則是《易》學,此爲鍾泰早在三、四十年代就强調讀莊必須通《易》的原因。兹舉一例,《莊子·達生》有謂:"善養生者,若牧羊然,視其後者而鞭之。"歷代解釋紛紜,均難令人信服。而鍾泰《莊子發微》獨以《易經》巽卦解之,以爲:"善養生若牧羊然,取譬於牧羊者,羊之性柔而狠,柔則易退,狠則易進,故於卦巽爲羊,又爲進退,意可知也。郭注:'鞭其後者,去其不及也。'不知不及於此者,實由過於彼。如單豹不知防虎,其不及也,而根在離群獨處,故'不與民共利',則其過也。張毅不知慎疾,其不及也,而根在媚世而卑損,故'高門縣薄',過而不趨,則其過也。是以視其後者而鞭之,去其不及,所以救其過也。當合二義觀之始全。"此解可以破千古之惑。方勇教授《莊子學史》(2017年增訂版)也注意到這一例子。僅此一例,就可見鍾泰莊學即爲《易》學之用。

　　方勇教授在其《莊子學史》中説:鍾泰晚年在學術上所造之境到了從心所欲不逾矩的地步,能在《莊子》内部以及《莊子》與其他文獻之間進行信手拈來的溝通互聯,所立諸解,也都發人之所未發;鍾泰莊子之學,歷經前後三十多年跨度,見地更爲落實,學術境界日臻深微廣大,每爲後人難以企及。然而,後期鍾泰將莊子判爲孔顏嫡傳,與其早期以出入孔老定位莊子之學,有所不同,且很難被現代學者們所接受。我本人能够理解現代學者們的疑慮。但我認爲鍾泰之意,仍然可以在隱喻的意義上成立。鍾泰以莊子學承孔子,而孔子則爲中華文明的人格化符號象徵形式,但歷史上一直存在著兩個孔子形象,一是與六經不可分割,承接先王之道而又開立治出於二新格局的孔子,一是作爲儒家鼻祖的孔子。鍾泰的孔子本爲前者,而後者則爲現代學術中主流的意識形態,在此觀點架構下,莊子之學是不能得到恰當定位的。鍾泰的説法,無異於强調,莊子之學與孟子一樣,同爲中華學術大中至正之路。研討中華文明固然離不開孔子與六經兩大符號,但莊子與孟子同樣是重要的支脈,而不能以三教並峙之道家子學甚至等而下之的養生家、神仙家、方術等等視之。這也就是何以鍾泰在解莊時,總是一再引用孟子解莊,因爲莊子與孟子之會通處,在孔子之學,在《易》與《春秋》。對於鍾泰這樣的學者而言,一家一派之學無以定義孔子、孟子與莊子這些一流心智,相反,是一流哲人定義了學派,而不是某個學派定義了一流哲人。而從固化的學派性一般見解及其現成性架構中解放出來,是面向一流哲人的條件。那種將學派的教條化爲某種框架,而後再去要求哲人的學術操作,很難企及一流哲人的思想高度。鍾泰之所以將莊子從道家、神仙家、方術家的行列中解放出來,其深意在兹。

二、鍾泰莊學宗旨爲内聖外王之道

《莊子發微》明確指出:莊子之學,實爲内聖外王之學。其所以著書,即爲發明此内聖外王之道也。内聖外王之道,自梁啓超以來,即被視爲中國思想與文化之根本精神,馮友蘭、熊十力、牟宗三、湯一介等等皆贊同這一主張。鍾泰以爲,《逍遙遊》之辨小大,爲内聖外王標其趣;《齊物論》之泯是非,爲内聖外王會其通;《養生主》揭内聖外王之基;《人間世》爲内聖外王之驗;《德充符》,此學之成,充實而形著於外也。若是,斯内可以聖,而外可以王矣,故以《大宗師》闡内聖、以《應帝王》明外王,宗師即聖,帝爲王之極至也。故而,内七篇祇是一篇,内聖外王是莊子内篇之主線索,而外雜篇則從不同視角切入内聖外王。

連接内聖與外王的乃是"遊","遊"者則既可入於世,又可出於世,出入自在而無沾滯,即爲遊。出與入繫於時。出則以身藏道,或以道存身,入則即游即應。莊子之"遊"又是"乘道德而浮遊",鍾泰以爲浮即不沈溺,不沈溺即意味著超越。莊子對出和入皆不拘泥執著,而有"浮遊萬物之祖"的超越性意識。這使得其對莊子的看法與熊十力極爲不同,熊十力以爲莊子哲學以造化與人爲二,人物皆爲造化之玩具,偶然而生,偶然而去,既近虚無又廢人能。而鍾泰闡釋《則陽》關於天道的兩種學説,即季真之莫爲與接子之或使時,不從郭象以莫爲爲是、或使爲非,而是取居間持中之論,在肯定咸其自取的同時又保守真宰的意義。同樣,在齊物論的理解上,反對和稀泥、無是非的簡單化取向,而是主張:美者還其爲美,惡者還其爲惡;不以惡而掩美,亦不以美而諱惡,這纔是美惡之齊;是者還其爲是,非者還其爲非;不以非而絀是,亦不以是而没非,這纔是是非之齊。鍾泰又以《至樂》"名止於實,義設於適"解《齊物論》,則以"止者不過當,適者不違其則"爲齊物、齊論之要旨。這就將"乘道德而浮遊"的道德之意呈現出來。遊世而不避世,遊有出入,出爲遊,入爲應,即應即遊,乘物遊心而不避事。

　　莊子"遊"的哲學具有積極的政治面向。這尤其表現在鍾泰根據《大戴禮記·五帝德》以"生而民得其利百年,死而民畏其神百年,亡而民用其教百年"解釋"黄帝三百年",來解釋《在宥》所謂的廣成子千二百歲之説。這一解釋引入了合往來古今而成一純的歷史視野。與此相應的是,《莊子》之進道德、退仁義、賓禮樂的秩序構建思路,在鍾泰這裏得以呈現。於是,我們看到的不再僅僅是那個被引向境界化生存風格的美學莊子,而是内聖外王的莊子形象。如果内聖外王之道是中國文化的精髓,那麼《莊子》無疑以它自己的方式在呈現内聖外王之道的可能性。

　　鍾泰的莊學研究與他本人的修身應世之路密不可分,從早年受益於王瀣,到後來的與馬一浮、熊十力等人的交友,他始終以自修其身的實踐來展開其學術,又以其學術反哺其修身的工夫。其學問之所進即其工夫之所得。作爲以傳統學術應對世變的一代學者,晚年鍾泰可謂遊刃有餘。於世變中見幾而退藏，"閉門讀書"，"絶意於人事"，"以自合蓋"；《道德經》有謂"修之於身，其德乃真"，鍾泰可謂真有所得者，終成全身全德的智者。就其一生而言，"幼受父兄之教，長好程朱之學，一生謹身飭行，不敢稍有侚越規矩之事，自以爲雖算不了什麼學者，總不失爲一個束脩自好之士，依次做去當無大失"，如此律己，可謂甚嚴。在其交心書的微言中，仍然可以看出對道德文章的自信。

熱烈祝賀《鍾泰著作集》的出版！向推動此項事業的諸位前輩師長與同道，以及上海古籍出版社的同志們，致以崇高的敬意！鍾泰先生有著深湛學養，其學術有著中國文化的全域視野，我本人在求學路上受惠頗多。隨著這套《著作集》以及其即將出版的《春秋》學著作，我相信也期待著，鍾泰先生學術思想仍被嚴重低估的狀況，能够得到真正的改變。

鄧秉元（復旦大學歷史學系教授）

謝謝主持人，也感謝海濱兄以及出版社的邀請。剛才聽到很多老師的分享，讓我對鍾先生有了更進一步的瞭解，無論他的學術還是爲人，都獲益良多。我本來寫了一個簡單的講稿，不過我想就不念了，簡單談一點感想。

最早什麼時候知道鍾先生，已經不太確切地記得了，但是讀書的時候就知道他，而且九十年代的時候，還買過民國商務版的《荀注訂補》。那個時候因爲對他沒有太多的研究，總的來説就是感覺，這是一位老先生、一位舊學者，頗有些神龍見首不見尾。我們經常會説某個人沒有被時代抓住，雖然境界很高，但是同時代的人都不瞭解他。就像我們看武俠小説，比如説《射雕英雄傳》裏邊，看一開始打得很熱鬧的那些武林人士，如江南七怪，如全真七子，覺得厲害人物都在此了；但過了很久以後，纔發現這些人中有的竟然不知道世間還有五絶。我讀書的時候，目擊許多當世名家學者聽到馬一浮先生、熊十力先生，以及鍾泰等先生的那種反應,大概就是這樣。不過在 20 世紀,他們也確實跟這個時代的腳印有點兒反著走,以至於逐漸默默無聞,他們都是時代大潮消退之後纔被重新發現的人。

所以我一直在想,今天在反思這樣一撥人的時候,作爲後學,儘管我們的學問也未必夠,但還是要給他們做一個歷史上的定位。應該怎麽去理解他們? 這個問題還是必要的。

當然,如何定位,首先跟他們身處的時代有關係。比如鍾先生,他早年就學的江南格致書院,是以西學爲特色的,之後去日本留學,實際上也是學的洋學問。回來之後短暫從政,最後歸宿則是一位學者。想一想看,鍾先生和同時代的著名人物,比如魯迅,兩個人的經歷是相差不多的,雖然可能具體學的不太一樣。魯迅祇比他年長七歲,早年先是進入江南水師學堂,後來去日本學醫,回來也是短暫從政,之後進入大學,同時也做作家。晚清這個時代我們不能小瞧它,現在很多人接受了進化論,以爲後出一定轉精,後代一定超出前代,其實未必。我們今天在很多方面,實際上仍然在晚清,甚至晚明的籠罩之下,原因何在? 跟歷史時空中的位置有關係。我們看晚清民國,全世界差不多就真正變成一個整體,那個時候人出國是非常容易的,至少比 20 世紀下半葉要容易得多,買一張船票,你就可以到日本去、到美國去,世界的這種一體化、直面相對,其實超出了後來我們生活的時代,也包括我們父輩生活的時代。在這種情況下,鍾先生這些人天然地具有了一個世界立場,同時,由於本身又是從原來的傳統出來,當時的傳統也還没有被後來各式各樣的革命浪潮所顛覆,因此原汁原味的東西還在。他們是從傳統裏邊長出來的,又同時進入一個新的世界一體性之中,所具有的精神、學養,思維的一些基礎和前提,常常是後人難以企及的。

從這個角度來講,特別是在人文學科方面,我不像有些學者那麽樂觀,認爲現在已經超過晚清民國了。具體知識方面固然可能後出轉精,但我覺得在整體境界上我們比他們可能還是要遜色一些。當然並不是説我們這個時代没有極少數厲害的人物，但是一般來講，我們衡量人文學術，要用當時能够認出的一流人物相互比較，你這個時代公認的一流境界和另外一個時代的一流境界，大概可以放在一個尺規上去稱一稱、量一量，這個時候我們纔看出不同時代的位置和高度。我們今天似乎表面上很推崇馬一浮、熊十力這些人，但這樣的人倘若真的活在今天，可能還是認不出來。但當時的時代是能够認出來的。這就是差距所在。

回到鍾先生，還是我們怎樣去看待這一撥人。包括馬一浮、熊十力、梁漱溟先生，現在是公認的現代新儒學的開山人物，假如拓展一下，當然也可以包括錢穆和蒙文通先生。我覺得鍾先生無論在學術上還是精神上都最應該放在這個群體，也就是現代新儒家的第一代人物中去理解。我傾向於把現代新儒學看成經學在 20 世紀的發展。我個人的專業是經學，所以還是習慣從這個角度討論問題。經學在學術界是一個耳熟能詳的名詞，但是對於社會人士來説可能還是比較陌生。總的來説，經學可以説是中國傳統學術的根本，在傳統經史子集四部之學中，經學處在基礎地位，代表了傳統時代理解世界的基本方式。

其實中國的經學傳統，簡單講的話，大概可分三個階段，我稱之爲"九流三教，古今中西"。首先是"九流三教"，九流雖然泛指先秦諸子，但其實也可以勉强代指上古以來，直到漢晉，本土形成的七略四部知識體系。這是經學的第一期。第二個時期是東漢以後，印度文化進來了，跟本土文化相互碰撞、融合，具體過程當然比較複雜，但是最終形成了儒道佛三教。三教其實是一個整體内的三個體系，既有相異性，又有共通性，這是一個多元一體的結構。

另外還有四個字，叫古今中西。中印文化融合，到晚明時代出現三教合流，在相互碰撞過程中，内部幾乎所有張力都被釋放出來。萬曆十一年(1583)，耶穌會士來華，把西方的宗教、科學帶到中土來，這個時候便開啓了中西之爭或中西對話。競爭當然也是對話的一種形式。所以我們講中西對話,既不是從今天開始,也不是從晚清民國開始,而是至少可以從晚明算起。這就是"第三期經學"的起點。但是晚明之後,又出現一個問題。本來在當時,中國文化和西方文化有機會結爲一體。我們看明末清初的人,他們已經知道伽利略,知道牛頓,也知道托馬斯·阿奎那。我們現在經常講睜眼看世界的第一人,教科書裏説是林則徐、是魏源,問題是明朝的時候,本來還没有真正閉上眼睛,中國和世界本來就是一體的。所以晚明會出現徐光啓這樣的人物。當晚清士大夫在講"師夷長技"——也就是學西方的技術——"以治夷"的時候,徐光啓他們在幹什麼? 他們在翻譯歐幾里得的《幾何原本》,研究亞里士多德的邏輯學,在探討西方文化的本源。

　　所以有時候歷史真的不是後出轉精,後代未必就真能超越前代。這裏還涉及一個問題,清代爲什麼會出現中國文化摧枯拉朽的局面? 其實跟康熙晚期的政策有關,當時天主教團發生了中西禮儀之爭,外來傳教士要麼被遣送出境,要麼就留在中國不再回去,中西文化從此相互隔絶。與此同時,對外的經濟貿易交流也近乎中斷。要説中國文化真正開始與世界隔絶的話,主要就是在康熙晚期以後,特别是雍正、乾隆時代。大家知道,乾隆跟華盛頓他們都是同代人,當整個世界在發生巨大變革的時候,乾隆在幹什麼? 乾隆時代的那些士大夫還在挖空心思撰寫八股文。康熙的時候還曾經要把八股文廢掉,乾隆初年也還有爭議,卻被乾隆皇帝重新撿回來了。

　　正是在所謂的康乾盛世,中國文化變成了一潭死水,所有的學術基本上都是復古,缺少新的東西,既没有外面的他山之石,也没有自己的源頭活水,姑且不提科學技術,無論是文學藝術還是思想學説,清朝幾乎没有創造出任何新的形式。甚至連八股文,也衹是對明朝亦步亦趨。在這樣的精神狀態下,整個社會就變成了柏楊所講的醬缸。我不同意有些中國文化否定論者所説的,中國文化在基因裏就是低劣的,但是清朝的文化,如果我們把它當成中國文化的代表,那麼這個時候中國文化真的出了大問題了。

由此我們來看現代新儒家這些人所做的工作，首先就是要從此前一潭死水的文化狀態中走出來。我們知道，在同時代學者中，胡適等人要接續乾嘉漢學，因爲他們認爲乾嘉漢學是有科學精神的，但如果歷史地看，清中葉的學術儘管所用的方法不乏理性的成分，但也不必估計過高，當時特別主張西學中源的——西方的科學都是從中國來的——也都是乾嘉漢學。我個人對乾嘉漢學非常尊敬，我們讀古書的話，乾嘉漢學有很多好東西需要我們去繼承，但是從當時整個學術界的狀況來講，清代無疑把中國文化引到了一個非常偏狹的方向。我們會看到，熊十力、馬一浮、梁漱溟、鍾泰等先生，他們爲什麼要把自己的精神回溯到晚明或者宋代，也就是回到被清朝否定掉的，中印文化交融之下，儒道佛一體的這個系統裏面。熊十力當年是借用佛家的唯識學來講儒學，最推崇的人物是王船山。鍾先生則特別拈出儒門莊子説，雖然早在唐代就被提出，但卻是明末學者最先花了大力氣去論證的，包括王船山、方以智。當然，鍾泰先生爲什麼會重新提這個話題，還有一個關鍵因素，便是他們與明末學者在精神上的契合。

明末清初是一個"天崩地解"的時代，因此被理解成一個黑暗時代。黃宗羲有一部書叫《明夷待訪録》，明夷是《周易》的一個卦，上面是地，下邊是火，上面是坤卦，下面是離卦。意思很簡單，就是太陽落到地底下，象徵黑暗時代的來臨。晚明士大夫以師道自任，主要是建立在孟子學基礎上，儘管這種學問在"天崩地解"的現實中難有立足之地，但是生命還要延續。這個時候一些士大夫重新閲讀莊子，重新理解莊子，看似和光同塵，卻意在真靈不昧。莊子之所以會跟儒門之間建立起聯繫，我覺得正是因爲他與孟子在根本上氣息是相通的。

當熊十力先生、鍾泰先生，晚年在上海討論這些話題的時候，他們的心境如何？回溯歷史，或許就能明白，爲什麼在他們與明末清初的學者之間，能够穿透幾百年歷史，有一個精神上的交會。熊十力先生學術上可能並不完全贊同莊子立場,但晚年卻自號漆園老人,漆園就是當年莊子所守的漆園,他還是把自己當成這個時代的莊子,至少是借用了莊子之象作爲精神上的寄託。這是我們今天理解他們這一代學者的時候,要特別予以注意的。

關於鍾泰先生,還有一些問題,因爲時間關係,不能展開了,我在這裏簡單提兩點。第一點,由鍾先生《理學綱領》一書,可以看出他真正的認同在宋儒,因此他把理學打散重編,建構一個以工夫爲進路加以展開的修證體系,告訴自己,也告訴後人,如何修養成爲一個儒者。在20世紀鋪天蓋地地對這套東西加以否定的時候,他在用自己的生命去做這些事情。當然每個人的生命祇能自己去面對。我們現在一般理解的理學就是講道德説仁義,其實很多是誤解。真正的道德絶不能要求別人,祇能是自我約束,是真實地面對自己的生命。

還有一點就是鍾先生的《春秋》學。《春秋》實際上是孔子的外王之學。想當年,孔子的外王理想在現實中也沒有辦法實現,祇能用學術的方式貞下起元。這一點明末清初顧炎武、黃宗羲、王夫之這些人也一樣。黃宗羲作《明夷待訪録》,便是嘗試在一個黑暗的時代爲未來立法。看起來祇是立此存照,但其實已經參與了世界改變的進程。對於真正的儒者而言,即便生活在一個黑暗時代,但祇要用心去參與,世界總還有希望在,總還是會變的,不至於就這麽一路爛下去。假如以桀紂、暴秦爲尺度,中國歷史上大概有五個或六個明夷時代,未來可能也還會有。無論將來怎麽樣,生命還得繼續。人類不能停止對自己靈魂的拷問。我覺得鍾先生這些老輩學人,他們安身立命的方式,他們的精神訴求,都是值得我們去反思的,這是我們今天紀念他們的一種方式。以上是我的一點淺見,不一定對,謝謝大家。

黃德海(《思南文學選刊》副主編)
今天下午學習了很多。我的發言總結起來就是三句話,第一個是慚愧，第二個是感謝，第三個是一點感想。

爲什麼説慚愧？因爲這套書留下了很多遺憾。比如我參與整理的《鍾泰日録》，即使在鍾斌先生做了大量工作的基礎上，還是每看一遍就不免汗出，因爲總是會發現錯誤。因此就難免會想，現在書印出來了，裏面還有多少錯誤没看出來啊。校點跟翻譯一樣，錯了就是錯了，没什麼可以辯護的。有錯誤，祇能非常遺憾也非常慚愧。另外，今天聽了各位老師講的關於鍾先生的往事，發現我是一個假的整理者，《日録》中的很多人，我看到的祇是一個名字，但聽了老師們今天講的，原來每個人都有無比豐富的人生。比如説剛才顧錚老師講的外祖父馬元放，他在《日録》中出現很多回，不知道今天顧老師講的這些事情的時候，他好像就祇是個名字，等到把這些補充起來以後，一個鮮活的人就出現了。這個時候，就慚愧自己的知識短缺，要不然，看《日録》會有更多的樂趣。

第二點説的是感謝。整理工作難免會遺留很多問題，但在上海古籍出版社楊立軍和劉海濱等老師的認真工作下，掃除了很多這種暗雷，並且楊立軍老師做了很多其他的工作，讓整個整理過程少了很多遺憾。這個是我要説的感謝，感謝上海古籍社這麼專業的團隊。

第三點，我要説一點感想。今天聽了各位老師的發言，包括張文江老師講的鍾泰的學問體系，包括鍾斌老師和顧錚老師講的鍾先生跟親友的關係，包括吳格老師講的他跟學生的關係，還有陳贇老師講的鍾泰的莊學和剛才鄧秉元老師講的鍾泰在中西關係這個節點上的作用，體現了鍾先生的多面性。在這些之外，我整理《日録》的時候，有一個很大的感覺，就是鍾先生背後有一個非常穩定的思想系統。鍾先生的這個思想系統，既能讓他面對他那個時代的複雜現狀和西方學問的衝擊，又能讓他面對每天的生活瑣事。這樣一個思想的結構到底是什麼？我一開始覺得特別像宋明理學，可他還有莊學，還有他自己很得意的易學和春秋學，包括他還有太谷學派的傳承，其實是一個思維的綜合體。鍾先生是如何把這些學問最終變成了一個充滿精神彈性的自我，這是一個特別值得關心的問題,我覺得也是我們今天討論鍾泰先生的一個意義。他到底是如何融合這些思想來源,最後構成了一個活生生的充滿彈性的自我,而不是一旦來了一點壓力就要壓斷的單向思想維度,這是特別重要的事情。我現在還没有想清楚究竟是因爲什麽,但今天各位老師已經提供了一些線索,我們可以沿著這些線索,繼續慢慢往後摸索,我相信這是對現在有益的事情。

我的發言完了,謝謝大家。

(本文爲 2022 年 10 月 25 日"《鍾泰著作集》
新書研討會"發言整理稿)

悲欣交集與欣慨交心

——弘一與陶淵明

楊儒賓 *

民國文化史,弘一法師自成一個獨特的現象,他既是高僧,也是藝術家。高僧多孤絶,但没有高僧的孤絶如此之孤,如此之絶。藝術家多奇特,但很少藝術家像他這樣走到藝術與非藝術的邊界。他把兩種身份都作絶,世人難以企及。

就佛教行者的身份來説,他行的是中土久絶的律宗法門,他以律爲師,凡與律不相應的行爲習氣,他都捨棄。他捨棄了財産,捨棄了家庭,捨棄了教授、藝術家、銀行子弟等人間頭銜,一衲一鉢,蕭然雲水生涯。我們如果瞭解他的出生及出家前的人間風采,即可理解他的割捨的力道有多大。晚年的弘一已不是以律爲師,而是律與身化,他是"身爲律"。

晚年的弘一很自覺地割捨了藝術,或者説超越了藝術,他自己本人就是藝術,或許可稱作行爲藝術。如果藝術代表風格,也是創造,晚年的弘一所進行的即是中國藝術精神中最注重的人格美。在中國文化傳統中,有支獨特的人物品鑑之學,劉劭的《人物志》所説的即是這套學

---

* 作者單位:臺灣新竹清華大學哲學研究所。

問。《人物志》的理論建立在中國文化傳統的轉化的身體觀上,人生下來即有身,身體是上天給予的,就是自然。但身體的意義則是學者賦予的,它是實踐出來的,孟子的説法叫"踐形"。君子會將身體由肉身轉化成道的載體,並暈顯氣韻之美,充實之謂美,荀子更直接講有道之身爲"美身"。

弘一晚年的身體與行事平淡至極,他是龔賢的簡白山水(所謂白龔),也是霧峰林家的林壽宇的極簡畫作,他們的畫作遠看一片白濛濛,近看仍是一片白,唯見隱約間有淡漠流動。這是種宗教之美,人間的七情六欲、前塵影事皆已融釋,近於有無之間。當下如此酒闌茶散,窗外風月,人間悠悠。

他晚年的人格美乃天機在身體上的升沈起伏,自然顯露。四大皆空的弘一法師出家後還没有放下的藝術形式大概祇有書法,書法計白當黑,游絲流動,在諸藝術形式中,極不著相。他以枯寂字體寫大雄經句,弘法布教,他出家後與世間的聯繫就是這些號稱弘一體的書法了。弘一法師晚年的字不易找到判斷標準,它源出何人,它的藝術等第如何衡量,都不容易下。馬一浮説它是"別體",也就是它不在一般的藝術領域爭地位,所以也就無從判斷其等第,如要勉强月旦的話,可説是逸品。

但逸品不見得可以完全逸出詮釋的活動,超出藝術區域的書法還是傳遞了一些獨特的訊息。我們現在看到他最晚的一幅字,祇四個字:悲欣交集。此幅字尺幅不大,斗方大小,渴筆淡墨,似信手拈來,映現於紙上。這尺幅字很震撼人,用宗教語言講,訊息甚大。它傳遞以信念走完一生行程的行者的行事,臨終前,他念念迴向涅槃的心境有了波動,但這波動的心情難以名之,似喜似泣,諸情交融。諸種感官交融可稱作聯覺或共感(synesthesia),宗教人物和藝術家較會出現這種經驗。

臨終前的弘一平靜迎接最末的時刻,但他的平靜帶有極奇異的宗教理境,既已捨報,也捨掉了諸多的人間相,但他與人間仍有納米般大小的纖維維繫住,這條極微細的線索卻容納了極大的世間相,弘一末期

的心靈中呈現感情萬象中極深沉的"悲"與"欣"的融會理境。正因有這
麼一條細微的線索,所以他纔會寫下"悲欣交集"的證詞,也纔會將這幅
字寄給他最親近的弟子劉質平,並附紙道:"朽人已於九月初四日謝
世。"他知道劉質平接到信時,自己已捨報而去。他不會讓當下的心境
帶動以往的追憶,並勾連起種種無名的心緒。

　　弘一法師"悲欣交集"揭開了佛教的情感論的面紗。印度諸宗教有
很強的解脫傾向,佛教也是如此。佛教的三法印可以説都有"諸受皆
苦"的内涵,人因渴愛生,因渴愛苦,情感是人的存在向度,祇有化情入
淡,入無,纔可從世網的糾藤中脱身而出。弘一法師的以律爲師,即是
要以律馴情,情代表束縛、糾纏,情多必墜。所以他出家後的心境即是
要割掉記憶與當下的連結,千頃澄波,不起波瀾。

　　"悲欣交集"是弘一的臨終證詞,如果不是臨終,他的心境大概仍是
一往平靜的古潭玄水,萬頃秋光。宗教史家伊利亞德曾指出人的臨終
景象往往會收一生經歷於一瞬,亦即在撒手懸崖的片刻,其時的意識有
一生重重疊疊的傳記的向度,就像完整的電影迅速倒帶。弘一法師是
大修行者,日常的意識即是平淡的存在,往事如煙,雁過寒潭,不留飛
影。祇有在臨終的片刻,一生的根源性的情感流轉纔會剎那間凝聚在
一起。之前,他活在"波瀾誓不起"的當下,早年的"李叔同"在他成爲弘
一後,即留在披袈裟之前的過去,"李叔同"與"弘一"活在各自的世
界裏。

　　弘一法師"悲欣交集"此幅字直是聖物,他的另類真骨舍利。但這
四個字是有本的,它從陶淵明的"偶影獨遊,欣慨交心"這段話化出。東
晉義熙元年(405)歲末,陶淵明在經歷幾度内在的衝突後,決定退回他
的老家,回到江西廬山腳下,過真正的耕讀生活。後世士子津津樂道耕
讀生涯,它的形象主要是陶淵明提供的,歷代文人很少不喜歡"耕讀"這
兩個字,以及耕讀生涯的想象。但一般也就是想象,大部分的文人即使
來自農村,仕途幾番折騰後,不太容易再回到真正的耕讀世界了。退隱

後的陶淵明不然,他是真正的農夫,也是真正的士人。爾後他再也不會看到高鳥就慚愧,見到游魚就心虛了。盧山腳下那片名爲柴桑的田園拯救了他,他在大地的春耕秋穫的消息吐納中,甦息生命。

但陶淵明還是寂寞的,或者是更寂寞了,當他告別官場,也可説告別四十歲前的世界時,他寫下了《歸去來辭》,正式宣布“世與我而相遺”,他忘世,世忘他,彼此互不存在。中國詩史上最溫情、最具人味的詩人卻以最決絶的姿態,回首轉身,與世界背道而行。田園給了他生機,但他在生機中落寞了。鄉里的農夫接納了他,他也是農夫了,卻在農夫的生涯中寂寂了。有一年,可能是四十歲前後,開春了,春服既成,他駕車出遊,寫下美妙的一組《時運》四言詩。在序言中,他寫道:“偶影獨遊,欣慨交心。”他出遊尋春,居然祇能與影子爲友,既結伴遠行,同時也是隻身苦旅,其孤寂可想而知。

影子是身體的附屬,是陽光的附庸,但在中國詩歌中,它卻是實實在在的存在。《時運》不是影子的處女秀,這已是它第二次進入中國的人文世界——第一次出現是在陶淵明之前七百年的莊子,下一次就要到三百年後盛唐的李白了。莊子的影子和“影子的影子”(罔兩)對話(《莊子·齊物論》),玄思當然玄妙;李白的《月下獨酌》描繪影、月、詩人俯仰成三友,詩仙的詩自然很豪放的。祇有陶淵明是“欣慨交心”,是寂寞,卻是欣然;是歡愉,卻是靈魂深沈地一歎!

一歎之後,其歎的内容還是值得一探!陶淵明偶影獨遊,弘一的行徑也類似。陶淵明欣慨交心,弘一悲欣交集,兩種生命情調也類似。弘一顯然很欣賞陶淵明,否則,不會有臨終的這四字似偈非偈的别語。但“悲欣交集”相較於“欣慨交心”,“悲”字當頭,“欣”字的生意較淡。出家後的弘一臉示慈悲相,也帶有更明顯的解脱相。弘一的生命有股蟬蜕的清冷氣,即使欣喜心,仍是悲欣交集的喜心,“欣”意殿後。他這種滌凡除塵的生命形態似乎與生俱來,帶業投胎。他出家前寫《春遊》,遊春的主調居然是“花外疏鐘送夕陽”,春帶秋意,迎春爲的是送春。

弘一到了此世,大概就是爲了出世,經過爲了割捨,相逢爲了離別。這首《送別》是他作的:

> 長亭外,古道邊,芳草碧連天。晚風拂柳笛聲殘,夕陽山外山。
>
> 天之涯,地之角,知交半零落。一瓢濁酒盡餘歡,今宵別夢寒。

送別的詩詞歌曲處處可見,驪歌高唱,這是社會生活的常態。但弘一的驪歌特別蕭索,冷冷瑟瑟,寒意中人。弘一不必給別人送別,他就是"送別"的化身。

弘一法師是留日的,日文有"人間某某"的表達方式,亦即此人在社會中的獨特地位或特殊氣質。我們如果用"人間弘一"的表達方式,弘一的性格恰恰好落在非人間性,因爲人間乃在人與人之間,人間的文化性格預設了人與人之間的情感臍帶。人的存在是情感的存在,是共感共化的存在,是在人間而連接間距的存在。弘一卻將情淡漠化,非歷史化,非存在化,他的人間的"間"字沒有關係相,當下就是當下。即使最終的"悲欣交集",仍是以負面表述的"悲"字當頭。

陶淵明與世界也不黏搭,寂寞是詩人心境的主旋律。但回到田園的陶淵明始終是寂寞中充滿了同情,蕭瑟中盈溢了洋洋生機。任何人讀他的詩,都可感受到他與農夫説及莊稼事那種愉悅,看到他與小孩子的互動,都可讀出詼諧中透露出的無量慈愛。他有能力派遣一小廝幫忙小孩作農務時,寫信給小孩道:"彼亦人子也,可善待之。"這是出自別人的記載,歷史不小心流露出來的詩人的一則軼事,不可能會假。他的共感能力甚強,甚至看到新綠稻苗,遠風吹拂,都會興起無因自起的愉悅。他的欣慨交心之情大概就像莊子觀遊魚那般的無樂之樂,或像程明道觀雞雛般的欣欣生意,不是強烈的情緒,卻有綿綿迴盪的互動力,這是與人的存在共構的深層真實。

陶淵明的孤寂之深與通感能力之廣,在詩史上,無人能出其右。他如果那麼孤寂,爲何他的詩總是洋溢著生機?他如果背叛了世界,爲何他遊心世界,甚至面對山川草木,都有掩抑不住的熱情?情感背叛同一法則,有人喜極而泣,有人哀樂相生,情感深處隱藏相互轉化的機制,但祇有詩人纔能體現具體的分寸。孤獨是詩人的常態,在孤獨中顯現生機,更是偉大詩人的特質。陶淵明是獨特的案例,卻是最佳的典範。正因仁愛世界,所以面對現實失真的世界時,他纔敢毅然捨棄了真風告退的社群,以成就真正一體連帶的人之在世存有的關聯。

相較於弘一的"悲欣交集"的"悲"字當頭,"悲"字指向解脱的理境;陶淵明的"欣慨交心"卻以"欣"字領航,"欣"字意味著入世的精神。而且陶淵明一回到田園後,他即讓"欣慨交心"的生命構造穿透他一生。他的"欣慨交心"不是臨終前的驀然回首,而是隨時的顯現。這樣的生命構造有種辯證的構造,它蘊含了以往的生命經驗於其中。他四十歲前的經驗有不幸,有挫折,有憂貧不憂道的不堪,但這些種種負面性的情緒,在他毅然揮別塵網、歸向田園後,即變成了透明的,具正面力量。轉化過的傳記意識恍若成了"是法住法位,世間相常住"的情感之位,它有情感之用,而無情感之滯。

這些轉化過的個人傳記史的意識融合在每一刹那的新新之經驗中,如他所説"良苗亦懷新"的那種新新的生命之流。陶淵明未必有自覺的心性修養、體證超越的生命過程,但詩有特權,偉大的詩人自然就是一代哲人,他以詩修道,所修者即是含歷史於每一刹那的現量。他不追求去歷史化的平淡之情,"慨然"、"痛苦"、"悲傷"也是道的顯現,柴桑的陶淵明同時讓欣慨交心的情境自然地湧現。

就解脱的精神而論,陶淵明還不夠自然,他甚至不如王維或寒山那般去情意化地讓自然如其自如地顯現。但什麼纔是自然?爲什麼解脱的境界纔是世界的真相?如果"無情"是最高的價值,面對日本入侵,弘一何以有"殉教應流血"的激昂?他何以將自己的室號命名爲"殉教堂"?如果情感是人與生俱來的存在向度,人之生即生於情感與世界的共在共化,個人的解放即預設了世界全體解放的前提。"乾坤含瘡痍,憂虞何時畢",瘡痍的乾坤和憂虞的心境同時生起。如果不幸是世界的本相,何以痛苦、憂愁一定是需要解脫的,而不是必要承擔的?

如何經營情感? 悲在前,還是欣在前? 悲(慨)、欣兩字的前後結構牽涉了人如何在人間定位的難題。弘一與陶淵明的公案令人聯想到五百年前一位大儒的選擇,《王陽明年譜》記載弘治十五年(1502)他三十一歲在家鄉的陽明洞靜坐,行導引術,最後居然獲得一些神通,有"千里眼"之類的超感官知覺經驗。但不管他再如何靜坐修道,老是會想到他的祖母與父親,此念因循難斷,阻礙了他的修行。後來他猛悟到這是與生俱來的情念,去掉這種情念就是"斷滅種性",也就是說"情"乃"種性"的真實內涵,沒有了情,人即不再是人。情感連結了他和祖母、父親以及世界的關係,文化從此建立,斷不得的。

王陽明不但不割捨情念,後來還從這個"種性"上建立了良知教,他的選擇當然是儒家式的。年譜還記載隔年王陽明到西湖參訪,經過虎跑,見到禪寺中有位禪僧坐關了三年,不語不視,王陽明乃高聲喝醒了他,並質問禪僧有家否? 念母否? 禪僧答道:念母之心"不能不起"。王陽明遂和他細論"愛親"的"本性",也就是情感乃人性的本來面目。據說隔天禪僧就不見了,也就是重返了人間。王陽明顯然把儒家的基本價值帶進了佛教的世界,這段記載一定很令一些佛弟子不滿。

佛教當然也重視"悲"或"慈悲"這種情感,但這種情感和儒家重視的"惻隱"、"羞惡"、"孝弟"這些連結主體與世間關係的情感不一樣,兩者中間似乎是斷裂的。佛教的"悲"、"慈"更像是要促成人的捨離心,藉慈悲的垂照以滌俗脫塵,反向地向上超越,進入無生法忍之境。世間就是世網,人倫就是情執。如果從佛教徒的觀點來看,王陽明對西子湖畔寺廟禪僧的言行,祇能是不如法的干擾。

事實上,在弘治十六年的四百一十五年後,類似的情景又重演了一次,同樣在西湖,同樣在虎跑。當時即另有一位大居士要割斷情緣,以獲得解脫,此人即是李叔同,也就是後來的弘一法師。弘一法師出家前,面臨的最大困擾即是不顧一切考量、癡心追隨他到中國的日本夫人誠子,他要如何安頓她? 弘一在西湖虎跑的定慧寺落髮出家,他出家後,沒有遇到王陽明這樣的儒家宗師勸導他返俗,重過人間生活。相反的,弘一的出家還受益於民國新儒家宗師馬一浮的扶持。馬一浮的詩與書都飄然有塵外之思,容貌、衣著、生活形態也多帶山林氣。馬一浮與弘一法師的天性都疏淡世緣,兩人也結了終生的道緣。

弘一法師在西子湖畔毅然切斷與他的日本夫人誠子的男女情緣,連生離死別的一面也不見,此事當時是轟動一時的一樁情事,沒有一刀兩斷的決絕,即沒有“弘一”這位高僧出現於民國的佛教史。但馬一浮年輕時也有鏤骨銘心的情傷事件,其離奇悲愴可能還勝過弘一的案例。他沒有出家,卻輔導了朋友出家,馬、李兩人的人生之異同是則值得深思的公案。或許西子湖畔的弘一不是特例,許多高僧出家前都會面臨情感的萬般牽引,是要依情之攀緣,重續世緣? 還是要割斷情緣,虛空粉碎? 情字這條路一分岔,即通向了兩個大不相同的世界。

弘一的“悲欣交集”在臨終前顯現,陶淵明的“欣慨交心”在中年後的每一場農事中都可見到。弘一出家後,將“李叔同”留給了過去,他一往直前,活在“也無風雨也無晴”的當下如如的現量世界。陶淵明則回到了柴桑,他將誤落塵網中的陶淵明轉化爲融入農作中的田園詩人。正因有了這樣的轉化,他的意識構造因而有了辯證的厚度,有歷史的內涵,也有人間的內涵。

背對所以面對,索居正是爲了廣居(孟子説“居天下之廣居”,廣居謂仁愛),陶淵明所以獨邁一世,潤澤千古,玄機即在於斯。

劉靜窗與漩澓學

楊儒賓

　　"中研院"中國文哲研究所三十年慶,所方展覽了研究人員的學術成果以及相關的文物,其中幾頁粗筆濃墨、抹抹塗塗、圈圈點點的信札馬上突圍而出,躍入眼簾。學者祇要稍微瀏覽過熊十力墨跡,一看就知道是他的字,學界很難再看到這種風格。熊十力的字好不好? 有沒有師承? 一直沒有人説得準,連精於書藝者也沒有答案。一位書法家朋友説:"有没有師承無所謂! 也説不準! 熊十力就是熊十力,絶無僅有的純陽之氣。"答案大概就是這樣。

　　熊十力那幾頁信是寫給一位名爲劉靜窗的居士的手札,劉靜窗這個名字很陌生,如果不是他曾於艱困的六十年代與熊十力長期通信,整整十年,信被保留了下來,後來經由他的公子整理後,以《熊十力與劉靜窗論學書簡》的書名出版,世人知曉劉靜窗其名者大概不多。劉靜窗有子女五名,都有成就,長子劉述先是哲學名家,《熊十力與劉靜窗論學書簡》一書即由他編成。劉靜窗有交往密切的師長廣慈法師,華嚴座師,臨濟宗傳人,曾任中國佛教協會副會長;有蔣維喬,《因是子靜坐法》作者,可能是 20 世紀中國最重要的靜坐法推動者。有朋友張遵騮,張之洞後人,社科院歷史所研究員,牟宗三很讚賞其爲人。還有朋友蔣天樞,陳寅恪很親近的學生,風骨嶙峋,可視爲他的衣鉢弟子。劉靜窗闇然自修,聲光不顯,與社會也殊少往來,他的主要交往圈子大概就是這些人。上述這些人都行己有恥,操守自勵,在五六十年代的中國,絕非易事。觀其師友,可知其人,對上述這些人名稍微熟悉者大概即可以想象出劉靜窗的爲人。

劉靜窗與師友的交往,最值得注意的是他與熊十力交往的意義,主要是兩人的通信居然奇蹟似地保留下來,而且信札的內容非泛泛而論的日常家事,多爲論學要語,且牽涉到儒佛奧義。劉靜窗的字和熊十力的字恰成一對比,劉字一點一捺,筆墨清楚,帶點隸書意,像似印刷字。而且他存世的文字幾乎都是這種字體,千篇一律,毫無變化。書者,如也。中國書法很注重人格與書體風格的相關性,以熊十力、劉靜窗字爲準,書者確實如也,如其人之謂也。

2018 年在鄒城市,我有幸參加《劉靜窗文存》的新書發表會,其時劉述先先生已辭世,主編其書的劉念劬、劉震先是他的兩位弟弟,都參與了此會。劉靜窗年壽未過知命,即中道夭折於"三年自然災害"中,可謂千古文章未盡才,令人悵惘。他一生生活艱困,身體不佳,著作不多,其學自然很難依現代學院的標準衡量之。此書被出版社定位爲"一位文化大家的哲思反思",主編爲作者後人,孝思不匱,這樣的定位是可以理解的。由於主編與作者長年相處,對作者之理解自然有外人不及知之處,"文化大家"有可能也是精確的定位。但身爲後學,我當日對劉靜窗其人其學,頗觸動,卻另有一番理解。我覺得劉靜窗之學代表一種獨特的意義,是宋明學人的一種類型,在今日中國已是鳳毛麟角,遠超出了學院的格局。

熊十力與劉靜窗通信共十年,從 1951 年第一封起,直至 1961 年爲止,所存信札數十通。他們的通信從第一封起,即論儒佛大義,到最後一封,也就是劉靜窗辭世爲止,仍是論儒佛大義。十年的切磋琢磨,理論上當有攻錯之益。事實上沒有,沒有的原因在於兩人的儒佛思想已經定型,這些定型的想法不見得是知識的議題,而是價值定位的問題,所以辯解討論,無濟於事。但這十年間,中國發生多少事,知識分子經歷多少風波? 而在中國第一大都市的上海,竟有兩位與世相遺的知識人透過往返信札,辨析源遠流長的天竺與華夏玄義,這是幅極奇妙的畫面。

熊十力出佛入儒,自是一代大師。然而,熊十力論儒學,康有爲氣息十足,雖然他一向不喜歡南海之學以及其人。梁漱溟之於康有爲,也是如此。但熊十力論儒學思想之獨斷,尤其論及政治處,已遠超出儒學能容忍的範圍,如批判孟子,批判孝道,批判家庭,這些革命語言在他一生中,始終未曾清洗掉。其氣息之剽悍,一如康有爲,他的學生幾乎没人可以接受他晚年著作如《乾坤衍》、《原儒》等書所述及的經世濟民的内容。劉靜窗兼修儒佛,而實以華嚴爲宗。但劉靜窗對儒學的理解沿承宋明儒而來,特顯平實。終劉靜窗一生,他的儒學思想並没有被熊十力説服,即使論及内聖處,熊十力造詣特深的《易經》傳統,因劉靜窗已接受華嚴爲最高義理,他之受益於熊十力,恐怕仍是甚淺。

在佛教方面,熊、劉兩人的差異更大。熊十力的佛學受益於支那内學院的歐陽竟無,他一生對佛學的理解,主要也就是奠基於那段從學歐陽竟無的時光。熊十力批判佛教,不論顯密、大小乘,主旨皆落在佛教的體用斷成兩橛,本體不能起作用,作用則祇是現象的意義而已。唯識宗主性寂説,其病最顯,但熊十力認爲佛教各宗派,無一不然。劉靜窗則認爲熊十力的批判最多祇能對唯識學有效,但佛法大義不在此,華嚴宗尤顯卓越。從第一封到最後一封,熊、劉兩人對此的論辯,祇是原地打轉,殊無進步。

事涉性命問題,其議題很難是認知可以解決的,因爲問題的性質不一樣。何況,劉靜窗的信仰還有特殊的體證作支撐。《劉靜窗文存》一書提到過他年輕時的兩場獨特的心性經驗,第一場的特殊體驗所述如下:

曩歲銷夏中庭,夕陽既西,涼風微引,杯茗縷香,幽懷獨欣。忽爾身心豁朗,沖融無際。翛焉而我——鎔會於虛空,翛焉而虛空——銷歸於我。卷舒彌藏中,心潛其境,莫道所以。

第二場的經驗如下:

一夕冬夜,讀《紫柏老人集》,至《釋毗舍浮佛偈》文,遽觸疑情,坐臥俱非,至忘寢饋者,浹旬而後已。[1]

劉靜窗其時的年紀甚輕,可謂早慧。這兩場心性經驗不同於一般的日常經驗,當時上海的佛教名宿嘉興范古農居士説:這是"華嚴境界"。華嚴宗有法界緣起之説,一多相容,重層緣起,極盡不可思議之境之能事。劉靜窗青年時期的這兩場心性經驗可視爲"悟"的體驗,如果用宗教學的語彙表達,可以説是"冥契"或"密契"的經驗。宗教的經驗多矣,對當事者的生命多會有些影響,但密契經驗帶來的衝擊尤大,幾乎會帶來生命的翻轉,它對生命的定位作用也就特別的明顯。一般而言,冥契者通常會有超越時間、空間之感,死亡也會被視爲是一種幻象,再也不會縈胸繞懷。劉靜窗有此體驗,且有此修行,我們很難想象他在信仰上會再有任何的偏移。他的體質不佳,但連"素食"這樣的飲食習慣都不曾改變,也沒有接受熊十力的建議,即使身處極艱困時期,依然如此。"人莫不飲食也,鮮能知其味",劉靜窗連飲食都可以飲食出戒律,何況是安身立命的信仰。

劉靜窗的學説既出自體證所得,而且是極特殊的一種心性經驗,他生死一關都已通過了,怎麽可能會因一時的文字的論辯而改變信念。但熊十力同樣有獨特的心性經驗,他論學常説"默而識之",他的話是有底氣的。他的生命力又强,思辨之幽遠深邃更非常人所能到。當他一旦對中土聖典境界有所親證時,其認知當然同樣難以動搖。兩位同樣經歷生死之關的哲人一旦選擇了不同的教義體系,雖然同樣憲章儒佛,

---

[1] 劉靜窗《重印華嚴法界玄鏡跋》,收入劉念劬主編,劉述先等編《劉靜窗文存》,上海:上海古籍出版社,2017年,第12頁。

但儒佛境界安排的位置不同,也有可能形成難以克服的張力。他們講學論道,自然難以形成共識,因爲它不屬於知識可以介入的領域。

劉靜窗留下來的文字不多,即使文字不曾喪失,他是否有可能成爲哲學大家,也很難講。劉靜窗其人其學更像是宋明時期佛教居士的形態,此時期的佛教居士通常會儒佛雙修,甚至三教共弘,他們嫻熟經典,嚴密修行,立身處世自然有種規範。劉靜窗之學如果真有宗旨的話,或許可以"漩澓學"名之。唐華嚴宗初祖杜順和尚撰有《漩澓頌》,頌中有言:"若人欲識真空理,身內真如還遍外。情與非情共一體,處處皆同真法界。不離幻色即見空,即此真如含一切。一念照入於多劫,一一念劫收一切。於一境內一切智,於一智中諸境界。祇用一念觀諸境,一切諸境同時會。時處帝網現重重,一切智通無罣礙。"文字是典型的因陀羅網境界門的文字,華嚴宗特別能暢通此義。劉靜窗在上海的居所,名曰"漩澓樓",可見他對此學特別有感受。

因陀羅網境界何以"漩澓"名之? 因非華嚴學專家,此義難曉。"漩澓"兩字罕見,竊以爲其義和中土的"旋"、"復"之義有關。旋者,圓渦之意,渾圓爲儒道常用之隱喻,《莊子·應帝王》記載壺子四門示相有"太沖莫勝"之境,其境有"鯢桓之審爲淵"之象,此象可説是水之蟠洄的意象。周敦頤著有《太極圖説》,《太極圖》的太極含陰攝陽,水陰根陽,火陽根陰,水火對轉,互爲其根,所説也是此義。至於"復"字,更是儒道常見的返本歸真之象,《易》有復卦,老子有"觀復"之説。"復性"從唐李翱之後,遂成爲理學的主要工夫論語言,但它的内涵可視爲三教共法。至於"旋"、"復"爲什麼會從水? 很可能和華嚴宗喜歡江海的意象有關,所謂"華嚴義海"是也。

劉靜窗北大經濟系出身,終身信守儒佛義理,體道甚深,至於是否能以今日的學術語言表達出來,蓋亦難言。但能以今日語言表達出來的人是否能有他的體證,或者有他的受用,更是難講。劉靜窗文字不是今日學院會有的,它更像語録體裏的文字。庚寅年(1950),劉靜窗罹患

腎結石病,時值艱困時期,醫療條件、生活條件皆頗匱乏,劉靜窗動手術前,先寫了遺囑如下:

> 平生好讀書,孳孳以求,衷心服膺者,唯在發掘真理,而昕夕睘睘以思者,厥在如何而可提高人類文化生活水準,使相互之間,欣然共處,陶然忘機而已!
>
> 攻蹉既久,不可謂有所得,然不可云無所思也。比者,腎石累余,決意刲治。中心深信,人如我者,天必假年,以服勞世間。設不幸,則人事聚散因緣,亦無可勉強耳!
>
> 行年近四十,雖有願,而實無所獻於斯世人間,但自黽勉而已。設從此去,請以一衣蔽體而焚,投骨於海,庶寡憾然。困絀時間,莫妄費一物,莫累一親朋。念余者,念余平生所志焉,而習之行之,斯真慰余者矣。[1]

人面臨生死存亡之際,應當不會作客氣語,劉靜窗此篇遺囑頗能反映其人的修養等第。語有造道之語,有哲思之語,劉靜窗的文字是造道之語,它不在知識範圍內,也不受它的規範管轄,劉靜窗的境界由此可見。

熊十力思想橫空出世,個性孤傲倔強,他的難溝通是有名的,但他的人生境更難爲世人所理解。熊十力批判孝道,主要指政治意識形態化的孝道,難免有過火之語。但孤傲嶙峋的熊十力處理具體的人間的家庭倫常變故時,其共感之強,穿透之深,情感之溫潤愷悌,卻特別令人難以忘懷。劉靜窗姊姊逝世,以及他的父親逝世時,熊十力都有弔唁之信,都很真切動人。1962年4月劉靜窗英年早逝,熊十力對他的兒子乃多勸勉,或以文字,或以口語,真是喁喁如家人語。"人生不過數十寒暑,夢夢然,爲利而生,爲利而死,有何意義? 有何價值? 少年當有高尚之志,超出於流俗之外,以開拓胸懷,擴大眼光,努力學問,即物窮理。學盡,方可爲群衆盡力,不負此生。"這是一位八旬老人爲一位英年早逝

---

〔1〕 劉靜窗《庚寅遺言》,劉念劬主編,劉述先等編《劉靜窗文存》,第6頁。

的學友的後人所寫的勉勵語,幾乎是代亡友教育子弟了。《文存》中,還可見到幾通類似的話語,一代鴻儒,其境界豈是讀者透過幾本他的著作所能窺測的。

　　熊十力與劉靜窗在苦難的十年歲月中的交往是一則傳奇,他們於新中國中見證古道,並且會以他們信奉的古道照耀仍在摸索中前進的新中國。

編後記

在今年四、五月北大儒藏中心與浙大馬一浮書院相繼舉辦的兩次學術會議上,主辦方都邀請了北大數字人文中心的學者演講,介紹該中心經學文獻智能分析系統的相關工作,標誌著近期在全世界掀起巨大波瀾的 AI 技術,已經在經學領域公開亮相。經學研究的新變成爲與會學者的焦點話題之一,此前還在糾結經學是否應該變化的聲音已經很少聽到,當下的問題則是經學將會如何變化。就目前的基本態勢來看,近幾十年隨著網絡時代興起的,已經對人文學術研究產生深刻影響的E-考據,顯然即將發生更新迭代。不僅文獻材料的獲取會更爲便捷,文獻與歷史之間的相互關聯、影響等等,也將在大數據面前一覽無遺,並由此滋生出無數課題。學術研究本來便是對宇宙觀象,在由大數據所建構的這個超級水晶球內,無盡的草蛇灰線隱伏其中。未來的歷史研究可能首先考驗的是如何向 AI 發問,在各種有意無意、甚至可能是遊戲的發問中,如何產生真正合理且具有深度的學術問題? 作爲傳統學術新變的一種可見形式,AI 技術與文獻研究的深度結合必將在學界引起深刻的變革。有些學者甚至引用胡適的説法,重提"研究問題,輸入學理,整理國故,再造文明"的願景,對傳世文獻的歷史研究被重新定位在文明史的維度。

當然,實際情形可能遠爲複雜。就經學來説,儘管對既有文獻及學術史的研究永遠構成不可或缺的歷史背景,甚至歷史反思本身也會引生對未來的思考;但真正的新變顯然不能止步於歷史回溯。與印度、希伯來、古希臘等知識體系一樣,作爲常道的經學本來便是精神在不同生存境遇之下的因時變化,歷史的回溯儘管仍是面向未來的基礎和前提,卻遠非最終歸宿。經學範式的真正轉變,依然有賴於内聖與外王兩個方向的不斷開掘。

不寧唯是。自民初以來,對國故的整理固然早已成爲文明再造的途徑之一,但在二十世紀卻有著非常複雜的歷史效應。歷史研究既未像章太炎所期待的"用國粹激勵種姓",也沒有像錢穆所説的保持對民族文化的"温情與敬意";恰恰相反,主流的歷史研究常常意在"打鬼"式的自我否定。這些研究在學術上見仁見智,本身固然無可厚非;但漢儒所説的"百家皆務爲治"似乎最終未能倖免,當類似觀念與嚴苛的權力結構結合之後,文化園地的五彩繽紛便很快成爲彌望皆是的黃毛白葦,終至寸草難生。經學傳統被簡化爲"大盜"與"鄉愿"的結合,在各種西洋政教面前,顯得一無是處。在"矯枉必須過正"的聲浪之中,學者早已忘記孟子那句"行一不義,殺一不辜,得天下而不爲"的古訓,爲達目的不計手段,似乎經學一倒,則萬事皆好。

二十世紀的中國新文化顯然沒有達到自身的預期,知識體系意義上的經學已被肢解,"封建"社會的經濟基礎早已蕩然無存,但秦政的幽靈卻爲何揮之不去? 馬克思那句"死的拖住活的",成爲不少學者無奈之中的口頭禪。也許是"反者道之動"吧,最近若干年來,逐漸復甦回潮的傳統經學卻可能陷入另一極端。在"文明論"的喧囂聲中,傳統中一些扭曲的因素反而得到強化。本來,"東海西海,心同理同",人類作爲同一物種,脱胎於同一渾樸的精神結構;但隨著德性與知性兩種普遍性思維的自覺,早期人類族群發生了複雜的分化,逐漸形成不同的知識體系和文明形態。這是自"軸心時代"以來,人類文明史上發生的最大事件。儘管文明一體化的努力從未銷歇,但在近代西方文明崛起之前,始終受制於人類對物質世界控制能力的貧乏,總是難以成爲現實。從這個角度來説,晚近所謂全球化,不過是人類文明再一體化的最新形式。在這一時期,正是由於科技、商業與資本的發展,不同文明之間纔在觀念之外建立起具體的血肉聯繫,爲人類精神的重新一體化確立了前提。從這個角度而言,文明分立時代的不同形態,毋寧説衹是人類文明的歷史表現形式,近代以降,在激烈的文明衝突背後,乃是文明融合的新的契機。假如我們把軸心時代以前人類文明由一體走向分化的過程稱爲"第一期文明",把軸心時代以後東西若干文明的分立並峙視爲"第二期文明",那麼十五世紀以後人類社會新的一體化進程,便意味著"第三期文明"的開啓。時下許多人對文明衝突的强烈感受,不過是因爲我們正處在文明融合所必不可少的碰撞之中。

　　當然,科技與工業革命儘管爲人類文明的重新一體化奠定了基礎,卻並不表明這種一體化能够自然地達到理想狀態。事實上,兩次世界大戰的出現,主因都是源自歐陸文明本身的某些"僵化的一體性"因素。在歐陸文化中,知性思維一旦失去對天道的敬畏,並由此陷入"致命的自負",便難免與中土文化墨法兩家的尚同和師心自用殊途同歸。從這個角度來説,每一文明內部都內嵌著重返野蠻的因素,人類社會假如要重新走上正軌,便必須對類似的精神結構加以克服。這就是《周易》所謂"一陰一陽之謂道"。我曾經多次討論,在孔子的大同與墨子的尚同之間,其實隱含著孟子所説的義利之辨。所謂"僵化的一體性",便源自事物自性(也就是事物之利)的自我膨脹,當這種膨脹超出了應有的邊界,開始把他者之利也吞噬其中的時候,便無疑爲其他生命乃至宇宙統體帶來災難。這其實也是公羊學所謂"大一統"與秦政"一統"之間的差別所在。對於儒家來説,真正的一統乃是"以元統天",即"以仁統天",而與法家那種主要建立在權力基礎之上的"一統"或"統一"根本有別。在中國歷史上,建立在周禮基礎上的西周分封體制,代表著"以元統天"的現實形態,並成爲後世對王政的基本信念。西周以後雖稍顯遜色、但卻仍然能够維繫文明基本底線的便是春秋時代與漢、唐、宋，而元以後則大體是秦政的復歸。周政、秦政、漢政與春秋霸政，大體可以作爲傳統政體的幾個範型。從人類發展的現狀來看，二十世紀以《大西洋憲章》爲基礎所建構的新的世界體系，大概勉强與春秋時期的霸政體制(≠"霸權主義")在精神原則上旗鼓相當。所謂"天下無道，則禮樂征伐自諸侯出"，固然維繫著人類文明的基本尊嚴；但就最近若干年歐美社會左右兩派的衝突、乃至晚近的大國博弈來看，面對"無差别的平等觀"與"僵化的一體性"兩種精神的同時挑戰，其内部同樣隱含著深刻的危機，衹不過這一危機還遠没有達到文明衰落的程度。"其亡其亡，繫於苞桑"，對真正意義上的文明(與野蠻相對)的捍衛與維繫，是對當前人類的最大考驗。

　　也正是因此，爲了葆存文明自身的活力，人類必須作出抉擇：在文明的重新一體化已經無可避免的情況下，究竟應該建立起怎樣的一體性？"維天之命，於穆不已"，王政之所以法天，便是因爲在天道的於穆變化之中，同時維持了開放性(辟)與一體性(翕)兩個基本要素，翕辟成變，這纔是宇宙的生機所在。所以孔子説："道二，仁與不仁而已。"晚近以來，儘管"多元一體"早就是廣爲流傳的口號，其内涵卻有待推敲。姑且不説"多元"與"一體"在語義上本來便存在矛盾，假如以傳統夷夏之辨爲視角，那種自外於人類文明一體性的所謂"多元"，儘管打著"文明"的旗號，卻不過是文明的對立形態。文明的存續從來都不是一勞永逸，如何捍衛"開放的一體性"，以維護不同精神的自由生長，無疑是當下人類迫在眉睫的問題之一。

鄧秉元
二〇二三年五月二十九日

稿　約

　　本刊由若干學術同仁發起,旨在賡續經學傳統,推動經學新變,重塑經學與時代之聯繫,並爲學界同仁提供一學術交流園地。真誠期待海内外經學研究同仁不吝賜稿,以饗讀者。

　　孔門四科,堂廡甚廣。後生小子,竊有慕焉。故舉凡義理、考據、經濟、辭章,有關經義者,無論經典詮釋、儒學義理,抑或學術濟時、經學史論,皆在歡迎之列。唯期持之有故,言之成理,至於短製長篇,專論書評,則可任意所之。

　　九流十家,源初王官,各得經學之一脈。故有關諸子之研究,皆所亟盼。及後佛教東傳,西學東漸,經學與之相得益彰。故舉凡研究諸家學術而與經學相比較者,亦所企望。

　　貞下起元,此後聖之將行;守先待後,乃學人之正理。儻有已故學者遺稿、函札,而願發表本刊者,皆無任欣忭。

　　如蒙賜稿,本刊將於三月内敬復來函,其間請勿一稿兩投。如大作曾經發表,務請提前注明。稿件一經刊行,即寄贈樣書,並略付薄酬(海外作者以付酬不便,惟多贈樣書五册)。

　　來稿請用繁體中文、word 文檔、頁下注形式,並請注明真實姓名、所在單位及聯繫方式,不必同時寄送紙本。文稿無需内容摘要、關鍵詞、英文摘要(儻必欲保留,不妨置於篇末)。來稿請通過電子郵件發送至以下地址：

xinjingxue2017@163.com

如欲通信，可函寄：

上海市邯鄲路 220 號復旦大學歷史學系　鄧志峰收　郵編:200433

《新經學》編輯部

圖書在版編目(CIP)數據

新經學.第 11 輯/鄧秉元主編.—上海:上海人
民出版社,2023
ISBN 978-7-208-18384-1

Ⅰ.①新… Ⅱ.①鄧… Ⅲ.①經學-研究 Ⅳ.
①Z126

中國國家版本館 CIP 數據核字(2023)第 120122 號

責任編輯 張鈺翰
封面設計 陳酌工作室

新經學(第十一輯)
鄧秉元 主編

出 版 上海人民出版社
        (201101 上海市閔行區號景路 159 弄 C 座)
發 行 上海人民出版社發行中心
印 刷 上海商務聯西印刷有限公司
開 本 635×965 1/16
印 張 19.25
插 頁 2
字 數 245,000
版 次 2023 年 8 月第 1 版
印 次 2023 年 8 月第 1 次印刷
ISBN 978-7-208-18384-1/B·1693
定 價 88.00 圓